中世初期フランス地域史の研究

中世初期フランス地域史の研究

佐 藤 彰 一 著

岩 波 書 店

目　次

序章　地域史・比較史・マイクロヒストリー

本書は著者がこれまで様々な専門学術雑誌や学術書に寄稿した九篇の論文を収録した論文集である。その点で前著『ポスト・ローマ期フランク史の研究』の姉妹篇とでも称すべき書物である。先の論文集を一書に編むにあたって、これまで公刊したポスト・ローマ期史、中世初期史のモノグラフィの一覧を手にしながら、研究対象として明確な空間的枠組を設定し、これによりつつ探究をすすめた考察と、そうした限定を付すことなく問題を組み立てた研究に区分してみた。このなかでフランク史の国制社会構造の問題系一般にかかわる研究を集め、まとめたのが前著『ポスト・ローマ期フランク史の研究』であった。そこでは「フランク国家」という政治・社会的構築物が、研究対象の基軸となり考察の展開を導き支えている。

これにたいして、先のリストのなかで地域的枠組——考察対象にたまたま内在する偶有要素にすぎないものも含めて——を明確に定め、これを考察の準拠とする論考を収録したのが本書『中世初期フランス地域史の研究』である。ここでも問題の骨格を構成しているのは「フランク国家」の政治・社会経済構造への関心であり、それぞれの論文はその探究の一齣を成している。この点からすれば「フランク地域史の研究」を表題としてもおかしくはないが、収録されている諸論が対象とする地方は、すべて後の「フランス」空間に帰属しており、この空間はフランク国家を経由して中世フランス王国の領土に位置づけられるところから、これを「中世初期フランス地域史の研究」と称しても内実にそむくことにはならないであろう。ここに収録した九篇が覆う時代は七世紀から九世紀であり、この点でローマ後期史の論考をまじえた前著とは異なり、本書のあつかう時代的枠組を表わす言葉として「中世初期」を表題に採用するのは、むしろ自然である。

＊

先に本書に収録した論考が明確に地域的枠組を有すると述べたが、歴史研究にとって地理的、空間的限定とはそもそも何を意味するであろうか。一九世紀の方法学派の泰斗Ch・セニョボスとCh・V・ラングロワは、二人が共同で執筆した有名な『歴史学研究入門』(一八九七年)のなかで、個別の事象の科学である歴史学は「現象の地域的分布と進化とを研究する記述的科学」であり、「さまざまな地域や時代の事実をべつべつに研究」せざるをえない必然性を強調している。[1] 歴史が生起する具体的な場としての地理的空間への鋭敏な感応は、こんにちではフランス歴史学の特質としてよく知られているが、セニョボスとラングロワが活躍した時代には、いまだ確立した伝統ではなかった。L・フェーヴルはその著『大地と人類の進化——歴史への地理学的序論』(一九三三年)の序論において、「ジュール・ミシュレのような人がいて、盛んな努力を傾けて、幼稚でもあればややこしくもあるこの人種の形而上学から全く脱却し、歴史学を「堅実な土台」、すなわち、これを支え育んだ大地の上に基礎づけようと企図したのであった。ギゾーにあってもティエリーにあっても地理学に何らの席も与えられていないのにたいして、ミシュレはあの有名な『フランスの国土』(Tableau de la France)の巻頭で、力強く、「歴史とはまず第一に全く地理的なものである」と宣言した[2]」と讃えたのであった。ミシュレその人はこれに続けて「われわれは封建時代または地方

(Province)の時代〔この言葉はフランスの行政単位を指している〕を、それぞれの地方の特徴を記述することをしないでは、語ることができないのである」と述べている。[3] そしてただちに、あの独特のロマンティックで喚起力豊かな文体で、フランス各地の景観を巡歴する作業に取りかかるのである。

ミシュレの時代にはいまだ学の体系を形成していなかったフランス地理学は、一九世紀末から二〇世紀初頭にかけてP・ヴィダル・ド・ラ・ブラーシュと彼の弟子たちが達成した輝かしい成果により「人文地理学」として、自己を確立することになる。[4] この地理学は一方においてドイツのF・ラッツェル流の決定論的色彩が濃厚な「人間地理学 Anthropogeographie」を克服しようとする努力と、他方において地理学を「社会形態学 Morphologie sociale」と規定し、自己の傘下に収めようと意気上がる社会学との戦いという、二重の困難のなかで苦闘し、自らを鍛えていったのであった。[5] 地理学者S・フリードマンはヴィダル・ド・ラ・ブラーシュ学派の学問的意図を次のように的確に指摘している。「ヴィダルは地理学の固有の課題は地球上の多様な環境を説明することであり、それゆえ今や地域研究の意義を強調する機は熟したと主張した。こうした研究は特定の地方の記述的でもあれば論理的でもある説明をもたらし、一般諸法則だけでなく地方的な条件に起因するその修正点も説明するのである。「具体的現実」を強調しながらも、ヴィダルは地域研究はより一般的に、「大地と空と植生と人間の作用」の相互連関を確定することを可能にすると論じた」。[6] だがヴィダル自身の手で、新しい地理学の拠り所として『地理学年報』(Annales de Géographie)が創刊された一八九一年から一九〇〇年頃にかけてのフランスの地理学者たちの研究水準は、必ずしも高くはなかった。P・トゥベールによれば『地理学年報』とその創刊者ヴィダルの国内での高い世評は、専ら人文地理学を人間と自然環境との関係を記述的に分析することに終始するフランスの地理学が、いかに理論的に立ち遅れているかを示しているという。[7] たとえば同じ頃ドイツでは、地図学がその解釈学的手法を洗練させ、過去の定住史を再構成するための、ひとつの有効な方法に鍛え上げられていったが、そのような手法上の革新の機運はフランス地理学には稀薄であった。
ヴィダルがパリ高等師範学校の教授であった時期に、この学校に学んだ者のなかから、やがて多くの秀才が新興の学を掲げる師のもとに集まり、その指導のもとに、つぎつぎに地域研究の古典となるような傑作を生みだした。このような幸運な事態をもたらした理由は、まず第一に、大学の文学部における地理学講座のポストの増設、次いでフランスの伝統とも言える地理学的叙述の愛好、そして最後に挙げられるのが、地理学者が属する文学博士号取得論文の要求水準が高く設定されたことにあった。[8] この成功がフランス人文地理学の評価を決定づけたと言ってよい。[9]
これらの研究の多くが、「地域」の統一性を規定する主要な要素として、結局のところ地質学的要素や土壌・物質的条件の一体性を挙げるなかで、たとえばA・ヴァシェがベリィ地方の研究において行なった、この地方の地域的統一の本質を成すのは「伝統」であるとの指摘や、『東ノルマンディの農民』を著わしたJ・シオンが、この地方の統一性を規定しているのは法的規範の共通性であるとする主張は、この学問の知的かつ発見的魅力を斯界につよく印象づけたのである。[10]
マルク・ブロックが、一九一三年に二七歳で一三六頁から成る最初の著作『イル・ド・フランス――パリをとりまく一地方』を出版したのは、ヴィダルの学統が人文地理学を歴史学と並ぶまさしく人文科学の新しい可能性として高らかに掲げて見せた時代であった。[11] ブロックもまたこの著作の最初のほうで、「イル・ド・フランスの地理的特徴」と題して、この地方の自然環境を含めての人文地理的独自性について、ヴィダル学派風の光彩に富む描写的叙述を行なっている。[12] だがブロックが歴史家として地域史研究の営為に求めたものは、ヴィダル学派のそれと一八〇度異なるものであったと言ってよい。彼はこの最初のまとまった著作において、「イル・ド・フランス」という地域名称が時代の経過とともに経験した変遷を検討した結果、この名称で表現されるなんらかの統一性をもった経済的、文化的、地質学的等々の実質を具えた地域というものは存在しなかったと結論づけた。[13]「イル・ド・フランス」という呼称は、せいぜいのところパリを中心にした一地域というはなはだ無内容なまとまりの表象でしかないとするのである。[14]

ブロックが出会ったのがブルゴーニュ地方やノルマンディ地方のような、様々な点で「地域」としての内実を豊かに具えていたところではなかったことに、われわれは感謝しなければならない。なぜなら「地域性の零度」ともいうべきイル・ド・フランスと対決したことにより、彼は地域史とは何かについて一層徹底した考察を深めることができたからである。実際、若きブロックがイル・ド・フランスの地域的枠組としての内実の空虚に衝きあたり、この経験をバネとして繰り広げた認識論上の考察は驚くべきものであった。地域史の枠のなかでも、境界の設定は考察対象ごとに変化して当然である。彼の言葉を引用しよう。「どうして封建法に興味をもつ法学者、近代の農地の変遷を問題にする経済学者、方言についての研究をつづける言語学者が、皆おなじ境界で立ち止らなければならないのであろうか。どのような研究であれ、歴史家がそのなかで甘んじなければならないような、出来合いの地理的枠組というものは存在しない。かくかくしかじかの問いに応じて、歴史家はおなじ地域のそのつど異なる枠組に慣れなければならない」。[15]ブロックのこうした相対主義というより、むしろ多元主義と規定するのが正当と思われる発想は、ドイツの中世史家O・G・エクスレが指摘しているように、アインシュタインの特殊相対性理論やその他の量子力学の分野での目覚ましい発見に沸き返る自然科学の領域での当時の革新のうねりが、知的刺激として大きく作用したのは確かであろう。[16]しかしこのこととならんで、後のブロック自身の比較史への傾斜を見通すならば、それ以上に重要なのは地域史と、より広範な枠組と射程をもついわば一般史との関係である。

ブロックはそれまでの地域史が、郷土史的な狭い限られた問題関心に閉じこもりがちであることを批判しながら、地域史の効用とは、一般史で提起された問題を、空間的に限定された史料群により検証できることにあるとした。[17]

ミシュレにおいて最も顕著に認められる景観や土地の歴史そのものへの愛着は、ブロックにおいては副次的要素でしかない。ロマン主義者とは異質な怜悧な才能の持ち主であったブロックにとって、地域史はとりあえず歴史学上の様々な問題を個別具体的に検討し、種々の偏差を剔出するための「窓」の役割しか与えられていないのである。

だが一方でP・トゥベールが的確に指摘しているように、ブロックが一九世紀後半から二〇世紀初頭の、いわゆる古い伝統的な地域史の成果から多くの養分を吸収していた事実も忘れてはならない。L・ドリールのノルマンディ地方の農民史研究や、J・A・ブリュテーのルーション地方史研究、アノエ師のアルザス農村史研究などがそれである。[18] 一九三一年にオスロ大学の「比較文明研究所」に招かれ、そこで行なった連続講演をもとに彼が執筆した『フランス農村史の基本性格』(以下『基本性格』と略記)は、こうした先行する優れた地域史的研究を基礎に組み立てられている。そして重要な点はたとえば農地制度の三類型、すなわち北フランスの開放耕地、西フランスのボカージュ(生垣による囲い込み)、地中海型などの類型認識は、およそ地域史的アプローチなしには実現しえなかったであろうということである。言うまでもなくこの類型化作業は「比較の方法」と密接不可分の関係にある。彼は『基本性格』の出版と前後して、歴史学における比較史的手法の有効性について方法論的考察を行なっている。[19] この短いながら豊かな内容をもつ方法的考察のなかで、歴史研究における比較の手法が何をもたらすかを五つの柱にまとめている。それによれば、第一は同種の現象を複数比較することを通じて、何が問題であるのかの「発見」に資するということ、第二に類似の現象を比較することにより、遺制のような孤立した現象の説明要因が得られる可能性があること、第三に類似現象の比較対照により影響関係についての知見がもたらされうること、第四は単なる影響関係の域を越えて、より直接性を有する類似の事態の系譜関係を把握しうる可能性、最後にある事象を複数比較し、その発展過程の類似性と差異を考量することにより、その展開を規定する原因の探究に役立つということ。この五点がその効果である。[20]

比較の方法の利点についてのこうした明確な認識をもち、そして「ヨーロッパ社会の比較史」という魅力的な講義計画を懐きつつ自身のコレージュ・ド・フランスの講座創設に情熱を燃やしたものの、一九三〇年代後半からの大学世界を含めてフランスを覆ったアンチ・セミティスムのうねりと同僚たちとの軋轢から、結局この構想は実を結ぶことなく終わったのは周知のごとくである。[21]

＊

第二次世界大戦後のフランス中世史学は、農村史と都市史のいずれの分野においても対象として厳密に空間的境界を区切った地域史研究が圧倒的な比重を占め、なおかつその水準の点でも一九世紀の地方史モノグラフィに比べて格段に優れた作品を数多く生み出した。そこではブロックの学問的遺言とも言うべき「一般史の問題を適切に設定した地域的枠組で検証する」という地域史研究の綱領が、戦後フランスの中世史学をになった世代により概ね的確に受けとめられ、豊穣な果実を稔らせたと評価してよいであろう。[22]そうした特徴が最も顕著に表れ、また多産な成果を生みだしたのは中世末期の「社会経済的危機」、「領主制の危機」と称される問題系であった。R・ブートリュシュ、M・モラ、Ph・ウォルフ、J・シュネダーらの戦後を代表する一連の著作は、すべて「危機の時代」の諸相に焦点を合わせたものである。[23]

危機の問題の検証とは別に、一九五三年に公刊されたジョルジュ・デュビィの『マコン地方における一一・一二世紀の社会』は、五〇〇〇点以上のクリュニー修道院文書集をはじめとする豊富で堅固な史料基盤に支えられた立論として、ブルゴーニュのマコン地方の領主制の成立過程を「罰令領主制」として斬新な形で定式化しえたことともあって、地域史としてのフランス領主制成立史研究の大きな潮流をつくり出した。こうした流れは一九七〇年代に最盛期を迎えたのであった。[24]

しかし戦後フランスの中世史学を代表する新旧の世代による地域史研究の傑作群といえども、領主制の危機やその成立などのいわば一般史的な大問題を念頭に置きながら、また以前にもまして大量でほとんど網羅的といってもよいほど徹底した史料の渉猟を心がけ、当該地方における「類似と差異」の検出に専心しながらも、この先にある「比較」の実践にまで着手した例はなかった。研究の活況と充実ぶりにもかかわらず、一線を越えることをフランスの中世史家にためらわせた要因は、この作業が歴史学の範疇からの逸脱行為、それはいわば歴史社会学に手を染めることになりはしまいかという懸念ではなかったかと推察される。こうした不安に根拠はあった。デュルケーム派社会学がフランス人文科学の暁の星として昇った二〇世紀の初め、それは地理学だけでなく、歴史学をも包摂せんばかりの勢いを示していた。三〇歳になったばかりの卓越した論客であったF・シミアンは「歴史学的方法と社会科学」と題する論文を、アンリ・ベールが主宰する『歴史総合雑誌』(Revue de Synthèse Historique)に寄稿し、歴史家は三つの偶像崇拝から脱却しなければならないと説いた。すなわち「政治史」という偶像、次いで「個人の歴史」、すなわち歴史を個人を軸として再構成するという発想、最後に「起源の探求」と表現されるような年代決定が自己目的化した歴史学である。[25]

政治史、英雄的存在の歴史、年代至上主義、この三つの偶像から歴史家という種族は解放されなければならないというのがシミアンの主張の核心であったが、彼が批判の対象として念頭に置いたのは、ほかならぬラングロワ＝セニョボスの『歴史学研究入門』であったのは言うまでもない。そしてシミアンがあるべき歴史学として提案するのは、社会科学の集成体としての歴史学である。個別的なものよりも規則的な現象、様々の一般法則や因果連関を析出しうる恒常的諸関係にこそ目を向けるべきであり、個人よりも社会に観察対象を移すべきであると主張したのであった。F・ドッスによれば、この正面きっての歴史学批判は、デュルケーム学派にとっては当初戦術上の誤りと映った。シミアンの批判は、歴史学を社会学と相互に補い合う、いわば相互補完的な関係に立つ学問領域として関係を構築しようとして行なった試みであったのが、歴史学の側をむしろ殻のなかに閉じこもらせるような結果を引き起こしたように見えたからであった。だが結果として社会学の側からの挑戦と批判のなかで、旧来の素朴実証主義の歴史学を克服し、新しい歴史学を構築しようとする『アナル』創刊の計画が進展したのである。[26]

一九二〇年代末のフランス歴史学革新の動きのなかで、社会学の働きがその強力な触媒としての役割を演じた経緯は史学史的事実として知られていただけに、歴史家は平静でいられないのであろう。こうしたフランス中世史家の逡巡のなかで、遥かに時代を下ってこの方向に一歩踏みだしたのがイギリスの歴史家であり、理論的営為にアレルギーをもたないネオ・マルクス主義者のクリス・ウィッカムであるのは、自然ななりゆきであった。

ウィッカムが一九九八年に出版した『一二世紀トスカーナ地方の共同体と庇護関係。ルッカ平野における農村共同体の起源』と題する著書は、九五年にイタリア語で公刊した同名の書物の英語版であるが、その第八章は結論の代わりに「比較史的展望」と題されていて、彼はここでおよそ六〇頁にわたり共同体と庇護関係について極めて興味深い比較史的考察を展開している。[27]その内容の詳細な解説は本章の目的ではない。ここで提示したいのは、ブロックの死後半世紀を経て試みられた比較史考察の手法の構造を紹介し、それがどれだけの学問的射程をもちうるかの例示である。

この章の第一節は「古典的モデル」と題され、イタリア農村共同体の起源についてこれまで提示されてきた諸説の研究史的検討がなされる。そして自身のルッカ地方の所見に基づいて、共同体の発展にとって領主支配(シニョリーア)の役割が、従来の研究において過大に評価されてきたか、あるいは適切でない仕方で位置づけられてきたのではないかという仮説的見通しをもって比較の作業に取りかかる。[28]

その最初の段階が、第二節「ヨーロッパの並行現象」である。ここでは一気に枠組をヨーロッパに拡大し、ヨーロッパ各地の中世農村共同体についての代表的な研究をもとに、共同体が形成される条件、その出現の遅速の原因などが議論される。とくに大きな役割を与えられているのは、カタルーニャ(P・ボナシィ)やカスティージャ(J・A・ガルシア・デ・コルタサール)とラングドック地方(M・ブーラン)であるが、この他に北フランスのピカルディ地方(R・フォシエ、G・シヴェリィ)の事例も参照される。[29] これに続く第三節「イタリアの並行現象」として、北部と中部イタリアを枠組にしての比較検討が行なわれ、さらに第四節「トスカーナ地方」においてさらにミクロな地方的枠組による比較分析がなされる。最終の第五節は「庇護関係と共同体」と題され、全体の総括と結論が提示される。

各節の展開の様子からも窺われるように、ウィッカムは参照空間の枠組を意識的にズームアップの手法に似せて、広い視野から始めて順次絞り込んでゆく。その過程で参照項目にあたかもズームレンズを操作する因子のように、次のフレームの広がりを規定する役割が与えられる。たとえば「ヨーロッパの並行現象」での比較分析から、農村共同体の形成に関わる三つの大きな論点を引きだす。すなわち生態学的条件、地方統治権力と村落の自律的調整機能の作用、地方エリートの役割である。これにイタリア固有の歴史的条件が組み合わさって、次の節「イタリアの並行現象」で検討すべき問題が定式化される。その条件とは、農民的土地所有の比重の大きさ、都市の強固な存在、職業的法律家の存在、依拠しうる史料の豊富さで、八世紀まで遡って村落社会の内部からの観察を可能にする利点である。[30] これらの方程式に、さらにトスカーナ地方でのミクロな歴史的条件が勘案され、結論が――いまだ仮説と断りながらも――提示される。これはまさにブロックが比較の手法の利点として掲げた五つの柱のひとつ、「ある事象を複数比較し、その発展過程の類似性と差異を考量することにより、その展開を規定する原因の探究に役立つ」の紛れもない実践の成果と言えるであろう。

一二世紀ルッカ平野に出現する農村共同体は、庇護関係とともに実はそのルースな根は数世紀も前から胚胎していた。庇護関係は共同体的関係よりも時間的に早期に成熟を見せるが、後者はカロリング的権力秩序の解体によって生じた秩序編成の新しい回路構築の社会的圧力が高まったこの時代になってようやく結晶化する。注目すべきは、この地方では水平的な社会的結合としての共同体の形成は、垂直的な結びつきとしての領主制（シニョリーア）とほぼ同時期に出現することである。つまりこのことは、イタリアで比較的長く持続していたカロリング的秩序がようやく解体した後で、これに代わってローカルなレベルで社会にアイデンティティを与える結晶核として、一方に庇護関係の原理に連なるシニョリーアが、他方でこれと対抗・補完関係にある農村共同体が生まれたのだ、というのがウィッカムの結論の大筋である。[31]

たとえその成果が現時点で目を奪うような華々しさに欠けるとしても、ウィッカムが比較を軸としたヨーロッパ中世史学の新しい地平を開拓したのは疑いないように思われる。ここで見落としてはならないのは、著者が自らの研究フィールドとして中世トスカーナ地方にしっかりと根をおろし、十分すぎるほどの史料的知見を踏まえ、なおかつ自らの探究の内から紡ぎだされた問題系を参照枠として、比較の方法に訴えているという研究手法上の背景である。彼が叙述するテクストの表面には全く姿を現わさない、無数の史料所見と片々たる細部が、比較という歴史家にとって危うい作業を真に発見的な営為たらしめていると言えよう。史料解釈という歴史家としての実践を欠いた単なる比較は、たとえそれがいかに精緻なものであっても、最良でも社会学的なパラダイムの構築に終わり、未知の問題を露《あらわ》にするという発見的役割は期待できないであろう。

＊

分析の枠組のスケールが内在させている問題は、C・ギンズブルグやG・レーヴィなどのイタリアの歴史家たちが提唱する「ミクロ・ストリア」、すなわち微小なレベルでの歴史分析の方法であるマイクロヒストリーの価値の検討を促さずにはおかない。[32] ブロックは比較の方法の要諦として、時間・空間的に隔たっている対象の間では「類似」が、近接している時空の間では「差異」の探求が重要であると述べている。[33] ヨーロッパ空間内部での比較の手法に訴えるとき、したがって肝要なのは差異の剔出なのであり、このためにひとつの概念で表現される実体が、現実にどのように機能し、個人や社会に働きかけるかを、極端に言えば個人のレベルまで降り立って分析することなのである。[34] そのようにして捉えた歴史的現実をもって、意味ある差異の比較を行ないうるのであり、そこからもたらされる帰結が認識の基礎となりうるのである。

「ミクロ・ストリア」は、個々の人間の行動の襞にまで分け入ることが可能な、圧倒的に詳細かつ大量の記録で支えられている近代史の分野や、「濃密な記述」を実践しうる人類学の解釈作業において有効性が議論されている方法である。人間の「社会的行為は、規範的現実に直面して個人が絶え間なく行なう交渉、操作、選択、決断の結果」(レーヴィ)なのであり、[35] その意味のレベルまで包摂しての実践でなければ、科学的に真に意味ある比較にはなりえないであろう。ポスト・ローマ期、初期中世の史料状況において、かかる手法の援用を効果的になしうる根拠があるかと、問われるむきがあるかもしれない。私の意見は、それは十分に可能であるとするものである。そもそもマイクロヒストリーが適用可能か否かの絶対的基準が、史料の分量との関係で決まるはずはない。しかし社会と個人の切り結ぶ様態を微細なレベルで突き止め、社会の規範と現実の人間の生活実践との懸隔を明らかにし、大尺度による規定では見えない、あるいは誤ってそのように規定した現実の世界を「再発見」する方法であってみれば、個人としての人間が史料から看取できないところでは、マイクロヒストリーの実現は望むべくはない。けれどもたとえば六世紀後半のトゥール司教グレゴリウスが著わした『歴史十書』や、『ザンクト・ガレン修道院証書集』などの著しく大量の文書を利用しうる問題系においては、個人が社会に対して行なう「ネゴシエーション」の実相は十分に把握できるし、その利害関係や意味の再構成は射程範囲内なのである。

G・レーヴィはマイクロヒストリーの意義として、以下の二点を挙げている。第一に一般的規定や数量的定式化が独立して用いられたときには歪めてしまうかもしれない、社会のある真実の側面を、確実な事実の説明により明らかにしうること、第二に叙述の本体のなかに研究そのものの手続、記録の限界、説得の技術など、研究者の視角が説明の内在的一部になっていることである。[36] とくに後者については、史料の内的限界や仮説の根拠、歴史家の思考プロセスなどが外部から検証可能となることにより、歴史学的営為のアカウンタビリティを一段と高めることになろう。

このようにして「ミクロ」のレベルでの分析の結果獲得された説明参照枠は、多くの場合大状況、すなわちマクロのレベルで想定されていた説明参照系とは一致しないに違いない。比較の最も豊かな果実は、この「ミクロ」レベルでの参照枠の差異の意味を明らかにすることにより得られるであろう。本書に収録した論考はそれぞれに大スケールでの歴史認識に根ざした問題の設定を行なっているが、その手法は筆者の意図としては、極力大スケールの参照系を解釈枠として外挿的に導入するのを控え、「ミクロ」な世界に内在する論理に寄り添いながら、分析の枠組を史料の内部から構築しながら進めた研究のつもりである。歴史学における真正の「比較」は、マイクロヒストリーにおける比較でなければ、そこから浮かび上がる差異の意味を、正確に理解することができないであろう。

＊

本書に収められた九本の論文は、それぞれ地域史の自覚のもとに書かれたものだが、正直のところその後に提唱され始めたマイクロヒストリーの手法を採用しているという自覚なしに、進めてきた作業の成果である。それほどの理論的な自覚なしに、「過去の人間の経験」をできる限り詳しく再構成したいという欲求に導かれての仕事であった。経験主義的ミクロ分析であるマイクロヒストリーには、社会史の側からも、「言語論的転回」の有力な論客からも批判が向けられている[37]。しかしミクロな水準での事象理解を、マクロな説明システムに還元あるいは解消するのを拒否することで切り開かれる未知の次元は少なくない。その意味で十分に発見的方法でもあるのだという思いに変わりはない。

当初、これら一連の研究に寄せたマクロ・レベルでの関心は、古代から中世への移行のなかで、はたして社会システムの変容プロセスが地域的な偏り、あるいは不均等な展開を示しているか、もしそうであるとすれば、フランク、もしくはフランス空間の一体どの辺りにシステム分節化の断裂線が走っているかを検出すること、そしてそのことの確認を通じて、後の中世フランスの「南北」問題を歴史学的に説明する手がかりを得たいということであった。たとえば八世紀初頭の段階で、南のプロヴァンス地方は依然として古代的な社会システムを維持し、他方北フランスでは明らかに初期荘園制を社会経済的基盤とし、主従制的な庇護関係が政治権力を秩序づける機能をになった社会に転換し終えているが、こうした構造的な不均等発展を抱え込んでいる初期中世国家を、いかなる説明原理のもとに歴史学的に提示するかが私にとって重要な課題であった。

こうした問題関心を背景に執筆された論考ではあるが、それぞれのトピックには差異があることも事実で、この点を考慮して全体を三部に分けて構成した。すなわち第Ⅰ部「司教支配と王権」、第Ⅱ部「領域支配と所領構造」、第Ⅲ部「経済活動と植民」である。各部はそれぞれ三章構成になっている。

第一章「メロヴィング朝転換期のル・マン地方社会と司教ベルトラムヌス」は、旧稿「ル・マン司教ベルトラムヌスの遺言状(六一六年)——ある聖界貴族を通して見たフランク社会(1)」を改題したものである。旧稿は一九八七年夏に完成していたが、その前年の終わりに刊行されたマルガレーテ・ヴァイデマンの著書『六一六年三月二七日のル・マン司教ベルトラムヌス遺言状。六・七世紀のあるフランク家門の土地財産と歴史の研究』[38]の情報を迂闊にも入手しておらず、したがって参照もしていなかった。中世初期史を専攻し、ベルトラムヌスの遺言状のテクストを精査した歴史家であれば、その内容の豊富さに魅了され、ここに書き込まれた世界を総体として復元したい誘惑に駆られるのは無理からぬところと言えよう。現にそうした魅力に惹かれて、私はこの研究に取り組んだし、ヴァイデマンの場合もおそらく同様であったであろう。

後者の作業とは全く独立に行なった私の研究では、おなじ主題についてかなり異なる結論が出されていることを、彼女の著書を後日手にして確認することができた。そうした例を挙げるならば、ベルトラムヌスの家系復元である。ヴァイデマンの考察方法の基本は、これまでの研究史にこだわらずに虚心坦懐に自身の史料との対話から何を抽出しうるかという態度を貫いている。だが一方でベルトラムヌスの母方の家系を、「アクイタニア人の血統」で、母親は若くして孤児となったという文言だけを根拠にして、五〇七年にヴイエの戦いで敗北した西ゴート一門と想定するなど、一般史的事実のやや安易な引照も見られる。最大の違いは私がベルトラムヌスの甥のひとりに Thoringus という特徴的な名前の持ち主がおり、この時代の命名行為の規範から推してこの名称は単なる偶然の気まぐれとは考えがたいところから、クローヴィスに征服されてライン中流域に移住する前に、ライン下流の、現在ベルギー北部に盤踞していたテューリンゲン人の出自と推定されるアウデカリウス Audecharius 一門と結びつけたところにある。またヴァイデマンは遺言状にその名前が登場する様々な人物についての独自の考察を欠いているが、ポスト・ローマ期から中世初期への移行期の社会の実相を把握するためには、こうした側面の検討は十分に意味のある作業と思われる。

第二章は「メロヴィング朝期ル・マン地方の土地変動と司教管区」という表題からも容易に推察されるように、これは事実上一〇年の時をおいて書かれた第一論文の続編である。二つの研究ともにル・マン司教ベルトラムヌスが遺した遺言状を基本史料としているが、この研究では第一論文では手をつけなかった遺言状に記載されているべルトラムヌスの土地財産の分析を主題にしている。これは第一章のもとになった論文執筆の際には利用しえなかった、ヴァイデマンが校訂した新しいテクストを根本史料として利用している。とりわけ先行の刊本では比定がされていない多くの地名をヴァイデマンが確定しており、新版の出現はこの面で研究に極めて資するところがあった。ただ彼女は社会経済的関心が稀薄で、土地財産の社会的移動と社会構造の変動との関わりあいや、土地集積をめぐるベルトラムヌスの利害関心の所在など、遺言状作成者個人に関わる問題などにもそれほどの興味を示していない。私見によればまさしくベルトラムヌスが否応なしに巻き込まれた六世紀末・七世紀初頭の分王国間の戦争は、ポスト・ローマ期の終焉を告げる出来事であっただけに、遺言状に垣間見る社会変動の痕跡には強い興味を覚えざるをえなかった。

本書に収めた論文のなかで最も古い時期に書かれた第三章「九世紀末パリの教会と土地所有」は、パリの東南にあるサン・モール・デ・フォッセ修道院の九世紀末の所領明細帳の分析を目的とした研究である。[39]当時の私の関心のひとつが、ピレンヌの言う「都市の復活」以前の時期の都市支配の構造にあった。ひとつの仮説として都市域は農村領域とは異なる土地制度のもとにおかれていて、そうした土地(敷地)の支配が都市支配の根底にあるのではないかと想定してみたのである。この点を具体的に検討する素材として着目したのが、都市の中の都市とも言うべきパリ市内に所有する土地の賃貸状況を記録した、上記の所領明細帳である。サン・モール・デ・フォッセ修道院が所有する敷地だけでなく、それぞれの地片の隣接する敷地の所有者が圧倒的に教会勢力に属するところから、パリ司教による都市支配の姿がおぼろげに浮かび上がってきたように思われた。

古代的な都市・農村関係が中世初期への移行過程でいかなる変容を遂げたか、あるいは古い関係をそのまま維持したかを、フランス中央部のベリィ地方を地理的な枠組に設定して、考察を試みたのが第四章「メロヴィング朝期ベリィ地方における空間の組織化」である。ポスト・ローマ期に関して、この地方もまた他の地域同様に史料の面で恵まれているとは言えない。しかしベリィ地方については叙述のなかでもしばしば引用したA・ルディの航空写真解析に基づく、ガロ・ローマ遺跡の網羅的調査があり[40]、また一〇世紀以後についてはG・ドヴァイによる中世農村史の浩瀚な研究が考察の確かな枠組を提供してくれた[41]。議論の核となった文書史料は、六九七年の日付をもつガモとアダルグディス夫妻がパリのサン・ジェルマン・デ・プレ修道院への財産遺贈のために作成した遺言状である。

この地方の定住史についてはA・ケリアンが精力的に研究を続けているが、一九九四年に発表した論文「古代・中世ベリィ地方の条里区画」は、文書史料からの所見を地図学、考古学のデータと付き合わせて検討した一二〇頁にもおよぶ雄篇である[42]。間もなく大部の学位論文として研究の全容が明らかになるであろうが、その概略をかいつまんで紹介するならば、ベリィ地方ではローマ期の条里制(centuriation)の枠組が、九世紀末までこの地方の農村景観、小教区の配置、集村や大所領の枠組を規定していたが、カロリング朝末期に小教区の中心からやや離れた地点に城塞(castrum)が建設され、やがて一〇世紀以降に城塞を中心に放射状に広がる地条や、これによって区切られる農地区画が登場してくる。これがシャテルニーの条里であるというのが議論の骨格である。ケリアンの研究により、われわれの結論が間接的ながら裏づけられたことになる。

第五章「九世紀トゥール地方の所領構造と領民の存在形態」は、本書に収録した論考のなかでも比較的最近に成った一文である。これはフランス大革命の動乱の只中で焼却されてしまった「黒本 Pancarta nigra」と称されるサン・マルタン修道院証書集の一部が、一八世紀の系図作者エチエンヌ・バリューズによりたまたま筆写されていたために運よく伝来した集成を、私が転写した約一〇〇点のテクストの一部についての考察である。問題の中心は、いわゆるライン・ロワール間地帯に最も典型的に出現したとされる古典荘園制が、はたして同時代にその周縁に位置するトゥール地方にも存在したのかどうかを明らかにすることであった。所領文書、とりわけ所領明細帳のような台帳系の文書に“mansus indominicatus”のような文言が見える場合、それは「領主直領地」の存在を示していると考えられているが、ここで検討した所見はどちらかと言えば、保有地の集積の趣を呈しており、通例領主直領地と農民保有地が構成する二元構造がここでは検出されないとして、M・ルーシュとは異なり、九世紀段階でもトゥール地方には古典荘園が浸透していない点を強調した。[43]

本書のなかでも最も新しい考察が、第六章「カロリング朝初期ラングドック地方における伯職領の創出」である。七八二年のある裁判文書の国制史的分析がその内容である。時代枠は八世紀末であるが、地中海に面した南フランスの地ではいまだに西ゴートの支配を介して、古代的な構造が社会の深部でつよく作用していたことが窺われ、北溟の新興勢力であったカロリング権力といえども、この地の安定的な掌握には在地の支配慣行に絶えず留意せざるをえなかった事情を明らかにしている。

第七章「七世紀ルアン司教区における修道院建設・定住・流通」は一転して、セーヌ川の河口北岸に広がる東ノルマンディを地理的枠組として、修道院勢力による土地占取と定住の様相を、主に聖人伝史料をもとに考察した論考である。これは共同研究の成果をまとめた論集に寄稿した一文であるが、この論文集のカノンとして各自がひとつの史料類型を定めて、その上に研究を組み立てるという決まりがあった。私に課された聖人伝という特異な史料ジャンルは、時代の宗教心性を分析するにはふさわしい素材ではあるが、都市・農村関係という社会経済的事象に光をあてるにはとうてい似つかわしいとは言えない性格のものである。だが聖人伝史料の史料学的調査から、この種の記録が地理や地誌の記述に比較的鋭敏な感覚を働かせている事実を知り、定住史を軸にして問題を考えてみようとした。

七世紀は著書『ポスト・ローマ期フランク史の研究』(二〇〇〇年)において主張したようにポスト・ローマ期から初期中世への転換期である。この時期北ガリアに夥しい修道院が建設されたが、以前からこの現象が一面ではローマ末期に放棄されたウィラを中心とする生産組織の再建という意味をもっていたのではないかと推測していた。この点をノルマンディ地方のルアン司教区を空間的枠組にして検討するのが具体的な課題となった。一九世紀の郷土史家の叙述や考古学的発掘調査をのぞけば、信頼に足るまとまった学術的な研究がほとんど皆無という困難な状態であったが、関連する聖人伝史料は異本も含めてほぼ網羅的に分析することができた。一般史の問題系との繋がりをもつ、この地方のこの時代の修道院建設史の最初のビルトを示すことができたと考える。一点だけ細部にわたる修正であるが、この論文の発表時に女子修道院ロギウム Logium の建設地として多くの専門家が比定していたコードベケ Caudebecquet 説は[44]、J・ル・マオの新しい研究が主張するところに従って、その近くの別の集落コードベク Caudebec に比定するのが妥当と思われるので、そのように修正した[45]。

第八章「中世初期のトゥールとロワール交易」は古代後期からカロリング朝期までの、比較的長いタイム・スパンをとってロワール川を幹線経路とした流通活動の概観を試みた一文である。その後『修道院と農民――会計文書から見た中世形成期ロワール地方』[46]（一九九七年）により、この時代における都市トゥールやロワール地方農村地帯の社会についての検討を深めることができた。おなじ頃古代のロワール地方に関するM・プロヴォの包括的な考古学的研究や[47]、中世初期から一三世紀までのトゥール地方南部のロシュ Loches 周辺の定住・景観史についてのE・ロランスの周到綿密な学位論文が刊行されているが[48]、ロワール川を舞台とする商業活動そのものについては、研究はそれほど進展を見せていない。だがトゥール大学を拠点とする考古学の発掘調査はフランス有数の優れたスタッフを擁しており、仄聞するところによればポスト・ローマ期から中世初期にかけての農村経済と河川交易・流通活動の関係について、地道な検討が重ねられているとのことである[49]。

一九五〇年代から六〇年代にかけて、わが国の西欧中世国制史研究において一世を風靡した「国王自由人」学説の問題を取りあげ、ドイツの中世史家たちによりしばしばその典型として引きあいに出されたヒスパニア人植民者の国制上の位置づけや、社会構造を検討したのが第九章「八・九世紀セプティマニア・スペイン辺境領のヒスパニア人」である。「国王自由人」学説が研究史の上で有した意義の問題は別にして、カロリング王権が一連の勅令を通じて対応したヒスパニア人植民者の実体については、この論考によって十分に解明できたと考える。

二〇〇一年にPh・ドゥプルーが「シャルルマーニュ、ルイ敬虔帝、シャルル禿頭王のヒスパニア人勅令」と題する論考を発表した。[50] そこで取りあげられている論点は筆者のそれとほぼ同じである。ただドゥプルーの場合は、国王自由人学説の問題意識が稀薄で、土地所有と権力がどのような相互関連に立っているかという一般的な関心が優っている。

*

序論をしめくくるにあたって、先にも触れたように本書に収録された諸論文を執筆した折、著者の主要な関心事であったフランスの地域的な不均等発展の問題について、今後の研究の方向性を定める意味もかねて、あえて現時点での見通しを手短ではあるが三点にわたって論じておきたい。

①古代から中世への転換にあたって、西ヨーロッパ発展の先進地帯として主導的位置を占めたのが、いわゆるライン・ロワール間地帯であるとする考えは、ここで云々するまでもなく既に学界で確立した認識となっている。フランス空間を枠組として取りあげるならば、ロワール川が地帯構造の分断線として想定される。社会経済構造を指標にするならば、これまで蓄積された厚い研究史の所見から、ほぼそのように言うことができるであろう。ただしこの川で区切られた南と北のそれぞれの地域が、そもそも社会経済的観点から見てさえも均一であったなどとは決して考えないという、重要な前提を付してであるが。要するに、多様な度合と規模での地域的偏差があるとすれば、その最も大きなものがロワール川を挟んでの差異であったと理解してほしい。本書では論じていないが、八・

九世紀のベルギーや北フランスの所領形態と社会組織については、わが国でも森本芳樹、丹下榮らの優れた研究[51]により、少なくとも修道院所領については古典荘園が領主制の支配的形態であったことが明らかにされている。

ロワール以南の土地については、北の修道院に伝来した所領明細帳のような台帳系統の大部な史料が——地中海に面したプロヴァンス地方を除外するならば——存在しないために、おなじ水準での比較は困難であるが、第四章で論じたようにロワール川のすぐ南に位置するベリィ地方では、定住形態や都市・農村関係を軸とする空間組織の態様の面で古代的な構造が七世紀を越えて存続したことが知られている。ベリィの南に隣接するオーヴェルニュ地方では、Ch・ロランソン゠ロザの研究によればカロリング朝期にいたっても、社会は古代的構造を顕著に保持していた。[52]

二つの大きく異なる世界の境界はどこか。それはおそらくシャルトル地方の南からトゥール地方にかけてであると推測される。第五章はいくつかの未刊行の文書を利用して、トゥール地方に関してこの問題を検討したものである。その結論は、この地方には古典荘園制が定着をみなかったとするものであった。ここではローマ期のシステムである永代借地制がより一般的な保有形態であり、[53]領主層はより強度の人身支配に成功しなかった可能性が大きい。東に隣接するヴァンドーム地方についてD・バルテルミィが一一世紀以降についてであるが、同種の確認を行なっている。[54]

なぜトゥール地方とその周縁に「直領地」を組織上の特徴とする古典荘園制が展開しなかったか。現在の研究水準では、そもそも古代ガリア社会が生産関係の点で奴隷制によって特徴づけられたとする見方は——一部のマルクス主義的古代史家を別にすれば——放棄されている。したがって奴隷使役が直領地経営と不可分であるとするならば、それらの奴隷はポスト・ローマ期に新たに創出された存在である。この時代に自由身分から奴隷的存在への転落の危険はこと欠かなかったのである。[55]こうした奴隷を生産の担い手として組織する強力な統制能力を具えた領主層の存在も、直領地の創設にとって条件となろう。奴隷的不自由人の獲得と、彼らを使役して組織する大規模な所領は、フランク人有力者層が比較的濃密に定住した北フランス(パリ以北)の国家領でいち早く実現したという仮説は、おそらく妥当であろう。[56]

翻ってパリの南には同様にローマ帝国期以来の広大な国家領が展開していたが[57]、パリ以北、あるいはパリ以東に比較して、初期のフランク支配層の濃密な定住は見られなかったようである。ここは北に比べて開発が遅れ、まだ鬱蒼とした森が残り[58]、奴隷的労働力を配置して、強力な支配統制のもとに新しい生産組織を創出する事例は、大量現象としては認められなかったと推定されるのである。七世紀末にトゥールのサン・マルタン修道院で作成された「会計文書」から読みとれるのは、身分的に自由な農民の姿である。推測するにメロヴィング王権はパリ以北に比べて、農業経済面の価値が低い南の国家領を、むしろ狩猟場として留保し[59]、フランク支配層への配分を控えたのではなかったか。とくに流水が少なく、地下水位が極めて低いこの地帯は、その土地利用の全面的展開を水利用の技術が向上した一二世紀以後の開墾活動まで待たなければならなかった。こうした理由からおそらくフランク人をはじめとするゲルマン人の定着は[60]、パリの南では相対的に稀薄だったと推測されるのである。このような事情が、古典荘園的所領組織をパリの南では例外的にしか出現させなかった要因であった。南北の断裂線はパリの南から開始していたと見てもよいのではなかろうか。いずれにしろ、確定的な判断はこれからの研究にまたなければならない。

②第二章の終わりで、七世紀に見られたル・マン司教座とトゥール司教座の司教権力の歴史的展開の対蹠的な過程について問題を提起した。この問題は上記の論点と交差するところがあるのだろうか。ル・マン司教座が六世紀の分王国間戦争において、終始パリを実質的な拠点としたネウストリア分王国の王権への忠誠を貫き通したことは、第一章で詳しく論じたところである。この事態はこれからさらに詳細な検討を加えなければならないところだが、先に述べたパリの南に展開する国家領の王権による留保という事態と深く結びついているのかもしれない。べ

ルトラムヌスは遺言状のなかで、クロタール二世から拝領したこの地方の所領を、自らの死後王権に返還するよう措置している。それが仮にベルトラムヌスの側からの自発的返還であるにせよ、パリ以南の土地にたいする王権の掣肘力の反映と解釈しうる余地はある。

他方、トゥール司教座はほぼ一貫して、アウストラシア分王国の王権の側に立っていた。それは五九四年頃に死没したと推定されている司教グレゴリウスが治めていた二〇年間にわたって揺らぐことはなかった。分王国間の争いが長い曲折を経て、六一三年にネウストリア側の勝利のうちに終結したことが、トゥール司教座を困難な状況に追い込むことになったのは、けだし当然である。クロタール二世の全王国一括支配の魁となるパリ公会議に、メッス司教やマインツ司教といった親アウストラシア司教座とともに、トゥール司教が姿を見せていないのは、決して偶然とは思えない。もし『歴代ル・マン司教事績録』の記述を信ずることができるならば、この公会議で議長役を務めたのはトゥール司教の属司教であったル・マン司教ベルトラムヌスであったと考えうる。この間トゥール司教座がどのような状況に置かれたかについて、史料は完全に沈黙している。しかし容易に想定されるのはこうした逆風が、トゥール司教の司教管区掌握の弱化に繋がった可能性である。王権の後立てを背景にル・マン管区では司教の支配が、「司教国家」と称されるような内実を示すのと対照的に、トゥール管区ではやがてサン・マルタン修道院が司教の管理支配から脱するという事実が典型的に示すように、司教管区の一元的掌握が崩壊するようなプロセスが進行したのである。

この仮説が成り立つとすれば、いかなる権力にコミットするかというそれ自体は短期的な政治的選択が、比較的長期の過程である司教管区の構造変化に深い作用を及ぼす一例であろう。

③フェルナン・ブローデルが遺作となった三部作『フランスの自己証明[61]』のなかで触れているように、フランス空間の地帯構造は南北の対照だけでなく、実は東西の構造的対照もまた隠れもない現象である。本書の第七章と

第八章は、大西洋という海洋を舞台として実現した南北の空間的一体性が背景となっている。それはとりわけ交易・通商を基礎にしたひとつの圏域と言ってもよいであろう。セーヌ川やロワール川流域の諸地方は、その流水が最後に流れ入る大西洋を介して相互に緊密に結ばれていた。南はガスコーニュから北はノルマンディを経てピカルディにいたるまで、海に開かれた一体の空間として、東の高低さまざまな山岳を背骨とする東フランスと区別されるのである。

最近考古学者バリー・カンリフが、紀元前八〇〇〇年から紀元後一五〇〇年という長期にわたる大西洋文明の歴史を『大洋に面して[62]』と題する著書で包括的に論じているが、中世史の分野では、いまだ問題視もされていないのが現状である。しかし北海交易の問題は、ピピニーデン・カロリンガーの王権とフリーセン人の交易をめぐる角逐や、ヴァイキング問題がただちに想起されるように、とくに中世ヨーロッパ経済における流通の問題を考えるとき、今後検討すべき重要な論点と思われる。

（1）セニョボス＝ラングロア著、八本木浄訳『歴史学研究入門』校倉書房、一九八九年、一七四頁。
（2）L・フェーヴル著、飯塚浩二訳『大地と人類の進化——歴史への地理学的序論』上、岩波文庫、一九七一年、三七頁。
（3）J. Michelet, *Le Moyen Age. Histoire de France*, Collection "Bouquins", Paris, 1981, p.185.
（4）S. W. Friedman, *Marc Bloch, Sociology and Geography. Encountering Changing Disciplines*, Cambridge, 1996, p.55ff.
（5）*Ibid.*
（6）*Ibid.*, p.67.
（7）P. Toubert, Préface de Marc Bloch, *Les caractères originaux de l'histoire rurale française*, Paris, nouvelle édition, 1988, pp.16-17.
（8）*Ibid.*, p.17.
（9）たとえば A. Demangeon, *La Picardie et les régions voisines*, Paris, 1905; R. Blanchard, *La Flandre*, Paris, 1906; A. Vacher, *Le Berry*, Paris, 1908; J. Sion, *Les paysans de la Normandie orientale*, Paris, 1909 などである。

（10）　Friedman, *op. cit.*, p.67.

（11）　M. Bloch, Les régions de la France, IX. L'Ile-de-France, *Mélanges Historiques*, t.2, nouvelle édition, Paris, 1983, pp.692-787.

（12）　*Ibid.*, pp.703-714.

（13）　*Ibid.*, p.786.

（14）　*Ibid.*

（15）　*Ibid.*, p.787.

（16）　O. G. Oexle, Marc Bloch et la critique de la raison historique, H. Atsma / A. Burguière, *Marc Bloch aujourd'hui. Histoire comparée & sciences sociales*, Paris, 1990, pp.425-426.

（17）　Bloch, *op. cit.*, p.786.

（18）　Toubert, Préface, *op. cit.*, p.14.

（19）　M. Bloch, Comparaison, *Histoire et Historiens*, textes réunis par Étienne Bloch, Paris, 1995, pp.87-93.

（20）　*Ibid.*, pp.91-93.

（21）　M・ブロックのコレージュ・ド・フランス教授立候補のプログラムについては M. Bloch, L'historien comme il désirait être vu par les autres, *Histoire et Historiens*, pp.124-129 参照。

（22）　そうした例として Ch. Higounet, *Le comté de Comminges de ses origines à son annexion à la Couronne*, 2 vols., Toulouse / Paris, 1949; Ph. Dollinger, *L'évolution des classes rurales en Bavière depuis la fin de l'époque carolingienne jusqu'au milieu du XIIIe siècle*, Paris, 1949; G. Duby, *La société aux XIe et XIIe siècles dans la région mâconnaise*, Paris, 1953; J. Richard, *Les ducs de Bourgogne et la formation du duché du XIe au XIVe siècle*, Paris, 1954 などの地域史研究で画期をなす優れた著作が挙げられる。

（23）　R. Boutruche, *La crise d'une société. Seigneurs et paysans du Bordelais pendant la Guerre de Cent Ans*, Paris, 1947; J. Schneider, *La ville de Metz aux XIIIe et XIVe siècles*, Nancy, 1950; M. Mollat, *Le commerce maritime normand à la fin du Moyen Age. Étude d'histoire économique et sociale*, Paris, 1952; Ph. Wolff, *Commerce et marchands de Toulouse (vers 1350-vers 1450)*, Paris, 1954.

（24）　R. Fossier, *La terre et les hommes en Picardie jusqu'à la fin du XIIIe siècle*, 2 vols., Paris / Louvain, 1968; G. Devailly, *Le Berry du Xe siècle au milieu du XIIIe. Étude politique, religieuse, sociale et économique*, Paris / La Haye, 1973; P. Toubert, *Les structures du Latium médiéval. Le Latium méridional et la Sabine du IXe siècle à la fin du XIIe siècle*, 2 vols., Rome, 1973; A. Chédeville, *Chartres et ses campagnes (XIe -XIIIe s.)*, Paris, 1973; É. Magnou-Nortier, *La société laïque et l'Église dans la Province ecclésiastique de Narbonne (zone cispyrénéenne) de la fin du VIIIe à la fin du XIe siècle*,

Toulouse, 1974; P. Bonnassie, *La Catalogne du milieu du Xe siècle à la fin du XIe siècle. Croissance et mutations d'une société*, 2 vols., Toulouse, 1975 / 1976; J.-P. Poly, *La Provence et la société féodale, 879-1166. Contribution à l'étude des structures dites féodales dans le Midi*, Paris, 1976 などが代表的な研究である。

(25) F. Dosse, *L'histoire en miettes. Des "Annales" à la "nouvelle histoire"*, Paris, 1987, p.21.

(26) *Ibid.*, pp.22-23.

(27) C. Wickham, *Community and Clientele in Twelfth-Century Tuscany. The Origins of the Rural Commune in the Plain of Lucca*, Oxford, 1998.

(28) *Ibid.*, pp.185-192.

(29) *Ibid.*, pp.192-203.

(30) *Ibid.*, pp.203-209.

(31) *Ibid.*, pp.231-241.

(32) ジョヴァンニ・レーヴィ「ミクロストーリア」谷川稔他訳『ニュー・ヒストリーの現在　歴史叙述の新しい展望』人文書院、一九九六年、一〇七―一三〇頁参照。

(33) M. Bloch, Pour une histoire comparée des sociétés européennes, *Mélanges Historiques*, t.1, p.183; O. G. Oexle, Marc Bloch et l'histoire comparée de l'histoire, éd. P. Deyon et al., *Marc Bloch, l'historien et la cité*, Strasbourg, 1997, p.57.

(34) F. Dosse, *L'empire du sens. L'humanisation des sciences humaines*, Paris, 1997, p.268.

(35) ジョヴァンニ・レーヴィ「ミクロストーリア」前掲書一〇九頁。

(36) 前掲書一一四頁。

(37) Ch. Delacroix et al., *Les courants historiques en France, 19e-20e siècle*, Paris, 1999, pp.280-281.

(38) M. Weidemann, *Das Testament des Bischofs Berthramn von Le Mans vom 27. März 616. Untersuchungen zu Besitz und Geschichte einer fränkischen Familie im 6. und 7. Jahrhundert*, Mainz, 1986.

(39) 私がこの論文を書き上げてからほどなくして、新しいテクストがＤ・ヘーガーマンとＡ・ヘドヴィヒの手で刊行された。D. Hägermann / A. Hedwig, *Das Polyptychon und die Notitia de Areis von Saint-Maur-des-Fossés. Analyse und Edition*, Sigmaringen, 1990, pp.98-102 参照。

(40) A. Leday, *La campagne à l'époque romaine dans le Centre de la Gaule. Villas, vici et sanctuaires dans la Cité de Bituriges Cubi*, 2 vols., Oxford, 1980.

（41）註24参照。

（42）A. Querrien, Parcellaires antiques et médiévaux du Berry, *Journal des Savants*, juillet-décembre, 1994, pp.236-366.

（43）M. Rouche, Géographie rurale du royaume de Charles le Chauve, ed. M. Gibson / J. Nelson, *Charles the Bald: Court and Kingdom*, Oxford, 1981, p.203.

（44）二四八頁参照。

（45）J. Le Maho, L'abbaye mérovingienne de *Logium* à Caudebec-en-Caux (Seine-Maritime), *Revue d'Histoire de l'Église de France*, t.LXXXII, no.208, janvier-juin, 1996, pp.5-39 参照。

（46）佐藤彰一『修道院と農民——会計文書から見た中世形成期ロワール地方』名古屋大学出版会、一九九七年。

（47）M. Provost, *Le Val de Loire dans l'antiquité*, Paris, 1993.

（48）É. Lorans, *Le Lochois du haut Moyen-Age au XIIIe siècle. Territoires, habitats et paysages*, Tours, 1996.

（49）たとえばローマ史家レモン・シュヴァリエが主宰して刊行している『カエサロドゥヌム』の最新号は、古代のロワール川を主題とした多くの興味深い論考を収録している。La Loire et les fleuves de la Gaule romaine et des régions voisines, *Caesarodunum*, XXXIII-XXXIV, Limoges, 2001 参照。

（50）Ph. Depreux, Les préceptes pour les *Hispani* de Charlemagne, Louis le Pieux et Charles le Chauve, *Civilisation Médiévale*, t.XII, *Aquitaine-Espagne (VIIIe- XIIIe siècle)*, Poitiers, 2001, pp.19-38.

（51）森本芳樹『西欧中世経済形成過程の諸問題』木鐸社、一九七八年、丹下榮『中世初期の所領経済と市場』創文社、二〇〇二年参照。

（52）Ch. Lauranson-Rosaz, *L'Auvergne et ses marges (Velay, Gévaudan) du VIIIe au XIe siècle. La fin du monde antique ?*, Le Puy-en-Velay, 1987, passim.

（53）佐藤彰一「マンフェルム文書と修道院——一〇世紀トゥール地方の世襲借地制をめぐるノート」『西洋史研究』新輯27、一九九八年、一二二—一三九頁。

（54）D. Barthélemy, *La société dans le comté de Vendôme de l'an mil au XIVe siècle*, Paris, 1993, p.29 参照。

（55）この点については佐藤彰一『ポスト・ローマ期フランク史の研究』岩波書店、二〇〇〇年、第四章ならびに第九章参照。

（56）A. Verhulst, La genèse du régime domanial classique en France au Haut Moyen Age, *Agricoltura e mondo rurale in Occidente nell'alto medioevo*, Spoleto, 1966, pp.149-152.

(57) J. Barbier, Palais royaux et possessions fiscales en Ile-de-France, *L'Ile-de-France, de Clovis à Hugues Capet du Ve siècle au Xe siècle*, Musée Archéologique Départemental du Val d'Oise, 1993, pp.41-46 参照。

(58) M. Bloch, L'Ile-de-France (Les pays autour de Paris), *Mélanges Historiques*, t.2, Paris, 1983, pp.703-710 参照。

(59) Barbier, *op. cit.*, p.42 参照。

(60) パリ以北の王領地へのフランク人をはじめとするゲルマン人の定住については、A. Bergengruen, *Adel und Grundherrschaft im Merowingerreich*, Wiesbaden, 1958, pp.127-140 参照。

(61) F. Braudel, *L'identité de la France. Espace et Histoire*, Paris, 1986 参照。

(62) B. Cunliffe, *Facing the Ocean. The Atlantic and Its Peoples,* Oxford, 2001 参照。

第Ⅰ部 司教支配と王権

第一章　メロヴィング朝転換期のル・マン地方社会と司教ベルトラムヌス

はじめに

五九〇年に入って深刻な様相を呈し、六一三年のネウストリア分王国の勝利とともに終結するフランク三分王国間の内戦が、慢性的とも言える紛争状況に置かれたメロヴィング朝期フランク史のなかでも特に重要な意義をもち、またクロタール二世の統一王権による新体制の開始を告げるパリ勅令(六一四年)が、メロヴィング王国政治史・国制史の転換を画す一大事件であったという点については、歴史家の間でほぼ確立した認識となっており、通説としての地位を占めていると言ってよいであろう。[1] 本章でその遺言状を詳しく検討するル・マン司教ベルトラムヌスは、五八六年頃に司教に就任し、[2] クロタール二世に忠誠を誓った教会人として絶えずこの争乱の渦中にあった人物で、そのためもあってか、フォリオ版の刊本で一八頁にもおよぶ類例のない長い遺言状には、[3] この戦乱のみならず六・七世紀交の時期における政治、社会、経済の具体相を明らかにする事実が少なからず盛り込まれており、また本文の大部分を占める土地財産の列挙とそれらの取得原因の説明は、簡略ではあるものの他に有力な史料をもたない七世紀初頭の所領構造、および生産・流通組織研究の素材として貴重である。

七世紀という時代は大陸西欧社会がイングランド、北海諸地方、地中海沿岸と緊密に結びついた流通網を組織し、[4]古典荘園制という西欧独自の生産と支配の仕組みを創りだし、[5]その普及に主導的役割を果たした大修道院が、アイルランドから到来したコルンバヌスの影響下に司教の支配から脱して、[6]聖界領主として文化・経済の両面で重要な革新を実現し、さらにローマ教皇庁がガリア教会の掌握に本格的に乗りだし、その結果両者の間にこれまでにない緊密な関係が確立するなど、[7]一言でいえば西欧中世社会発展の歴史的枠組が形成された時代であるだけに、地域史的な手法による詳細な研究は、その変化を具体的に把捉し、歴史の内実をより豊富にするのに有益であろう。

ところで、この遺言状の原本はベルトラムヌス自身が創建したル・マンのサン・ピエール＝ポール修道院にフランス大革命まで保存されていたが、革命の混乱のなかで失われてしまった。[8]革命以前にこの原本を見た一人P・ルヌアールの証言によると、それは羊皮紙を継ぎ合わせた幅五〇センチ、長さ七メートルの細長い帯状の体裁で、巻物状にして保管されていた。[9]今後この原本が再発見される可能性が絶無とは言えないにしても、それは極めて少ないというのが率直な感想である。それゆえわれわれが底本として依拠するのは九世紀後半に書かれた『歴代ル・マン司教事績録』(Actus Pontificum Cenomannis in urbe degentium 以下『事績録』と略記)の一二世紀頃の写本によって伝来している版の刊本である。[10]本章では印刷された刊本としてパルドゥスュとビュソン＝ルドゥリュの二つの版を、[11]また未刊行ではあるが現在ル・マン市立図書館に手稿本二二四番として保存されている、先の『事績録』の写本から直接に転写した最新の版であるF・ガドビィのテクストも参照する。[12]綴字形・句読点法に相違がある場合は後者に優先的に依拠することとする。

一　出自と出身門閥

ベルトラムヌスの出自と聖職者としての経歴および事績について、『事績録』に収められた『ル・マン司教ベルトラムヌス猊下事績』(Gesta domni Bertichramni Cenomannice urbis episcopi 以下『猊下事績』と略記)で、ごく簡単に触れられている。それによると、ベルトラムヌスは「アクイタニア人、フランク人双方の血をひく、高貴なる血統」[13]に生を享けたのであった。そして年齢は不詳だが長じてトゥールで剃髪し、[14]聖職者となる。『猊下事績』はトゥールのどの教会で剃髪が行なわれたかを詳しく伝えていないが、その遺言状のなかでベルトラムヌス自身が、それがトゥールのサン・マルタン修道院で挙行されたと明言している。[15]その後パリ司教ゲルマヌスのもとで聖職者としての修養を積み、しかるべき叙階を授けられた。[16]ゲルマヌスは五七六年に没しているから、[17]ベルトラムヌスがゲルマヌスのもとで聖職者としての教育を受けたのは、遅くとも五七六年以前ということになろう。トゥール司教グレゴリウスは『歴史十書』において、ベルトラムヌスはル・マン司教に叙任される前はパリ司教座の助祭長(archidiaconus)であったと証言しているところから、[18]『猊下事績』の語るパリ司教による叙階とは、助祭(diaconus)もしくは助祭長へのそれであったと推定される。その年代は明示されていないが、グレゴリウスの叙述においてベルトラムヌスの司教叙任を語る第八書三九章の一章前の内容がキルデベルト二世の治世一一年目、[19]すなわち五八六年であり、また四章あとの第四三章の内容が同王の治世一二年目、[20]つまり五八七年とされているところから、ル・マン司教への叙任は五八六年から五八七年にかけての時期と考えられるのである。

司教就任以前のベルトラムヌスに関する、『猊下事績』や『歴史十書』などの叙述史料に現われる直接的な記録は、以上が全てである。遺言状を含め、いかなる史料にもベルトラムヌスの両親の名前は明かされておらず、「高貴なる血統 nobilis genere」と言っても、具体的にどの家門に属するのか史料は完全に沈黙している。トゥール司教グレゴリウスは年齢こそ多少の開きがあるものの、ベルトラムヌスの同時代人であり、かつ両者は隣接司教区の司教同士として直接的な交渉があったのは明白であるにもかかわらず、偶然か故意かこの同僚司教の出自には全く触れていない。

ところで先に言及したベルトラムヌスの司教叙任の事実以外に、彼は『歴史十書』のなかで司教就任後のベルトラムヌスの事績について二度ほど言及している。ひとつは同書第九書一八章の記述で、ナント地方に侵入したブルトン人との交渉のために、王グントラムヌスの命令で使節としてオルレアン司教ナマティウスとともに彼らのもとへ派遣されたこと。[21] もうひとつは同じく第九書四一章の記述で、五八九年頃王族の子女を修道女として多数擁していたポワティエのサント・クロワ女子修道院で勃発した修道女たちの反乱事件に関して、ベルトラムヌスは修道女を追放処分にしたボルドー司教が事情説明を行なった諸司教宛書簡で、当時宮廷に参集していた司教の一人として名前が挙げられている。[22] だが要するに、いずれにおいてもベルトラムヌスの名前を挙げただけの最小限度の所見でしかない。M・ド・マイエは、グレゴリウスのベルトラムヌスその人というより、正確にはベルトラムヌスの出身門閥についての沈黙を故意の言い落とし、不快感の表明と考え、その理由として過去にグレゴリウスとこの門閥の有力成員との間に生じた敵対関係を想定し、[23] これを前提としてル・マン司教の血縁関係についての極めて大胆な仮説を提示した。以下ド・マイエの推論と、それを支持しさらに議論を敷衍したU・ノンの所説を紹介しつつ、[24] この点について若干立ち入った検討を加えておこう。

ド・マイエはまず具体的な事実として、ル・マン司教と同じ名前をもつ同時代人である二人のベルトラムヌスの存在に注目する。一人は五七七年頃から五八五年までボルドー司教であった同名の人物で、もう一人はこのボルドー司教の助祭で、同じくベルトラムヌスなる人物である。後者は別名 Waldo と称し、ボルドー司教ベルトラムヌスが死の床で事実上後継者に指名したとされる男である。[25] このワルド＝ベルトラムヌスは、司教ベルトラムヌスの死後、慣例に従ってボルドー市民の同意書と王への贈物を携えてグントラムヌスのもとへ赴き、正式に後継司教としての承認を得ようとしたが、結局王はサント伯ドドを後任に指名したのであった。[26] ド・マイエはボルドー司教になりそこねたワルド＝ベルトラムヌスこそ、おそらく翌年のことと思われるが、ル・マン司教に任命されたベルトラムヌスその人であったと主張するのである。[27] グレゴリウスは『歴史十書』において、この二人のベルトラムヌスに言及していながら、彼らが同一人物であるとの指摘はおろか、それをほのめかすことさえせずに、全く無関係の人物の如く叙述している。

それにもかかわらずド・マイエが両者の同一性を敢えて主張した理由は、第一にグレゴリウスはボルドー司教ベルトラムヌス一門にある屈折した感情をもっており、その叙述のなかで好意的に描写しえなかったこの門閥に、同輩司教であるル・マン司教ベルトラムヌスが属している事実を明示するのを避けたに違いないという書き手の心情への憶測を交えた推測。第二に助祭ワルドの任地をボルドーではなく、パリであると推定しうる文言の存在である。最初の点についてド・マイエの推論を支持するノンは、とりわけベルトラムヌスという名前の珍しさを強調するが、他ならぬ遺言状の本文にもう一人ベットー＝ベルトラムヌスの名前が見えるところから、[28] あるいはこの門閥に独特の名前かもしれないが、[29] それ自体としては特に珍しいものとは言えないであろう。従って単に名前の一致からだけでは、人物の同一性を証明したことにはならない。そこでド・マイエはボルドー司教ベルトラムヌスの臨終に立ち会った助祭ワルドがボルドーの助祭ではなく、実はパリの助祭であった事実を論証しようとする。そのために彼女が注目したのはボルドー司教の死後後継者として王に承認を得るべくパリに向かったワルドを、グレゴリウスが regressus (=regredi 戻る) という動詞を用いて表現している事実で、ここから助祭ワルドは死の間近いことを知ったボルドー司教によってパリから急遽呼び寄せられたのであり、従ってそもそもはパリの助祭であったと推定する。[30]

さらに同時代の即興詩人で、メロヴィング王家の諸宮廷で王族、貴顕へ捧げる頌詩を数多く作ったウェナンティウス・フォルトゥナトゥスの作品集『頌詩』の一篇(IX・13)に「助祭ルプスとワルドに捧ぐ ad Lupum et Waldonem diaconos」と題された作品が存在するが、ここで詩を捧げられているワルドがパリの聖職者であり、[31]この詩が五七六年と五八四年の間に作られたというフォルトゥナトゥスの詩作品研究の成果を踏まえて、[32]このワルドがボルドー司教のもとへ赴いたワルド＝ベルトラムヌスであったと主張するのである。[33]フォルトゥナトゥスはこの詩のなかで、まさしくル・マン司教が『猊下事績』において語られているのと同じように、ワルドがパリ司教聖ゲルマヌスに特別の敬愛の情をいだいていることを示唆している。[34]このようにド・マイエは、ル・マン司教すなわちフォルトゥナトゥスが頌詩を捧げたパリ助祭ワルド、すなわちボルドー司教ベルトラムヌスのもとへ赴いた助祭ワルド、すなわちベルトラムヌスという等式を論証するのにかなり成功しており、ノンによってほぼ確実な推定という評価を与えられている。[35]

だが課題としてより重要なのは、有力な仮説が示されていながら、依然として未解決のままに残されているル・マン司教の門閥帰属の問題である。[36]ボルドー司教ベルトラムヌスが死期の間近いことを知って、後継者に据えるべくパリから呼び寄せた人物が洗礼名、すなわち正式な名前としてベルトラムヌスを名乗っていた事実は、この時代における司教座の同一門閥成員による継承傾向を考慮するならば、[37]両者が血縁関係で結ばれていたことを示す有力な材料である。このボルドー司教ベルトラムヌスの親族関係は、『歴史十書』の叙述から相当程度復元することができる。それによると彼の母親はインギトルデ Ingitrude と称する女性であるが、[38]彼女はクロタール一世の妻となった二人の姉妹イングンデ Ingunde とアレグンデ Aregunde[39]と姉妹関係にあったと見られている。[40]インギトルデにはベルテグンデ Berthegunde という名前の娘がいた。E・エヴィヒやノンは、ル・マン司教の母親としてこのベルテグンデの名を挙げている。[41]『歴史十書』第九書三三章はインギトルデ、ベルテグンデ母子の確執と、ベルテグンデとその夫、すなわちエヴィヒやノンがル・マン司教の父親と推定している男との諍いについての、複雑かつ詳細な報告で占められている。かなり長期にわたって続いた母子・夫婦間の争いを、グレゴリウスは当該章の時間的枠組を越えて、その発端にまで遡って叙述しようとしたため、また継起する諸事件間の時間的隔たりが必ずしも明記されないために、その正確な年代経過の再構成にはかなりの困難をともなう。だがル・マン司教ベルトラムヌスが果してイングンデ・アレグンデ・インギトルデのジッペに帰属するのか、もしそうであるとすれば、どのような位置にかといった点を明らかにするためには、それは欠かすことのできない作業である。以下若干の紙数を費やして、『歴史十書』第九書三三章の内容を要約しておこう。

まずグレゴリウスはインギトルデがトゥールのサン・マルタンの前庭に小修道院を建てて住んでいたが[42]、この章に当てられた五八九年頃に自分の娘ベルテグンデを告発すべく、国王グントラムヌスの前に姿を現わしたところから書き出す[43]。そのあと叙述はこのインギトルデの修道女で、以前パリの王であったカリベルトの娘が、院長インギトルデの不在を恰好の機会としてル・マン地方に帰って行くという一見脈絡から外れたように見える些事を一、二行述べた後で、この章の中心テーマであるインギトルデとベルテグンデの確執を、時間を遡って詳しく語っている。発端は創建者であり院長でもあるインギトルデが、娘にたいして夫と子供を棄てて後継院長になるために自分のもとで修道生活に入るよう勧誘したことにあった。娘はこれに応えて夫とともにトゥールに到来し、そして夫に一人で故郷に帰って子供と領地を世話するように促し、自分はトゥールの母親の修道院にとどまる意志を宣言した。思いあまった夫は、著者でトゥール司教であるグレゴリウスを訪れ、妻の翻意のための関与を要請し、グレゴリウスは懇願を受けて、幸福な結婚生活を軽視するような行為は破門に価すると威嚇して、ベルテグンデに世俗生活の放棄を一応断念させる。発端からここまでは、ひとまとまりの時間のなかで推移した事態である。この局面をＡとしておこう。

その後三、四年して、インギトルデの再度の要請に応じて、娘は夫の留守中に自分と夫の財産を携え、息子を一人伴ってトゥールに到来した。[44] しかし母親は娘の夫からの追及を恐れ、彼女を自分の息子であるボルドー司教ベルトラムヌスのもとへ送った。ベルテグンデの夫はボルドーまで追いかけ、何とか妻を帰郷させようと努力するが、ボルドー司教は彼らの結婚がもともと両親の同意を得ていなかったとして、何度かボルドーに足を運ぶ夫の要求を拒否し続けた。ここで作者グレゴリウスは、二人の結婚が行なわれてから既に三〇年が経過した事実を付け加えているが、[45] これは二人の結婚の時期を推測する有力な手掛りを与えてくれる。それと同時に、三〇年間の実質的な夫婦関係が、親族による同意を得ていない結婚を適法ならしむるという法慣行が、ローマ的色彩の強いガリアで一般原則になっていたらしいことを示唆している。[46] それはともかく、ここまでがひとまとまりの局面でこれをBとしておこう。

このBから次のC局面までどのくらいの時間が経過したか、推測を許すような文言を見出せないのだが、ベルテグンデの夫が妻を取り戻すべく足繁くボルドーに通ったという事実から、[47] せいぜいのところ一、二年、場合によっては数か月しか経過しないでC局面に入ったとみられる。この局面の詳しい年代はわかっている。それはクロタール二世の洗礼式に臨席すべくパリに赴く途中、オルレアンに到来した王グントラムヌスの面前で、おそらく王に随行していたと思われるボルドー司教ベルトラムヌスを、待ち受けていたベルテグンデの夫が激しく非難することで始まる。五八五年七月のことである。[48] 非難の内容を知った王は、ボルドー司教とベルテグンデの行動に怒り、司教にただちに後者を夫のもとに返すよう命じた。この時王はベルテグンデを自らの親族であると、[49] またボルドー司教を母方の血統による親族であると明言している。[50] これにたいしてボルドー司教は命令に服すると見せかけ、実はベルテグンデに使いをやってトゥールのサン・マルタン修道院に修道女として留まるよう指示したのであった。兄の指示に従って修道衣に身を包んだ彼女は、夫の要求を拒否するのである。この間、ボルドー司教ベルトラムヌスが病没する。それが五八五年中なのであるから、このC局面は五八五年七月から同年一二月までの半年間の出来事ということになる。

最後のD局面は、兄ベルトラムヌスの死に衝撃を受けたベルテグンデが、一時自らの態度を反省しポワティエ地方に身を落ちつけるところから開始する。彼女をあくまで後継院長にしようとする母とベルテグンデとの溝は深まり、男子の相続人の死によって生じた父系財産の相続争いに発展する。グレゴリウスによれば一方は子供に権利があるとし、他方は妻の権利が優先すると互いに譲らず、国王法廷に何度か訴えた。そして結局四分の一がベルテグンデに、四分の三がインギトルデと「一人の息子から」得た孫たちが受領すべしという判決が下されたのである。この「一人の息子から de filio uno」という表現がインギトルデに未知の息子がいたことを指しているのか、それとも周知の息子ボルドー司教ベルトラムヌスをそれとなく指しているのか判然としない。ボルドー司教の経歴が不明なために、彼が司教登位以前に俗人として結婚生活を送ったことがあるのかどうかは明らかではないが、もしそうであるとすれば、その時期の子供ということも十分考えられる。さてこの最後のD局面は、五八六年からこの章の冒頭部分が位置する五八九年の間である。翌五九〇年にインギトルデは満七九歳の長寿を全うして他界した。[52]

ル・マン司教ベルトラムヌスの出自に関する通説的見解は、前に述べたように、インギトルデの娘ベルテグンデをその母親に同定している。従って仮にベルテグンデが一度しか結婚していないとすれば、ベルトラムヌスの父親は長々と紹介したばかりの三三章の記述のなかで、執拗に妻を追いかける人物ということになろう。おそらくこの人物はフランク王国の有力者の一人と推定される。グレゴリウスが終始その名前を秘して挙げないのも、この人物の体面を慮っての事と思われるのである。

次に三三章の叙述その他を手掛りとして、ル・マン司教ベルトラムヌスが果たしてベルテグンデとその夫の子供である可能性が年齢の面から成立しうるか否かを検討してみよう。ベルトラムヌスがル・マン司教に叙任された時の年齢は不明なので、もとより厳密な論証は期待できないのだが、蓋然性の枠内で判断することはできよう。出発点となるのは祖母とみなされるインギトルデの生年であるが、彼女は五九〇年に七九歳で死去しているから五一一年に生まれたことになる。彼女が何歳で結婚したか、これまた一切記述がないので推測の域を出ないのだが、仮に一〇代の終わりから二〇代の初めと考えると、五三〇年前後ということになろう。この結婚から生まれた最初の息子と思われるボルドー司教ベルトラムヌスが病没したのが五八五年であるから、彼がインギトルデが結婚して間もなく生まれた息子だとすると享年五五となり、とりたてて若くもまた老齢ということでもなく、彼が生前フランク政治世界で有した影響力などを勘案しても妥当な年齢であろう。妹ベルテグンデとの年齢差は不明だが、仮に四、五歳離れているとすれば、五三五年頃がベルテグンデの生年に比定されるから、ル・マン司教の父親との「結婚」は五五五年前後ということになるであろう。

三三章のC局面(五八五年)に関して、グレゴリウスは、二人が「結婚」後約三〇年を経過していると述べているが、五五五年という推定時期がこの証言からも裏づけられる。この事件の発端となった局面はC局面を遡ること三、四年であるから、五八一―五八二年頃に位置づけられるが、その当初から作者のグレゴリウス自身が事件に司教として関与していた。彼がトゥール司教に任ぜられたのが五七三年であるから、[53]事件の発生はその司教在任八、九年目にあたり、この面からもわれわれが提示するクロノロジーに不都合な点はない。五五五年頃をベルトラムヌスの父母の「結婚」の時期と考えると、彼が五八六年頃にル・マン司教に叙任された時、その年齢はおよそ三〇歳ということになる。ちなみにトゥール司教グレゴリウスが助祭に任命されたのは二五歳、司教に叙任されたのは三五歳であった。[54]ベルトラムヌスの遺言状は六一六年三月二七日の日付をもっているが、ヴァイデマンの最新の研究によればその没年は六二三年であり、この説が正しく、また彼の生年が五五五年であるとすれば、その享年は六八となる。[55]『猊下事績』は彼の死を、「歳月を経て、良き老齢を迎え穏やかに没す plenus dierum in senectute bona, obiit in pace」[56]と表現している。senectus（老齢）なる呼称は、セビージャのイシドルスが提示するある年齢区分法によれば、五〇歳から七七歳までを指すのに使われる。[57]

ベルトラムヌスの遺言状には、彼の兄弟としてベルトゥルフス Berthulfus とエルメヌルフス Ermenulfus[58]の名前が挙げられている。前者は六〇〇年以後、とりわけ激化するネウストリア、アウストラシア、ブルグンド三分王国の内戦において、[59]クロタール二世に従軍して戦死している。[60]後者エルメヌルフスは、多分六一三年のクロタールの統一王権確立後と思われるが、内乱の混乱のなかで失われたボルドー市内の館にたいする権利を兄のベルトラムヌスと協力して取り戻している。[61]この人物の経歴については、これまでこれといった仮説は提示されていないが、われわれは彼を六一四年のパリ公会議にエヴルー Évreux 司教として出席したエルメヌルフスに同定できると考える。[62]その理由は遺言状のなかでエルメヌルフスが自らの持分をベルトラムヌスに贈与したとされる villa Murocincto[63]が他ならぬエヴルーの司教区に位置しているからであり（図2参照）、このウィラの持分が三分割され、兄弟がそれぞれ持分を有していたと推定されるところから、世襲領と考えられる。ベルトラムヌス一門は、この地方にも勢力を養っていたと想定されるのである。エルメヌルフスは遺言状が作成された六一六年には既に死亡している。[64]死亡したのは六一五年ということになろう。

ノンはベルテグンデにはベルトラムヌス、ベルトゥルフス、エルメヌルフスの三兄弟以外に娘が一人いたと推定している。その存在を直接に示す言及はなく、名前も不詳なのだが、ル・マン司教が遺言状においてしばしば土地財産の遺贈を行なっている甥（nepos）[65]および甥の息子（pronepos）[66]たちは、この妹夫婦の息子と孫であると彼は主張するのである。[67]二人の甥はそれぞれシゲケルムス Sigechelmus、トリングス Thoringus なる名前を帯びており、三兄弟のうち唯一の俗人で、妻帯の可能性のあるベルトゥルフスに由来する名前を全く帯びていないところから、両者はともに名前の知られていない妹夫婦の息子たちである可能性が高い。

以上の考察を図示すると図1のようになる。

ベルトラムヌスの属する門閥が、六世紀初頭から七世紀初頭にかけてのメロヴィング政治世界で有した比重と、実際に果たした、あるいは果たしえた役割の全容を把握するためには、図1中のNN1とNN2の二人の人物の同定が必要である。そこで次に残された乏しい材料で、可能な限りそれを試みてみよう。

最初にNN1についてであるが、インギトルデがクロタール一世(在位五一一—五六一)の妻であった二人の姉妹イングンデ、アレグンデと単に血縁関係にあったばかりでなく、おそらくは二人の姉か妹であったとのW・マイヤーの推定は、[68]最近のエヴィヒやノンの論考においても妥当なものと承認されている。[69]先に紹介したがグレゴリウスは『歴史十書』第八書二章で、クロタール一世とイングンデの間に生まれたブルグンド王グントラムヌスが、インギトルデの息子であるボルドー司教ベルトラムヌスを「母方の血統による親族」であると、その反国王的行為を非難したことがあった。[70]この非難はクロタール一世の息子を僭称し、南ガリアを中心に一時大きな勢力をふるった簒奪者グンドヴァルドゥスに、同司教が加担したことにたいするものであるが、[71]実はこのグンドヴァルドゥスは自分がクロタール一世の息子である事実を知る人として、かつてクロタールの妻で当時ポワティエのサント・クロワ修道院長であったラデグンドと、トゥールのインギトルデの名を挙げているのである。[72]クロタール一世の妻であったことが知られている六人の女性、すなわちグンテウカ Guntheuca、ラデグンド、イングンデ、アレグンデ、クンシナ Chunsina、ヴルデトゥラダ Vuldetrada[73]のうち、この時点で唯一ラデグンドのみが存命中であったからであろう。

それではインギトルデもまた、クロタール一世のこれまで知られていない妻であったのだろうか。そうとは思えない。ここで若きグンドヴァルドゥスが、クロタール一世の兄弟でパリ王のキルデベルト一世(在位五一一—五五八)に保護され、パリ宮廷で暮らした事実を想起する必要がある。[74]キルデベルトが五五八年に他界すると、彼は後継のパリ王となったカリベルトのもとで養われたのであった。[75]グンドヴァルドゥスのインギトルデへの言及は、こうし

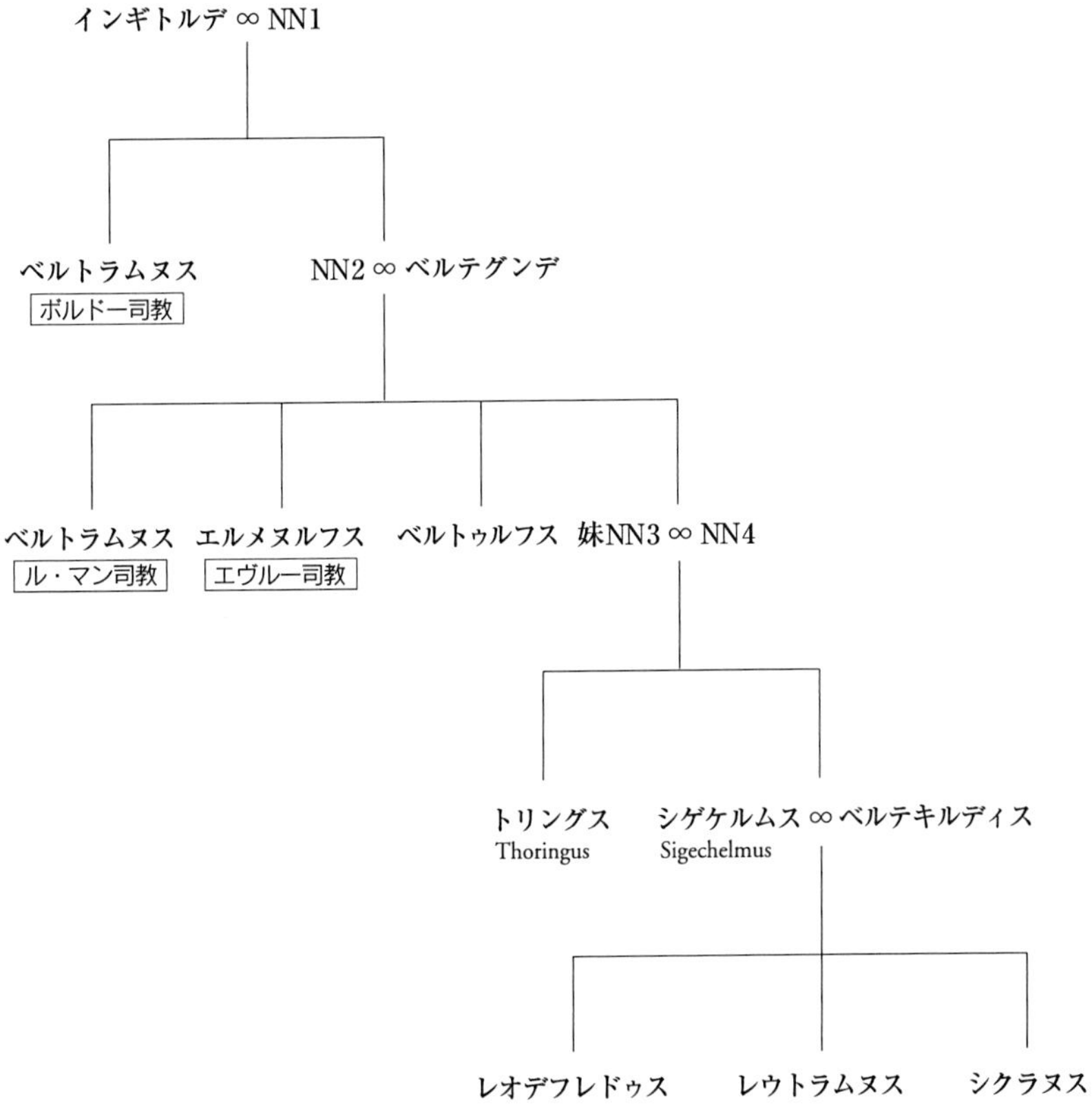

図1 ベルトラムヌスの系譜(推定)

たコンテクストのもとで理解されねばならない。インギトルデはパリ宮廷と関わりの深い人物であったのである。われわれはさらに一歩踏み込んで、彼女自身が一時期パリ宮廷にあったと推測する。同宮廷とインギトルデとの密接な関係は、先に詳しく検討した『歴史十書』第九書三三章の初めの部分で、パリ王カリベルトの娘ベルテフレドがインギトルデに託されていたことからも推測できるのである。[76] もうひとつ、トゥールのサン・マルタン修道院とパリ宮廷の密接な関係を傍証するものとして、クローヴィス一世の妻クロティルドが夫の死後パリを離れ、同修道院の前にサン・ピエール修道院を建設して隠棲した事実が挙げられる。[77] グレゴリウスの語るところでは、彼女がパリを訪れるのは稀であったが、当時シテ島に存在した宮廷との縁が切れなかったことは、その後もキルデベルト一世のもとに滞在し、早世した息子クロドミールの子供たちの悲劇的な最期の遠因を作ったエピソードからも知られる。[78] クロティルドはトゥールでこの世を去り、パリに運ばれ、とりわけ王家の崇敬篤かったサン・ピエール修道院で亡夫クローヴィスの傍らに埋葬されている。[79]

ところでサン・マルタン修道院の敷地内に私有の修道院を建設できるのは、クロティルドの例に見られるように例外的に地位の高い人物であり、たとえ高貴な血統に属するとしても、単に王妃ゆかりの者というだけでは十分な資格とはならない。その種の修道院は、王統に属する者の鎮魂という優れて政治的な役割を課されていると考えられるところから、それをなしえたのは女性の場合王妃、もしくは王妃と同格の者に限られたと見なければならない。こうした点を考慮するとき、インギトルデもまたそのような由来の女性であったとみなさざるをえないであろう。われわれの推定は、彼女をパリの王キルデベルト一世の concubina（側室）とすることである。キルデベルトの正室として唯一知られているのはウルトロゴート Ultrogoth であるが、彼女は五五八年の同王の死に至るまで知られる限りただ一人の正室であり続けている。[80] 従ってインギトルデはグレゴリウスが記録にとどめていない、キルデベルトが比較的若い頃の正室もしくは側室であったのではなかろうか。インギトルデの二人の子供がベルトラムヌス、ベルテグンデというように、いずれも Bert- なる語で名前が構成されているが、これが Childebert の -bert に由来する可能性を否定できない[81]。

このように考えてくると、ボルドー司教ベルトラムヌスが「父」キルデベルトが庇護した簒奪者グンドヴァルドゥスに強い親愛の情を寄せ[82]、サント司教パラディウスなどとともにグンドヴァルドゥスを支持した事実[83]、にもかかわらず簒奪者の企図が失敗した後でも、表面的にはグンドヴァルドゥスの命令である人物をダックス Dax 司教に叙任したという、いわば微罪でしか咎められなかったという事実[84]、いずれもインギトルデの息子の出自の特異さの証しとして理解されよう。キルデベルト一世は九世紀以後サン・ジェルマン・デ・プレと呼ばれることになる、パリのサン・ヴァンサン修道院の建設者であり、自らここに埋葬されたのだが、ル・マン司教ベルトラムヌスがトゥールで髪を落とし、この修道院で修行を積んだのは単なる偶然であったのだろうか。自らの門閥にまつわる伝承、門閥意識が彼をしてこのような父祖ゆかりの地を選ばせた理由ではなかったのだろうか。

次に NN2、すなわちル・マン司教ベルトラムヌスの父であり、ベルテグンデの夫であった人物について検討してみよう。既に何度も言及した『歴史十書』第九書三三章には、ル・マン司教の両親の不和の経緯がかなり詳細に述べられているが、父親の名前が一切明かされていないことは先に指摘した。そしてその理由は、おそらくこの人物が当時のフランク王国において影響力をもった有力門閥の出身者であり、この点を配慮したグレゴリウスの意図的な作為によるものであろうということも、われわれの推測として述べた。ところでル・マン司教の遺言状に、ただ一か所この父親と思しき人物の名前が挙げられている。しかしながら、これには筆写の正確さという微妙な問題がからんでおり、大きな疑問が出されているのである。すなわち遺言状には“Similiter villam secus Pocilenum vicum, quam genitor Hludovicus, tribunus Bessorum, nobis pro solidis M venundedit...[85]”なる文言があるが、このパルドゥスュの版は、今日まで伝わる主要な写本である『事績録』とは一部別系統の文書、写本をもとに、一七世紀にル・コルヴェジエが作った版をそのまま踏襲したものである。[86] これにたいして一八世紀初頭に、現存するル・マン市立図書館写本二二四番の一二世紀の写本と、一七世紀のA・デュシェヌの転写文書を下敷きにしたマビヨン版[87]では "… quem genitor Bladovic tribuno Bessorum, nobis pro soledus nostros vendidit…"[88]となっており、最初のそれとはかなり異なる読みが提示されている。さらに第三の比較的新しいビュソン＝ルドゥリュとガドビィの版は、"… quem genitor Blado Victriberno Bessorum, nobis pro soledus nostros unde dedit…"[89]と、これまた前二者とはかなり違った読解を提示している。この三つの版のうちどれが正確な版であるかは、オリジナルが失われた今となっては、残念ながら確定のしようがない。血縁上の父を意味する genitor のあとに続く名前自体が Hludovicus, Bladovic, Blado と三者三様なのである。差異は専ら一二世紀、あるいはそれ以前に写本を作成した修道士たちの、七世紀初頭に成立した原本の書体の読解能力と、転写の厳密性の度合に起因しており、上記三つの名前のうちいずれが正しいのかを確定するのは重要なことだが、われわれの当面の課題にとって一層大事なのは、そもそもこの genitor が果たしてル・マン司教の父を指しているのかどうかという点である。

エヴィヒはマビヨンの読解に依拠しつつ、一部修正を加えて、これがル・マン司教の父を意味していると考えた。論拠のひとつは Bladovicus なる名前の構成要素 Blado と、ベルトラムヌスの通称 Waldo との間に一定の対応関係があるからというものだが、[90] 仮に Blado=Waldo がフィロロジカルに成り立つとしても、Waldo はあくまで通称であって、ル・マン司教の洗礼名が Berthramnus である事実を忘れてはならない。父祖の名前、あるいはその一部構成要素の継承はその本質上あくまで正式の名称、すなわち洗礼名に関わる現象と見なければならないからである。[91]

ノンはエヴィヒの見解を三点にわたって批判している。第一にこの箇所では genitor の前に所有代名詞の meus(私の)がついておらず、遺言状の他の部分やあるいは母や兄弟を指すときは必ず genitrix mea[92] とか germanus meus[93] と形容していることを勘案すると、先の箇所はベルトラムヌスの父ではなく genitor Bladovici、すなわち「Bladovicus の父」

が正確な読み方ではないかという点。[94] 第二は、その他の父母の名前が当然言及されてしかるべき箇所にただのひとつもないことから、両親の名前を明示しないのが遺言状作成に際してとられた原則と思われること。[95] 最後に、マビヨン版に従えばベルトラムヌスは所領を父から貨幣を代価として買得したことになっているが、これはどう見ても不自然と思われることなどである。[96] ノンのこうした疑問はいずれも正鵠を得ており、われわれもまたここで言及されているのはル・マン司教の父親ではないと考える。そうであるとすれば、この人物同定のための直接的な与件はもはや皆無ということにならざるをえない。残るは間接的な情報からの類推という手段のみであり、以下の作業はそうした試みである。

最初の手掛りは、遺言状に見える父からの相続と明示されている四所領の分布である。四所領とは villa Crisciago,[97] villa Botilo,[98] villare in Cramteno,[99] villa Murocincto[100] であり、いずれもその来歴が ex succesione genitoris nostri、あるいは ex succesione domni et genitoris mei などと表現されている。Crisciago はルアンの西南西五キロにある、セーヌ川とルアン市街を見おろす高台に位置する Croisset に比定されている。[101] Botilo は Croisset から七キロほど上流に遡った左岸の La Bouille に、[102] Villare in Cramteno territorio はパリの東郊 Charenton-Vincennes 地域に、[103] Murocincto は既に言及したように、[104] エヴルー地方の Morsan に[105] それぞれ比定される。これらの比定が正しければ、ベルトラムヌスの父方の門閥は、ルアン地方を中心とするセーヌ川の河口地帯や、パリを活動領域とする一族ということになろう。ルアン地方一帯は、フランク人の定住が特に著しかった地方のひとつであり、[106] またシャラントン Charenton の所領は、この一門のパリ宮廷との親縁関係の表われとも、ルアン＝パリ水運との関係ともいずれとも解される要素だが、おそらくは双方とも関わる現象であろう。セーヌ河口地帯とシャルトル、ル・マン地方を繋ぐ幹線水路ウール川のルアン寄りに位置するモルサン Morsan に世襲領を有したことも、この門閥の勢力基盤がルアンにあったことと、この一門が何らかの交易活動に手を染めていた気配を窺わせるのである。[107] この面で興味深いのは、グレゴリウスの記述のなかでベルテグンデの夫、すなわちル・マン司教の父親と目される人物がボルドーに何度か足を運び、妻を説得して連れて帰ろうとしたと述べられている事実である。[108] この人物の少なからぬボルドーへの出現は、その流通活動への関与と無関係であっただろうか。約半世紀後のことであるが、ルアンに近いサン・ヴァンドリーユ修道院の修道士が取引のために定期的にボルドーに出かけたことが知られている。[109] アクイタニア第一の海港都市ボルドーとルアン地方の間には、この時期にもかなり密な交渉があったのである。

先に述べたように、ベルトラムヌスの父親の名前は知られていない。だがそれを類推する手掛りが皆無というわけではない。それはベルトラムヌスの兄弟の名前ベルトゥルフス、エルメヌルフスである。この二人の名前を構成する要素は全部で三つある。すなわち Berth-, Hermen-, Ulfus- である。このうち Berth は、男女を問わずメロヴィング王家において最も頻繁に採用されるもののひとつであり、この名前が少なくともベルトラムヌスの祖母の代まで遡るらしいことは、仮説として前に示した。だが Hermen と Ulfus とは、これまで知られていない未知の要素である。とりわけ Ulfus は兄弟二人に共通しているところから、ある門閥を代表する名前であって、おそらくベルトラムヌスの父が新たに導入したものと推測される。六世紀後半に Ulfus を一門の基本名として使用している最も有名な家系は、シャンパーニュ大公ルプス Lupus のそれである。ラテン語 Lupus(狼)のゲルマン語訳である Ulfus がこの一族に特徴的であり、例えばルプスの兄弟は Magnulfus、息子は五九〇年にランス司教となるロムルフス Romulfus であった。人名構成が典型的にゲルマン的な二重構成でありながら、Magnus, Romus などラテン語名を構成要素にしていることからもわかるように、この家系はガロ・ローマ人に属している。[110] この一門の出身者をベルテグンデの配偶者に想定するのが困難なのは、その勢力がアウストラシアに深く根を下ろし、ル・マンやルアン地方が属するネウストリアには拠点を持たなかったと思われることである。[111]

さてルアン地方に目を移すと、われわれはラドゥルフス Radulphus(=Radulfus)なる人物に遭遇する。この人物は

『サン・ヴァンドリーユ修道院長事績録』に引用されている六三九年二月の日付をもつある確認証書にルアン伯として登場している。[112] 六三九年という年代からみて、この人物がベルトラムヌス兄弟の父親の可能性はないが、ルアン伯の家門がルアン地方を拠点とする一族であるならば、一、二世代前にベルテグンデの配偶者を出した可能性はある。この点については後に関説する機会があろう。

ところでル・マン司教がその遺言状を作成させた六一六年には、ベルトラムヌスの二人の兄弟は既に故人となっていた。そのために彼はル・マンその他の諸教会に遺贈した残りの財産、なかんずく土地財産を名前の知られていない妹夫婦の子供、すなわち甥のシゲケルムス Sigechelmus とトリングス Thoringus、およびシゲケルムスの三人の息子 Leodefredus, Leutramnus, Sicranus に遺贈している。問題はこうした傍系の一族の拠点はどこであったかということである。『事績録』に収められたベルトラムヌスの後継司教ハドインドゥスの在職期のものとされる、六二五年の Buxiacus 修道院長レオネギシルスの遺言状にレオデフレドゥス、レウトラムヌス、トリングスの三人が証人として登場しており、[113] また同じくル・マン地方のサン・カレ修道院への六三七年のプレカリア証書に修道士シクラヌス Sicranus が寄進の当事者として姿を現わしていて、[114] あたかもこの一族がル・マン地方を勢力基盤にしているかに見える。だが『事績録』に収録されたこれら二文書とも偽文書であることはほぼ間違いない。[115] すぐ前の章に配置されているベルトラムヌスの遺言状から、上記四名の名前を借用し、偽造文書に信憑性を与えようとした結果であることは明らかなのである。

ベルトラムヌスの遺産の相続人となったこれら傍系の一族は、それではどこに拠点を置き、いかなる門閥に連なっているのであろうか。まず甥、すなわち妹夫婦の息子の一人に与えられた極めて特異な名前に注目しなければならない。それは Thoringus である。ところでこのトリングスなる名前は、遺言状が作成されてからちょうど一世紀後、七一六年テューリンゲン大公ヘデン Heden 二世の息子に与えられている。[116] 彼はノーサンブリアから到来してフリーセン伝道に活躍したヴィリブロードに、ヘデンがザール川流域に修道院建設用の土地を寄進した折、その寄進文書に名を連ねている。[117] ちなみにこのテューリンゲン大公のもう一人の子供は娘で、その名前はインミナ Immina と称したが、インミナが Irmmina=Ermina の歪曲形であることは、カール・マルテルの祖母でエヒテルナッハ修道院建設者イルミナに関する詳細な研究を行なったM・ヴェルナーが指摘している。[118] われわれはル・マン司教の兄弟の一人が、同じく Ermin- の名前を帯びていた事実を想起しよう。一見すると単なる意味のない名前の符合とも解される、ル・マン地方とライン中流域という相互に大きく隔たった二つの地域の人的なつながりは、このテューリンゲン大公の一門がネウストリア出身であるという事実によってにわかに蓋然性を帯びてくるのである。この一族の系譜についての従来の見解を一新したと高い評価を受けたA・フリーゼの研究によれば、[119] トリングスの父ヘデン二世の祖父は、ダゴベルト一世(在位六二九―六三九)によってテューリンゲン大公としてネウストリアから派遣されたラドゥルフス Radulfus であり、ラドゥルフスの父ラド Rado は後に言及するクロタール二世の宮宰をつとめた Rado なのである。[120] ラドはマルヌ川沿いにあるジュアール Jouarre 修道院を建設したアド Ado や、ルアン司教アウドイヌス=ダド Audoinus=Dado らと兄弟であり、いずれもクロタール二世および、とりわけダゴベルト一世治下にパリ宮廷で大きな影響力を有した者たちであった。これら三人の兄弟の両親はアウデカリウス Audecharius とアイガ Aiga であったが、[121] 史料で知られる限り最も古いこの一族の始祖に、既にテューリンゲン人の血が流れ込んでいたかどうかは不明である。しかしクローヴィスの時代には、テューリンゲン人はライン川下流、今日のベルギー地方に定住していた事実をグレゴリウスが証言しており、[122] R・ヴェンスクスはクローヴィスによる同部族の征服と、ライン中流域への移住後も、一部はこの地域にとどまったと推定している。[123] もしそうであるとするならば、ネウストリア北部に根を下ろしたテューリンゲン門閥とアウデカリウス一門との結びつきはありえないことではない。五三〇年頃、テウデリク一世(在位五一一―五三四)によって策略をもって葬られたテューリンゲン人最後の王の名前は、Ermin- 系

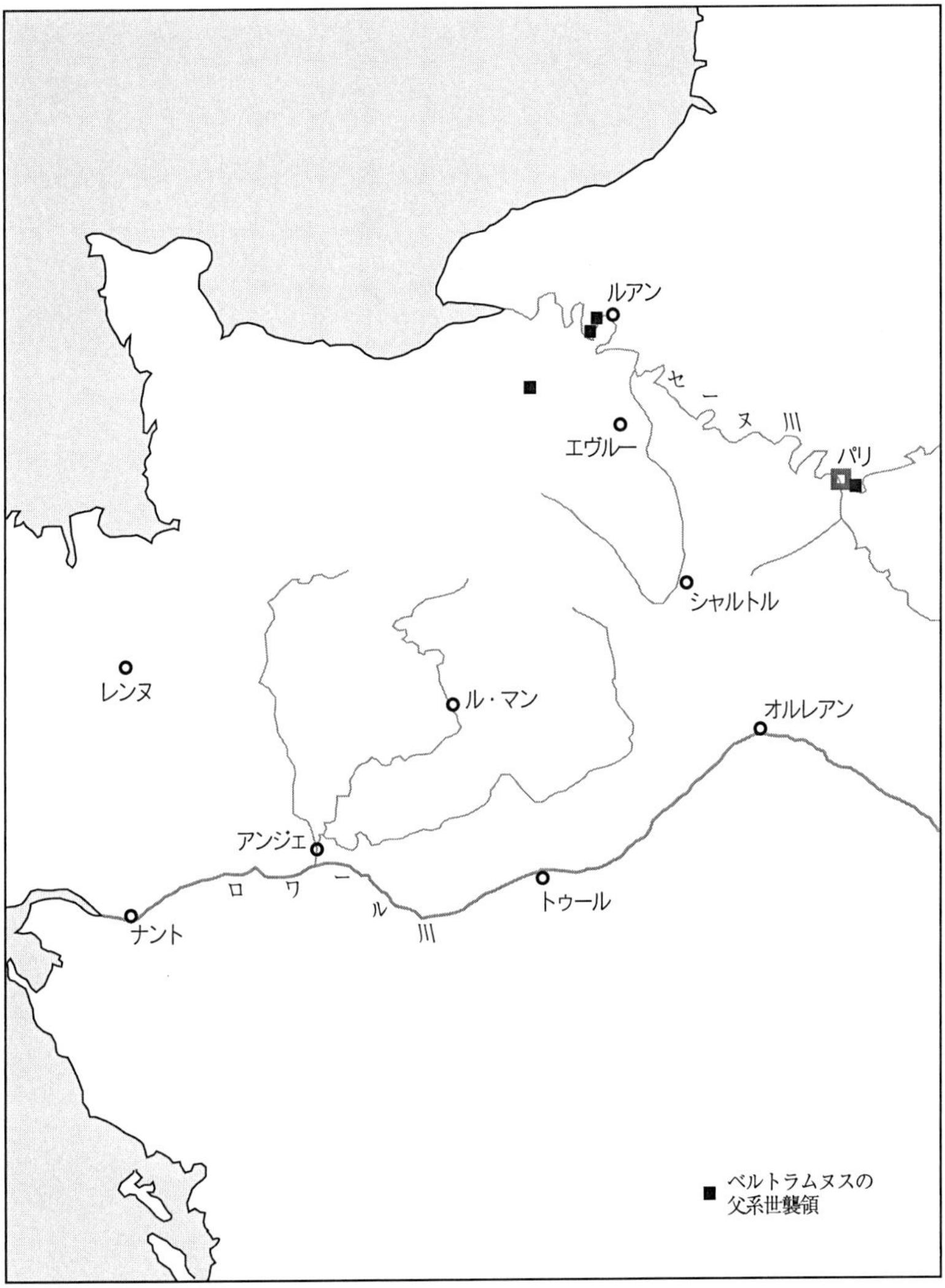

図 2　ベルトラムヌス父系所領の分布

のHermenefredusであり、謀殺の場所はライン下流のチュルピヒであった。[124] ヘデン二世の曾祖父ラドと、先にル・マン司教ベルトラムヌスの父の一族と想定したルアン伯ラドゥルフスRadulfusとが、遠近は別にして血縁関係にあったことは、前者の兄弟アウドイヌスがルアン司教になっていることからも推定できる。

Rado-もまた、テューリンゲン王族によく見られる名前である。先に挙げたテューリンゲン王Hermenefredusの娘はRodelinda(=Radelinda)と称し、[125] また同じくテューリンゲン王ベルトカリウスBerthcariusの娘は、ポワティエのサント・クロワ修道院の創建者で有名なラデグンドRadegundeであった。[126] ルアン司教の兄弟ラドの名前もまた、こうした系譜をひくものと考えられないだろうか。

ところで、既に触れたように『フレデガリウス年代記』によれば、クロタール二世は六一三年の統一王権成立直後に、アウストラシアの宮宰にラドを任命した。[127] H・エブリングはアウストラシアの宮宰になったラドと、ルアン司教の兄弟でダゴベルト一世のもとで財務官となった同名の人物を同名異人と見ているのであるが、[128] フリーゼは両者を同一人物とみなし、アウストラシア制圧直後にクロタールが同王国の貴族集団への牽制策として送り込んだ人物であると考えた。[129] もしフリーゼが説くように、ラドがアウストラシア宮宰に任じられた人物で、かつルアン司教の兄弟であったとするならば、ともにクロタール二世に仕えた身としてル・マン司教と、この人物との間に交友関係があったことは容易に想定される。事実ベルトラムヌスの遺言状には、クロタールがプロヴァンス総督レウデギセルスLeudegiselusから没収した所領を、ベルトラムヌスとラド、それにブルグンド宮宰ワルナカリウスWarnacha-riusの三者に分配したことが述べられている。[130] クロタールは自らの統一王権誕生に献身し、最も信頼厚いとりわけラドとベルトラムヌスへの論功行賞として、[131] これらの所領を贈ったのである。遺言状にはベルトラムヌスが同王から贈与されたものとして総計二二の所領が数えられる。彼がいかに王の信頼を得たかが、この一事をもってしても理解されよう。制圧間もないアウストラシアに、いわば監視役として派遣されたラドについても同様のことが言える。「敵地」での任務だけに、王はその動静を常時掌握するというわけにはゆかず、それだけに特に全幅の信頼に価する人物が選ばれたはずである。ネウストリアから生まれたフランク新政権の中心人物としての、この二人の結びつきは十分考えられることである。それがわれわれが想定したように、ベルトラムヌスの父を介しての両門閥の縁戚関係に基づく真に古いものであったか否かを確かめる手段はないが、いずれにせよ男系の相続者をすべて失ったル・マン司教にとって、妹が再びその一員に嫁したジッペへの遺贈は、極めて自然の成り行きであろう。

この一族はやがてネウストリアのみならず、ブルグンドに勢力を扶植し、ヴュルツブルクを拠点としてテューリンゲンを支配し、バイエルンのアギロルフィンガーと結び、ランゴバルド王国のフリアウル大公領まで勢力を伸ばすことになる。[132]

二　政治活動

前節の初めに述べたように、ベルトラムヌスは五八六／五八七年頃に、パリの助祭長からル・マン司教に任命された。ル・マンはネウストリア王国に属していたが、当時キルペリク一世(在位五六一―五八四)の遺児で、誕生間もないクロタール二世が王位にあったこともあって、ベルトラムヌスの司教叙任に承認を与えたのが果たして本来のネウストリア王であったのかどうか、回答は必ずしも容易ではない。グレゴリウスはベルトラムヌスの叙任を述べた箇所で、その年は多くの司教が他界したと記し、アルルとヴィエンヌ司教の例を挙げ、両司教座の後任がグントラムヌスの承認を得て叙任されたらしいことを伝えているものの、ベルトラムヌスに関してはごく簡潔に叙任の事実のみを語るにとどめている。[133] おそらくクロタールの幼少を理由に、ネウストリアにも保護者的支配を及ぼしていたグントラムヌスが、ル・マンの新司教の就任にも裁可を与えたのであろうが、その行為が王国と教会の旧来の慣行に抵触することを知っているグレゴリウスは、敢えて詳しく語るのを避けたのであろう。同様の、いわば「違法」な任命行為が世俗の官職に関して生じていることから、われわれの推測が裏づけられるのである。すなわち、ネウストリアの大公ベッポレヌスは幼王クロタールの摂政の地位にあった王妃フレデグンドによる処遇に大いに不満で、グントラムヌスのもとに赴いて、同王によってネウストリア領域の大公職を得ているのである。[134] ベルトラムヌスのル・マン司教任命も同じ状況下で行なわれたと考えて良いであろう。ベルトラムヌスはその遺言状のなかで、あたかもグントラムヌスの死によって、はじめてル・マンのキウィタスの支配権が正式にクロタール二世に移ったかの如く述べているが、[135] 先述のようにこうした主張は事実に反している。おそらくは、自らの叙任の国制上の正当性にたいする懸念が、このような文言の必要を彼に感ぜしめたのであろう。

グントラムヌスはその治世の三三年目、[136] すなわち五九三年三月二八日に他界した。[137] 同王の死は当然ながら王国全体にわたって、権力編成の大きな変動をひき起こしたはずであるが、ベルトラムヌスの立場はとりわけ深刻であったに違いない。元来、ネウストリア分王国の司教座でありながら、誠実宣誓をグントラムヌスにたいして行ない、[138] 司教叙任の承認を受けたと思われるからである。だがグントラムヌスの死後、このル・マン地方を実際に掌握したのは、グントラムヌスの養子として同王のブルグンド領域を継承したアウストラシア王キルデベルト二世(在位五七五―五九五)であった。というのも後述するように、クロタール二世は六〇七年頃、再度失ったル・マン地方の支配権をアウストラシア王テウデベルト二世から返還して貰っているからである。

遺言状によれば、ベルトラムヌスはその司教在任期間中に、二度にわたって司教座を追われている。いずれの場合も、ベルトギシルスという名の同一人物によってである。最初の追放は、遺言状の文言によれば「ベルトギシルスは不法なる命令によって、教会法に背いて司教の職に就き、聖母マリア教会とわが財産とを甚だしく奪い、そのために〔ル・マン教会に〕多大の損害をもたらした」。[139] この「簒奪」行為が行なわれたのは、おそらくグントラムヌスの死と、キルデベルト二世によるル・マン地方掌握の時期であったに違いない。その二年後の五九五年にキルデベルト二世が死没し、クロタール二世にはようやくル・マン地方を含む、かつてのネウストリア領域に実効的な支配を及ぼす体制が出来上がったと思われる。「グントラムヌス王の死後……私は国王クロタールに解消不能の宣誓をした」[140]とする遺言状での表白は五九三年ではなく、五九五年の事態を指していると考えられる。以後ベルトラムヌスはクロタール二世にたいして頑ななまでに誠実の態度を貫き通すのである。[141]そしてクロタールの側でも、次節以下で述べるように、それに応えて彼に惜しみない恩恵を施すことになる。

ところでキルデベルト二世の死によって、アウストラシアはその長子テウデベルト二世に、ブルグンド分王国は次子のテウデリク二世(在位五九五―六一三)に継承され、ネウストリアに実効的な支配を行ないうるまでに成長したクロタール二世を含め、三人の王による三分王国体制が再び出現した。がしかし五年後の六〇〇年に、キルデベルトの二人の息子は同盟を結びクロタール二世と対決することになる。戦闘はパリの南東方六〇キロほどのドルメル Dormelles で行なわれ、クロタール軍は敗北を喫した。[142]和議が結ばれ、結局ネウストリア王クロタール二世の支配領域はルアン、ボーヴェ、アミアンの三司教区に縮小された。[143]そしてブルグンド王テウデリク二世がロワール川とセーヌ川の間の地帯を掌握することになる。[144]ル・マンの司教座はまさしくこの地域に見出される。ベルトラムヌスが再び司教座から追放されたのはこの時であろう。またベルトラムヌスの兄弟ベルトゥルフスが戦死したのもこの戦場であったと推定される。[145]ベルトラムヌス自身にとっても、これは最大の試練の時期であったと言えよう。それというのも、彼は単に司教職を奪われたばかりでなく、再度ル・マン司教座に登場したベルトギシルスによって捕えられ、幽閉の憂き目にあっているからである。[146]遺言状の他の箇所で「〔クロタール王にたいする〕私の誠実の態度を崩さなかったために、私が司教座を離れた〔時[147]〕」と述べられている事実は、こうした事態を指している。

さて「簒奪」司教としてのベルトギシルスの二度にわたる登場は、ひとつの重要な問題を提起するように思われる。それは六〇〇年に果たしてル・マン地方がロワール・セーヌ間の他の地方と同じようにテウデリク王の支配下に組み込まれたか否かという問題である。それというのも六〇四年に再度アウストラシア・ブルグンド勢力とネウストリア軍が対立した折、アウストラシアのテウデベルトが単独でクロタールとコンピエーニュで平和を約すという、ブルグンド王テウデリクの目から見れば背信に等しい行為を行なったのであるが、[148]この和議を反映していると思われる記述が遺言状に見られ、[149]それによればル・マン地方をネウストリアに返還したのは、ブルグンド王ではなく、アウストラシア王であったと解釈されるからなのである。従って、ル・マン司教座は五八四年のネウストリア王キルペリク一世の死後、実質的にネウストリア支配領域から脱落し、グントラムヌス治下にはブルグンド、そしてグントラムヌスの死後は隣接するトゥール司教区と同じくアウストラシアの勢力圏に入った可能性がある。もしそうであるとするならば、キルデベルト二世、テウデベルト二世と、君臨する王が異なっているにもかかわらず、同じベルトギシルスが「簒奪」司教として登場するという事実は、彼が政治的人脈の点でアウストラシア系の人物であるという説明によって納得されるのである。カロリング朝期に書かれたと思われる『猊下事績』には、このベルトギシルスが聖職者(clericus)として自らの二つの所領、すなわち Condoma と Cambariacus を、ベルトラムヌスに証書によって取得せしめたことになっている。[150]それが売却によるものか、それとも贈与によるものかは、ただ“per strumenta cartarum”と述べるにとどまる『猊下事績』からでは明確にしえないが、遺言状の方で上記二所領の取得の態様を確認すると、いずれもベルトラムヌスが金銭によって買得したものであることがわかる。[151]もっとも遺言状には買得した事実が述べられているだけで、売主の名前は記されていない。ベルトギシルスのベルトラムヌスへの所業からすれば、後者としては名前を挙げることさえ我慢がならなかったに違いない。二所領ともル・マン地方に所在しているところから、[152]ベルトギシルスはル・マンの住人であった可能性がある。

ところで遺言状にはもう一人ベルトギシルスなる人物が登場する。こちらはブロワ Blois 近辺と、[153]おそらくはル・

マンの北二〇キロの Lucé-sous-Ballon に所領を有する、ヴァンドーム Vendôme の住人である。[154] この同名の両者が同一人物である可能性はまずないが、互いになんらかの血縁関係で結ばれていたとするのは、あながち無理な想定ではない。仮に両ベルトギシルスのジッペの本拠がヴァンドーム地方にあるとすれば、彼らがアウストラシア系の一族に属することは十分に考えられる。それというのも、シャトーダン Châteaudun を中心とするこのボース平野南西部には有力なアウストラシア勢力が定住したらしく、かつてアウストラシア王シギベルト一世は本来シャルトル司教区の一部であったこの地域を、シャトーダンに司教座を置いて独立させることを考えたほどであったからである。事実シギベルトはプロモトゥスなる人物を選びさえしたが、[155] シャルトル司教パッポルスが五七三年にパリで開かれた公会議において、こうした措置に激しい抗議の声を上げ、公会議もこれを支持したためにやがて流産に終わるという事件があったのである。[156] シャトーダン地方がアウストラシア系戦士団がかなり大量に定住した地域であることは、グレゴリウスの語るエピソードからも知られる。この地方から動員された戦士たちの長が、戦闘の帰趨を占うために「蛮族の風習」である鳥占いをしている事実からそのように推察されるのである。[157] 伝統的にアウストラシア分王国に属していたトゥール地方はもとより、シャトーダン、ヴァンドーム地方をはじめ、ル・マン地方にもアウストラシア勢力がある程度まで浸透していたと見られるのである。ベルトギシルスの行動の背景には、こうした勢力関係の推移があったと見なければならない。[158]

ベルトラムヌスは六〇四年のクロタール二世とテウデベルト二世の和約によって、ほどなくして再び司教職に復帰したと思われる。そして六〇七年のクロタールとブルグンド王テウデリク二世との和解によって、[159] 後者が領有するセーヌ・ロワール間地域にあるル・マン司教座の保有者として、その地位をさらに安定させることができた。その後六一二年にアウストラシア王とブルグンド王との間に戦端が開かれ、後者が勝利した。[160] そして翌六一三年には勝利の勢いに乗ったブルグンド王がネウストリア王クロタール二世と決戦を交えるべく出発した進軍の途中で、メッスで赤痢に斃れたために[161]、クロタールは労せずしてフランク王家唯一の支配者として、メロヴィング王国全体に君臨することになった。クロタール二世は、司教座からの追放と幽閉の試練に耐えて、自らへの誠実宣誓を護り抜いたベルトラムヌスに多大な恩賞をもって報いた。遺言状にはクロタール二世から贈られたものとして二二に及ぶ所領や、この他パリのシテ島の家屋敷、さらに四所領を買得するに足る貨幣贈与が記載されている。こうした褒賞が与えられたのはクロタール二世が逆境にあった際に、彼が不変の忠誠を護り抜いたからであるとしても、単にそれだけにしては著しく過大との感は免れない。伝来する史料――それは極めて限られており、ブルグンド人と考えられるフレデガリウスの著わした年代記がほとんど唯一のものである――には一切記述がないが、ベルトラムヌスは六〇四年の司教復帰後クロタールの統一王権が確立する六一三年まで、後者の側に立って種々の外交的活動、政治的折衝にあたったことは十分に想定されるところである。司教就任間もない頃グントラムヌス王のもとで、フランク領域内にたびたび侵入するブルトン人との交渉のために、彼がブルターニュに使節として派遣された事実を[162]、われわれはここで想起しよう。遺言状には、彼がアウストラシア宮廷で大きな勢力をふるっていたメッス司教アルヌルフスと直接書簡を取り交わす仲であったことや[163]、ブルグンド王国の宮宰ワルナカリウスなどとも所領の交換をするような相識関係にあったことが記されており[164]、こうした人脈を利用しての政治工作は、クロタール二世にとって非常に有益であったに違いない[165]。クロタールによるベルトラムヌスへの、一見過大とも思える恩顧の理由は、ル・マン司教のこうした面での秘かな活動への感謝に根ざしていると考えるならば理解がゆく。

終わりを迎えつつあったベルトラムヌスの生涯、その政治的閲歴、教会人の経歴に関しておそらく最大の問題が、『猊下事績』の最後の一節によって提起されよう。その一節とは次のような文章である。「前述のベルトラムヌス猊下は大司教であった。そして猊下は大司教座の慣習に従ってパッリウムを身に纏い[166]、かつ王国の全司教の首位に立ち、率先して奉仕した[167]」。この一文のもつ重要性は、これまでほとんど問題にされたことはなかった。わずかに一九世紀中葉にル・マン教会史を著わしたP・ピオランが、ベルトラムヌスがパッリウムを纏い、フランク教会において特別の威信を具えるにいたった事実を指摘しているにすぎない。[168] ガドビィはピオランの所説を、遺言状の曖昧な表現からの根拠のない類推と一蹴しているのであるが、[169] これは明らかに誤りであり、ピオランは『猊下事績』にある前記の明示的な文言から、そのように主張したのである。ピオランのいわばおよび腰とも言える主張のトーンに理由がないわけではない。他のいかなる史料も、ベルトラムヌスが大司教に登位した事実を述べていないからである。ピオラン以後この記述を問題にした研究は、管見の限り皆無である。ベルトラムヌスの死後二世紀以上を経てこの『猊下事績』を著わした修道士が、遺言状に散見されるル・マン司教の卓越した処遇から憶測した、純然たる想像の産物なのであろうか。そうとは思われない。作者は「ベルトラムヌス猊下は大司教であった」と明快に言いきっているからであり、こうした伝承、あるいは作者にそのように理解せしめたなんらかの情報がカロリング朝期ル・マン教会には保持されていたと考えねばならない。単なる捏造にしては、事はあまりに重大であり、『猊下事績』がその一部であるところの『事績録』全体の信憑性を大きく傷つけてしまうことになり、ル・マン教会としてとうてい容認しえないところであったろう。

ところで、ベルトラムヌスが大司教であったという証言の具体的な内容はいかなるものであったか。ル・マンの司教座が首都司教座に昇格したのではないのは確実である。ガリアの教会組織上の大変革ともなるこの種の改革が、いかにベルトラムヌスの功績が大きいとはいえ、容易に行なわれるはずがなく、もし仮に強行されたとしたならば、想定されるその反響の大きさからして、なんらかの記録にとどめられることは確実だからである。しかしそれが、彼がル・マン司教にとどまりながら、なにかの理由で一時的に大司教職を兼任したというのであれば、たといそれが教会法上決して正常な状態とは言えないにしても、十分にありうる事態である。ル・マン司教座が属する首都司教座はトゥールである。ところで、クロタール二世は自らの統一王権確立の翌年の六一四年、この新政権の「基本政策」とも呼ぶべき二四条から成る勅令を発しているが[170]、そのうち七項目は勅令発布の直前に開かれた公会議の決議条項をそのまま引き写したものであり、加えて他に五項目ほどが教会に関わる規定で占められている[171]。勅令全体の半数の条項が、教会に関わる事項なのである。勅令の構成に極めて大きな影響を及ぼした、この六一四年のパリ公会議には分王国の枠を越えてフランク王国全域から司教が出席し、そしておそらくは統一王クロタールにこぞって誠実宣誓を行なったはずである。ベルトラムヌスも勿論その中にあった。出席者の中にはイングランドの Castra ultramare の司教ユストゥス Iustus と Dorovernum の修道院長ペトルス Petrus の名も見え[172]、クロタール二世の支配が海峡を越えてイングランド南部にまで及んでいたことを示している[173]。この重要な公会議に三つの司教座が司教を送っていない。ひとつはマインツであり、次いでメッス、そしてもうひとつが他ならぬル・マンの首都司教座であるトゥールなのである。ベルトラムヌスが大司教の肩書きを帯びたという証言と、フランク王国の有力首都司教であったトゥール司教の欠席という事実は、単なる偶然の符合とは解しにくい。L・デュシェヌはトゥール司教のパリ公会議欠席の理由として、その直前までこのキウィタスの司教であったレウパカリウス Leupacharius の死、もしくは危篤状態を推定している[174]。もしそうであるとするならば、ベルトラムヌスが便宜的に本来のル・マン司教座の長としてだけでなく、トゥール司教の肩書きをもって公会議に臨んだと推定することは決して無理ではない。クロタール一世以来半世紀ぶりに出現した統一王権発足にあたっての重要な公会議を前にして、その司教を失うか、あるいは現実にそれに近い状態に陥ったトゥールにたいして、ベルトラムヌスは隣接司教座ということもあり、また何よりも単なる首都司教を凌ぐその卓越した政治的地位によって、一時的に後見的な保護支配を行なったと見られるのである。

こうした事態は、パリ公会議においてベルトラムヌスが果たしたと思われる指導的役割を考えるならば、容易に頷けよう。われわれは彼がパリ公会議において議長格の存在として君臨し、公会議の骨子はベルトラムヌスによってとりまとめられたと推測する。『猊下事績』の言う「王国の全司教の首位に立ち、率先して奉仕した」という一節は、まさしくこの公会議における彼の主導的役割と献身的な活躍の様子を指しているのである。

公会議決議全一七条において特に強調されている点は、大きく分けると三点である。第一は、司教の存命中に他の者が司教に任命されてはならないということ（第三条）、および聖職者の教会法に則っての叙任（第二、五条）である。[175] 第二に、とりわけ強調されていることだが、教会財産の保全に関する条項（第八、九、一〇、一一、一二条）。[176] 第三は、修道院の戒律に関する決議（第四、一四、一五条）である。[177] そのいずれについても、ベルトラムヌスの大きな関心事であったことは、彼の個人的経験に徴して明らかである。第一の問題については、既に述べたように、ベルトギシルスとの二度にわたる司教座をめぐっての苦い経験があった。教会財産に関しても、ベルトギシルスが自らの簒奪司教座において、教会の文書庫に保管されていた自身のル・マン教会への売却証書を不法に焼却してしまうという事件があり、その保全には特に心をくだいていたと思われる。第一二条に見えるように、公会議は教会財産の保全にとって最良の方法である遺言状の作成と、その法的効力を強調しているが、他ならぬベルトラムヌス自身の長大な遺言状の作成は、彼がいかにこうした手段に期するものがあったかを示している。第三の修道院の戒律、とりわけ女子修道院のそれ（第一五条）については、例えば有名な五八九年頃のポワティエのサント・クロワ女子修道院で生じた争乱と、そのもととなった風紀・戒律の乱れについてベルトラムヌス自身がつぶさに知る立場にあったのである。確かに公会議で問題となっている悪弊は程度の差はあるものの、ガリア教会全体が等しく頭を悩ませていたのであって、ベルトラムヌス一人の関心に還元するわけには勿論いかない。しかしながら、彼の個人的経験を踏まえて「王国の全司教の首位に立ち、率先して奉仕した」という『猊下事績』の証言を解釈するならば、パリ公会議を主導したのがベルトラムヌスであったというわれわれの推測は、必ずしも根拠なきものとは言えないであろう。とりわけクロタール二世のベルトラムヌスへの恩顧の厚さを考慮するならば、王権の膝下パリで開催された公会議の指導をル・マン司教に委ねるのはむしろ当然の成り行きでもあった。

ベルトラムヌスの墓は、彼自身が建設したル・マンのサン・ピエール＝ポール修道院、別名ラ・クテュール修道院の地下礼拝堂(crypte)の祭壇下にある。[178] その棺の中には、脚の骨片と灰が収められている。[179] これらの聖遺物と並んで、ベルトラムヌスゆかりの品として一片の布が聖遺物として残されている。[180] それは金糸をちりばめた赤い絹布で、緑の絹糸を使って獅子の図柄が刺繍されているという。[181] 原産地はその図柄からオリエント、なかんずくササン朝ペルシアが推定されている。[182] 年代は六世紀とされているが、もしそれがベルトラムヌス自身のゆかりの品とすれば、七世紀に近い六世紀に属するであろう。『猊下事績』で述べられているパッリウムに関する事実が正しく、ル・マン司教がそれを教皇庁から贈られた——というのも司教にパッリウムを贈ることができたのは教皇だからである——とすれば、このペルシア原産の絹布はその折にローマから伝来したものではなかろうか。それともこれは単に当時の遠隔地交易の名残りであろうか。判断は留保しなければならない。

ベルトラムヌスは遺言状を作成した六一六年三月二七日から暫く存命して他界した。既に指摘したように、最新のヴァイデマンの研究は、七年後の最初の写本作成が行なわれた六二三年をベルトラムヌスの死没の年代としている。それは名義人が死没した折に遺言状を都市登録簿に記載することを前提にした手続きであるとの理解によっている。[183]

三　友人と交友関係

遺言状には解放奴隷などの隷属民を含めて一二五人の人々が名前を挙げられて登場する。内訳は兄弟や甥など親族関係が明示されている者一〇人、amicus, fidelis などと形容されているベルトラムヌスの従者的存在五人、奴隷的隷属民二二人、そして残りが八八人である。ここで取り上げるのは、この最後の八八人である。この中にはベルトラムヌスが parens, consanguineus など曖昧な仕方ではあるが、親族関係の存在を認めている者が何人か含まれている。八八人の構成は、王族がクロタール二世と妃ベルトルード、カリベルト一世の妃インゴベルガの三人、司教が八人、修道院長が四人、ル・マン教会をはじめとする下級聖職者ならびに修道士、修道女が一〇人、vir inluster あるいは inlustris matrona といった身分呼称で示されるか、確実にそのような存在とみなされる者一〇人、およびその他の俗人が五三人である。

1　司教層

最初に司教についての所見から始めよう。遺言状において、司教座がなんらかの形で明示されているのは八司教中二人で、トゥール司教アゲリクス[184]とメッス司教アルヌルフスがそれである。[185]この二司教座とも、六一四年のパリ公会議に欠席している司教座であることが目を引く。二人とも同公会議の後、すなわち新体制発足直後に叙任を受けたと推定される。アゲリクスはベルトラムヌスの母親に属する所領が奪われ、その一部がトゥールのサン・マルタン修道院に寄進されたのを、返還して貰うのに力を尽した司教として登場している。[186]前に述べたようにごく短期間、暫定的にではあるがベルトラムヌスはトゥールの司教座を掌握していたと見られるところから、アゲリクスの司教叙任に大きな役割を果たしたものと思われる。メッス司教アルヌルフスはカロリング王家の遠祖であり、カール・マルテルの曾祖父にあたる人物であった。アルヌルフスに関しては伝記その他の例外的に豊富な情報があるが、詳論は避けよう。ただ二つの点を指摘しておく。ひとつは、彼が若年ながらアウストラシア宮廷の中心人物の一人であったということ。[187]もうひとつは、彼の司教叙任がクロタール二世の意向によって行なわれ、その動機が従来事実上セナトール貴族の系譜をひく門閥が担ってきた「司教支配体制」を、宮廷勤務のフランク人を司教に叙任することにより、内側から解体せしめるべくとられた最初の人事であったということである。六一四年のパリ勅令は、[188]宮廷人からの司教選出をその第一条において明記し、[189]この面での新体制の進むべき道をはっきりと宣言していた。アルヌルフスもまたアゲリクスと同様に、パリ公会議直後に司教に叙任されたものと思われる。遺言状から、ベルトラムヌスがアルヌルフスと書簡を取り交わす仲であったことが知られる。後者がクロタール二世に敵対するブルンヒルド勢力に対抗するアウストラシア内部の有力者であったところから、[190]クロタールの腹臣として政治工作で活躍したと思われるベルトラムヌスとは、おそらく統一王権成立以前からなんらかの交渉があったのは蓋然的であり、またメッス司教の人選にあたって、クロタールの教会政策の最高顧問格であったベルトラムヌスの意見が影響力をもったのはありうる事態である。

遺言状で綴字に多少の歪曲はあるものの、[191]三度その名前が挙げられているカイモアルドゥスなる司教がいる。その司教座は明記されていないが、六一四年のパリ公会議出席者リストにレンヌ司教としてHaimoaldusなる人物が見え、まず間違いなく同一人物である。[192]彼はル・マンの助祭長時代に、市壁内に建てた家をベルトラムヌスに売却している。[193]レンヌはル・マンの隣接司教区であり、またカイモアルドゥス自身ル・マンの助祭長からレンヌ司教に叙任され、加えてベルトラムヌスの親族であることをベルトラムヌス自ら認めており、[194]その事は確実であるところから、司教選任に際してル・マン司教の意向が強く働いていたと考えられる。ベルトラムヌスの兄弟で、同じくパリ公会議にエヴルー司教として出席しているエルメヌルフスが遺言状作成の時点で他界していたためであろうか、[195]カイモアルドゥスは隣接司教区の長である血縁者として、ル・マン司教によって自らの葬儀の「葬儀委員長」としての役割を託され、また命日ごとの追悼祈念の主宰者に指名されている。[196]

Carrières-à-Marçon（サルト県）にある葡萄畑を、贈物として（suo munere）ベルトラムヌスに与えたリキニウスという名前の司教が遺言状に登場するが、この人物はその時点で故人となっていた。[197]ローマの古い氏族名リキニウスを名乗る司教として、六世紀から七世紀の初頭にかけて三人（エヴルー、トゥール、アンジェ[198]）ほど知られているが、年代的条件から見てアンジェ司教リキニウスと見てよい。グレゴリウスによればクローヴィスと同時代のトゥール司教リキニウスもアンジェ出身で、かつ若年の頃オリエント、イェルサレムに旅し、修道生活を学び、帰国後アンジェ地方に修道院を建設して、その院長をつとめたという。まずはセナトール貴族の子弟に典型的な経歴の持ち主であった[199]。われわれが問題にしているリキニウスはその一族と思われ、おそらくはアンジェ地方にローマ期から根を張る門閥の一員である。六〇一年の日付をもつ教皇グレゴリウス一世の書簡は、彼の名声がローマまで達していたことを示している[200]。作者不詳の伝記は、同司教を「王家の出自 prosapia regum genitus[201]」と表現し、また一一、二世紀に伝記を書いたマロボドゥスは[202]「この上なく高貴の出自で、実に王族に同じ clarissimo genere ortus, reges enim...[203]」としているところから、王家に極めて近い血縁関係にあったと推定される。いずれにせよ、この人物がアンジェを代表する聖人司教の一人であったことは、『ウスアルドゥス聖人祝日暦[204]』や、アンジェ地方の手稿本に収められている同司教の伝記の多さから知られる[205]。

複数のウィラをベルトラムヌスに売却した司教ドラコアルドゥスなる人物は、L・デュシェヌによって同名のオシュ Auch 司教に同定されている[206]。遺言状の文言によれば、この司教はその「司教座都市[207]」において殺害されたのであった[208]。デュシェヌによると、一三世紀に編纂されたオシュ司教座聖堂の受給証書控に収録されている歴代司教リストには、それぞれ三四代と三七代に二人の Dracoaldus が見える[209]。年代的な符合という点も考えると、第三四代司教が遺言状に登場する人物と考えられる。比較的短期間のうちに同名の司教が叙任されているところから、二人ともオシュに勢力を有する同一門閥出身者と見てよい。ピレネー山脈に近いこの地方とベルトラムヌスとの結びつきは、ル・マン司教のボルドーとの結びつきを介してであると想定される。

ウィラ・モンティニアコ Montiniaco を所有していた司教ギボアルドゥスは[210]、ある写本によればアングレーム司教に同定しうるが[211]、確実ではない。仮にこの司教がアングレームの司教座の長であったとすれば、ひとつの可能性として、オシュの場合と同じくボルドーの隣接司教座という点で、ベルトラムヌスのボルドーとの結びつきを媒介にした絆と考えることもできよう。ただしウィラ・モンティニアコがル・マンに近いマイエンヌ地方に比定されるところから[212]、この人物を同地方出身者とし、アングレームに叙任されたものと見ることもできる。従って必ずしもル・マン司教とボルドーとの交流の所産と決めるわけにはいかない。だが、ベルトラムヌスが不法に奪われたボルドー地方にある母方の所領の返還のためにアングレーム司教と交渉したのは事実で、そのことは遺言状にも記されている[213]。

司教テオドルスは reicolae Luciniaco et Monte を寄進したスアドリア Suadria なる女性の兄弟として遺言状に登場する[214]。確かにこれはル・マン司教とテオドルスとの直接的な相識関係を証明する所見ではない。だが妹がベルトラムヌスの知己であるのに、同じ高位聖職者である兄が未知の仲であったとはとうてい想像しがたい事態である。『事績録』の編者ビュソンとルドゥリュは、テオドルスを同名のマルセイユ司教に同定している[215]。そもそもテオドルスなる名前は古代末期に極めてポピュラーであり、J・マーティンデイルの『プロソポグラフィ』には、四世紀末から六世紀初頭にかけての六四名のテオドルスが列挙されている[216]。そのうちガリアに勢力を有するのは、12番のアウィトゥス Avitus の親族と31番の vir clarissimus の呼称を冠されている人物である[217]。二人ともシドニウス・アポリナーリスと関係があるところから、オーヴェルニュ地方のセナトール門閥に属すると見てよい。五三二年から五三四年にかけてのテウデリク一世のオーヴェルニュ侵攻は、大量のオーヴェルニュ人の脱出と、オルレアン近郊のミシィ Micy 修道院を経由してのル・マン東部辺境への彼らの定着という事態をひき起こしたとされるが[218]、ル・マン司教座とテオドルス一族との結びつきが果たしてこれと関係があるかどうかは断定できない。

ところでトゥール司教グレゴリウスはこのマルセイユ司教について、全部で八つの章を割いてその事情を詳しく語っている[219]。これらの叙述から、テオドルスがブルグンド王グントラムヌスによって投獄されたこと(第六書一一章、二四章、第八書一二章、一三章)、と同時にアウストラシア王キルデベルト二世が宣戦布告の威嚇までして、グントラムヌスにその釈放を求めた(第八書一三章)ほどの重要人物であったことが知られる。同じ党派に属するボルドー司教ベルトラムヌスにたいして、極めて厳しい評価をしていたグレゴリウスも、このマルセイユ司教については敬神の念篤い教会人として高く評価している(第九書二二章)。おそらくテオドルスが自らと同じくオーヴェルニュのセナトール門閥出身者であることが、こうした評価の一因になっているのであろう。テオドルスは五九六年以前に死亡していると思われるところから[220]、ル・マン司教の同司教との交流は、その司教在位期の比較的初期の頃と思われる。

2　高級官職担当者とその親族

こうしたカテゴリーに入る人物として、一〇人が遺言状から検出できる。そのうちレウデガリウス Leudegarius はブルグンド王国の有力者と思われるが、同分王国のテウデリク二世の没後その所領を没収された人物として姿を現わしているだけなので[221]、本節の課題に照らしてあらかじめ除外しなければならない。残る九人のうち過半数を占める五人が宮宰であったか、あるいは後に宮宰となる人物である。この事実はベルトラムヌスが獲得したクロタール政権下での高い地位を如実に示すものであろう。

六一三年にクロタール二世がアウストラシア、ブルグンドを掌握して、フランクの単独、唯一の王となった直後の宮宰は、アウストラシアがラド、ネウストリアがグンドランドゥス、ブルグンドがワルナカリウスであった。このうちワルナカリウスは、テウデリク二世治下に既にこの職にあった人物だが、ブルグンド王国でのブルンヒルドの影響力に危険を感じ、秘かにクロタールと気脈を通じていた者であった[222]。ブルンヒルドが同年メッスで急死したブルグンド王テウデリク二世の遺児を押し立てて、クロタールにほとんど見込みのない決戦を挑んだ時、ワルナカリウスをはじめとしてブルグンドの主だった有力者たちはクロタール側に寝がえっていたが[223]、こうした工作が宮宰ワルナカリウスによるものであったのは明らかである。彼はその功績によって、クロタール二世からブルグンドの終身宮宰の地位を獲得している[224]。ワルナカリウスの離反にあたってのベルトラムヌスの説得工作は十分ありうることである。というのも二人は、前者がオルレアン北東のガティネ地方に所有するいくつかの小所領(mansiones)と、後者がマイエンヌ地方に所有するウィラとを交換するような間柄だったからである[225]。ちなみにワルナカリウスの出身門閥は、ジュネーヴ近辺に勢力を張る一族であったと見られる[226]。ネウストリアのグンドランドゥスとアウストラシアのラドは、ともに六一三年に新たに宮宰に任命された人物であった[227]。ベルトラムヌスの遺言状によれば、グンドランドゥスはベルトラムヌスとともにブールジュ、アルビ、ケルシー、アジャンなどの諸地方に在ったウィラ群を[228]、またクグス Chugus を加えた三人でアウレリアナ Aureliana から没収したプロヴァンス地方のウィラ群を[229]、いずれもクロタール二世から賦与されている。ベルトラムヌスはグンドランドゥスと共同でウィラ・ノキオギロ Nociogilo の用益権を自らの親族で修道女のドゥンダナ Dundana に与えているところから、両者には単に政治的なつながりだけでなく、私的な交流があったと見ることができよう[230]。

グンドランドゥスが六三九年に死亡すると、その後継者としてネウストリアの宮宰となったのが典型的な西ゴート人の名前[231]をもつ Aega であった[232]。アエガはベルトラムヌスの存命中は宮宰職に就いてはいないが、その後のこうした経歴から見て、当時既にクロタール二世に仕える高級官職担当者であったに違いない。彼はベルトラムヌスに、ル・マン近郊のアロンヌ Allonnes にあるスーヴル Les Souvres の colonica を売却している[233]。ル・マン司教が現職の宮宰ばかりでなく、未来の後継者と合わせて、二代のネウストリア宮宰と個人的な親交があったことをこの事実は示しているが、そこから彼が発足当初のクロタール政権下でいかに中枢的地位を占めていたかが窺われるのである。

ベルトラムヌス、ワルナカリウスらとともに、ブルグンドにある諸ウィラをクロタールから賦与されたラドは、先に詳論したように六一三年アウストラシアの宮宰となった人物であった。ところで『フレデガリウス年代記』はクロタールの治世三四年目(六一七年)の出来事として、ランゴバルド王アゴ Ago の使節が、同王国がフランク王に毎年支払うべき一万二〇〇〇ソリドゥスの貢納金を以後免除してもらうべく、その執りなしのためにワルナカリウス、グンドランドゥス、クグスにそれぞれ一〇〇〇ソリドゥスずつ贈ったと記している。前二者はそれぞれブルグンド、ネウストリアの宮宰であったところから、クグスもまた宮宰であり、残るはアウストラシアのそれということになる[234]。とすればラドは早くも六一七年にアウストラシアの宮宰を退いたことになるが[235]、その原因として考えられるのはアウストラシア勢力に牢固としてある政治的自立化への強い志向である。ラドに代わって宮宰に就いたクグス(=Hugo)は『聖アルヌルフス伝』によると、アウストラシアのメッスの人でアルヌルフスの友人であるところから[236]、宮宰の交替にあたってのアルヌルフスの関与が考えられる。もっともクグスは終始クロタールには忠実であり続け、宮宰就任以前にル・マン司教やネウストリア宮宰とともに、クロタールからプロヴァンス地方の所領を与えられた人物であった[237]。

遺言状にはこの他に vir inluster なる称号を帯びた二人の高級官職担当者が登場する。そのうちのひとりバビゾ Babiso は、ル・マンの近くにあるウィラーレ・ヒリアコ villare Hilliaco をベルトラムヌスに贈与している[238]。その素姓について詳細は不明だが、ネウストリアの支配層に属する人物であるのは確実であろう[239]。もうひとりはサント地方のウィラ・カスタリオーネ Castalione をベルトラムヌスと共同で所有していたシゲレヌス Sigelenus である[240]。この人物はベルトラムヌスと血縁関係にあった[241]。エブリングによれば、彼は現在も原本で残っている、六二五年の日付をもつサン・ドニ修道院への寄進の、クロタール二世による確認証書に登場するレフェレンダリウスの Syggolenus と同一の人物である[242]。

コロニカ・ヴァティノロンノ colonica Vatinolonno に、Beron なる人物と持分を共有していた inlustris matrona Egydia (=Aegidia) は[243]、そのガロ・ローマ系の名前および呼称からして、セナトール貴族の血統に属する女性と推定される。エギディアはベルトラムヌスの建立になるサン・ピエール＝ポール修道院に寄進すべく、自分が所有する前記コロニカを託したのであった。忘れてならないのは、パリの王カリベルト一世の未亡人であったインゴベルガとの関係である。グレゴリウスの証言によれば、インゴベルガは五八九年に死を目前にして遺言状を作成し、トゥールの司教座教会およびサン・マルタン修道院、それにル・マン教会にその財産を遺贈したのであった[244]。当時インゴベルガはル・マン司教区に住んでいたと思われる[245]。この遺言状の作成の折には、グレゴリウスの他に、ベルトラムヌスもル・マン司教として臨席していたはずである。司教ベルトラムヌスの遺言状には、このインゴベルガに同司教が強く懇願して、ヴァンドーム地方の ager Cultura を贈与して貰った事実が記されており、その領地に半分の持分を有する同妃の兄弟マグヌルフス Magnulfus とともに[246]、ベルトラムヌスの親密な交友圏に入っていたのはまず間違いなかろう。

3　修道院長、修道士、下級聖職者

修道院長として遺言状に登場するボベヌス Bobenus、レウスス Leusus、エオラドゥス Eoladus、ヨハンネス Johannes の四人のうち[247]、帰属修道院名が示されているのはボベヌスのみで、Saint-Aubin である。これはおそらくアンジェのサン・トーバンであると考えられる。だがレウススに関しても、彼がベルトラムヌスの先任司教ドムノルスがル・マン市域内に建設した、サン・ヴァンサン修道院の院長であったと推定できる文書が『事績録』に見られる。それは五八一年九月四日の日付をもつ、司教ドムノルスの同修道院への寄進文書である[248]。

この寄進行為に立ち合い、文書に司教として副署しているのが唯一アンジェ司教アウドヴェヌスのみであり、そ

の後継者が遺言状に登場するリキニウスである点を併せ考えると、この隣接する司教座同士は伝統的にかなり友好的な関係を保っていたものと思われる。[249]

修道士や下級聖職者一〇人のうち、六人がル・マンの市内もしくはその郊外に、土地あるいは家屋などの不動産を所有していた。この事実は、彼らが概ねル・マンおよびその近郊出身者であることを示唆しているものと考えてよいであろう。このうちロムルス Romulus presbyter を除く五人はいずれも助祭職(diaconus)にある。この職は教会の種々の社会的救済機能を引き受け、俗人との日常的接触が最も密な者たちであった。[250] 残る四人のうちドゥンダナ Dundana とテウドアルドゥス Theudoaldus は、ロワール川流域に所領を擁している。[251] Dundana はベルトラムヌスの親族と形容されており、また彼女が与えられているのはウィラの用益権のみというところから推して、[252] その収益をル・マンにあって享受するル・マンの住人の可能性が大きい。パポレヌス Pappolenus は、その息子がベルトラムヌスに colonica Villanova を売却した人物で、[253] ガドビィはこの地がパリ近郊の Villeneuve Saint-Georges であるとするが、最近のヴァイデマンの比定によればル・マン地方の Villeneuve であったとされる。[254] もし後者が正しいとすれば、ル・マン地方出身の聖職者ということになろうか。いずれにせよ修道士や下級聖職者に著しい特徴は、ル・マンおよびその周辺地域出身者が多いという点である。

4　俗　人

高級官職担当者を除いた五三人の中に、二人の商人が含まれている。ひとりはル・マンの南、トゥール司教区との境界に近い Cariliacense の葡萄畑をベルトラムヌスに売却したことのあるサルギトゥス Sargitus という名前の人物である。[255] 彼はその土地から東へ一〇キロほど離れた Villedieu-le-Château で商取引を行なう者であった。[256] もうひとりはエウセビウス Eusebius である。遺言状によれば、この人物はパリの南郊ソー Sceaux の近く Fontenay-aux-Roses に葡萄畑を、[257]パリの市壁内に一部が旅籠(taberna)にもなっている、賃借人(locarius)を擁する大規模な家産を、さらに市壁外に土地を所有していた。[258]ベルトラムヌスはこれら一連の不動産を、エウセビウスではなくクロタール二世から下賜されている。[259]従ってル・マン司教とエウセビウスとの関係は、遺言状から直接には読みとれない。また実は遺言状にはエウセビウスが商人であるとは明示されていないのである。にもかかわらず、われわれが彼をそのように考える根拠は、グレゴリウスの叙述である。『歴史十書』第一〇書二六章は、パリ司教ラグニモドゥスが死去すると、その兄弟で司祭のファラモドゥスと争ったすえ、シリア生まれの商人エウセビウスが、多大な贈物によって同司教座に登った事実を伝えている。エウセビウスは司教座の聖職者を追放し、代わりにシリア人を据えたのであった。[260]五九一年のことである。[261]エウセビウスがパリの商人であり、聖職者ではなかったのは確実である。ベルトラムヌスの遺言状に現われるパリおよびその近郊に家屋敷や葡萄畑を所有するエウセビウスと、グレゴリウスが語る同名の人物とはおそらく同一人であった。ベルトラムヌスがクロタール二世からエウセビウスの財産を賦与されているのは、この人物はその後クロタール二世の不興をかったか、あるいは聖職売買の廉で追放され、国王によって財産を没収されるという事態があったためであろう。歴代パリ司教のリストには、六〇一年の時点で既に司教となっているシンプリキウスの前任者として、エウセビウスと争って敗れたファラモドゥスが見えるところから、このシリア商人の司教在職期はさらに前ということになり、期間は極めて短かかったと推測される。[262]遺言状でエウセビウスが俗人(laicus)と形容されているのも、彼が正式に聖職者としての修養を積んだ経験がなかったがゆえ、と考えられるのである。七世紀のパリおよびその南郊とル・マン地方との間に、手工業製品や手工業者自身の交流がかなり密であったことは古銭学の分野での研究が明らかにしているが、[263]ベルトラムヌスが短期間であるにせよパリ司教であったエウセビウスと相識関係にあった可能性は否定できない。

シャトーダンの近くにあるウィラ・マケリアス Macerias をベルトラムヌスに売却したベトー Betho は、[264]おそらく六二五年にクロタール二世によって、パリ市内の所有地(area)のサン・ドニ修道院への寄進を確認して貰った名前不詳の人物であると思われる。[265] というのも双方の父親の名前がバッドン Baddon と同一であり、さらにはクロタール の証書に副署している Syggolenus が、既に述べたように[266]ベルトラムヌスの親族であり、互いにル・マン司教の人的サークルに属していたはずだからである。このバッドンはおそらくグレゴリウスが語っているクロタールの母フレデグンドの有力家臣で、五八七年頃使節としてブルグンド王グントラムヌスのもとへ遣わされた一団の長と同一人物と推定される。彼ら使節はグントラムヌスから刺客の嫌疑をかけられ捕えられたが、バイユー司教の執りなしで解放されパリに帰っている。従ってパリの住人と考えるべきであろう。[267]

妻サンクティア Sanctia とともに、reicola Fontana を贈与したバウデキジルス Baudechisilus は、vir magnificus なる呼称を帯びている。[268] R・シュプランデルは、この所領の配置とその呼称からル・マンに住むローマ貴族の末裔を想定している。[269] 遺言状に登場する数ある寄進者の中で、唯一その名前がサン・ピエール＝ポール修道院の『生命の書』と呼ばれる祈念追悼者名簿へ登録されているところから、ベルトラムヌスと親しいル・マンの名望家であったのは間違いなかろう。

残る俗人の中で遺言状で土地の売却者あるいは寄進者として姿を現わす人々は、概ね三つのグループに分けられる。数の上で最も多いのはル・マン司教区内ではあるが、西部に位置しブルトン人の領域との境界地帯でもあるマイエンヌ地方に土地を所有する人々である。[270] こうした人々は一〇〇％ゲルマン名を名乗っており、古代末期に対ブルトン人政策として、またフランク時代に入ってからも継承されたこうした政策のために植民させられた、フランク人やスエビー人その他のゲルマン人の子孫と考えられる。[271] 次に多いのはル・マン市域内あるいはその近郊に土地を有する人々で、こうした人たちあわせて五親族八人中ローマ人名を帯びていないのは、単独で寄進者として姿を見せるグンタ Guntha ただ一人であるのは極めて注目すべき現象である。[272] ル・マンとその近接地域のこれら住民の多くは、ガロ・ローマ系の土地所有者であり、彼らの土地財産の教会への流入現象は、この時期進展しつつあったキウィタス周辺部での土地所有関係の変動の一端を示していると思われる。この重要な問題については次章で詳しく検討するつもりである。

最後の第三グループはル・マン司教区外の所領で、ボルドー、エタンプ、ヴァンドーム、トレギュ（ブルターニュ北部）の四例だが、[273] 最後のトレギュだけが、一部贈与、一部売買という形をとっているだけで、残り三例は全て買得である。これら遠隔地の所領主にたいする、ベルトラムヌスの側からの売却要請は一層明白であると言えるであろう。

おわりに

クローヴィスの孫の世代がフランク王国を統治し始めた五五〇年代の中頃に、メロヴィング王家に連なる高級門閥の一門に生を享けたベルトラムヌスは、おそらく幼少年期を父系の門閥の拠点であるルアン地方で過ごし、そして五七〇年代の初めにフランク人の崇敬が特に篤かった聖マルティヌスの司教座であり、祖母インギトルデが修道院長をつとめる都市トゥールで髪を落として聖職者の道に入った。聖職者としての修養は一族と関係の深い宮廷の膝下、聖ゲルマヌスが司教をつとめるパリで行なわれた。彼はパリ司教座の助祭、ついで助祭長をつとめるかたわら、パリの宮廷サークルの一員として宮廷にもたびたび姿を見せていたであろうことは、宮廷詩人のウェナンティウス・フォルトゥナトゥスとの交流からも窺い知れる。当時パリは五六七年のカリベルト一世の死後、残った三人の兄弟、すなわちキルペリク、シギベルト、グントラムヌス三者の間で、いずれにも属さない一種「中立都市」的性格を与えられていたが、実質的にはソワソンの王キルペリクの支配下にあってその宮廷として機能していた。だが五八四年の同王の死後は、キルペリクの息子クロタールが幼王ということもあってグントラムヌスが後見人として君臨し、フランク王国全体の国政をとりしきったのである。ベルトラムヌスは五八五年に叔父のボルドー司教が死去した折に、その後継者として司教座に就く寸前までいったが、結局望みを果たせないままで終わった。しかしおそらくはその翌年の五八六年、パリ宮廷と特別の縁の深いル・マン司教座をあてがわれる。前任者のバウデギジルスがキルペリクの宮宰から司教になった人物であり、おそらくベルトラムヌスの場合もパリの宮廷サークルが人選にあたって重要な役割を果たしたものと思われる。彼は幼王クロタールの後見役であるブルグンド王グントラムヌスによって、司教座への登位を正式に承認され、同王にたいして誠実宣誓を行なったものと見られる。

五九三年にグントラムヌスが、そして五九五年にグントラムヌスの後継者となっていたアウストラシア王キルデベルトが相次いで死没した後、ようやく実効的な支配権を行使しうる体制を整えたル・マンの宗主クロタール二世に、ベルトラムヌスは解消不能の誠実宣誓を行なう。激動の内戦期に、二度にわたって司教座を追われながらも、常にクロタールへの忠誠を護りその地位を回復した。最終的にその地位を安定させた六〇七年以後、おそらくベルトラムヌスはかつてのパリ宮廷で得た人脈と、グントラムヌス、キルデベルト二世のもとでの司教在任期に作りあげた聖界での交友関係をもとに、政治工作にも従事したはずである。工作の対象はル・マンに地理的に近いオルレアンを西端とするブルグンド王国に向けられたと考えるのが論理的であろう。とりわけこの王国で大きな影響力をふるったブルンヒルドが強く志向したローマ的諸制度、特に租税の復活やガロ・ローマ人の高級官職への多数起用は、最もフランク的な色彩をもつネウストリア分王国で強い反発と同時に危機感をひき起こし、また何よりもブルグンド分王国内部でも大きな政治的亀裂を創り出してもいたのである。六一三年に起こった宮宰ワルナカリウスをはじめとするブルグンド王国首脳部のブルンヒルドへの離反は、こうした工作の成果であるとわれわれは推測する。ネウストリア王によるフランク統一王権確立に大きな寄与を果たしたベルトラムヌスにたいして、当然のことながらクロタール二世は多大な恩恵によって報いた。実質的に空位に近い状態にあったトゥールの司教座をも掌握しつつ、翌六一四年に新政権の統治プログラムの一環を策定するパリ公会議において、ベルトラムヌスは指導的役割を果たした。ここで最大の関心をもって議論されたものが、ひとことで言えば教会財産の保護の問題であった。ベルトラムヌス自身が作成させた長大かつ詳細な遺言状は、まさしくこうした関心に支えられた保護手段の実現であると言ってよい。当時まだ一般的に使われていたパピルスではなく、より耐久性のある羊皮紙を素材に使用したことも、こうした関心のあらわれであろう。『猊下事績』は、ベルトラムヌスが司教在任中に土地および家屋などの不動産を精力的に増やし続けた事実を指摘しており、遺言状はこのことを具体的かつ詳細に明らかにしている。この時期土地所有関係の大きな変動と土地財産の流動化が見られたのである。それが教会を含めた社会の上層部内部での還流現象、再分配にとどまるものか、それとももっと社会の深部にまで達する中小土地所有者まで巻き込んだ広範な動きであるのかは、次章での詳しい検討をまってはじめて答えられる問題である。ベルトラムヌスに不動産の寄進・売却を行なった者は様々の社会層、職業にわたっているが、不動産の所在地と人名学的所見をもとに整理してみると、ル・マン西部のブルトン人との辺境地帯は圧倒的にゲルマン人の、また都市ル・マンとその近郊には比較的ガロ・ローマ系の人々の定住が見られるようで、この地方では古代最末期の定住・社会構造の基本的枠組が、この時期まで保持されたとの印象を受ける。

ベルトラムヌスは、遺言状に列挙されている遺産の二割を、甥および甥の子供に遺贈した。この一門の同定は、仮説の多い本章の中でも最も仮説的な要素であることを告白しておかなくてはならない。しかしながら基本名の基準は一応踏まえており、史料の絶対的欠乏という中世初期史研究の隘路においては、これは許される試みであると考える。こうした前提に立っての推論であるが、ベルトラムヌスの妹が嫁いだと思われる一門は七世紀中葉以後、ルアン司教アウドイヌスを筆頭にルアン・パリ宮廷、北ブルグンド、テューリンゲンとフランク王国の様々の地域に勢力を扶植し、拡大してゆく。そもそもこの一族に、当初からテューリンゲン人の血統が入り込んでいた可能性が大きいのだが、フリーゼが強調するように初期フランク時代に既にフランク支配領域の諸地方間の人的交流は活発に行なわれていたのであり、ザクセン、テューリンゲン、アレマンネン、バイエルンの周辺諸部族の門閥のみならず西ゴート、ランゴバルドといった隣接王国出身者までが、フランクの支配層の中に入り込んでいたのである。遺言状に登場し、またダゴベルト治下にネウストリアの宮宰となったアエガは明らかに西ゴート人の出自である。従ってラドゥルフス一門のテューリンゲンへの定着を、一概にフランク貴族層の周辺地域への進出と単純にとらえてはならないのである。

（1）　世良晃志郎「フランク時代における貴族と土地所有」久保正幡編『中世の自由と国家』上、創文社、一九六三年、四三頁。徳田直宏「クロタール二世の教会支配——メロヴィンガー・フランク前期における王権と司教叙任問題について」長谷川博隆編『ヨーロッパ——国家・中間権力・民衆』名古屋大学出版会、一九八五年、一二一—一五八頁。K. F. Werner, *Histoire de France. Les origines*, Paris, 1984, p.325 参照。ただし E. James, *The Origins of France, from Clovis to the Capetians, 500-1000*, Houndmills / London, 1982, pp.140-141 のようにこの勅令の意義を最小限度しか認めない最近の概説もある。

（2）　*Actus Pontificum Cenomannis in urbe degentium*（以下 *Actus* と略記）, "Archives Historiques du Maine", t.2, éd. G. Busson / A. Ledru, Le Mans, 1901, p.8 による。L. Duchesne, *Fastes épiscopaux de l'ancienne Gaule*（以下 *Fastes* と略記）, t.2, Paris, 1910, p.388 は五九〇年以前ということで、就任年代を確定していない。

（3）　*Diplomata, Chartae, Epistolae, Leges*（以下 Pardessus と略記）, éd. J.-M. Pardessus, t.1, réimp. Aalen, 1969, pp.197-215.

（4）　近年の研究として R. Hodges, *Dark Age Economics. The Origins of Towns and Trade, AD.600-1000*, London, 1983; R. Hodges / D. Whitehouse, *Mohammed, Charlemagne and the Origins of Europe. Archaeology and the Pirenne Thesis*, New York, 1983; S. Lebecq, *Marchands et navigateurs frisons du haut moyen âge*, 2 vols., Lille, 1983; Id., Dans l'Europe du Nord des VIIe-IXe siècles. Commerce frison ou commerce franco-frison ?, *Annales, Économies, Sociétés, Civilisations*, 1986, no.2, pp.361-377 などがある。

（5）　A. Verhulst, La genèse du régime domanial classique en France au Haut Moyen Age, *Agricoltura e mondo rurale in Occidente nell'alto medioevo*,

Spoleto, 1966, p.155, et passim. 森本芳樹『西欧中世経済形成過程の諸問題』木鐸社、一九七八年、三〇八—三一六頁参照。

（6） F. Prinz, *Frühes Mönchtum im Frankenreich. Kultur und Gesellschaft in Gallien, den Rheinlanden und Bayern am Beispiel der monastischen Entwicklung (4.bis 8. Jahrhundert)*, München / Wien, 1965; E. Ewig, Das Privileg des Bischofs Berthefrid von Amiens für Corbie von 664 und die Klosterpolitik der Königin Balthild, *Francia*, Bd.1, 1973, pp.62-114; Id., Beobachtungen zu den Klosterprivilegien des 7. und frühen 8. Jahrhunderts, *Adel und Kirche. Festschrift für Gerd Tellenbach*, Freiburg / Basel / Wien, 1968, pp.52-68 参照。

（7） H. H. Anton, *Studien zu den Klosterprivilegien der Päpste im Frühenmittelalter unter besonderer Berücksichtigung der Privilegierung von St. Maurice d'Agaune*, Berlin / New York, 1975; W. H. Fritze, Universalis gentium confessio, *Frühmittelalterliche Studien*, Bd.3, 1969, pp.78-130; H. Mordek, *Kirchenrecht und Reform im Frankenreich. Die Collectio Vetus gallica, die älteste systematische Kanonessammlung des fränkischen Gallien*, Berlin / New York, 1975 参照。

（8） U. Nonn, Merowingische Testamente. Studien zum Fortleben einer römischen Urkundenform im Frankenreich, *Archiv für Diplomatik*, Bd.18, 1972, p.29.

（9） *Ibid.*

（10） F. Gadby, *Le testament de Bertrand du Mans*, Mémoire de maîtrise inédit présenté à l'Université de Paris X, 1969, p.14.

（11） Pardessus, t.1, pp.197-215; *Actus*, pp.102-141.

（12） Gadby, *op. cit.*, pp.20-70. なお著者ガドビィはそのフランス語訳を試みている。

（13） "Domnus Bertichramnus... nobilis genere, natione partim Aquitanicus et partim Francus,...", *Actus*, p.98.

（14） "[Bertichramnus]... Turonis vero tonsoratus...", *ibid.*

（15） "... et peculiaris patroni mei sancti Martini antistitis, ubi comam deposui,...", *ibid.*, p.137.

（16） "... et postea aliquo tempore conservatus cum domno Germano insigni Parisiacae urbis episcopo, et ab eo edoctus atque in quibusdam sacerdotalibus gradibus est ordinatus...", *ibid.*, p.98.

（17） *Bibliotheca Hagiographica Latina*, t.1, Bruxelles, 1898, p.517.

（18） "In cuius loco Berthramnus Parisiacus archidiaconus subrogatus est...", Gregorii Turonensis Historiarum libri decem（以下 Greg. Turo. Hist. と略記）, lib.VIII, c.39, *Monumenta Germaniae Historica, Scriptores Rerum Merovingicarum*（以下 *MG. SRM.* と略記）, t.1, pars 1, p.405

（19） "38. Anno denique XI. regni Childeberthi regis...", *ibid.*

（20） "43. Anno quoque duodecimo Childeberthi regis...", *ibid.*, p.409.

(21) Greg. Turo. Hist. lib.IX, c.18, p.431 参照。
(22) Greg. Turo. Hist. lib.IX. c.41, p.468 参照。
(23) Marquise de Maillé , *Recherches sur les origines chrétiennes de Bordeaux*, Paris, 1959, pp.101-192.
(24) U. Nonn, Eine fränkische Adelssippe um 600. Zur Familie des Bischofs Berthram von Le Mans (以下 Adelssippe と略記), *Frühmittelalterliche Studien*, Bd.9, 1975, pp.186-200.
(25) Greg. Turo. Hist. lib.VIII, c.22, p.388 参照。
(26) *Ibid.*
(27) De Maillé, *op. cit.*, p.102.
(28) Pardessus, t.1, p.206 参照。
(29) *Ibid.*
(30) De Maillé, *op. cit.*, p.102.
(31) Nonn, Adelssippe, p.198.
(32) De Maillé, *op. cit.*, p.102, n.3.
(33) *Ibid.*
(34) サン・ヴァンサン Saint-Vincent 修道院長ドロクトヴェウス Droctoveus との親交であるが、このサン・ヴァンサンにパリ司教ゲルマヌスの遺骸が安置されているのである。九世紀には「サン・ヴァンサン」はゲルマヌスにちなんで「サン・ジェルマン」と名称を変える。後のサン・ジェルマン・デ・プレ修道院である。
(35) Nonn, Adelssippe, p.198.
(36) *Ibid.*, p.201.
(37) 中世初期ガリアにおける司教支配の内実をなすこの重要な要素については M. Heinzelmann, *Bischofsherrschaft in Gallien. Zur Kontinuität römischer Führungsschichten vom 4. bis zum 7. Jahrhundert. Soziale, prosopographische und bildungsgeschichtliche Aspekte*, München, 1976 参照。
(38) Greg. Turo. Hist. lib.IX, c.33, pp.451-454.
(39) Greg. Turo. Hist. lib.IV, c.3, p.136.
(40) クロタール一世の息子グントラムヌスがボルドー司教ベルトラムヌスにたいして「汝は母方の血統を通じてわれわれの親族

である」(lib.VIII, c.2)と述べているところから、Ingunde, Aregunde, Ingitrude は姉妹であったことが読みとれる。

(41) E. Ewig, Studien zur merowingischen Dynastie (以下 Studien と略記), *Frühmittelalterliche Studien*, Bd.8, 1974, p.53; Nonn, Adelssippe, pp.199-200.

(42) L. Piétri, *La ville de Tours du IVe au VIe siècle: naissance d'une cité chrétienne*, Roma, 1983, p.402; M. Vieillard-Troiekouroff, *Les monuments religieux de la Gaule d'après les œuvres de Grégoire de Tours*, Paris, 1976, pp.327-328.

(43) Greg. Turo. Hist. lib.IX, c.33, p.451.

(44) "Interpositis autem tribus vel quattuor annis", *ibid.*

(45) "Erant enim iam fere XXX anni, ex quo coniuncti pariter fuerant...", *ibid.*

(46) M. Weidemann, *Kulturgeschichte der Merowingerzeit nach den Werken Gregors von Tours*, 2 Bde., Mainz, 1982, Bd.1, p.313 参照。

(47) "Adiit enim vir eius plerumque urbem Burdigalinsim,...", Greg. Turo. Hist. lib.IX, c.33, p.453.

(48) Greg. Turo. Hist. lib.IX, c.33, p.453 および lib.VIII, c.1, 2, pp.370-372 参照。

(49) "Parens mea haec est...", lib.IX, c.33, p.453.

(50) "... quod parens eras nobis ex matre nostra...", lib.VIII, c.2, p.372.

(51) Ewig, Studien, *op. cit.*, p.52.

(52) Greg. Turo. Hist. lib.X, c.12, p.495 参照。

(53) K. F. Stroheker, *Der senatorische Adel im spätantiken Gallien*, réimp. Darmstadt, 1970, Prosopographie, no.183 参照。

(54) *Ibid.*

(55) M. Weidemann, *Das Testament des Bischofs Berthramn von Le Mans vom 27. März 616. Untersuchungen zu Besitz und Geschichte einer fränkischen Familie im 6. und 7. Jahrhundert.* Mainz, 1986, p.1.

(56) *Actus*, p.101.

(57) Isidori Etymologiarum libri, lib.IX, c.2, *Migne, Pat. Lat.*, t.82, cols.415-419.

(58) Berthulfus, *Actus*, pp.117, 138; Ermenulfus, *Actus*, pp.117, 122 参照。

(59) Chronicarum quae dicuntur Fredegarii Scholastici (以下 Chronicarum Fredegarii と略記) liber IV, c.20, *MG. SRM.*, t.2, p.128.

(60) *Actus*, p.117.

(61) *Actus*, p.122.

(62) "Ex civitate Ebroegas Erminulfus episcopus", Concilium Parisiense, a.614, *MG. Leges*(以下 *LL.* と略記) *Concilia*, t.1, p.192.

(63) *Actus*, p.117; Gadby, *op. cit.*, p.97, Morsan(dép. Eure, arr. Bernay, can. Brionne).

(64) "... bonae memoriae germanus meus Hermenulfus...", *Actus*, p.122.

(65) Thoringus, *Actus*, pp.111, 113, 127, 133; Sigechelmus, *Actus*, pp.111, 113, 117, 118, 122, 131, 133, 134.

(66) Leodefredus, *Actus*, p.127; Leutramnus, *Actus*, pp.111-113; Sicranus, *Actus*, pp.111, 126.

(67) Nonn, Adelssippe, pp.188-191 参照。

(68) W. Meyer, *Der Gelegenheitsdichter Venantius Fortunatus*, Berlin, 1901, p.83.

(69) Ewig, Studien, pp.52-53; Nonn, Adelssippe, pp.198-199.

(70) 三八頁参照。

(71) この事件については橋本龍幸「グンドヴァルドゥス王位簒奪事件と東ローマ帝国との関係について」『愛知学院大学文学部紀要』6、一九七六年、一三二(九四)―一一五(一一〇)頁。同『中世成立期の地中海世界――メロヴィング時代のフランクとビザンツ』南窓社、一九九七年、第六章参照。

(72) "Tamen, ut sciatis vera esse quod dico Radegundem Pectavam et Ingitrudem Toronicam interrogate.", Greg. Turo. Hist. lib.VII, c.36, p.358 参照。

(73) Ewig, Studien, p.29.

(74) Greg. Turo. Hist. lib.VI, c.24, p.291 参照。

(75) *Ibid.*

(76) 三七頁参照。カリベルト一世には知られる限り正室、側室を含めて四人の女性がいた。インゴベルガ Ingoberga、メロフレド Meroflede、マルコヴェイファ Marcoveifa、テオデキルド Theodechilde である。人名学的に見ると、Bertheflede の名前は王カリベルトの "-bert" と Meroflede の "-flede" から作られたと推測され、それゆえ母はおそらく Meroflede であった。Greg. Turo. Hist. lib.IV, c.26, pp.157-159 参照。

(77) "[Chrodechilde] Edificavit praeter ea multa sanctorum monasteria per regiones plurimas, e quibus unum edificavit in honorem Petri apostoli in suburbio Turonice civitatis ante portam castelli beati Martini...", Vita s. Chrotildis, c.11, *MG. SRM.*, t.2, p.346.

(78) Greg. Turo. Hist. lib.III, c.18, pp.117-120.

(79) Greg. Turo. Hist. lib.IV, c.1, p.135.

（80） Greg. Turo. Hist. lib.IV, c.20, p.152; *Lexikon des Mittelalters*, Bd.2, Lieferung 9, col.1816, H. Grahn-Hoek の手になる Childebert 一世の項参照。

（81） キルデベルトとウルトロゴートとの間には二人の娘しかおらず、息子はいなかった。そこでキルデベルトはテウデリク一世の息子テウデベルト一世を自らの養子として遇している。それならばなぜ側室の子といえどもベルトラムヌスを後継者に迎えなかったのかという疑問が当然でてくる。おそらくこうした事態が明らかになった時点では、ベルトラムヌスが聖職者となって久しかったか、あるいは他の事情でいずれにしろ王位を継がせるには時期を失したものと考えられる。なお、中世初期ゲルマン語人名の特徴である二重構成と、各要素の継承については佐藤彰一『修道院と農民——会計文書から見た中世形成期ロワール地方』名古屋大学出版会、一九九七年、五三一—五三二頁参照。

（82） “Erat tunc temporis Gundovaldus in urbe Burdegalensi a Berthramno episcopo valde dilectus,...”, Greg. Turo. Hist. lib.VII, c.31, p.350.

（83） Greg. Turo. Hist. lib.VIII, c.2, 7, pp.371, 375-376 参照。

（84） Greg. Turo. Hist. lib.VIII, c.20, pp.386-387 参照。

（85） Pardessus, t.1, p.208.

（86） 詳しくは Gadby, *op. cit.*, pp.15-16; Nonn, Adelssippe, pp.186-187.

（87） Gadby, *ibid.*, p.16.

（88） *Actus*, p.126, n.5, 6.

（89） *Ibid.*; Gadby, *op. cit.*, p.50.

（90） Ewig, Studien, pp.54-55.

（91） 中世初期の命名法についての概論的記述として K. Schmid, Überlieferung und Eigenart. *Prosopographie als Sozialgeschichte ? Methoden personengeschichtlicher Erforschung des Mittelalters*, München, 1978 参照。

（92） *Actus*, pp.121-122 参照。

（93） *Actus*, p.122 参照。

（94） Nonn, Adelssippe, pp.187-188.

（95） *Ibid.*, p.187.

（96） *Ibid.*

（97） *Actus*, p.111.

(98) *Ibid.*
(99) *Actus*, p.112.
(100) *Actus*, p.117.
(101) Gadby, *op. cit.*, p.88; *Actus* の Index nominum, Crisciago の項参照。
(102) Gadby, *ibid.*; *Actus* の Index nominum, Botilo の項参照。
(103) Gadby, *ibid.*, p.90; *Actus* の Index nominum, Cramteno, Vedantia の項参照。
(104) 四一頁参照。
(105) Gadby, *op. cit.*, p.97.
(106) Greg. Turo. Hist. lib.VIII, c.31, p.398 参照。
(107) 中世初期の「貴族」の土地資本獲得の欲求はまず自明の事実と言ってよい。中世初期の所領経営が必然的に一定度の流通活動を随伴せざるをえないという程度の領主＝貴族層の商取引への関与だけでなく、より積極的な流通活動への参画という問題を、仮にそれが一般的ではなかったとしても、ある特定門閥の経済的基礎を考える上で視野に入れておくべきであろう。
(108) 三八頁参照。
(109) Dom P. Cousin, Le monastère de Fécamp des origines à la destruction par les Normands, *L'abbaye bénédictine de Fécamp 658-1958*, t.1, Fécamp, 1959, pp.23-24.
(110) H. Ebling / J. Jarnut / G. Kampers, Nomen et gens. Untersuchungen zu den Führungsschichten des Franken-, Langobarden- und Westgotenreiches im 6. und 7. Jahrhundert, *Francia*, Bd.8, 1981, pp.699-700.
(111) この一族はしかしながらロワール川の南ポワティエ地方に所領を有し、ランス司教となったRomulfusがランスやトゥールの諸教会、修道院にそれを寄進している。*Flodoardi Historia Remensis ecclesiae*, éd. et trad. M. Lejeune, Reims, 1854, pp.243-244.
(112) *Gesta sanctorum patrum Fontanellensis coenobii*, éd. F. Lohier / R. P. J. Laporte, Rouen / Paris, 1936, p.12; H. Ebling, *Prosopographie der Amtsträger des Merowingerreiches*, München, 1974, no.CCLXII.
(113) *Actus*, p.151.
(114) *Actus*, p.163.
(115) いずれの文書においても、冒頭に付された国王統治年代がそれぞれの王(クロタール二世とダゴベルト一世)の統治年限を大幅に上まわっている。*Actus*, pp.146, 163 参照。また Sicranus のプレカリア文書については、*Actus* の編者も、M・G版 *Diplomata* に同文書を収録したペルツも、いずれも偽文書と判断している。*Actus*, p.163, n.1, *MG. Diplomata*（以下 *DD.* と略記）, t.1, p.166, Supria, no.48.

（116） A. Friese, *Studien zur Herrschaftsgeschichte des fränkischen Adels. Der mainländisch-thüringische Raum vom 7. bis 11. Jahrhundert*, Stuttgart, 1979, p.31, et passim; M. Werner, *Adelsfamilien im Umkreis der frühen Karolinger. Die Verwandtschaft Irminas von Oeren und Adelas von Pfalzel*, Sigmaringen, 1982, p.154, n.521 参照。

（117） Pardessus, t.2, no.D, p.308.

（118） Werner, *op. cit.*, p.153.

（119） *Ibid.*, p.149, n.498 の評価。

（120） Friese, *op. cit.*, pp.168-169.

（121） Vita Audoini, *MG. SRM.*, t.5, pp.554-555.

（122） Greg. Turo. Hist. lib.II, c.9, p.58.

（123） R. Wenskus, Das südliche Niedersachsen im frühen Mittelalter, *Festschrift für H. Heimpel*, Bd.3, Göttingen, 1972, pp.379-380.

（124） Greg. Turo. Hist. lib.III, c.8, p.106.

（125） Origo gentis Langobardorum, c.5; Pauli Diaconi Historia Langobardorum, I, c.27, *MG. Scriptores Rerum Langobardicarum*（以下 *SRL.* と略記）, pp.4-5, 68-70.

（126） De vita sanctae Radegundis libri duo, c.2, *MG. SRM.*, t.2, p.365; Greg. Turo. Hist. lib.III, c.7, p.105.

（127） Chronicarum Fredegarii, lib.IV, c.42, *MG. SRM.*, t.2, p.142.

（128） Ebling, *Prosopographie,* nos.CCLVII, CCLVIII, pp.201-202 参照。

（129） Friese, *op. cit.*, p.17, n.3, pp.18-19.

（130） *Actus*, p.132. *Actus* においても、また Gadby のエディションにおいても当該箇所は次のように転写されている。すなわち "Villas vero sitas in Burgundia quas nobis gloriosus domnus noster Clotharius rex et viris Inbradone et Marnechario majoris domus dedit..." 下線部はオリジナルを転写した一二世紀の筆写人が viris inl Radone et Warnechario を誤って写した結果であるのは明らかである。Gadby, *op. cit.*, p.59.

（131） Warnacharius はもともとブルグンド王テウデリク二世の重臣であり、宮宰であったが、クロタール二世に通謀した人物である。Ebling, *Prosopographie*, no.CCCIX.

(132) Friese, *op. cit.*, passim.
(133) Greg. Turo. Hist. lib.VIII, c.39, p.405.
(134) Greg. Turo. Hist. lib.VIII, c.42, p.408.
(135) "Licet nulli habetur incognitum qualiter ego post transitum Guntranni, quondam regis, per quod sacramentum insolubile domno meo Clothario regi dedi, pro eo quod civitas Cenommanis legitimo ordine, post transitum domni Guntranni ex hereditate genitoris sui bonae recordationis suae Chilperici quondam regis debuit pervenire...", *Actus*, p.110.
(136) "Anno 33 regni Guntramni. Eo anno quinto Kal. Aprilis ipse rex moritur", Chronicarum Fredegarii, lib.IV, c.14, *MG. SRM.*, t.2, p.127.
(137) グントラムヌスの治世三三年目を五九二年とするか、五九三年とするか諸説が分かれている。ここではウォレス＝ヘイドリルに従って五九三年としておく。*The Fourth Book of the Chronicle of Fredegar*, ed./trans. J. M. Wallace-Hadrill, London, 1960, p.127 参照。
(138) U. Eckardt, *Untersuchungen zu Form und Funktion der Treueidleistung im merowingischen Frankenreich*, Marburg, 1976, pp.199, 133-135 参照。
(139) "Berthigisilus inlicito ordine, contra decreta canonum, in sede sua fuit adgressus, et nimium res sanctae Mariae vel meas proprias generavit pro his gravissimum dispendium,...", *Actus*, pp.114-115.
(140) "... ego post transitum Guntranni, quondam regis, per quod sacramentum insolubile domno meo Clothario regi dedi,...", *Actus*, p.110.
(141) Gadby, *op. cit.*, p.154.
(142) Chronicarum Fredegarii, lib.IV, c.20, p.128 参照。
(143) *Ibid.*
(144) *Ibid.*
(145) "... germanus meus Berthulfus in expeditionem domni Clotharii regis interemptus fuit", *Actus*, p.117.
(146) *Actus*, p.115, "... et iterum ego pauper ipsum valde in captivitate fui" の in captivitate はこのように理解すべきである。
(147) "... [cum] ego absens fui pro fide mei conservatione...", *Actus*, p.109.
(148) Chronicarum Fredegarii, lib.IV, c.26, p.131.
(149) "Et postquam Dominus noster cum Voluntate Dei una cum praecelso consubrino suo, Theodeberto regi charitatem inivit et voluntarie quantitatem de regno suo recepit,...", *Actus*, p.115.
(150) *Actus*, p.90.
(151) *Actus*, pp.113, 109.

(152) Gadby の同定によれば、Condoma は多分ル・マン市域の Comes もしくは Cone、Cambariacus は Chemiré en Charnie, arr. Le Mans, cant. Loué(*op. cit.*, pp. 91, 84)である。

(153) reicola Bauciallo(=Boisseau, dép. Loir-et-Cher, arr. Blois, cant. Marchenoir), *Actus*, p.130; Gadby, *op. cit.*, p.117.

(154) Gadby, *op. cit.*,p.117.

(155) Greg. Turo. Hist. lib.VII, c.17, p.338; Duchesne, *Fastes*, t.2, pp.426-427.

(156) パリ公会議の決定にもかかわらず、Promotus はシギベルト一世の死、すなわち五七五年まで先の地位を維持した。Duchesne, *ibid.*

(157) Greg. Turo. Hist. lib.VII, c.29, p.347.

(158) 六二七年にクリーシィで開かれた公会議に出席しているシャルトル司教ベルトギシルスが、果たしてかつてのル・マンの「簒奪」司教であった人物と同一か否かは確認しえない。Duchesne, *Fastes*, t.2, p.428. だがその可能性を全く否定することはできないであろう。

(159) Chronicarum Fredegarii, lib.IV, c.29, p.132. この年ブルグンド王テウデリク二世の側室がメロヴェクスなる子を生んだが、クロタール二世はその代父となっている。

(160) Chronicarum Fredegarii, lib.IV, c.38, pp.139-140.

(161) *Ibid.*, c.39, p.140.

(162) Greg. Turo. Hist. lib.IX, c.18, pp.431-432 参照。

(163) *Actus*, p.132.

(164) *Actus*, p.107.

(165) 六〇四年から六一三年にかけてのフランク政治史は、三分王国の同盟、離反の複雑な経過に彩られていた。いずれ詳論する機会があろうが、ここでは差しあたり秘かな政治工作の働く余地が十分すぎるほどあった事実を指摘するにとどめる。

(166) 使徒の継承者として教皇が身につける外套であるが、教皇は司教にその功績を讃えてこれを贈ることがあった。

(167) "Praedictus autem domnus Bertichramnus archiepiscopus erat, et pallium, sicut mos est metropolitanorum, ferebat, atque omnibus episcopis totius regni praeerat et proderat", *Actus*, p.101.

(168) P. Piolin, *Histoire de l'Église du Mans*, t.1, Paris, 1852, p.321; Gadby, *op. cit.*, p.159 による。

(169) Gadby, *op. cit.*, p.159.

(170) Edictum Parisiense, a.614, *MG. LL.* Capitularia, t.1, pp.20-23.
(171) 徳田前掲論文一四九―一五八頁参照。
(172) Concilium Parisiense, a.614, *MG. LL. Concilia*, t.1, p.192
(173) メロヴィング王権がクローヴィスの時代以来イングランド南部に支配を及ぼしていたことはI・ウッドによっても指摘されている。I. Wood, Disputes in late fifth and sixth century Gaule: some problems, ed. W. Davies / P. Fouracre, *The Settlement of Disputes in Early Medieval Europe*, Cambridge, 1986, p.22 参照。
(174) Duchesne, *Fastes*, t.2, p.308.
(175) *Concilia*, t.1, pp.186, 187.
(176) *Ibid.*, pp.187-189.
(177) *Ibid.*, pp.187, 189-190.
(178) *Actus*, p.100.
(179) Gadby, *op. cit.*, p.150.
(180) *Ibid.*
(181) *Ibid.*
(182) *Ibid.*
(183) Weidemann, *Das Testament*, p.1.
(184) *Actus*, p.122.
(185) *Actus*, p.132.
(186) *Actus*, pp.121-122.
(187) E. Ewig, Die fränkischen Teilreiche im 7. Jahrhundert (613-714), *Trierer Zeitschrift*, Bd.22, 1956, p.107.
(188) J. Jarnut, *Agilolfingerstudien. Untersuchungen zur Geschichte einer adligen Familie im 6. und 7. Jahrhundert*, Stuttgart, 1986, p.69.
(189) Capitularia regnum Francorum, *MG. LL.* Capitularia, t.1, p.21.
(190) Ewig, Die fränkischen Teilreiche, *op. cit.*, p.107.　なおアルヌルフスの事績については N. Gauthier, *L'évangélisation des pays de la Moselle. La province romaine de Première Belgique entre Antiquité et Moyen Age (IIIe-VIIIe siècles)*, Paris, 1980, pp.373-383 参照。
(191) それぞれ Chaimoaldus, Cabimoaldus, Chaimaldus と綴られている。*Actus*, pp.118, 134-135 参照。

(192) *Concilia*, t.1, p.191; *Actus*, p.118, n.3; Duchesne, *Fastes*, t.2, p.345

(193) *Actus*, p.118.

(194) "Adjuro et rogo dominum meum Cabimoaldum episcopum quia consanguineus meus esse dinoscitur,...", *Actus*, pp.134-135.

(195) *Concilia*, t.1, p.192 参照。

(196) *Actus*, pp.134-135.

(197) *Actus*, p.118.

(198) Duchesne, *Fastes*, t.2, pp.227, 305, 358.

(199) Greg. Turo. Hist. lib.X, c.31, p.531.

(200) Gregorii I Papae Registrum epistolarum, *MG. Epistolae*（以下 *Epp.* と略記）, t.II, pp.314-315.

(201) *Bibliotheca Hagiographica Latina*, no.4917.

(202) U. Chevalier, *Répertoire des sources historiques du Moyen Age: Bio-Bibliographie*, t.2, réimp. New York, 1960, pp.2998-2990.

(203) *Bibliotheca Hagiographica Latina*, no.4918.

(204) *Le Martyrologe d'Usuard. Texte et commentaire*, éd. J. Dubois, Bruxelles, 1965, p.179.

(205) J. Van der Straeten, *Les manuscrits hagiographiques d'Orléans, Tours et Angers avec plusieurs textes inédits*, Bruxelles, 1982, pp.199-275 参照。

(206) Duchesne, *Fastes*, t.2, p.96.

(207) *Actus* では "in civem ipsam" となっているが意味不明となる。ここではマビヨンの読みに従って "in civitatem ipsam" と理解しよう。*Actus*, p.133, n.4.

(208) "... Villas vero, quas, dato pretio, de Dracoaldo episcopo comparavi, et in civem[=civitatem, Mabillon] ipsam, ubi praedictus pontifex fuit occias[=occisus, Mabillon, Le Corvaisier], esse noscuntur...", *Actus*, p.133.

(209) Duchesne, *Fastes*, t.2, p.93.

(210) *Actus*, p.132.

(211) Duchesne, *Fastes*, t.2, p.69, n.6.

(212) Gadby, *op. cit.*, p.121, n.2.

(213) *Actus*, pp.121-122.

(214) *Actus*, p.131.

(215) *Actus*, p.131, n.2.
(216) J. Martindale, *Prosopography of the Later Roman Empire, AD. 395-527*, Cambridge, 1980, pp.1085-1099.
(217) *Ibid.*; Stroheker, *Der senatorische Adel*, *op. cit.*, nos.391, 392, p.224 参照。
(218) Ph. Le Maître, Évêques et moines dans le Maine: IVe-VIIIe siècle, *Revue d'Histoire de l'Église de France*, t.LXII, no.168, 1976, pp.97-98.
(219) Greg. Turo. Hist. lib.VI, c.11, 24; lib.VII, c.36; lib.VIII, c.5, 12, 13, 20; lib.IX, c.22.
(220) テオドルスの後継者セレヌス Serenus は、遅くとも五九六年にマルセイユ司教に叙任されたと思われるからである。Duchesne, *Fastes*, t.1, p.276.
(221) *Actus*, p.132.
(222) Chronicarum Fredegarii, lib.IV, c.41, 42, pp.141-142.
(223) *Ibid.*, p.141.
(224) *Ibid.*, p.142.
(225) *Actus*, p.107; Gadby, *op. cit.*, p.81.
(226) 『フレデガリウス年代記』には、ブルグンド王テウデリク二世の宮宰で、五九九年に他界したワルナカリウスの記述が見える(lib.IV, c.18)。六〇二年ジュネーヴに滞在したテウデリクは、同教会にたいしてなされたこのワルナカリウスの寄進を確認している(lib.IV, c.22)。二人のワルナカリウスの間に血縁関係があって、一族の拠点が、多大な寄進の行なわれたブルグンド王国の初期の「首都」、ジュネーヴであったのは確実である。ed. Wallace-Hadrill, *The Fourth Book of the Chronicle of Fredegar*, *op. cit.*, pp.12, 15 参照。
(227) グンドランドゥスのネウストリア宮宰職については、『フランク史書』(Liber Historiae Francorum)の第四一章で、ブルンヒルドの処刑の叙述に続いて“Gundolandus nobilis maior domus in aula regis, vir egregius atque industrius”と記されている。*MG. SRM.*, t.2, p.311。ラドに関しては『フレデガリウス年代記』第四書四二章で、アウストラシアの宮宰の地位を得たと明示されている。Chronicarum Fredegarii, lib.IV, c.42, p.142 参照。
(228) *Actus*, pp.128-129.
(229) *Actus*, p.132.
(230) *Actus*, p.129.
(231) ヴォージュ地方にあるサン・ミエル St. Mihiel 修道院長スマラグドゥスは、九世紀に「発音における名詞の性の違いと意味における性の違い」という文章の中で、女性形の固有名詞でありながら、男性の名前であるような例として一連の人名を挙げているが、そこで例示されているのは Egica, Witiza, Wamba など全て西ゴートの人名である。その中に Ega(=Aega)も見える。Bibliothèque Nationale de France, ms. lat. no.14089, fol.17.

(232) Ebling, *Prosopographie*, no.CXCVI.

(233) *Actus*, p.113.

(234) Chronicarum Fredegarii, lib.IV, c.45, p.144.

(235) Friese, *op. cit.*, p.18, n.13, p.19.

(236) Vita sancti Arnulfi, c.14, *MG. SRM.*, t.2, pp.437-438; R. Sprandel, *Der merowingische Adel und die Gebiete östlich des Rheins*, Freiburg im Breisgau, 1957, p.18.

(237) *Actus*, p.132.

(238) *Actus*, p.109.

(239) Ebling, *Prosopographie*, no.LX.

(240) *Actus*, p.111.

(241) "... et jamdicto parente meo Sigeleno...", *Actus*, *ibid.*

(242) Ebling, *Prosopographie*, no.CCLXXXI; Diplomata Imperii, t.1, no.10, *MG. DD.*, t.1, p.13.

(243) *Actus*, p.114.

(244) Greg. Turo. Hist. lib.IX, c.26, p.445.

(245) インゴベルガの血を承けてはいないが、カリベルト一世の娘ベルテフレドの本拠がル・マン地方にあった(Greg. Turo. Hist. lib.IX, c.33)ところから、また王妃自身がル・マン教会にも寄進をしているところから、こうした推定には十分な根拠がある。

(246) *Actus*, p.104.

(247) それぞれ *Actus*, pp.114, 126, 130.

(248) *Actus*, p.88.

(249) Aunigiselus diaconus, *Actus*, p.127; Eomerius diaconus, *Actus*, p.131; Gundobaldus diaconus, *Actus*, p.109; Malaricus diaconus, *Actus*, p.118; Domnigiselus diaconus, *Actus*, p.140; Romulus presbyter, *Actus*, p.116.

(250) 佐藤彰一「教会登録貧民考」『ポスト・ローマ期フランク史の研究』岩波書店、二〇〇〇年、五八頁参照。

(251) Dundana, *Actus*, p.129; Theudoaldus, *Actus*, p.131.

(252) *Actus*, p.129.

(253) *Actus*, p.113.

(254) Gadby, *op. cit.*, p.90; Weidemann, *Das Testament*, p. 19.

(255) *Actus*, p.118.

(256) Gadby, *op. cit.*, pp.99-100.

(257) *Actus*, p.112.

(258) *Actus*, p.113. 六六七年のオルレアンのサン・テニャン修道院長レオデボドゥスの寄進状には、オルレアン市内の area に似たような大規模な家屋を所有する商人(negotiator) Paulonus なる人物が見える。彼はその家をそこに居住する人々(accolabus ibidem residentibus)も含めてフルーリィ Fleury 修道院に寄進している。都市内での商人のこの種の不動産所有はかなり広範に見られた現象なのであろうか。Pardessus, t.2, no.350, pp.142-145 参照。

(259) *Actus*, p.113.

(260) Greg. Turo. Hist. lib.X, c.26, p.519.

(261) Duchesne, *Fastes*, t.2, p.471.

(262) *Ibid.*

(263) W. Bleiber, *Naturalwirtschaft und Ware-Geld-Beziehungen zwischen Somme und Loire während des 7. Jahrhunderts*, Berlin, 1981, p.104 参照。

(264) *Actus*, p.131.

(265) Diplomata Imperii, t.1, p.13.

(266) 六九頁参照。

(267) Greg. Turo. Hist. lib.VIII, c.44; lib.IX, c.13, pp.410-411, 427-428.

(268) *Actus*, p.128.

(269) R. Sprandel, Grundbesitz- und Verfassungsverhältnisse in einer merowingischen Landschaft: die Civitas Cenomannorum, *Festschrift für G. Tellenbach*, Freiburg / Basel / Wien, 1968, p.45.

(270) Belletrudis, Betana, *Actus*, p.117; Audericus, *Actus*, p.130; Ebolenus, Trilonus, *Actus*, p.139; Bertholenus, Mantharigus, *Actus*, p.117; Ebretradus, Medigiselus, *Actus*, p.126; Daulfus, *Actus*, p.104; Guntherius, *Actus*, p.140; Leugadia, *Actus*, p.131; Leuttherus, *Actus*, p.139; Dolenus,

Actus, p.118; Remoaldus, *Actus*, p.126; Thudoaldus, *Actus*, p.131; Hisigisilus, *Actus*, p.130.

(271) L. Fleuriot, *Les origines de la Bretagne*, Paris, 1982, pp.163-196 参照。

(272) Guntha, *Actus*, p.105; Mancia, Ceta, *Actus*, p.109; Basilius, Baudegundus, *Actus*, p.106; Avantus, Leodelenus, *Actus*, p.120; Nunciana, *Actus*, pp.130, 132, 133.

(273) Bobolenus(トレギエ), *Actus*, p.104; Arenoaldus(ボルドー), *Actus*, p.123; Berthigiselus(ヴァンドーム), *Actus*, p.130; Chargarius, Ragnaricus(エタンプ), *Actus*, p.128.

第二章　メロヴィング朝期ル・マン地方の土地変動と司教管区

はじめに

かつて古代から中世への移行あるいは転換というトピックのもとに考えられてきた西欧中世世界の形成は、いまや後期古代世界の緩やかな構造変化の所産と捉えられ、その変化の時期もかなり遅く七世紀頃に設定するのが、最近の中世初期を問題にする歴史家たちの一つの了解事項になっているがごとき趨勢である。[1] 帝政後期ローマの諸制度、なかんずく徴税制度が西ローマ帝国の政治的瓦解の後に、いかなる変化も蒙ることなくフランク王国の国制に受け継がれ、中世初期の終わりまで生き延びたとする連続論や、[2] W・ゴファートのように、[3] 言語を指示するとき以外は「ゲルマン的 Germanic」という表現を一切用いないというのは明らかに極端な主張であるが、ローマの諸制度や慣行が七世紀頃まで、わずかな残光という程度を越えて維持されたことは、研究が進展するにつれてますます明瞭になってきていると言えるであろう。

私はこの時代を「ポスト・ローマ期」と形容することを提案しているが、この論文であつかう遺言状に現われる土地変動と、その背景をなす社会過程はまさしくポスト・ローマ期の一つの重要な側面を表わしている。かつてのキウィタスの中心にある司教座教会が、都市および都市近辺ばかりでなく、司教管区全域に人的、物的につよい影響力を浸透させることにより、それを司教権力のうちに統合しようとする動きがそれである。こうした現象に幾人かの中世史家は「司教支配」の名称を冠し、[4] ドイツの中世史家たちはその成功した体制を Civitasrepublik あるいは Bistumrepublik と称している。[5]

ル・マン司教区について、こうした関心からの立ち入った研究はまだ緒についたばかりである。[6] 本章は、六世紀から七世紀への転換期にル・マンの司教をつとめたベルトラムヌスが遺した遺言状に記載されている土地財産の状態や、それらの処置についての指示を検討することにより、この時代においてル・マン地方の社会と教会組織が直面していた問題や課題について、先の「キウィタス・レプブリク」論を念頭におきながら考察しようとするものである。

一　史料に関する若干の考察

本書の第一章で、このおなじ遺言状を主な史料として、その作成者ベルトラムヌスが生きた六世紀末、七世紀初頭の動乱に満ちた政治世界の再構成を試みた。[7] その折には、一九八六年に刊行されたマルガレーテ・ヴァイデマンによる本遺言状のテクストと研究の決定版ともいうべき『六一六年三月二七日のル・マン司教ベルトラムヌス遺言状。六・七世紀のあるフランク家門の土地財産と歴史の研究』[8] を、脱稿後の入手ということで利用できなかった。現在では、写本間の字句の異同を詳細に吟味し、地名の現在地比定を格段に進めているヴァイデマン本が、研究のための依るべき底本であるのは言うまでもない。

この遺言状の原本は、ベルトラムヌスが創建したル・マンのサン・ピエール＝ポール修道院に大革命まで保存されていて、一七九〇年頃に創設されたル・マン公立図書館の司書であったポール・ルヌアールがこの原本を直接目にし、それが獣皮紙を何枚も継ぎ合わせた幅五〇センチ、長さ七メートルの巻物であったと証言している。[9] だがこの巻物原本は革命期の混乱の中で破棄されたか、あるいは掠奪され隠匿されたかして、いずれにしても行方知れずとなってしまった。[10]

現在まで伝来しているこの遺言状の写しの手稿本や印刷刊本の系統的整理から、確実に原本を参照して写しを遺している人物は、一七世紀のA・ル・コルヴェジエであり、また一部の筆写しか行なっていないが、J・マビヨンも巻物を見た可能性がある。けれども大部分の写しは、八五七／八六二年に編纂された『歴代ル・マン司教事績録』から発しており、またル・コルヴェジエの印刷刊本も、マビヨンのそれもいずれも一二世紀に作られたこの『事績録』写しに収録されている遺言状テクストを参照している。[11] この写本はル・マン市立図書館所蔵手稿本二二四番として現存している。[12]

ヴァイデマンの推定によれば、ベルトラムヌスが六二三年六月三〇日に死亡した折に、遺言状が開示されたが、作成者が想定したのとは状況が異なり、都市登録簿への登録制度がこの間に消滅していたために、原本そのものが相続主体であるサン・ピエール＝ポール修道院に、そして新たに作成された写しがもう一つの相続主体であった聖マリア司教座聖堂に賦与されたのである。[13] そのいずれかが九世紀の『事績録』編纂の際に参照されたと推定されるが、サン・ピエール＝ポール修道院が一八世紀末まで原本を巻物状に保管していた事実に鑑みるならば、また『事績録』の編集が司教座の事業として遂行されたところから、[14] 聖マリア司教座聖堂に伝来していた遺言状の写しのほうを利用した可能性が高いと見られる。

原本の巻物は幅五〇センチ、長さ七メートルであったが、それは一定の大きさの獣皮紙を糸で継ぎ合わせて造った本である。ベルンハルト・ビショッフによれば羊皮紙の判型は正方形のそれと、非常に縦長の判型の二つに分かれるが、古代のコーデクス(冊子本)やカロリング朝期の修道院学校の写本は、料紙が正方形規格が多かったとされる。[15] この二つの時代に挟まれた時期のベルトラムヌスの遺言状料紙が、おなじような規格であったとするならば、その判型は一辺が五〇センチ前後ということになろう。この規格の料紙一枚一枚に順次記録する形で遺言状は書き進められたらしいことは、「遺言状のためのこの一葉を通じて遺贈した」[16]という文言から推測されるところである。これら単葉の獣皮紙は最後に糸で縫い合わされ、横長の巻物の形に整えられたのである。

この仮定が正しいならば、単純に計算して遺言状は一辺が五〇センチの正方形の料紙一四枚から構成されていたことになるが、それだけの枚数が必要なほど遺贈財産の点数は多かった。表1はそのうち本章の主題である土地財産だけを記載順にしたがって抜き出し、その所在地、ベルトラムヌスがそれを取得した原因、そして遺贈先などを付して一覧にしたものである。この他に忠実に仕えた家人たちへの財産分与や、隷属民の解放、ル・マンならびにそれ以外の地にある教会や修道院や救貧院への現金による喜捨などもあるが、これは一覧表には加えていない。

史料論の観点から興味をそそるのは、ベルトラムヌスはこれら膨大な財産に関する情報を、何を基にして遺言状の形で再現することができたのかという点である。確かに二か所ほど、記載を失念した財産を加えるという表現でそれを列挙している例が見られるが、「私はほとんど忘却の状態にあったが、神の霊感のおかげで記憶に甦った葡萄畑」[17]とか、「当座の記憶の弱さゆえに、深い忘却のうちに沈められていた」[18]などの文章は表現上のレトリックと見るべきであり、ベルトラムヌスが記憶により財産目録を再現したとゆめ信じてはならない。彼はこれらの土地財産を取得した折に作成された権利の移転を法的に証明する文書を慎重に保存管理し、遺言状の作成にあたって、それらの文書を参照しながら作業を行なったのであり、それらの「措置部 dispositio」をほぼ逐語的にひき写す形で遺言状を作成したと推測されるのである。とりわけ土地財産を記載する際に用いられる従物書式の多様性は、[19]当該不動産の移転の折に作成された文書が下敷きになっている事実を強く示唆している。

二　記載不動産の概況

表1には、遺言状に見える総数で一三六件の不動産が記載されている。このうち最大多数を占めるのは、全体の過半数を越える七六件の「ウィラ villa」の呼称で挙示されるそれである。「ウィラ」からの派生語で生成途上の小村落を意味する「ウィラーレ villare」も三件見出される。

R・シュプランデルによれば、メロヴィング朝期のル・マン地方には複数のウィラを所有している世俗領主は一人もおらず、領主自身が所領に常住し、経営にあたっていた。さらに、原初的にはこれらウィラには、従属農民の保有地が帰属していなかった。[20] シュプランデルは、86番の villa secus Pocileno vico や、88番の villa secus vico Berulfo などの表現に看取されるように、元来住人の身分状態が隷属的桎梏から自由であるような居住地とみなされている「ウィクス vicus」を、ウィラが併合することによりウィクス在住の農民その他の人々の隷属化をもたらし、農民保有地を生成せしめたと考えたのであった。[21] こうした事態が進行する以前は、ウィラの経営は奴隷的なマンキピア使役によってなされていたと見なければならない。

ウィラに次いで多いのが「ロクス locus」、「ロケッルス locellus」と「コロニカ colonica」である。ロクス／ロケッルスは一四件が、コロニカは全部で八件挙げられている。その構造は、基本的にはわれわれがトゥール地方に関して縷々明らかにする機会があった、「単位所領」としてのコロニカのそれと同様であったと推定される。[22] すなわちそれは複数の自立的小農業経営の集合体であり、相互に従属支配関係を内的編成原理として有していない、緩やかな地域的まとまりである。ル・マン地方に比定しうる六件のコロニカのうち、四件が明示的に複数の農民経営の痕跡を示しているのみで、残りは単一の所有者しか認められないところから、[23] あるいはそれは小所領の性格をもち始

表1　遺言状記載物件の一覧表

	遺贈対象	所在地	取得原因	受贈者
1	villa Bonalpha	Bonnelles(Étampois)	贈与	e. Le Mans
2	ager Cultura	La Couture-s.-Loir (L.-et-Ch.)	贈与＋購入	e. Le Mans
3	villa Celonia	Kerleau (Côtes du Nord)	贈与＋購入	e. Le Mans
4	Fano Vicinoniae	Feux-Villaines (Mayenne)	購入＋開発	e. Le Mans
5	portio in Bructiagus	Brossay (Mayenne)	購入	e. Le Mans
6	villa Brea	Brée (Mayenne)	購入	e. Le Mans
7	villa Uuibriaco	lieu disparu (La Couture)	贈与	ss. PP.
8	villa Nimione	Nigeon (Paris)	贈与	e. Paris
9	vinea Frontanito	Fontenay-en-Parisis (S.-et-O.)	贈与	e. Paris
10	villa Crisciacus	Crissé (Sarthe)	贈与	ss. PP.
11	villa Theodon	Thionville	贈与	ss. PP.
12	colonica Telate	Teillé (Sarthe)	贈与	ss. PP.
13	villa Buresacus	Boursay (Loir-et-Ch.)	交換	ss. PP.
14	Wastinense	Gâtines (Loir-et-Ch.)	交換	ss. PP.
15	villa Dolus	Dollon (Sarthe)	開発	e. Le Mans
16	villa de Gaviaco	Joué-l'Abbé (Sarthe)	購入	ss. PP.
17	villa Londolenas	Chandolin (Sarthe)	購入	ss. PP.
18	villa Ferrenis	Ferré (Sarthe)	購入	ss. PP.
19	villa Cella	Les Celles (Sarthe)	購入	ss. PP.
20	villa Samarciaco	Marcé (Sarthe)	購入	ss. PP.
21	villa Campo Chunane	La Chouanne (Sarthe)	購入	ss. PP.
22	villa Ludina	La Ludinière (Sarthe)	購入	ss. PP.
23	villa Comariago	Commeré (Mayenne)	購入	ss. PP.
24	villa Cambariaco	Cambrai (Sarthe)	購入	ss. PP.
25	villare Piciniaco	Peigné (Sarthe)	贈与	ss. PP.
26	villare Hiliacus	Hilieux (Mayenne)	贈与	ss. PP.
27	villa Morenacus	Mornac-s.-Seudre(Charente-Maritime)	開発	ss. PP.
28	colonica in fundo Methense	Mayet (Sarthe)	購入	ss. PP.
29	terra in fundo Voligione	Vaulogé (Sarthe)	購入	ss. PP.
30	villa Neolon	Meulan (Yvelines)	贈与	Chlothar II
31	villa Walion	Gaillon (Yvelines)	贈与	Chlothar II
32	villa Pempina	Pomponne (Seine-et-Mar.)	贈与	Berchtrudis, regina
33	villa Cella	Chelles (Seine-et-Mar.)	贈与	Berchtrudis, regina
34	villa Seuva	La Sauve (Gironde)	相続？	Sigechelmus / Thoringus
35	villa Ripariola	Château-Rivaleau (Gironde)	相続？	Sigechelmus / Thoringus

36	villa Briomilia	Brigueil (Charente)	相続	Leutramnus / Sichranus
37	villa Castolion	Chalon (Charente-Mari.)	相続	Sigelenus / filii sui
38	villa Crisciagus	Croisset (Seine-Mar.)	相続	Sigechelmus / Thoringus
39	villa Botilus	La Bouille (Seine-Mar.)	相続	Sigechelmus / Thoringus
40	villa Baulo	Boullion (Yvelines)	贈与	Leutramnus
41	locellus Fontanido	Fontenay-en-Parisis (S.-et-O.)	贈与	ss. PP / Leutramnus et conjux sua
42	villa Boban	Saint-Germain-s.-l'Ecole(Seine-et-Mar.)	贈与	s. Germ. Paris
43	villare in Cramteno	Charenton (Val-de-Marne)	相続	ss. PP.
44	colonica Villanova	Villeneuve (Sarthe)	購入	Thoringus
45	villa de Idguino	Euzevin (Mayenne)	不明	Sigechelmus
46	viniola Ruilion	Rouillon (Sarthe)	購入	e. Le Mans
47	vinea in Calimarcense	Chaumars (Sarthe)	購入	e. Le Mans
48	colonica Satovera	Les Souvres (Sarthe)	購入	e. Le Mans
49	locellus Condoma	Condé-s.-Sarthe (Sarthe)	購入	Cottana / filii sui
50	domus infra c. Parisiensis	Paris	贈与	ss. PP / e. Le Mans
51	area foris civit. Parisiensis	rive droite de Paris	不明	ss. PP / e. Le Mans
52	vineola Arena Cenom.	arène du Mans	開発	ss. PP
53	vineola Ponteleugam	Pontlieue, Le Mans	購入	ss. PP
54	campellos Sarthae	au bord de la Sarthe du Mans	交換	ss. PP
55	brugilio apud civit. Cenom.	auprès de la cité du Mans	購入	ss. PP
56	colonica Vatinolonno	Sougé-le-Ganelon (Sarthe)	購入＋贈与	ss. PP
57	locellus Bariacus	Barillé (Sarthe)	購入	ss. PP
58	locellus Stivale	Etival-lès-le Mans (Sarthe)	購入	ss. PP
59	domus matricula ad Pont.	Pontlieue, Le Mans	建設	ss. PP
60	villa Grande-Fontana	Grand-Fontaine (Mayenne)	購入	e. Le Mans
61	villa Conadacus	Saint-Martin-de-Connée(Mayenne)	購入	ss. PP
62	villa Colicas	La Coudrière (Mayenne)	購入	ss. PP
63	agellum Utimiago	Courteaume (Mayenne)	委託	ss. PP
64	villa Murocinctus	Meurcé (Sarthe)	相続	Sigechelmus / Leodefredus fil.sui
65	casa infra civit. Cenom.	Le Mans	購入	Sigechelmus
66	villa Patriliacus	Parigné-le-Pôlin (Sarthe)	購入	ss. PP
67	villa Monciacus	Moncé-en-Belin (Sarthe)	購入	e. Le Mans
68	colonica Condite	Condé (Sarthe)	購入	e. Le Mans
69	vinea secus Cariliacenses	Les Carrières (Sarthe)	購入	e. Le Mans
70	Parte divina	Villedieu-le-Château (L.-et-Ch.)	購入	e. Le Mans
71	vineola Sabonariense	Savonnières (Sarthe)	購入	ss. PP
72	locellus Logiagas	Les Loges (Sarthe)	購入	mat. PP / xenod.S.Mart.

73	locellus Nogintus	Nogent-le-Bernard (Sarthe)	購入	mat. PP / xenod.S.Mart.
74	locellus Nova-Villa	Neuville-s.-Sarthe (Sarthe)	購入	mat. PP / xenod.S.Mart.
75	locellus Antoniacus	Antoigné (Sarthe)	購入	mat. PP / xenod.S.Mart.
76	locellus de Monasteriolo	Montreuil-s.-Sarthe (Sarthe)	購入	mat. PP / xenod.S.Mart.
77	tributum Taletense	Teillé (Sarthe)	*	ss. PP
78	suffragium Crisciacense	Crissé (Sarthe)	*	ss. PP
79	suffragium Cambriacense	Cambrai (Sarthe)	*	ss. PP
80	villa Blaciagus in Burdegalensi	Plassac (Gironde)	相続	e. Le Mans
81	colonica Vincentiae	Villeneuve (Gironde)	相続	ss. PP
82	villa Floriacus	Floirac (Gironde)	購入	ss. PP
83	domus infra civ. Burd.	Bordeaux	不明	Sigechelmus
84	locus Braesetum	Preignac (Gironde)	購入	ss. PP
85	villa Mareiliacus	Marcillé-la-Ville (Mayenne)	購入	Leodochramnus
86	villa secus Pocileno vico	Le Petit-Pezé (Sarthe)	購入	Sigramnus
87	villa Pauliacus	Poillé-s.-Vègre (Sarthe)	購入	Leodochramnus
88	villa secus vico Berulfo	Berus (Sarthe)	購入	Leutfredus / Thoringus
89	villa Charisiagus	Cherisay (Sarthe)	不明	s. Germ. Le Mans
90	vinea Silviago	Sougé-le-Ganelon (Sarthe)	不明	s. Germ. Le Mans
91	reicola Stirpiacus	Etrichet (Sarthe)	不明	s. Germ. Le Mans
92	villa Landolenas	Lande-de-la-Plauloyère (Mayenne)	購入	s. Germ. Le Mans
93	villa Graciacus	Grazay (Mayenne)	購入	s. Germ. Le Mans
94	villa Manciacus	Macé (Mayenne)	購入	s. Germ. Le Mans
95	vinea ad Ruillionem	Rouillon (Sarthe)	購入	s. Germ. Le Mans
96	villa Comanico	Chaoué (Sarthe)	購入	ss. PP
97	reicola Fontanas	Les Fontaines (Sarthe)	贈与	e. Le Mans / ss. PP
98	villa Redonatigus	Roussigny (Sarthe)	購入	e. Le Mans
99	villa in Biturico	en Berry	贈与	ss. PP
100	villa in Albiensi	en Albigeois	贈与	ss. PP
101	villa in Cadurcino	en Quercy	贈与	ss. PP
102	villa in Agennensi	en Agenais	贈与	ss. PP
103	villa Nociogilos	Neuilly-le-Vendin (Mayenne)	不明	Dundana→e. Le Mans / ss. PP
104	villa Vocriomnus	Voiron (Isère)	贈与	Arnulfus Metten.
105	villa Nociogila in Pictavo	en Poitou	贈与	ss. PP
106	villa Marogilus	Marolles-les-Braults (Sarthe)	贈与	e. Le Mans
107	villa Rufiniacus	Roussigné (Sarthe)	贈与	e. Le Mans
108	locellus Lucianus	Lunay (Loir-et-Cher)	不明	s. Victor
109	reicola Bauciallus	Boissière (Loir-et-Cher)	購入	s. Victor

110	villa Tauriacus	Thoiré-sous-Contensor (Sarthe)	贈与＋購入	e. Le Mans
111	locellus Luciacus	Le Grand-Lucé (Sarthe)	購入	ss. PP
112	villa Pannoninus	La Paimenière (E.-et-Loir)	購入	Sigechelmus→filii
113	villa Macirias	Mézières au Perche (E.-et-Loir)	購入	Sigechelmus→filii
114	reicola Luciniacus	Le Grand-Lucé (Sarthe)	贈与	e. Le Mans
115	reicola Mons	Les Montilles (Sarthe)	贈与	e. Le Mans
116	villa super Ligeri	?	購入	e. Le Mans
117	villa Brea	Vibraye (Sarthe)	購入	e. Le Mans
118	villa Kairacus	Cherré (Sarthe)	購入	ss. PP
119	villa Sitriacus	Chitré (Mayenne)	購入	e. Le Mans
120	locellus Blaciacus	Blozé (Mayenne)	購入	e. Le Mans
121	villa Cresciacus	Crécy-au-Mont (Aisne)	贈与	s. Steph. Metz
122	villa Vallus	La Valle (Aisne)	贈与	s. Steph. Metz
123	tres partes colonica	Pont-Saint-Mard (Aisne)	委託	s. Petr. Soissons
124	villa Montiniacus	Montigny (Sarthe)	開発	e. Le Mans
125	villa in Burgundia	en Bourgogne	贈与	e. Le Mans / ss. PP
126	villa in Provincia	en Provence	贈与	e. Le Mans / ss. PP
127	villa in Pictavo	en Poitou	贈与	Ghiso / Thoringus
128	villa in Herbaticola	Herbauge (en Haut-Poitou)	贈与	Ghiso / Thoringus
129	villa in Cadurcino	en Quercy	贈与	Ghiso / Thoringus
130	villa in Lemovicino	en Limousin	贈与	Ghiso / Thoringus
131	villa de Dracoaldo	Eauze ?	購入	Sigechelmus / filius ejus
132	domus Diablentes	Jublains (Mayenne)	建設	e. Le Mans
133	locus Calviacus	Chelé (Mayenne)	購入	e. Le Mans
134	quidquid in oppido Diab.	Jublains (Mayenne)	不明	e. Le Mans
135	Taxonaria	Les Tesnières (Mayenne)	購入	e. Le Mans
136	casella Domnigisili	?	建設	Leudochramnus→e. Le Mans

＊は遺贈物件が不動産以外のものを示す.

めていたのかも知れない。ロクスやロケッルス、さらに五件ほど知られる「レイコラ reicola」なども、こうした小所領の初期形態と見ることができる。[24]

葡萄畑を意味する「ウィネア vinea」ならびに、その指小辞形である「ウィネオラ vineola」で表現される物件がそれに次いで多く、総数で九件を数える。このうちクロタール二世から贈与されたパリ近郊の9番を除いて、すべてル・マン地方に位置しており、かつ52番のように市内にあるローマ時代の闘技場跡地を、ベルトラムヌス自身が開発して葡萄畑に変えた例の他は、取得原因の不明な90番を除き一部であれすべて対価を支払っての購入である。葡萄栽培が葡萄酒生産を目的とし、商業的関心に支えられた生産活動であることは言うまでもない。ベルトラムヌスはル・マンの司教座教会やその他の修道院に対して、それらを均等に遺贈している。葡萄畑はどこでも確実に貨幣収入をもたらす貴重な手段とみなされ、その賦与が切実に期待されたためであろう。

都市内の家屋施設が合わせて六件記載されており、このうち四件は「ドムス domus」という特徴的な名前をもっている。残りの二件は、「カサ casa」とその指小辞形たる「カセッラ casella」と形容される物件である。四件のドムスは、それぞれパリ、ル・マン、ボルドー、ジュブランの四拠点都市に配置されている。これらの都市に置かれた家屋施設は、単なる居住機能だけでなく、徴収物資の集積・積替や倉庫機能も具えていた点は、59番のル・マン郊外にあったポンリユ Pontlieue の救貧院のそれが、「すべての「十分の一」、すなわち小麦、葡萄酒、チーズ、ラードのそれが、毎年この大天使聖ミカエルのドムスに集められる」[25]と解説されているところからも明白であり、同時代に隣接するトゥール地方で使われた用語法とも共通している。[26]

遠隔地間の商業流通とも深く関係していると思われるパリ・シテ島内のドムスは、続く51番のセーヌ右岸に比定される都市内の敷地所有と、おそらくは一つのセットになった施設であったのであろう。[27]

以上が、遺言状に記載されている不動産の内訳と性格についての、ごくかいつまんでの概況説明である。

次にこれらの記載のうち、土地財産を中心にさらに立ち入って検討を加えよう。

三　土地財産の帰属変動

1　有償取得

ベルトラムヌスが遺言状に記載した遺贈物件が、いかなる原因で彼の支配下に入ったかを述べた当該物件の取得原因は、九件に関しての欠落は見られるものの、概して几帳面なほど忘れずに記録されている。

取得原因のうちで最も多数を占めるのが、代価を支払っての購入であるのは注目すべき事実である。総数で六六件を越えるこの種の範疇のうち、四件が一部無償贈与の形になっているが、その他は有償譲渡、すなわち売却で獲得している。一覧表に掲げた物件全体のうちの約五〇%が購入による取得なのである。

購入を取得原因としている物件のうち約半数が、単に「買得した comparavi」との表現で済ませるだけでなく、さらに具体的な価格を明記するなど購入態様や支払手段を詳しく記述している。この種の記述には三つの形態が認められる。最も多いのは、やや漠然と「代価を支払って dato pretio」と述べるにとどまる形式である。このような事例では価格は明示されない。それに次ぐのは、具体的な価格を表示する形式である。たとえば55番は四〇ソリドゥスが代価として支払われた[28]。最も高額なのは87番の villa Pauliacus と118番の villa Kairacus であり、その価格は三〇〇ソリドゥスであった[29]。最後の型は、21番から24番までの物件がその例であるが、クロタール二世により下賜された貨幣により買得したと、その特殊な契機を解説している場合である[30]。

第二のカテゴリー、すなわち購入価格が明示されている事例は、しかしながら意外に少ない。確実なのは全体で五例（55、87、112、116、118）である。これに86番の villa secus Pocileno vico を加えることができるかも知れないが、最新の刊本であるヴァイデマンのそれは"Similiter villa secus Pocileno vico, quem genitor Blado victriberno Bessorum nobis pro soledus nostros unde det..."[31]のように、「ソリドゥス」という貨幣単位まで記していながら、肝心の金額の部分には所有形容詞「われわれの nostros」が続き、全体として意味不明の文章となっているのである。先に挙げた九世紀中頃に成立した『事績録』に発するル・マン市立図書館手稿本二二四番の写本のみを底本としたテクストは、すべてヴァイデマンとおなじ読解を行なっている。[32]

これに対して、一七世紀に巻子本であったオリジナルを、ル・マンのサン・ピエール＝ポール修道院の文書庫で手に取ってみたル・コルヴェジエだけが、これとは異なる読みを行なっている。彼の読解を採録しているパルドゥスュのテクストでは、前述の部分は"Similiter villam secus Pocilenum vicum, quam genitor Hludovicus, tribunus Bessorum, nobis pro solidis M venundedit...."[33]となっている。その意味はそれ自体としては極めて明快であり、訳出するならば「おなじくウィクス・ポキレヌスに隣接しているウィラ、これをベッシ人のトリブヌス、父ルドヴィクスが一〇〇〇ソリドゥスでわれわれに売却した……」となる。ル・コルヴェジエの読解の唯一不可解な部分は「父」を意味する genitor という言葉である。肉親としての「父」を意味する場合は、「私の」とか「汝の」のように所有形容詞が付されるのが原則であり、またベルトラムヌスその人の親族関係の研究においても、86番で言及されている人物がル・マン司教の父親であるとの仮説はこれまで出されていないところから、この場合の「ゲニトール」は、われわれにとっては差し当り未知の意味をもった言葉だとする他はない。

議論が多少脇道に入り込んでしまったが、われわれが想定するように86番に現われるウィラが一〇〇〇ソリドゥスでベルトラムヌスに売却されたとしても、購入価格が判明しているのは六例であり、多くは先に指摘したように dato pretio と漠然と表現されるにとどまる。W・ブライバーは七世紀のソンム・ロワール間地域の貨幣経済についての研究の中で、取引における支払手段の態様を、それを表現する書式の違いに応じて三種類に区別していた。すなわち貨幣そのものによる支払を表わす soledos tantos、貨幣以外の何らかの財物での支払を意味する valente soledos tantos、そして最後は金銀塊での支払を表現する in argento soledos tantos である。[34] われわれが問題にしている dato pretio や per pecuniam はどうであろうか。ブライバーによれば、これら二つのカテゴリーはまさしく他ならぬベルトラムヌスの所見が妥当するように、遺言状や所領安堵状、寄進文書の類には頻繁に見られるが、売買文書や書式集には見られないという。[35] その理由は、前者においては所有者がすでに代価を支払ってその不動産を獲得しているか、あるいはその購入を国王により確認してもらっているので、それらを遺贈または寄進の形で処分しようとするとき、それらの不動産が取引により正式に自己のものとなっている事実を述べるだけで十分であり、あらためて価格など表示する必要がないからであるとする。[36] けれども、そうであるとするなら先に挙げた五例ないし六例の売買価格が明示されている事実をどのように理解すべきであろうか。

ここで耳を傾けるべきは、中世初期の史料に現われる pretium について徹底的な検討を行なったH・ジームスが、特定の書式文言と支払形態の対応関係を鮮やかに示して見せたブライバーの先の提言への批判を含めた、以下のような主張である。「それゆえ心に留めておかなければならないのは、単なる短い書式文言からだけでは貨幣による支払なのか、あるいは他の財物による支払なのかを結論づけてはならないということである。このことは、まずもって dato pretio という表現に妥当する。これは支払がなされ、したがってそれが清算済みの取引物であることを証言しているにすぎないのだ[37]」と。けれどもブライバーは、dato pretio を「貨幣による」支払と一義的にみなしていたわけではなく、上に述べたように、何らかの「代価を支払済である」という事実だけが重要な意味をもつような証書において使われた文言であることを指摘しただけであった。だからこの点に関するかぎり、基本的に両者の見解に大きな開きはないのである。つまり dato pretio は、貨幣による支払以外の形式で清算がなされた物件を指示している可能性が大きいということである。

これ以外の二形態、すなわち21番から24番までのクロタール二世からの下賜金(pecunia)での取得と、価格がソリドゥスで表示されている五件ないし六件の土地は、現実に貨幣で支払われた取引であった可能性が高い。

2 贈与

購入に次いで多い無償譲渡による取得は、一部分そうであるのを含めると四〇件を数える。このなかで最大多数を占めているのは、クロタール二世からの贈与であり、これは実に二二件を数える。別稿において縷々明らかにしたように、五九三年のブルグンド分国王グントラムヌスの死と、それを継承したアウストラシア・ブルグンド分国王キルデベルト二世の五九五年の急逝の後に、熾烈に展開されたネウストリア分国王クロタール二世とブルンヒルド率いるアウストラシア・ブルグンド勢力との、二〇年にもわたる闘いの間、ベルトラムヌスは二度にわたる司教座からの追放にもめげず、一貫してクロタールを支持し、同王に忠実でありつづけたのであった。[38] そのことは1番の villa Bonalpha のクロタール二世からの贈与の説明の箇所で、ベルトラムヌス自身が次のように語っているところからも窺われる。すなわち「そのウィラは、いと尊き国王クロタリウス陛下が、今は亡きその尊き母后フレデグンド陛下とともに、ウァエドラ殿が裁判により陛下に返還されし後に、陛下へのわが忠誠心の微塵も揺るぎなく保持せしことの万人の目に明らかなるをもって、卑しきわれに下せしものなり[39]」。

六一三年のクロタール二世の最終的勝利と、それに続いて翌年に発布されたパリ勅令が、久しぶりの単一の国王によるフランク王国支配とあいまって、メロヴィング王朝史の重要な画期をなすことは広く周知のことがらである。[40] この勝利にベルトラムヌスがどれほどの寄与を果たしたのか、正確に判定評価する材料をわれわれは持ち合わせていないが、少なくとも確実に言えるのは、クロタールがその功績を極めて高く評価したことであった。ベルトラムヌスへの贈与は、彼への感謝の表れであり、より客観的な言い方をするならば、論功行賞であった。

そうした性格が明示的に語られている物件として、99番から102番の宮宰グンドランドゥスと折半する形でブールジュ、アルビ、ケルシー、アジャンの各地方にあるウィラが挙げられる。これは司教フェリックスの息子でアウィトゥスが領有していた所領であった。また106番と107番、それに127番から130番までのウィラを挙げることができる。これらのうち前者の二所領はル・マン地方にあり、後者のグループはポワティエ、ケルシー、リモージュ地方に位置していたが、いずれもNunciaなる人物が以前に領有していた所領であった。125番のブルゴーニュ地方のウィラは、やはり戦勝後と推定されるがクロタール二世と、ブルグンド宮宰ワルナカリウス[42]およびアウストラシア宮宰ラド[43]らによって与えられている。126番のプロヴァンス地方のウィラは、アウレリアヌスが領有していたのを、ベルトラムヌスがネウストリア宮宰とアウストラシア宮宰と共同でクロタールにより賦与されている。

これら一連の新規贈与物件において旧領有者として名前が挙がっている人々は、ブルンヒルドの党派に属していたものと推定される。彼らはおそらく、かつて王権によって賦与された所領に対する権利を剝奪され、それがベルトラムヌスたちに分与されたのであろう。それらの多くはベルトラムヌスの死後、ル・マンの司教座教会やサン・ピエール゠ポール修道院に遺贈されたり、親族の者たちに贈られることになっているが、注目すべきは30番から33番までで、これらは受贈者として国王クロタール二世とその妃ベルトルードが指名されている物件である。

これら四つのウィラはもともとクロタール二世から賦与された所領であり、いずれも王権の膝下たるパリ地方に所在している。それゆえ、自らの死後に王権に返還するのは、懇ろな処遇へのささやかな返礼の意味もあるのであろう。四所領とも国王による賦与であったのに対して、遺贈は国王自身に二所領、王妃に二所領と分与されているのは、たとえ国王が与えたものであろうとも、それらの死後贈与についてはベルトラムヌスが一切を決定していた事実を証している。それと同時に、王妃が国王とは別個の独立した家産組織を有するという事態が、七世紀初頭においてもまだ依然として存続していた事実を明らかにしている。[44]

3　変動の社会的位相

ブライバーは先に言及した著書のなかで、七世紀のフランク王国中核地帯では、土地はしばしば教会や俗人による売買行為の対象とされる流動性の高い財貨であったと結論づけていた。[45] 彼女のこうした認識は、七世紀全体のソンム・ロワール間地域の史料の分析を通じて培われたものであるが、ベルトラムヌスの遺言状は、すでにこの世紀の冒頭からそのような状況が顕著であった事実を示している。

ところで、自身の主導による所領の新規開発や、親族からの相続などによる不動産の獲得は別にして、土地財産の有償取得や無償譲渡は、財貨の社会的移動の構造を知るための重要な手がかりである。またそこには時代の社会状況も映しだされているに違いない。そこで以下若干の紙数を費やして、ベルトラムヌスの手元に集積された不動産が、どのような社会層から析出されたのかを検討してみたい。

極めて顕著な現象として印象的なのは、購入価格がソリドゥス単位で明示されていて、それゆえ確実に貨幣で購われたと思われる事例(55、87、112、116、118番)のうち一例(116番)を除いて、買得の相手方が教会人であるということである。55番はル・マンの abbas Leusius から、[46] 87番はアンジェのサン・トーバン修道院長 Boben から、[47] 112番は abbas Johannes から、[48] 118番は多分ル・マンのそれと思われるが、助祭 Eomerius からの購入である。[49]

このような支払形態が売主の意向がつよく働いた結果であると見るのは、おそらく間違いではあるまい。教会人である彼らは生産活動に関わっていないだけに、必要が生じたときに利用できる交換手段をもたず、したがって貨幣を準備しておくことへの傾斜は、他の階層に属する人々に較べてつよかったと考えられるからである。この点は、遺言状の末尾に近い箇所で指示されているトゥールのサン・マルタンやアンジェのサン・トーバンなどの近隣有力修道院や、ル・マンの市域内外の諸修道院への現金遺贈とも関連していると思われる。ベルトラムヌスはル・マン教会のすべての聖職者に対して、現金またはその他の形態で五〇ソリドゥスを賦与するように定めているのである。[50]おそらくこの時代にあっては、貨幣使用が最も普及していたセクターとして教会や修道院が挙げられるであろうが、通常の意味での生産から切り離された宗教的ミリユーが貨幣需要が大きかったというのは、まさしく時代の本質に即した逆説であると同時に、この時代における富の分布状態についての証言でもあろう。

このように少なからず見られる教会人による土地処分の現象から、われわれは次のように一般化しうるであろうか。すなわち、聖職者への道を歩む者は、潜在的な土地放棄者である、と。おそらくそれは正しい。けれども聖職は基本的にすべての階層の人々に開かれているから、聖職者というだけで出身階層が不明であるならば、当該不動産がどの階層から切りだされたか確定することができない。

19番と20番はル・マンの近傍にあるウィラであるが、ここには甥の Thoringus が持分を有していた。[51]既に見たように、[52]ノンによればトリングスはベルトラムヌスの名前不詳の妹の息子であり、その独特の名前はこの妹の夫の血統からもたらされた可能性が大きい。この他に villa Cella と villa Samarciaco の二つのウィラには三人の所有者がいた。すなわち Ceta, Mancia, Guntha である。[53]この三人は名前から判断して女性である可能性が大きい。彼女たちが所有の名義人となっていたわけである。

56番の colonica Varinolonno は半分を Beron なる人物からの購入により取得したが、残る半分は Egydia という名前の女性から贈与された。[54]このエギディアは matrona と形容されている。「マトロナ」という形容語は一介の農民女性に用いられることはなく、通常はたとえば“... ideoque inlustres matrona Amanchildes clemenciae regni nostri...”[55]のように、かなり社会的、政治的地位の高い人物を指す言葉である。その少し後に登場する villa Conadacus の売手である

Bettana もまた matrona と称されている。[56] 彼女は「Maurinus によって遺された者」と形容されていて、おそらく娘と推定される Belletrudis とともにマウリヌスの寡婦としてウィラを所有し、それをベルトラムヌスに売却したのであった。[57]

このようなマトロナが不動産を売却した後に、どのような運命をたどったか、その一例を示していると思われるのが、103番の villa Nociogilos の用益権を賦与された Dundana である。彼女は修道女として生活していたが、もとはマトロナと形容される地位にあったことをベルトラムヌスは忘れず記録している。ドゥンダナはベルトラムヌスにこのウィラを売却もしくは贈与した後に、引き続きの用益権を認められた。precaturia という概念でそうした法的状態を表現しているところから、その事は蓋然的である。[58]

これら女性による所領の売却または贈与は、成年に達していない若者による不動産の売却と対になって、この時代の土地財産移動の特有な原因を開示しているのではなかろうか。すなわち44番の colonica Villanova は、「今は亡き」Papolenus の息子が売却した不動産であった。[59] また60番の villa Grande-Fontana は、Bavon の息子 Waddoleno から購入したのであり、[60] 113番の villa Macirias は、「今は亡き」Baddon の息子である Bethon から買得したのである。[61] この三つの売却に際して、売主側が未成年であったとは明示されていないが、父親の名前を引き合いに出しているのは、彼らが成年に達しておらず、すでに死没している父親の名前を引き合いに出すことにより、その素姓を明らかにし、取引の公明さを知らしめようとしたのであろう。

これまで縷々述べてきた女性や未成年者——後者の場合は後見人が媒介しているはずであるが、所有の名義人はあくまで当該未成年者である——による少なからぬ売却や贈与の背景には、およそ二〇年にもわたって断続的に続いた戦争状態が大きく影を落としていると考えてもよさそうである。この間ベルトラムヌス自身が対抗司教ベルトギシルスにより投獄され、教会の文書庫にあった一部の文書が火中に投ぜられるという試練を経験しているのである。[62] これらの所領の移動は、少なくともその一部は熾烈な長期にわたる戦争がもたらした社会的帰結であったと考えられるのである。

全体を通して見て、現実に農耕活動を実践しているいわゆる農民が土地を売却または贈与していると推定される事例が、はたして確認されるであろうか。可能性があるのは locus, locellus, colonica, vinea, vineola などの小規模な不動産の移転の事例であるが、そうしたものは意外に少数である。かろうじて48番、70番、72番から76番、84番などが挙げられよう。このうち72番から76番まではロケッルスが売却対象である。われわれはこれを小所領と考えたのであるが、ベルトラムヌスはこの併せて五つのロケッルスを Leodelenus と Avantus の二人から購入している。[63] この二人はこれら五か所に自らの持分を所有していたところから、所領の経営を担当していたかどうかは不明であるが、直接に耕作に従事していたのではなかったと考えるべきであろう。84番の locus Braesetum はル・マンから遠く離れたボルドー地方に所在していて、「今は亡き」Rennoaldus から買得した土地であった。現在は保有農民によって耕作されている。[64] レンノアルドゥスが農民的存在であったかどうかは、判断する材料がない。

70番の Parte divina はいささか変則的であり、売主は商人(negucians)のサルギトゥスである。この場合 negucians が negotiator 同様の存在を表現する言葉であり、小売商的なそれではなく、比較的遠距離の取引に従事するような商人を指していることを指摘しておかなければならない。[65] この種の商人を階層的にどのように位置づけるかを、簡単に言うことができないが、仮に農民類似の階層として捉えておくならば、これを含めて、48番の colonica Satovera の二人が直接農耕労働に従事する農民の可能性——あくまで可能性であり、正直なところ、むしろ彼ら二人とも農民よりさらに上位の階層に属していた可能性のほうが大きいと私は考える——のある人々として指摘しうるにすぎない。

こうした傾向を象徴的に語っているのが26番と97番である。前者は villare と形容される小村であるにもかかわらず、その寄贈者は vir illuster の称号を帯びたバビゾンという人物であったし、後者では reicola Fontanas のそれは vir magnificus Baudegiselus とその妻 Saucia であったのである。[66]

これら全体を総括してみるならば、六世紀末・七世紀初頭において売買の形式であれ贈与によるのであれ、土地財産の移動は比較的高い社会階層の所有になるものが対象であったと見ることができる。後の九世紀頃の土地変動の社会的位相は、農民水準に焦点があったのに対して[67]、二〇〇年前のこの時代にあっては、教会への不動産流入は専ら支配層内部から析出されたものが多数を占めていた。これはベルトラムヌスという教会人の、しかも予めル・マンの教会や修道院に寄進すべく託された財産をも含んだ所見であるが、俗人にあってもその性格は本質に変わらなかったはずである。

フランク王国の内訌を勝ち抜いたクロタールの党派の有力者には、アウストラシア・ブルグンドのブルンヒルドを支持し破れた者たちの所領が剝奪され、ネウストリアの党派に論功行賞として分与されたのである。また家長が戦いに斃れた一門では、所領を売却せねばならない逼迫した状況におかれることも、珍しくなかったのである。しかし、この変動は直接に農業に従事した農民レベルにまでは、まだ及んでいなかった。土地財産の移動は、支配層内部の還流現象と特徴づけられるような性格のものであった。本章ではこの点についてこれ以上追究することはできないが、こうした変動は支配集団内部での土地集積と権力掌握を軸とする勢力交替の潮目をはっきりと画し、ベルトラムヌスがクロタールから与えられたような遠隔地への土地領有は、フランク独特の広域的で、地域横断的な貴族門閥が形成される決定的な契機となったであろうという想定を、一つの展望として提示しておきたい。

四　遺贈財産と司教管区政策

ベルトラムヌスは死の七年も前に自己が所有する、あるいは人によって教会、修道院に賦与すべく託された膨大な資産を、どのように遺贈するか準備し、遺言状を作成したが、その周到な配慮は、あれこれの所領をル・マンあるいはその他の教会、修道院、救貧院などにただ漫然と配分したのではないらしいことを窺わせている。彼が教会組織に遺贈した不動産の配置や構成を入念に吟味することにより、彼がかくあるべしと考えた管区政策、または未だ十分知られるに到っていない、当時の教会による司教管区運営の原則のようなものが探知される可能性が想定される。

1　遺贈財産の地理的分布

遺贈がル・マン司教区外の教会や修道院になされた事例は、8番と9番の villa Nimione と vinea Frontanito がパリ司教座教会に、42番の villa Boban がパリの——当時は多くの場合サン・ヴァンサン修道院と称された——サン・ジェルマン・デ・プレ修道院に、121、122番の villa Cresciacus, villa Vallus がメッスのサン・テチエンヌ教会に、123番の tres partes colonica はソワソンのサン・メダール修道院にそれぞれ遺されている。これらの中には、ル・マン地方に比定される所領は一つも含まれてはいない。パリ地方に所在する物件はパリの司教座教会、あるいはこの地方の有力修道院であるサン・ジェルマンに、現在のエーヌ県に位置する tres partes colonica は、おなじ司教座のソワソンにあるサン・メダール修道院に遺贈するなど、遠隔地の所領が教会施設に遺される場合、当該司教座の教会機関に返還される形での処理が目立つのである。

つねにその原則が貫徹しているわけではないが、一つの傾向として、教会勢力の間では他の司教管区の教会機関が土地財産を領有している場合、機会を捉えてこれを整理して可能なかぎり管区の排他的支配を目指す動きがあったのではないかという推測を、どうしても禁じえないのである。

こうした仮定は、図3に示されているベルトラムヌスの遺言状に記載されている所領の分布状態からも、印象的に裏づけられるように思われる。すなわちベルトラムヌスが自らのイニシアティヴで取得した土地のほとんど全てがル・マンの司教管区の境界内に見出されるという事実がそれである。例外はシャルトル司教管区にある112、113番の二つのウィラであり、両者とも買得しているのであるが、前者はル・マンにある修道院の院長と推定されるヨハンネスから取得しており、必ずしもベルトラムヌスの発意であったとは言いきれない面がある。後者は先に指摘したように、内乱のなかで戦死したなどの、何らかの理由で親を失った未成年のBethonから買い取った物件であるが、特別の事情が介在した可能性を排除しえない。

メーヌ地方の外に所在する物件は、原則として相続、または一部あるいは全部が贈与により取得したものであり、とくに取得原因が前者の場合はベルトラムヌスにとって選択の余地のない事態であり、当該物件が位置する管区教会への配慮にも限界があったに違いない。興味深いのは、そうした場合にはたとえば34番から39番のように、ル・マンの教会組織ではなく親族の誰かに相続させ教会組織間のありうべき軋轢を回避しようとの思惑が見て取れることである。先ほど取り上げた、例外的に隣接のシャルトル司教区内に貨幣で獲得した二所領とも、教会機関ではなく甥のシゲケルムスに遺贈している事実は、われわれのこうした想定を補強してくれるのである。むろん域外に獲得した所領もしくは家屋施設を、当該資産が所在する管区の教会組織や親族にすべて手渡したわけではなく、ル・マン司教座教会や、ベルトラムヌス自身が創建したサン・ピエール＝ポール修道院などの枢要な機関に、いくつかを忘れずに遺している。パリのシテ島にあった倉庫兼家屋(50番)や、おなじくパリの交易拠点であったと推測される右岸の一角の敷地(51番)がそれである。またボルドー地方のいくつかの土地(80、81、82、84番)などもそうした例として挙げることができよう。

ル・マンから比較的離れた遠隔の土地に、特に教会や修道院経済が深く関わった流通活動の観点から、何らかの

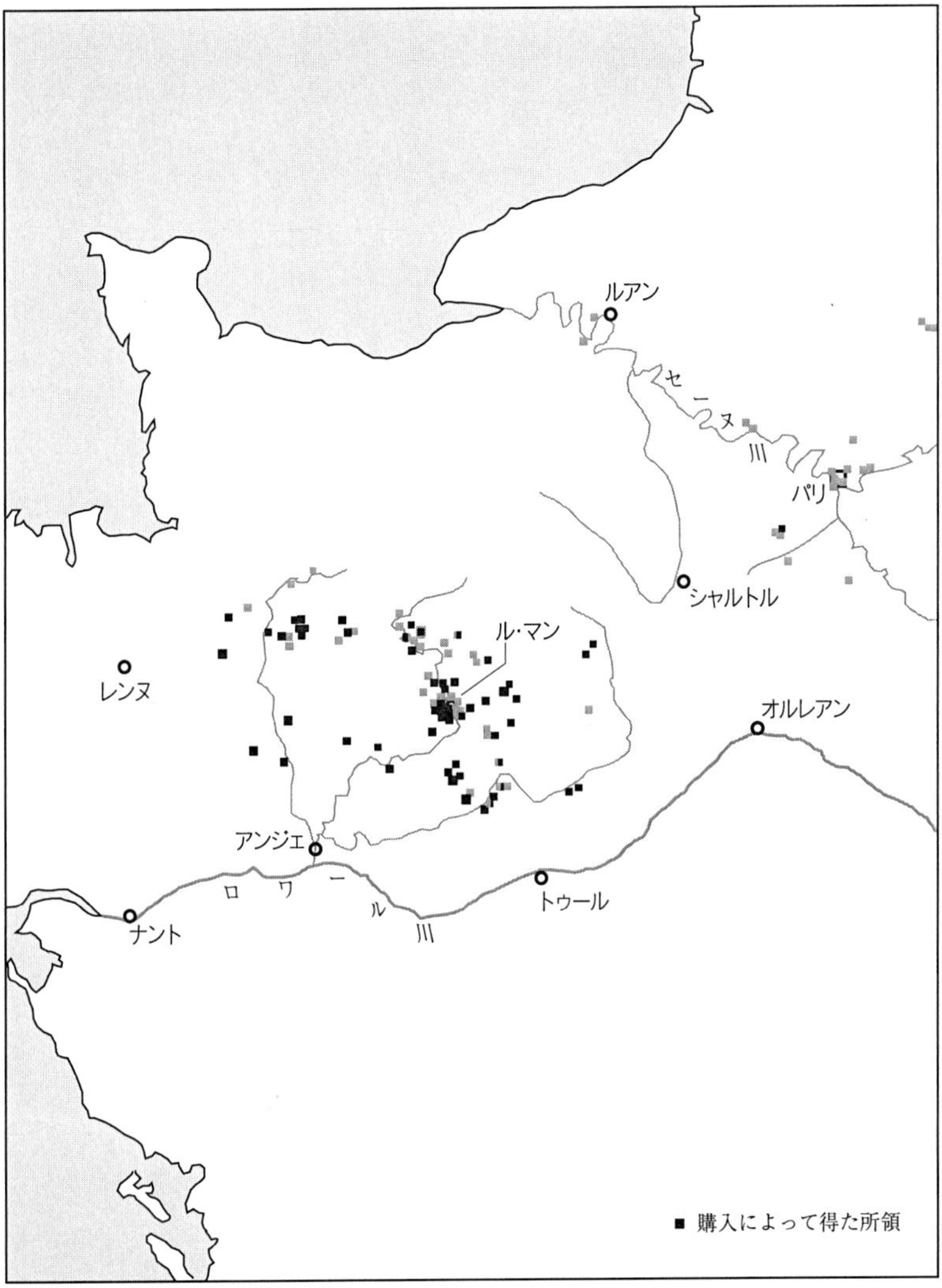

図 3　遺言状記載物件の分布(ル・マン地方および近隣地域のみ)

利用しうる拠点を確保しておきたいとの、あるいは遠隔地の所領の特産物を自家経済の中で取得したいとのル・マン教会の要請を無視することができないのも明らかである。しかしながら、これまで見たように教会組織レベルでの他司教管区への所領保持はかなり吟味され、決して経済の論理に委ねられる形で展開されたわけではなかった。わけても隣接する司教管区との関係には特別に、慎重な考慮がはらわれたようである。遠隔地の司教区については、場合によって所領経済からの関心が優越することはあっても、隣接する司教区に関してはそうした観点は完全に後退していて、近隣の司教の容喙の可能性を可能なかぎり排除するというのが、メロヴィング朝期前半における司教区組織上の原則であったのではなかろうかと思われるほどである。

以下ではこのような仮説の妥当性の根拠を、別の観点から論じてみたい。

2 ル・マン教会機関への遺贈とその意味

図4と図5はそれぞれル・マン司教座教会と、おなじくル・マンに所在するサン・ピエール＝ポール修道院が、ル・マン司教管区内でベルトラムヌスにより遺贈された所領を図示したものである。これら二つの地図に示されている所領の空間的配置には、歴然とした差異が認められるのである。すなわち司教座教会への遺贈は、司教管区の境界地帯を縁取るように配置されている。これに対して、サン・ピエール＝ポール修道院に遺された所領は、ル・マンを中心にして、この首邑都市への交通が容易であるサルト川およびその支流域に、集中的に配置されている事実が明らかに見て取れるのである。

この点についていま少し詳しい検討を進めてみたい。ル・マン司教区は合計で五つの司教区と境を接している。北にはセー司教区、西にはレンヌ司教区、南にはアンジェおよびトゥール司教区、そして東にはシャルトル司教区という具合にである。[68] このような隣接司教区との境界紛争を避け、同時に何よりも隣接司教区からの侵食を阻止するために、管区内の境界地帯にル・マン司教座教会に直属する所領を配置するのが、有効な手立てと考えたと推測するのは容易である。ル・マン管区の西半分を占めるマイエンヌ Mayenne 地方は、ル・マンを中心とする東半分に較べて比較的開発が遅れた地方であったが、この地方の管区境界地帯に在る villa Sirriacus（119番）、portio in Bructiagus（5番）、Fano Vicinoniae（4番）、locellus Blaciacus（120番）などは、Fano Vicinoniae の一部を除いてすべて買得によって入手しており、ベルトラムヌスの管区統合戦略の発露とみなしてよいであろう。

アンジェやトゥール司教管区と接する colonica Condite（68番）、vinea secus Cariliacenses（69番）、Parte divina（70番）などの購入も、そうした管区統合策の表れと考えることができる。2番の ager Cultura と称するいかにも古風な名称の土地は、最初にパリ王カリベルト一世の妻インゴベルガが半分だけをル・マンの司教座教会に遺贈した物件であったが、その後残る半分をベルトラムヌスがインゴベルガの兄弟であるマグヌルフスから代価を支払って購入したのであった。こうした経緯に鑑みて、この土地はもともと王領地であった可能性が高いのである。

シャルトル司教区と踵を接する東辺では、たとえば境界に最も近接した所領である117番の villa Brea は、買得により得たものであったし、北のセー司教区と隣接する124番の villa Montiniacus はベルトラムヌスのイニシアティヴにより開発された所領であった。

他方においてベルトラムヌスがサン・ピエール＝ポール修道院に遺した所領は、聖母マリア教会のそれに較べれば贈与・寄進により得た土地が相対的にではあるが多く、司教管区の一体的把握のための配慮よりは、むしろベルトラムヌス自身が創建し、かつ自らが永遠の眠りにつくべき菩提所と定めた施設の滞りない給養を、第一の関心事として配分されたらしき様相が濃い。ル・マン地方第一の幹線水路であり、やがてはフランク王国でも有数の交通動脈となるロワール川に流れ込むサルト川とその支流への所領の配置は、それらの所領で産み出された生産物をサン・ピエール＝ポール修道院に供給したり、あるいはより遠隔の地との流通・交易に充てることにより、同修道院

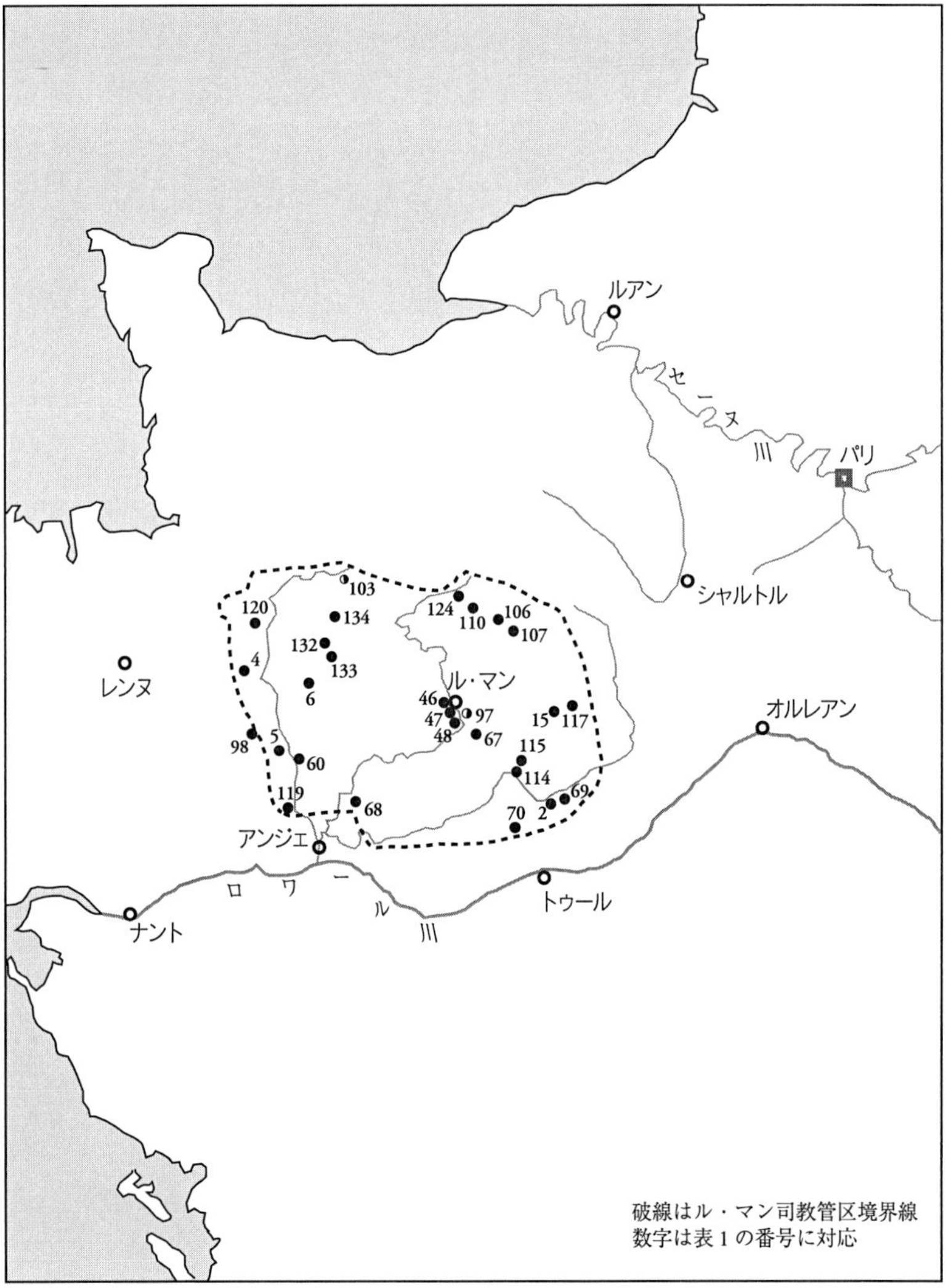

図 4　ル・マン司教座教会への遺贈物件の分布

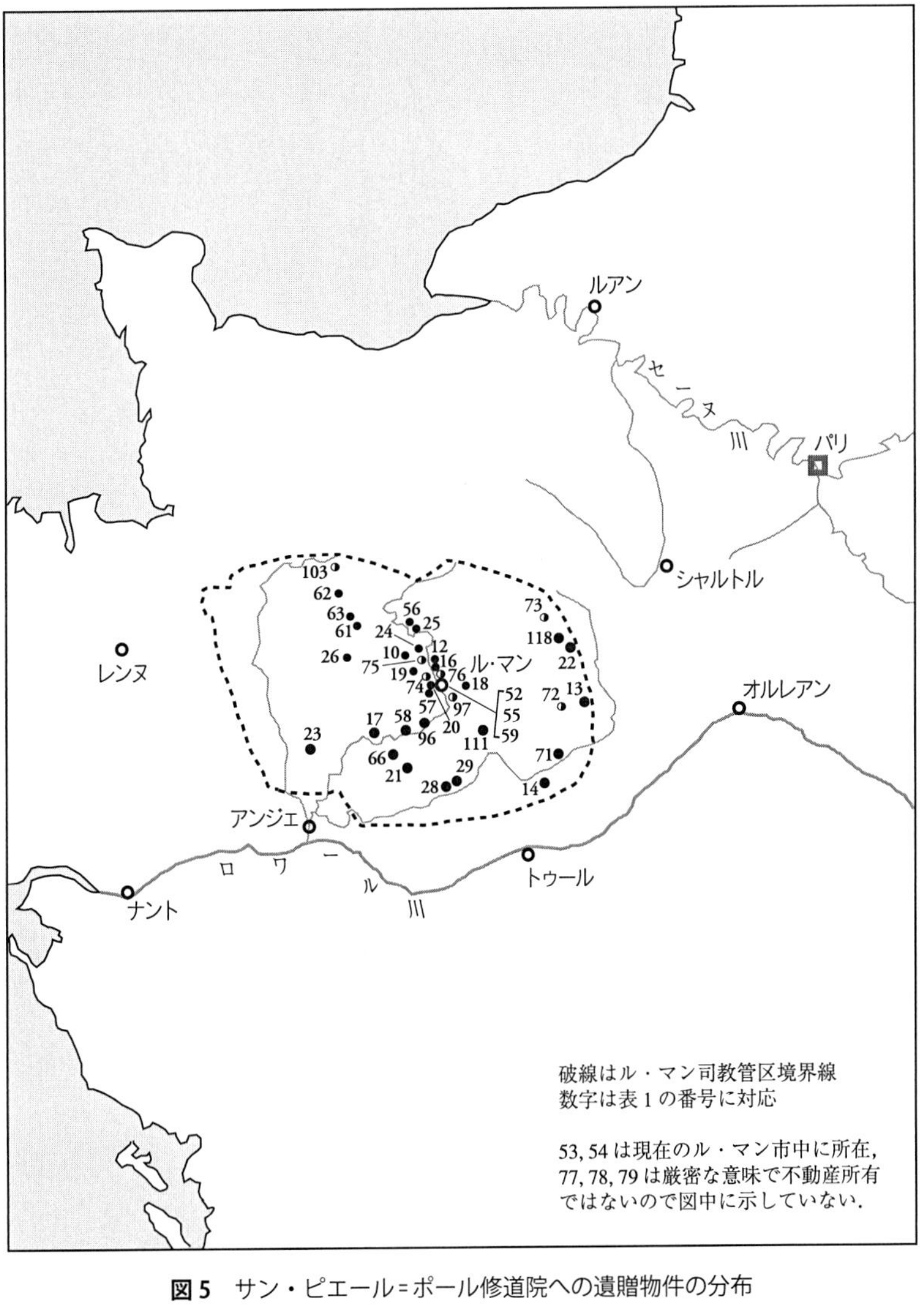

図 5　サン・ピエール=ポール修道院への遺贈物件の分布

の所領経済に資することを優先的な目的としてベルトラムヌスが構想したものと推定されるのである。管区の東半分にあたるマイエンヌ地方はもともとCivitas Diablintumと称する独立のキウィタスであったが、五世紀に著しい衰退を見せ、首邑都市はベルトラムヌスの遺言状においてまさしくそう呼ばれているように、[69] 小集落を指すのに用いられる名辞であるvicusと形容されている。[70] 疲弊著しく、結局五世紀から六世紀にかけてのいずれの時期にかル・マン司教管区に統合された幻の教会管区であった。[71] そうした来歴のこの地方に、サン・ピエール＝ポール修道院に遺された所領が欠如しているのは、逆にこの修道院に向けられた所領に託された第一義的機能がいかなるものであったかを如実に示す事実である。

他に依るべき情報が皆無であるために、もっぱら地図学（カルトグラフィー）的視点からの推論に終始したのであるが、それをあらためて確認するならば次のようになる。すなわちベルトラムヌスは、その波乱に満ちた司教在任期を通じて、当然ながら自らの任地であるル・マン司教管区の管区としての一体性の保持につねに配慮を怠らず、ことあるごとにそのための手立てを講じていた。そして、その遺言状を通じてル・マン司教の管轄区の中に散在する所領について、親族の者に遺贈した七所領（44、45、64、65、85、87、88番）を除いたものを二つの範疇に分割し、それぞれのカテゴリーを異なる機能を担った実体として意味づけた。すなわち司教区の中心である聖母マリア聖堂教会に賦与された所領は、なによりもまず管区の輪郭を固定し、次いで管区の空間的統合を意図して、その実現に資するべく配置されたのであった。これに対してサン・ピエール＝ポール修道院に遺贈された所領は、司教座聖堂の責務からは解放されていて、聖堂教会とともにこの修道院が担ったであろう所領経済における機能と利便性を優先しての配置であったのである。

結論と展望

六世紀の八〇年代から七世紀の初頭にかけてのフランク王国の内訌は、メロヴィング的というより、むしろポスト・ローマ的という表現が的確と思われるような社会の既存の諸局面に深い動揺をもたらした。変動は未だ社会の全局面を掩うまでにはいたらず、生産を担う社会の下層大衆の存在形態は依然として後期ローマ的な枠組のもとにあったが、それにもかかわらず七世紀の経過中に着実に社会的ヘゲモニーを握りつつあった形成途上のフランク貴族層と、教会、大修道院などの聖界領主による大土地所有制の展開の圧力のもとに、しだいに領主制的桎梏のうちに服さざるをえない過程が着実に進行する気配を見せていた。

けれども、本章が分析の対象としたベルトラムヌスの遺言状が作成された六一六年の段階においては、戦乱と政治的混乱によって最も痛撃を受けたのは、社会の比較的上層に位置づけられる階層であった。遺言状という、社会を観察する「窓」としては極めて限られた視野しか提供しない観察地点ではあるが、そこに書き込まれた土地の帰属変動の有様から、そうした様相が十分窺われる。武力、実力を背景としての土地資本の強制的再分配がネウストリア政権により実施されたのである。北フランス、ベルギー地方における大所領形成史の観点から、かつてA・ベルゲングルーエンが主張した七世紀にフランク支配層の所領形成が開始されたとする説は、より重視されて然るべきである。[72] そして特にパリ地方への「ゲルマン」人の進出も同じ頃とする、地名研究を踏まえた議論もまた同様である。[73] このような支配層内部の交替劇において退場しなければならなかったのは、フランク人が到来する前から、ガリアに盤踞してきたセナトール貴族をはじめとするガロ・ローマ系の上層民であった。遺言状に映しだされている土地変動は、このような大状況を背景として聖界領主が行なった実践の具体的な局面を物語っている。

限られた情報のゆえに、議論はやむをえず仮説的たらざるをえなかったのであるが、ベルトラムヌスが指示した遺贈の細目から、彼が教会によるル・マン司教管区の一体的掌握に寄せた構想が浮かび上がってくる。それは自らが買得、あるいは寄進によって獲得した夥しい所領のうち、ル・マン司教管区に位置するそれらを用いて、管区空間の統合をより一段と強化しようとした試みとして理解される。実はこれと同様の現象が隣接するトゥール司教区においても、限られた考察から看取されることを、われわれはトゥールの「会計文書」の研究を行なった折に気がついていた。[74] サン・マルタンの所領は原則としてトゥールの司教管区の境界内に収まっていて、例外的な場合しか隣接教区にはみ出すことがないのである。こうした傾向は、ポスト・ローマ期ガリアに広く認められる事態なのであろうか。もしそうであるとするなら、そうした原則がいつごろ何を契機として崩れ、後に見られるように、隣接する管区同士が互いに相手の管区に所領を持ち合うという錯綜した、優れて中世的な状況が生まれたのであろうか。

さらに問題を探れば、司教座教会に帰属させられた所領と、サン・ピエール＝ポール修道院に遺されたそれとの間に、そもそも託された役割の差異があったと仮定したのだが、もしこうした認識が妥当であるとするならば、この種の機能上の分離は、これに見合う形での司教支配の在俗教会と修道院の間での分裂という事態を自然の想定たらしめる。M・ヴァイデマンは冒頭に触れたル・マン司教区における司教支配と、その成果としての「キウィタス国家」の形成について考察した論文において、六六〇年頃に王権からの特権賦与を獲得した司教が、都市伯や大公の任命権や司教座権力から独立していた修道院なども自己の支配下に収め、「キウィタス国家」を発足させたと論じている。[75] まさしくこのおなじ時期に、南に隣接するトゥール司教管区では、それまで司教の支配監督下にあったサン・マルタン修道院が、そうした体制から自立するという、まったく逆の事態が展開したのである。[76] わずかに半径一〇〇キロほどしかないミクロな世界でほぼ同時に生じた、[77] 互いに倒立した写像のように対蹠的な歴史過程を、われわれはどのように理解すべきなのであろうか。トリヤーやル・マンのように、論者が言うところの「キウィタス国家」と呼ばれるような司教支配の体制を堅固に築き上げた都市と、トゥールのようにそうした体制の構築が不発に終わった都市の間には、いかなる条件の差異が存したのか。ポスト・ローマ期から中世初期への移行を研究するにあたっては、安易な一般化に流れることなく、地域的な差異とそれをもたらした要因に細心の配慮が必要であることを、これらの事実は教えている。

（1）たとえばP・ブラウン（後藤篤子訳）「古代から中世へ——ポスト帝国期西ヨーロッパにおける中心と周縁」『史学雑誌』108-6、一九九九年、七〇頁。Ph. Contamine et al., *L'économie médiévale*, Paris, 1993; K. R. Dark, *Civitas to Kingdom: British Political Continuity, 300-800*, Leicester / London / New York, 1994 などを挙げておこう。

（2）代表的な業績として J. Durliat, *Les finances publiques de Dioclétien aux Carolingiens (284-889)*, Sigmaringen, 1990; É. Magnou-Nortier, *Aux sources de la gestion publique*, 3 vols., Lille, 1993-1997 が挙げられる。

（3）W. Goffart, *The Narrators of Barbarian History*, Princeton, New Jersey, 1988 を参照。

（4）*Herrschaft und Kirche. Beiträge zur Entstehung und Wirkungsweise episkopaler und monastischer Organisationsformen*, Hrsg. F. Prinz, Stuttgart, 1988 に収録されている F. Prinz, M. Heinzelmann, R. Kaiser らの諸論考ならびに問題の先駆的な指摘を行なった E. Ewig, Milo et eiusmodi similes, *Sankt Bonifatius. Gedenkgabe zum 1200. Todestag*, Fulda, 1954, pp.412-440 を参照。

（5）F. Prinz, Herrschaftsformen der Kirche vom Ausgang der Spätantike bis zum Ende der Karolingerzeit. Zur Einführung ins Thema, *Herrschaft und Kirche, op. cit.*, p.3.

（6）概論的なレベルでは R. Kaiser, *Bischofsherrschaft zwischen Königtum und Fürstenmacht. Studien zur bischöflichen Stadtherrschaft im westfränkisch-französischen Reich im frühen und hohen Mittelalter*, Bonn, 1981, pp.450-451 を、また最初の本格的な検討として M. Weidemann, Bischofsherrschaft und Königtum in Neustrien vom 7. bis zum 9. Jahrhundert am Beispiel des Bistums Le Mans, *La Neustrie. Les pays au nord de la Loire de 650 à 850. Colloque historique international*, publié par H. Atsma, t.1, Sigmaringen, 1989, pp.161-191 を参照。

（7）佐藤彰一「ル・マン司教ベルトラムヌスの遺言状（六一六年）——ある聖界貴族を通して見たフランク社会（1）」『名古屋大学文学部研究論集』101・史学34、一九八八年、一三八—一七九頁、本書第一章参照。

（8）M. Weidemann, *Das Testament des Bischofs Berthramn von Le Mans vom 27. März 616*, Mainz, 1986.

(9) 三二頁参照。Weidemann, *Das Testament*, p.1; F. Gadby, *Le testament de Bertrand du Mans*, Mémoire de maîtrise inédit présenté à l'Université de Paris X, 1969, pp.16-17; U. Nonn, Merowingische Testamente. Studien zum Fortleben einer römischen Urkundenform im Frankenreich, *Archiv für Diplomatik*, Bd.18, 1972, p.29.

(10) Weidemann, *Das Testament*, p.1; Nonn, Merowingische Testamente, p.29.

(11) Weidemann, *ibid.*, pp.1-5.

(12) *Ibid.*; Gadby, *op. cit.*, pp.14-16.『事績録』に具現した九世紀のル・マン教会関係文書の編纂作業が体系的な文書改竄作業であったとして、徹底的に史料価値に疑問を投げかけた W. Goffart, *The Le Mans Forgeries. A Chapter from the History of Church Property in the Ninth Century*, Cambridge, Massachusetts, 1966 を参照。ゴファートの研究が史料の過剰批判であるとして、価値ある史料を救い出そうとする試みとして、Ph. Le Maître, *Le Corps du Mans: étude critique*, thèse dactylographiée, Paris X, 1980; Id., Évêques et moines dans le Maine: IVe-VIIIe siècle, éd. P. Riché, La christianisation des pays entre Loire et Rhin (IVe-VIIe siècle), *Revue d'Histoire de l'Église de France*, no.168, janv.-juin, 1976, pp.91-101.

(13) Weidemann, *Das Testament*, p.1.

(14) Goffart, *op. cit.*, pp.41-42.

(15) B. Bischoff, *Paléographie. De l'antiquité romaine et du moyen âge occidental*, Paris, 1985, p.33.

(16) "... per hanc folium testamenti delegavi...", Weidemann, *Das Testament*, p.22, Verfügung no.25.

(17) "Pene michi in oblivione fuit positum, sed divina inspirante gratia memoravi viniola...", Verfügung no.25, *ibid.*, p.21.

(18) "Ad hoc parva memoravi quod valde in oblivione tradidi.", Verfügung no.71, *ibid.*, p.47.

(19) Weidemann, *ibid.*, p.103 参照。

(20) R. Sprandel, Grundbesitz- und Verfassungsverhältnisse in einer merowingischen Landschaft: die Civitas Cenomannorum, *Adel und Kirche. Festschrift für Gerd Tellenbach*, Freiburg im Breisgau, 1968, p.41.

(21) *Ibid.*

(22) 佐藤彰一『修道院と農民——会計文書から見た中世形成期ロワール地方』名古屋大学出版会、一九九七年、六二五頁以下参照。

(23) Weidemann, *Das Testament*, p.107.

(24) M.-J. Tits-Dieuaide, Grands domaines, grandes et petites exploitations en Gaule mérovingienne. Remarques et suggestions, éd. A. Verhulst, *Le*

grand domaine aux époques mérovingienne et carolingienne, Gent, 1985, p.29 参照。

(25) "... omnibus vel in omnibus decimas annone, vini, casei, lardi omnes decimas in domo ipsa sancti Michaelis archangeli annis singulis congregentur,...", Verfügung no.25, Weidemann, *ibid.*, p.22.

(26) 佐藤前掲書二四四—二四五頁参照。

(27) 佐藤彰一「九世紀末パリの教会と土地所有——Saint-Maur-des-Fossés 修道院土地台帳の分析を中心として」『社会科学ジャーナル』(国際基督教大学)16、一九七八年、一三三—一五九頁、本書第三章参照。

(28) "... cum brugilio, quem de fratre meo Leusio abbate datos quadraginta sol[idos] redemi,...", Verfügung no.25, Weidemann, *Das Testament*, p.21.

(29) " Similiter villam Pauliacum, quem ego datos lđ tregentos auro venerabile Bobene abbate de basilica domini Albini comparavi.", Verfügung no.42, "Kairaco villa vero, quam de Eomerio diacono datos sol[idos] CCC comparavi et nunc in dicione mea Dei nomine esse dinoscentur.", Verfügung no.57, Weidemann, *ibid.*, pp.32, 39.

(30) "Similiter et villas, quas in honorem basilicae domni Petri et Pauli comparavi de pecunia, quam gloriosus domnus Chlotharius rex nobis dedit, vel nos cum ipso pro fidei nostrae undique conquisivimus, haec sunt villae ipsae: Campo Chunane Ludina et Comariago, vel Cambariaco, sicut venditiones edocent.", Verfügung no.6, Weidemann, *ibid.*, p.13.

(31) *Ibid.*, p.32.

(32) Gadby, *op. cit.*, p.50.

(33) Pardessus, *Diplomata*, t.1, réimp. Aalen, 1969, p.208.

(34) W. Bleiber, *Naturalwirtschaft und Ware-Geld-Beziehungen zwischen Somme und Loire während des 7. Jhs.*, Berlin, 1981, p.71 参照。

(35) *Ibid.*, p.72.

(36) *Ibid.*

(37) H. Siems, *Handel und Wucher im Spiegel frühmittelalterlicher Rechtsquellen*, Hannover, 1992, p.388.

(38) 五七—五八頁参照。

(39) "... et michi precelsus domnus Chlotharius rex suo munere una cum praecelsa domna Fredegunda regina quondam genetrice sua, postquam eis domnus Vaedola justicia eorum reddidit, in me humilem eorum pro fidei meae conservationem, quae semper circa ipsum principem inviolabilem tenere habere visus sum concesserunt;...", Verfügung no.1, Weidemann, *Das Testament*, p.8.

(40) 汗牛充棟ただならぬこの問題についての論考のなかで、最新の研究として A. Murray, Immunity, Nobility, and the Edict of Paris, *Speculum*, 69, 1994, pp.18-39; S. Esders, *Römische Rechtstradition und merowingisches Königtum*, Göttingen, 1997 の二点だけを挙げておく。

(41) Gundolandus については、H. Ebling, *Prosopographie der Amtsträger des Merowingerreiches von Chlothar II.(613) bis Karl Martell (741)*, München, 1974, no.CXCVI 参照。

(42) *Ibid.*, no.CCCIX.

(43) *Ibid.*, no.CCLVIII.

(44) 佐藤彰一「六世紀メロヴィング王権の宮廷と権力構造」『ポスト・ローマ期フランク史の研究』岩波書店、二〇〇〇年所収。

(45) Bleiber, *op. cit.*, p.72.

(46) Weidemann, *Das Testament*, p.21, Verfügung no.25 参照。

(47) *Ibid.*, p.32, Verfügung no.42 参照。

(48) *Ibid.*, p.38, Verfügung no.55 参照。

(49) *Ibid.*, p.39, Verfügung no.57 参照。

(50) *Ibid.*, pp.45-46, Verfügung no.68 また p.61 も参照。

(51) *Ibid.*, p.13, Verfügung no.6. トリングスについては第一章四一頁参照。

(52) "... germanus meus Berthulfus in expeditionem domni Chlotharii regis interemptus...", *ibid.*, p.24, Verfügung no.28.

(53) "... quod Ceta et Mancia velguntha illuc possedisse jure visae fuerant et ad meam pervenit ditionem...", *ibid.*, p.13, Verfügung no.6 参照。

(54) *Ibid.*, p.21, Verfügung no.25 参照。

(55) Diplôme de Confirmation attribué à Clovis II. Le roi accorde, sur sa demande, à la dame Amanchildis une confirmation de ses biens, *ChLA*, no.559, t.XIII, Zürich, 1981, p.44.

(56) Weidemann, *Das Testament*, p.23, Verfügung no.27 参照。

(57) "... dona villa Conadaco, quem debelletrudisve Bettane matrona, relicta quondam Maurini, dato pretio comparavi...", *ibid.*

(58) "Et Nogiogilo villam quam et ego et vir inli[ster] Gundolandus filiae meae et parente Dundanae usu fructu concesserunt post ipsius obitum vos, sacrosancta aecclesia et basilica, communiter medietate, sicut precaturiam jam dictae matronae convenit, ad vestram...", *ibid.*, p.36, Verfügung no.49.

(59) "Dono ei colonica, cui vocabulum est Villa nova, quem de filio Papoleno quondam dato pretio comparavit.", *ibid.*, p.19, Verfügung no.20.

(60)　"...dono villa cui vocabulum est grandefontana, quae dato pretio deuuaddoleno, compatri meo, filio Bavone, comparavi, cum omni jure vel terminum suum...", *ibid.*, p.23, Verfügung no.26.

(61)　"... et villam Macirias, quam de Bethone, filio Baddone quondam, similiter visus sua comparasse...", *ibid.*, p.38, Verfügung no.55.

(62)　"Et postea, cum alia vice gloriosus domnus Clotharius de regno suo in insidiis pertulit et iterum ego pauper ipsum valde in captivitate fui, et in ipso nec nominandus Berthegisilus iterum vastatur aecclesiae invenit, eam igni comburi precipit,...", *ibid.*, p.21, Verfügung no.25.

(63)　"... locum locella his nominibus: Logiagas, Noginto, Nova villa, Antoniaco, et de Monasteriolo partem illam, quem de Leodelene dato pretio comparavi et Avanto,...", *ibid.*, p.26, Verfügung no.33.

(64)　"Locum vero qui appellatur Braesetum in territorium Burdigalense, ubi peccarias habere videmur, et dato pretio eum a Rennoaldo quondam comparavimus: ipsam rem cum praecariis inibi manentibus et familias eorum vel...", *ibid.*, p.29, Verfügung no.37.

(65)　この種の商人と思われるトゥールのクリストフォルスについて、グレゴリウスの『歴史十書』がその活動の姿を具体的に描いている。Greg. Turo. Hist. lib.VII, c.46, *MG. SRM.*, t.1, pp.365-366 参照。この時代の地方商人については、D. Claude, Aspekte des Binnenhandels im Merowingerreich auf Grund der Schriftquellen, Hrsg. K. Düwel et al., *Der Handel des frühen Mittelalters*, Göttingen, 1985, Bd.3, pp.9-99 参照。

(66)　"... pariter et Hiliaco, quem de viro illustri Babisone percipimus...", Weidemann, *Das Testament*, p.13, Verfügung no.6; "Reicola quae appellatur Fontanas infra terminum Alaunense, quam michi vir magnificus Baudegiselus et Saucia conjux sua condederunt et donationes facerunt...", *ibid.*, p.34, Verfügung no.46.

(67)　カロリング朝期における領主制の進展や、度重なる軍役負担を免れるために有力修道院や世俗領主のもとに隷属する事態が頻々と現われ、農民的土地所有が衰退したという古典的通説については岩野英夫『成立期中世の自由と支配——西欧封建社会成立期の研究・序説』敬文堂、一九八五年参照。

(68)　これらの司教管区の概要については、*Topographie chrétienne des cités de la Gaule des origines au milieu du VIIIe siècle*, t.V. Province ecclésiastique de Tours, éd. L. Piétri / J. Biarne, Paris, 1987; t.IX. Province ecclésiastique de Rouen, éd. N. Gauthier / M. Fixot, Paris, 1996 をそれぞれ参照。

(69)　Weidemann, *Das Testament*, p.31, Verfügung no.40.

(70)　*Topographie chrétienne*, t.V. Province ecclésiastique de Tours, *op. cit.*, pp.47-48.

(71)　*Ibid.*

(72) A. Bergengruen, *Adel und Grundherrschaft im Merowingerreich. Siedlungs- und standesgeschichtliche Studie zu den Anfängen des fränkischen Adels in Nordfrankreich und Belgien*, Wiesbaden, 1958, pp.124-127 参照。

(73) たとえば J.-P. Poly, Agricola et eiusmodi similes. La noblesse romane et la fin des temps mérovingiens, éd. M. Sot, *Haut Moyen-Age. Culture, éducation et société. Études offertes à Pierre Riché*, La Garenne-Colombes, 1990, pp.197-228 参照。

(74) 佐藤前掲書『修道院と農民』一三五頁、図10参照。

(75) Weidemann, Bischofsherrschaft und Königtum, *op. cit.*, pp.166-171.

(76) 佐藤前掲書『修道院と農民』一一一頁以下参照。

(77) この都市における「司教国家」については、たとえば H. H. Anton, *Trier im frühen Mittelalter*, Paderborn, 1987 や、邦語文献では日置雅子「司教による都市支配権の形成——六世紀から一〇世紀にかけての司教都市トゥリア」『愛知県立大学文学部論集』44、一九九五年などが挙げられる。

第三章　九世紀末パリの教会と土地所有

――サン・モール・デ・フォッセ修道院所領明細帳の分析を中心として――

はじめに

筆者は以前「比較都市史研究会」の例会において七世紀から九世紀にかけての、固有の意味での「中世都市」成立以前の、いわゆる司教座都市での都市支配の確立過程に関する若干の仮説と、試論的な見通しを提示したことがある。[1] その際、司教による都市支配形成の一契機として、極めて断片的な史料所見を通してではあるが、[2] 諸教会による都市内での土地集積の事実を指摘し、都市支配の構成要素として土地所有のもつ意味に注目した。本章はこのような問題関心のもとに、九世紀末のパリを具体的な事例として取りあげ、教会諸勢力によるパリ市域内の土地支配が、この時期およそどの程度のものであったかを、パリ近郊のサン・モール・デ・フォッセ Saint-Maur-des-Fossés 修道院の所領明細帳の分析を通して、明らかにすることを中心的課題としている。

一　中世初期のパリ

現在のパリ史研究の第一人者のひとりと目されるミシェル・フルーリィは、ローマ帝政前期からユーグ・カペーの登極におよぶ八世紀間のパリに関して、ごく少数の例外を別にすれば個別研究はほとんどなきに等しいと嘆じたが[3]、こうした研究の欠落は理由がないわけではなかった。それは言うまでもなく、文書史料の欠如である。研究のこうした空隙を埋めるべきものと、少なくともその標題から期待されたアンヌ・ロンバール＝ジュールダンの近著『パリ・都市の発生。起源から一二二三年までのセーヌ右岸地域』(一九七六年)[4]が、その扱っている時代の広がりにもかかわらず、一〇世紀以前の歴史については地名学、民俗学等の隣接科学の援用と後代の史料による遡及法に専ら依拠していることからも、その深刻さが窺える。

われわれは、まず九世紀までのパリに関する諸事実を、極めて概括的にではあるが、とりわけ比較的知られている地誌的所見を中心に述べておきたい。

後に、都市パリに発展する領域は、その起源を三つの核的定住地に発している。すなわちシテ島、セーヌ左岸、そして右岸である。

1　シテ島

パリの心臓部とも言えるシテ島は、定住の歴史が非常に古く、新石器時代にまで遡ると言われている[5]。ガロ・ローマ時代にシテ島は防柵をめぐらされていて、その面積は約一〇ヘクタールと推定される[6]。ローマ帝政期から中世初期にかけて、このシテ島は東西二つの領域に分割されていた。現在の Palais de Justice から西の部分が、ユリアヌス帝によって建設されたローマ皇帝の宮廷が占め、帝国解体後はメロヴィング朝諸王[7]によって、それは引き続き使用された。他方東部は司教座聖堂をはじめとする諸教会、礼拝堂、修道院、司教館等の宗教的諸施設が数多く存在し、司教の支配下にあった。[8]七世紀に国王ダゴベルト一世の財務長官であったノワイヨン司教エリギウスの伝記は、彼がシテ島のサン・マルシアル St.-Martial 教会を修理・拡張しようとした時、隣接地の賦与を国王に懇請した事実を伝えているが、これは同教会が王領地の上に建てられていたことを示唆している。[9]司教の支配下にあるシテ島の東半部も、ローマ時代には国家領に属し、教会建設のたびごとに敷地の賦与を受けていたと思われる。メロヴィング朝期にもこの地域では教会諸施設の敷地、付属地の間隙に、依然として王権に属する領地が点在していたと推測するのは、それほど無理な話ではない。「サン・マルシアル」は九世紀にサン・テロワ St.-Éloi 教会となるが、このサン・テロワおよびサン・マグロワール St.-Magloire 修道院の後の地代取得地(censives)は王領地起源であった。[10]シテ島には造幣所の存在も指摘されている。[11]

六一六年の日付をもつル・マン司教ベルトラムヌスの遺言状の中にも、彼が所有していた「パリの市壁内」の家屋についての言及がある。その家屋はエウセビウスなる人物によって建てられ、所有されていたが、国王クロタール二世がベルトラムヌスに譲与したものであった。[12]ここで言われている「パリ市壁内」の地域とは、明らかにシテ島を意味している。

この家屋をめぐる国王とエウセビウスとの権利関係は全く不明であるが、国王がエウセビウスの家屋を取得するに際して、おそらくは王権が保持し続けていたその土地の所有権を梃子としたことは十分考えられる。この時期にはローマ起源の特殊に都市的な土地占有権が生きた法として機能していた。ヴァルター・シュレジンガーは「ブルクと都市」と題する論文の中で、トゥール地方書式集四二番の「都市内の土地および家屋の売却」[13]なる書式の存在を根拠として、農村とは異質な土地法の在り方を主張するのである。[14]それは永代賃貸借と呼ばれる法関係に基づく占有権であり、その内容は賃借人が土地所有者から事実上無期限に土地を借り、その代価として一定の賃借料を支払うというものであった。賃借人は終身的にその土地に対し占有権および地上権をもつ。彼はその土地に建物をたて、土地とは独立に建物に売却その他の処分権をもつことができた。トゥール地方書式集において、土地と家屋が売却、寄進の対象としてそれぞれはっきり明示されるのは、こうした占有権が存在したためであるという[15]。

メロヴィング朝期の都市における土地制度の一般的状況に徴してみると、エウセビウスの家屋の敷地の所有権は終始国王が保持し続けていたのであり、何らかの理由で家屋の所有権をも国王が取得したものと思われる。

先述のベルトラムヌスの遺言状はいまひとつ、この時期のシテ島の都市的性格に関する証言を行なっている。すなわち、先に挙げた家屋内に「タベルナ taberna」の存在が明示されているのである。タベルナとはおそらく飲食店と旅籠両方の機能を兼ねそなえていた。その賃借人(locarius)は、毎年ル・マン教会とサン・ピエール＝ポール修道院に灯明料を納入すべきことが義務づけられている[16]。まだこの時期にはシリア人をはじめとする外国の商人たちが取引のために頻繁にパリを往来していた。事実メロヴィング朝期のパリには、シテ島を中心にして多数のシリア人が居住していたことが、トゥール司教グレゴリウスの記述から知られる。五九〇年、司教ラグニモドゥスの死後、その後継者となったのはシリア人商人エウセビウスであった。彼は大量の贈物によってその地位を獲得したのであったが、司教座に就くなり先任者の配下の者たちを更迭し、シリア人たちを教会の諸職に任命したのである[17]。断定はできないが、先述のベルトラムヌスの証書に登場するエウセビウスと、この司教エウセビウスは同一の人物であった可能性が大きい。

シテ島の宮廷は七世紀にも国王の宮廷として利用されたが、七世紀中葉以後になると国王が滞在した形跡がなくなる[18]。九、一〇世紀の国王証書には、パリの Palatium は全く登場していない。それに代わってパリ伯が自らの居城として利用し始める。九八七年カペー王朝を創始することになるユーグ・カペーの父、大ユーグおよびユーグ自身が大公(dux)としてシテ島の宮廷に君臨することとなった。[19]

2 左岸

左岸を特徴づけるのは、紀元前五二年カエサルの率いるローマ軍によってパリが屈服させられた後に、この地にローマ都市の建設が行なわれたことである。その都市建設は、ローマの植民市建設プランの通例に従って、幾分北東に傾いた南北の中心線カルド cardo（現在のサン・ジャック街）と、これと直角に交叉する形で東西方向に引かれた二本のデクマーヌス decumanus によって骨格が形成されていた。[20] これらの軸線を中心に、二つの広場と二つの浴場が、そして現在のラ・ソルボンヌの一画をほぼその頂点とするジュヌヴィエーヴの丘の東側斜面に闘技場が、それぞれローマ都市特有の公共建築物として配置されていた。カルドによって二分される西側の地域には広大な墓地が展開し、ジュヌヴィエーヴの丘の北面および北西面には四世紀頃、かなり密度の高い定住が行なわれていた。[21] 帝政期には左岸の南約一キロの地点まで集落が伸び、その縁辺部は独立ガリア時代以来の共同墓地に位置する現在のピエール・ニコル街にあたる。[22] このローマ都市とは別個に、東側のセーヌの支流ビエーヴル川と、パリからサンスに通じる街道との交点にサン・マルセルと呼ばれるブール(vicus)が存在していた。これは現在パリ一三区のブルヴァール・ド・ロピタルに面して立つサン・マルセル教会を核として六世紀以来進行した定住によって形成され、初期の頃から環濠と防柵を備えた独立の定住地をなしていた。[23] 二五〇年代に始まる最初のゲルマン人の侵入はパリにも及び、とりわけ左岸が著しい被害を蒙った。リュクサンブール公園、ユルム街、ラ・ソルボンヌ、サン・セヴラン教会、エコール・ポリテクニックなどの地下部分に、この時期のものと思われる火災の痕跡が確認されている。[24] しかしこうした打撃にもかかわらず、左岸の人口増加傾向は持続し、メロヴィング朝期に入ってもそれは持続した。[25]

ローマ都市をはさんでサン・マルセルのブールの反対側、すなわち西部の古代ローマ街道沿いに、六世紀後半、キルデベルト一世によってサン・ヴァンサン教会堂が建立された。この教会堂は後にサン・ジェルマン・デ・プレと名を変えたが、それはメロヴィング家の埋葬修道院としての役割を果たすようになる。創建者キルデベルト一世と並んで、キルペリク一世とその息子クローヴィス、メロヴェ、王妃フレデグンド、国王クロタール二世、その他多くの王族がこの修道院に埋葬された。[26]

王家の埋葬修道院としてのサン・ジェルマン・デ・プレの地位は、七世紀にサン・ドニ修道院の台頭によって失われるが、[27]後に独立のブールに発展するための人口の定着は、この修道院を核として強固な基礎を得ていた。九世紀初頭の時期は、この修道院の歴史にとって画期となる。もともとこの修道院はキルデベルト一世によって王領地に建設されたが、その際キルデベルトはインムニテート特権を賦与しなかったらしい。インムニテートが正式に国王によって賦与されたのは七七二年シャルルマーニュによってである。これにより修道院は独立的な裁判権の行使、国王役人の領内立入りの拒否の他に、国庫への貢租納入の免除、さらには英仏海峡および北海沿岸の諸港や、王国内の主要な地方との商取引を、流通税を払わずに行なう権利を獲得したのである。[28]このような多大な特権が、このブールの経済的機能を高まらしめ、一層の人口定着を促進したことは容易に推定される。

他の二つの定住地(シテ島、右岸)に対する左岸の優位に致命的な打撃を与えたのは、九世紀のノルマン人の侵攻、略奪である。ノルマン人の攻撃は、強固に要塞化され激しい抵抗を行なったシテ島を除いて、セーヌの両岸に及んだが、とりわけ左岸の受けた被害は著しかった。ミシェル・ロブランによれば、右岸の比重の相対的上昇はノルマン人の攻撃によるこうした左岸の荒廃に加えて、カロリング朝期に入ってから首都がラン、アーヘンに移動したことにより、ラインラント、ゲルマニアとの交渉が密度を増した結果であるという。[29]既にメロヴィング朝末期のパリは推定人口三万人を数えたが、カロリング朝期以後パリの人口の三分の二が右岸に集中するようになったといわれている。[30]カロリング朝期を通じて左岸に建設された教会はわずか三ないし四にすぎなかった。

3　右　岸

右岸の地誌は“Tudella”と呼ばれる先史時代のセーヌの流れが作った湿地帯と、現在の川筋によって区切られた半月形の内部で発展した。この低湿地を横切ってモー、サンリス、ルアン、マントなどの東西北方へ伸びる街道のこの地点には、中世を通じて橋がかけられていた。低湿地の外側はシャイヨー、モンマルトル、ベルヴィル、シャロンヌなどの丘陵の連なりが取りかこんでいる。周囲をこうした湿地帯“Tudella”(その意味するところは文字通りラテン語の防禦物である)[31]と、セーヌの流れによって守られた自然の要塞である右岸の定住の歴史は、シテ島に劣らず古い。

“Tudella”は大きく二つの地域に分けられる。すなわち東部のグレーヴ Grève 広場を中心として発達したブールと、シテ島からサン・ドニを通ってルアンへ通じる幹線道路の西側に位置するサン・ジェルマン・ロセロワのブールとである。両者ともその発展の原動力を、セーヌ川を利用しての水運・商業活動に負うところ大である。前者はグレーヴの船着場を、後者はレコール l'École と称する港をそれぞれ有していた。[32]後にパリの市政組織に発展するところの Nautae Parisiaci (パリ水上商人組合)の起源は、ローマ征服以前の独立ガリア時代にまで遡るが、[33]ローマ支配の終焉とともに陸路の維持・補修が放棄されるようになり、河川航行が再び重要性を増した結果、水上商人の活動の場であったグレーヴの船着場が活況を呈してくるようになる。それはセーヌ川を航行する船舶の寄港地・係留地となった。パリが必要とする様々の物資、例えば木材、石材、木炭、葡萄酒、麦藁などの嵩高の商品が、この港で陸揚げされた。[34]

右岸におけるメロヴィング朝期の最初の集落が、この港の周辺にある二つの小丘、モンソー・サン・ジェルヴェ、およびモンソー・サン・ジャックの上に形成された。[35]これらの集落の特徴は、その住民の多くが手工業者、漁師、水夫、商人などの水運、商業をはじめとする流通・商品生産活動に従事する人々であるということで、これは左岸のローマ都市に居住する人々の多くが、当初はおそらく行政官、後には農耕市民であるのとは対照的である。

先述の、右岸を東西に二分する二本の道路のうち、西側のサン・ドニ街から東は、ローマ時代に建立されグレーヴ広場の東部にあるサン・ジェルヴェ教会が一二一三年まで唯一の教区教会として認められていた。[36] 一方この道路の西側に広がるサン・ジェルマンの教区は、サン・ジェルヴェに続く右岸で二番目の教区であるが、その管轄領域は同名のブールをはるかに越えて展開していた。それは司教領の領域的広がりと一致しており、かつてのセーヌの水流の痕跡をとどめる湿地帯に至るまでの西半分全体を含んでいた。[37] この教区の覆う広大な面積は、サン・ジェルマンのブールの人口を含めて、西半分の領域における定住が東部に比して未発達であったことを推定せしめる。[38] 八八五年ノルマン人がパリに攻撃を加えた際、彼らはこのサン・ジェルマンのブールに防壁をめぐらした宿営地を作り、翌八八六年の春まで、そこにとどまってパリ略奪の根拠地としたのである。[39]

サン・ドニ街道とグラン・ポンを起点として、セーヌの川筋に沿ってシャイヨーにまで至る、サン・ジェルマン街は、その周辺に小集落が形成される軸線であったが、既に述べたようにグレーヴ広場を中心とする東部の集落ほどの活況を呈さなかった。全体として見れば、東部に比してより農村的景観を保持していたと言えよう。

二　サン・モール・デ・フォッセ修道院所領明細帳の分析

ロベール・ド・ラテリィは、一八七八年 Cartulaire général de Paris の第一巻を編集・公刊したが、そこには五二八年から一一八〇年までのパリの歴史に関する五八五点の史料が、テクスト全文あるいは内容摘記の形で収録されている。この中にパリ近郊にあるサン・モール・デ・フォッセ修道院がパリ市内に所有する土地が、ノティティア

Notitiaという標題のもとに掲げられている。[40] この修道院はパリの南東約一〇キロ、マルヌ川が大きく袋状に蛇行する地点に位置し、パリのノートル・ダムの助祭ブリデゲシルスが、六三九年クローヴィス二世から修道院建設用地として王領地の一部を賦与されたところからその歴史が始まる。[41] それは聖ペテロを守護聖人とした。[42] 七〇〇年頃には、修道院長ワルドマルスがキルデベルト三世からインムニテートの賦与を受け、[43] 七一七年にはキルペリク二世から修道院長の自由選任権を確認してもらうのに成功した。[44] メロヴィング朝期には、サン・モール・デ・フォッセ修道院は王権に近い、勢力をもった大修道院であった。

ド・ラテリィの註記によれば、「ノティティア」は厳密に年代決定されていない。これは九世紀のものである手稿史料の余白に一〇世紀に筆写されて伝わって来たものである。この史料を一九世紀末に公刊したルブフ師は、原本が写本の成立時より若干古い時期に成立したと考え、その後この史料を再度公刊したボルディエは、これを九世紀末のものと推定した。ド・ラテリィはこのボルディエの年代推定をほぼ受け入れている。その根拠のひとつは、パリ市内の土地を記載した明細帳の関係部分には収録されていないけれども、同時期に成立した農村地方の土地記載に mansus de Floriaco が記されており、このマンスは八六六年に初めてこの修道院に賦与されたことが確認されているからである。[45]

ところでこのテクストには St. Medericus なる教会名が見える。St. Medericus は後述するように八八四年の聖メデリクスの聖遺物の奉遷によって初めて姿をあらわすのであるから、明細帳の成立は八八四年以後ということになる。

ここでわれわれの推測を述べるならば、この明細帳の作成は八八五—八八六年のノルマン人の侵入によってもたらされた土地所有関係の混乱を整理し、諸権利の再確認の目的をもって、八九〇年代に行なわれたものと思われる。プリュム修道院の所領明細帳の作成はまさしくこのような意図をもって行なわれたのであり、サン・モール・デ・フォッセ修道院の場合にも同様の事情を想定するのは、それほど無理なことではなかろう。

さてテクストそのものの分析に移ろう。それは以下のように、保有者名、長さ、幅、そして隣接地、地代の順に一筆ごとに記載されている。

Area quam tenet N habet in longo pedes X et in transverso pedes Y, de uno latere terra A, de alio latere B, de una fronte terra C habet exitum in via publica, debet denarios Z cum eulogiis.

この書式は一例であって、全てが同一の書式で統一されているわけではない。書式の異同とその意味については後に言及する。総計すると三四筆の土地がこのテクストに記載されている。その末尾には "Sunt in summa solidi XXXVI et denarii XI" というふうに、地代総額が提示されているところから判断して、パリの都市内の土地に関する限り、この台帳は断片ではなく、完結したテクストであると言える。というのは三四筆の地代を合計すると三六ソリドゥス九デナリウスとなって、テクストに記された三六ソリドゥス一一デナリウスに極めて近い数値となるからであり、従って写本作成時に脱落した地片はまずないと考えてよいであろう。両者には二デナリウスの差があるが、それは計算上の間違いというより、むしろ原本における表記上の過失もしくは転写時のあやまりであろう。ローマ数字での11と9のちがいは、IをXの左右いずれに置くかによる差異にすぎないからである。

ド・ラテリィは、この手稿本の最後の一葉には、同修道院がパリ近郊に所有する土地が同じように列挙されていると註記しているが、それが事実であることを筆者はフランス国立図書館所蔵の原本にあたって確かめることができた[46]。この修道院は明細帳作成方法の点で、都市内の土地と農村所領とを区別することなく一括して記録している他の修道院とは異なっているようである。それは所領経営システムの差異というよりも、都市内の土地を別個に扱うのが経営技術上妥当と思われるほど、パリが顕著に都市的様相を示していたか、それとも都市内の土地を農村のそれと区別する伝統が、既にこの都市に存したためであろうか。おそらく両者がひとしくその根拠をもっている。

さて三四筆の土地を、必要と思われる項目に従って図表化したのが表2である。

最初に、先に紹介した記載の書式から検討してみよう。サン・モール・デ・フォッセ修道院のポリプティックの書式は、これより約二五〇年前の七世紀中葉に編纂されたマルクルフ書式集第二書二〇番の、「都市内の土地売却」の書式と酷似していることをまず指摘しておかなければならない。後者は以下の如くである。

… et ita vindedi area iuris mei infra muros civitatis illius, habenti per longo pedes tantos et in lato pedes tantos, quae subiungit ab uno latus [terra] ill., ab alio latus [terra] ill., a fronte uno [terra] ill. et ab alio fronte [terra] ill. …[47]

この書式集が、七世紀にパリ地方を中心として行なわれていた法慣行をもとに、修道士マルクルフスによって編纂されたものであることは周知の事実である。ところで、一方は所領明細帳の書式であり、他方は売却証書のそれである。両者の文書としての性質が異なるにもかかわらず、書式の点で類似している事実は、両者の間に何らかの相互関連があることを窺わせる。

寄進証書の書式についても同様の事が言えるのである。時代がやや下った九二五年八月二三日の日付をもつパリの副伯テウドの同修道院へのパリ市内の所有地の寄進証書は当該地片を、

… predictam aream terre, habentem ex uno latere pedes LXIII, de alio pedes LX…[48]

と記し、非常に簡略化されてはいるが、それが基本的にマルクルフ書式集の系譜に属するのは、かなり蓋然的であ

表2　パリ市内サン・モール・デ・フォッセ修道院所有敷地

	保有者名	地積表示形式	地積	地代	長さと幅	長さ / 幅	隣接地(所有者名)
1	Langaudus	in longo X et in transverso Y	90	4d.cum eulogias	12 x 7.5m	1.6	a,b,b,vp
2	Eburnus	in longo X et in transverso Y	405	20d.--	27 x 15	1.8	a,a,a,a,exit.vp
3	Adolfredus	in longo X et in transverso Y	211	3d.--	23.4 x 9	2.6	a,a,c,exit.vp
4	Hildemannus	in longo X, ab una fronte Y ab alia fronte Z	158	4d.--	15 x 13.5/7.5	1.4	a,c,d,Ingobertus,exit.vp
5	Vuineboldus	in longo X, de una fronte Y, ab alia fronte Z	86	4d.--	22.8 x 4.5/3	6	d,g,d,vp
6	Siemarus	in longo X, de una fronte Y, ab alia fronte Z	50	3d--	13.8 x 3.9/3.3	3.8	d,d,d,d,exit.vp
7	Vuarninga	in longo X, de una fronte Y, ab alia fronte simil.	66	4d.--	16.8 x 3.9	4.3	d,d,vp,vp
8	Aia	in longo X, de una fronte Y, ab alia fronte Z	344	10d.--	45 x 4.8/10.5	5.9	h,d,exit.vp,exit.marcado
9	Odoinus	in longo X, de una fronte Y, ab alia fronte Z	385	19d.--	45 x 12.9/4.2	5.3	d,h,exit.marcado
10	Tedulfus	in longo X, de una fronte Y, de alia fronte simil.	97	12d.--	10.8 x 9	1.2	d,d,vp,vp
11	Bertarius	in longo X, de una fronte Y, de alia fronte simil.	159	8d.--	15.6 x 10.2	1.5	a,d,exit.vp
12	Girboldus	in longo X, in transverso Y	42	4d.--	7.8 x 5.4	1.4	d,d,d,d,exit.vp
13	Tedulfus	in longo X, in transverso Y	45	4d.--	7.5 x 6	1.3	d,d,Gundevoldus,exit.vp
14	Tedulfus	in longo X, in transverso Y	513	4d.--	28.5 x 18	1.6	g,Gundevoldus,vp,vp
15	Frothardus	in longo X, in transverso Y	45	10d.--	15 x 3	5	a,j,m,vp
16	Castelanus	in longo X, in transverso Y	79	12d.--	16.5 x 4.8	3.4	j,j,exit.vp
17	Otelbertus	in longo X, in transverso Y	69	2s.--	16.5 x 4.2	3.9	d,d,d,d,exit.vp
18	Huncbertus	in longo X, in transverso Y	64	6d.--	16.5 x 3.9	4.2	d,d,m,exit.vp
19	Dominicus	in longo X, de una fronte Y, de alia fronte Z	73	2s.--	15.6 x 5.1/4.2	3.4	d,j,m,vp
20	Petrus	in longo X, in transverso Y	24	10d.--	6.6 x 3.6	1.8	c,c,Veironus,vp
21	Aistulfus	in longo X, de una fronte Y, de alia fronte Z	302	12d.--	21.9 x 13.5/14.1	1.6	d,j,vp
22	Geroaldus	in longo X, de una fronte Y, de alia fronte Z	115	12d.--	15.6 x 7.2/7.5	2.1	d,j,j,exit.vp
23	Tetaldus	in longo X, in transverso Y	64	2s.--	12.6 x 5.1	2.5	e,i,vp,vp
24	area indominicata	in longo X, de una fronte Y, de alia fronte Z	87	--	15.6 x 6/5.1	2.8	c,j,vp,vp
25	Authadus	in longo X, de una fronte Y, de alia fronte simil.	1134	8s.2d.--	63 x 18	3.5	j,j,j,vp

26	Deodatus	in longo X, de una fronte Y, de alia fronte Z	32	6d.--	9.3 x 5.1/1.8	2.7	j,f,e,vp
27	Dertrudis	in longo X, de una fronte Y, de alia fronte Z	639	2s.--	60 x 12.6/8.7	5.6	j,f,vp
28	Autulfus	in longo X, de una fronte Y, de alia fronte Z	676	2s.--	49.5 x 18/9.3	3.6	j,h,vp,vp
29	Hilderamnus	in longo X, de una fronte Y, de alia fronte Z	254	8d.--	48.3 x 6/4.5	9.2	g,j,k,vp
30	Tetaldus	in longo X, de una fronte Y, de alia fronte Z	450	4d.--	60 x 9/6	8	g,j,l,vp
31	Othelmus	in longo X, de una fronte Y, de alia fronte Z	932	1s.--	55.5 x 15.9/17.7	3.3	j,f,l,vp
32	Tetaldus	in longo X, de una fronte Y, de alia fronte simil.	416	4d.--	55.5 x 7.5	7.4	j,f,l,vp
33	Bertismus	in longo X, de una fronte Y, de alia fronte Z	213	4d.--	40.5 x 4.5/6	7.7	j,l,l,vp
34	Authadus	in longo X, de una fronte Y, de alia fronte Z	1305	20d.--	60 x 18/25.5	2.8	j,l,l,vp
				36s.9d.	1 pes ≒ 30cm		

a: St.Gervasius, b: St.Julianus, c: Sta.Maria, d: St.Petrus, e: St.Petrus de alia potestate, f: St.Medericus, g: St. Georgius, h: St.Eligius, i: St.Christoforus, j: St.Germanus, k: Sta.Genovepha, l: St.Martinus, m: St.Dionysius, vp: via publica, exit.: Exitus in

る。売却証書、寄進証書と所領明細帳の親縁関係は、この台帳系文書が、おそらくは修道院の文書庫に保存されていたこれらの証書から筆写する形で作成されたためであろうと思われる。明細帳における地片の長さ、幅を表示する用語にみられる若干の不統一も、明細帳の原本とも言うべき証書類が相互に時間的隔たりをもっていることに帰因するのではないだろうか。

地積の表示形式には以下の二つの基本型が認められる。

(1) in longo X et in transverso Y

(2) in longo X, ab (de) una fronte Y, ab (de) alia fronte Z

隣接地の項からもわかるように、全ての地片が公道(via publica)に面しているか、それへ通じる出口(exitus)をもっている。

ところで上記の longum は道路に対して並行の長さであるのだろうか、それとも道路に対して直角の、敷地の奥行きの長さを示すものであろうか。用語の一般的な意味だけでは判断しえない。longum と transversum の数値を比較すると、全ての場合において longum の数値が大である。

この事実に関して論理的には三つの解釈が可能である。まず幅、奥行きに関係なく、長辺を longum とし、短辺を transversum と記録した可能性である。この場合、地片の形態が道路に対してどのような関係になるかは確定しがたい。第二の可能性は longum が奥行きで、transversum が地片の幅を意味する場合である。この場合、全ての土地は道路に対して奥行きの深い帯状の形態をとることになる。最後は longum が道路に並行した長さ、transversum が奥行きを示す場合である。結論的に言うならば、われわれは第二の仮説をとる。

その理由は、時代ははるかに下るが後代のパリの地積図を見ると、ほとんど例外なく地片は道路に対して直角に長い形態をしているからである。この仮説に立てば(1)の場合は、道路に対して直角に細長い長方形の地片であり、(2)は同じく細長い台形の形をとっていたことになる。

次に地片の大きさについて具体的に考えてみよう。道路に対する奥行きと幅(間口)(／を境に並んでいる数字は、間口が道路に面している部分と他端とで異なっている場合である)、それに縦横の比率(間口の幅が異なっている場合は、その平均値を用いた)は表示した如くである。ところで1番から34番までの地片の配列はアトランダムなものではなく、おそらくは一定の地点を起点として地片の並ぶ順序に従って記録していったものであろうことは、複数の地片を保有する三人、すなわち Tedulfus, Teraldus, Authadus の土地がひとまとまりになっておらず、分散して記載されているところから明らかである。従って三四地片を何らかの指標を用いて地域的にグルーピングできるはずである。このような前提のもとに奥行き、幅、縦横の比率、地積、地代を指標として作業を行なってみると、三四地片は、おおよそ以下の四つの集団に区分けされる。すなわち、A(1～9)、B(10～14)、C(15～24。24番はサン・モール・デ・フォッセ修道院の直領地)、D(25～34)、がそれである。

Aグループは格別の特徴をもたないが、BやCに比して一般に地積が大で、その割に地代が低いのが目立つ。またB、Cに比して地片がやや細長い。

Bグループは、縦横の比率を見ればわかるように、正方形に最も近い形態を示している。また五地片のうち三地片をTedulfusなる同一人物が保有していることに注目しよう。10番の地片と終りの14番の地片とは、いずれも角地に位置しているところから、Bグループはひとつの街区にまとまっていたと推定される。Cグループに特徴的なのは、20番と21番を除いて奥行きが一定していること、面積が狭小である割には、地代が高いことである。地積の大きさから見て、菜園なども作れず、その価値は専ら流通経済において占める役割に負うているものと思われる。このグループの地区は、非農業的経済活動が最も盛んであった街区と見なされよう。

この点24番のサン・モール・デ・フォッセ修道院の直領地が、この街区のしかも角地に位置していることは看過しえない。area indominicataは、この場合いうまでもなく耕地ではない。あまりに狭すぎる。おそらくパリ近郊の農村所領からの生産物を商品化したり、あるいはパリ市内の所有地からの地代を徴収するなどの、同修道院の財務・経済行政を司る「出先機関」の所在地であったのであろうと思われる。Dグループに属する一〇地片は26番を除いて、奥行きが圧倒的に長い。その結果、当然地積は大となるが、地代は25番を別にしてそれほど高くない。むしろ低いといえる。地積の絶対値には開きがあるが、土地の性格はAグループのそれに近いといえよう。AuthadusはDグループ中、最も大きい二地片を保有しているが、25番が34番に比して地積が小であるにもかかわらず、地代が五倍近いのは、前者が商業区域たるCグループに地理的に近接しているのが原因と思われる。

続いて隣接地の所有者について検討する。最も多数を占める、所有者が教会の場合をまず見てみよう。合わせて一二の異なる教会名が挙げられているが、23番と26番はSt. Petrus de alia potestateと記されており、頻繁に登場する他のSanctus Petrusとは守護聖人こそ同じであるが、それとは異なる教会であることが明示されている。従って総計一三の教会が隣接地の所有者として名を連ねていることになる。

①**St. Gervasius** は右岸に位置し、四世紀末に建設されたと推定されている。それは六世紀にウェナンティウス・フォルトゥナトゥスによって書かれた『聖ゲルマヌス伝』で言及されている。この教会の後陣にある Pet au Diable なるメンヒルは、同教会の敷地がかつて異教的祭祀の聖域であった証拠であるとロンバール＝ジュールダンは述べている。[49] 守護聖人の祝日が、異教的な祝祭が催された夏至の頃合いの六月一九日であるところからも、この推定は蓋然性をもっている。初期の教会が、異教崇拝を除去するために、しばしば異教祭祀の中心地に教会を建設したことは、よく知られた事実である。このサン・ジェルヴェ教会は、パリの司教座聖堂に次いで、最初に建立された教区教会であり、[50] 既に述べたように、一二一三年に教区の分割が行なわれるまで、右岸の東半分全体がこの教会の教区であった。

②**St. Julianus** 教会は左岸のプチ・ポンの近くに位置していた。トゥール司教グレゴリウスの『歴史十書』は、いくつかのエピソードの中でこの教会に言及しているが、五八七年にはグレゴリウス自身がこの教会に滞在している。サン・ジェルヴェ教会同様この教会も異教の聖域に建てられたことは、キリスト教徒の墓地に時代的に先行する異教徒の墓地が、この近くから発掘されているところから明らかである。[51]

③**Sta. Maria** 教会とはシテ島のノートル・ダム大聖堂である。シテ島に置かれたパリの司教座聖堂は、メロヴィング朝期まではサン・テチエンヌ教会であったが、[52] 八世紀末から九世紀初頭にかけてノートル・ダム教会がそれにとって代わったようである。七七五年サン・ドニ修道院とパリの司教座教会との争いをめぐって発されたシャルルマーニュの一証書は、パリの司教座教会を構成する三教会を、その守護聖人名を付して挙げている(Sanctae Mariae semper Virginis vel Sancti Stephani vel Sancti Germani)が、ジャン・ユベールによれば、ノートル・ダム教会が史料に明確な姿をあらわすのは、これが最初であるという。[53] 彼はノートル・ダムのサン・テチエンヌ教会に対する優位を、聖堂参事会の創設のうちに見ている。[54]

④１番から22番まで頻繁に登場する **St. Petrus** とはサン・モール・デ・フォッセ修道院自身のことである。その守護聖人が Petrus であることは、先に指摘した通りである。[55]

⑤ **St. Petrus de alia potestate** とはどの教会を指すのであろうか。われわれはこれを、聖人メデリクスの聖遺物奉遷によって二人の守護聖人を戴くことになる Saint-Pierre et Saint-Merry 修道院に同定する。この修道院は右岸のサン・マルタン街に面して位置し、その起源は明らかではないが、メロヴィング朝期にまで遡ると推定されている。[56] St. Petrus は八八四年の聖メデリクスの聖遺物の奉遷の時期まで cellula quae sub nomine Petri principis apostolorum fuerat consecrata（使徒の長聖ペトルスの名のもとに奉献されていた僧院）として、独立の教会として存続して来たのである。[57] 二人の守護聖人を戴くようになった後に作成されたと思われるこの所領明細帳において、St. Petrus と St. Medericus（=St.-Merry）が、それぞれ独立して土地所有者となっているのは、この時期にサン・ピエール教会とサン・メリィ修道院の財産が分離して扱われていたためと思われる。[58]

⑥ **St. Medericus** が今述べた右岸のサン・メリィ修道院であることは間違いない。サン・メリィに関して指摘しておきたい重要な点は、この修道院がその周囲に所有する地代取得地は、一二世紀に同修道院の改築を可能にするだけの財政的余裕をもたらす規模のものであった、ということである。[59]

⑦ **St. Georgius** は、現在右岸のサン・マグロワール教会になっている。九六五年頃ブルターニュ、アレトの司教サルウァトールは、ノルマン人の侵攻を受けて、聖マグロワールの聖遺物をたずさえ、パリに避難して来た。当時イル・ド・フランスの大公であったユーグ・カペーはこれを迎え入れ、シテ島のサン・バルテルミィ教会に聖遺物を安置せしめ、付属礼拝堂としてサン・ドニ街に面したサン・ジョルジュ教会を与えた。後にシテ島の修道院が手狭になった修道士たちはサン・ジョルジュ教会に移り、この礼拝堂は聖マグロワールを守護聖人とするようになる。[60]

⑧ **St. Eligius** はシテ島に位置し、前にも述べたように、[61] もとはサン・マルシアル教会と称していたが、九世紀に

聖エリギウスを守護聖人として戴き、女子修道院となった。[62]

⑨ **St. Christoforus** もシテ島の女子修道院で、既に七世紀に存在していた。おそらく八一七年の公会議の後と思われるが、パリ司教はこの修道院を病人の看護と治療に供させている。[63]

⑩ **St. Germanus** は言うまでもなく、右岸の西半分を所領として有するサン・ジェルマン・ロセロワである。それはナンテールに通じる街道に位置し、またレコールと称する船着場を背後にひかえ、独立のブールをその周辺に形成したことは前に指摘した。[64] サン・ドニ街を起点としてセーヌ川に並行して走るサン・ジェルマン街は司教の裁判権に服していた。[65]

⑪ **Sta. Genovepha** は左岸のサント・ジュヌヴィエーヴの丘の上に、クローヴィスとその妻クロティルドによって建てられた。当初聖使徒もしくは聖ペテロを守護聖人としていたが、後にその地に聖ジュヌヴィエーヴの墓地があるところから、聖ジュヌヴィエーヴを守護聖人とするようになる。クローヴィスは五一一年の死の折にこの教会に埋葬された。[66]

⑫ **St. Martinus** は右岸に位置し、既に六世紀にサン・ローラン教会堂とパリの北門の中間に存在していた。七世紀にそれが修道院として利用されていたことは確実であるが、九世紀にノルマン人の攻撃を受けたことは、その存立にとって致命的作用を及ぼした。一一世紀以後、この教会は消滅してしまったらしい。[67]

⑬ 最後に **St. Dionysius** については、パリの北方約一〇キロの近郊に位置する有名なサン・ドニ修道院を除いても、少なくともメロヴィング朝期に起源を有する二つのサン・ドニ教会がシテ島に存在している。すなわち Saint-Denis-du-Pas および Saint-Denis-de-la-Chartre である。[68] われわれはいずれか一方に St. Dionysius を同定するだけの与件をもっていないので、断定を差し控えなければならない。シテ島の上記二教会のいずれかであると言うにとどめよう。

このように見て来ると、隣接地の所有者として明示されているもののうち、教会、修道院以外の個人所有になるものが、わずか三地片にすぎないという事実に、あらためて強い印象を受ける。この数字を記憶にとどめておかなければならない。こうした所見はサン・モール・デ・フォッセ修道院の所有地の存在する地域に関するものであって、これをただちにパリ全体の所見として一般化することは許されないとしても、しかし同修道院が特に教会所有地の多い地域に土地を有していたとする理由もない。

それではサン・モールの所有地は、具体的にパリのどの地域に同定しうるだろうか。隣接地を所有する教会を一つひとつ取り上げて来たのも、所領明細帳に記載された諸地片の所在地を確認する作業を念頭に置いてのことなのである。この検討に際して、アプリオリな基準としてそれぞれの教会、修道院は、一般的にその所在地の近辺に所領を有していたと考えることにする。

さて地片所在地の確定のために、隣接地所有者以外に二つの有力な手掛りがある。ひとつは via publica の記載であり、もうひとつは8番と9番に見える marcadus の存在である。

まず via publica について見てみると、古代ローマの cardo の延長線上にある右岸の南北の幹線道路サン・マルタン街は、regalis via と呼ばれていたが、これは via publica と同義語である。またサン・ジェルマン・ロセロワ街と、この街道から東走してサンスへ向かう道路もローマ時代の街道であり、[69] 史料によって via publica と形容される可能性なしとしない。via publica に関しては以上の事実を前提としておきたい。

marcadus については、ロンバール＝ジュールダンがそれを右岸東部のグレーヴ広場に同定している。[70] われわれはこの推定を承認しよう。彼女によれば marcadus は市場であり、また住民集会の開催場所でもあった。[71] 従って1番から9番までのAグループは、概ねグレーヴ広場を中心とする、サンスへ通じる街道沿いに所在したと推定される。隣接地所有教会としてサン・ジェルヴェ教会が頻出することも地理的な近さによって説明されるであろう。左岸のサン・ジュリアン St.-Julien 教会およびシテ島のサン・テロワ St.-Éloi 教会が所有地をもっているのは、両者ともローマもしくは初期メロヴィング起源の古い教会であるところから、セーヌの水運活動の中心であったグレーヴ広場付近に以前から土地を有していたのであろう。

Bグループも同じくサンス街道沿いに見出されると思われる。当時の街区の地誌が詳らかになっていないので厳密な同定はできないが、10番と14番がいずれも角地にあるところから、またテドゥルフス Tedulfus なる人物が五地片中三地片を保有しているところから、この人物が何らかの形で影響力をもつひとまとまりの街区と思われる。なおテドゥルフスを、九一一年にパリ司教となったテドゥルフスの一門と結びつけることが許されよう。この一族はパリ伯、モー伯を輩出するなどして、パリ地方を拠点とする有力な貴族門閥である。[72] 先述の九二五年にサン・モール・デ・フォッセ修道院にパリ市内の所有地を寄進したパリの副伯テウドも、この一族に属すると推定される。[73] さらに、23、30、32番のテタルドゥスもテドゥルフスと同一系統の名称であることを言いそえておこう。[74]

隣接地所有者に関して、C、Dグループを A、Bグループから分かつひとつの特徴として、後者にはサン・ジェルマン・ロセロワの所有地が全く存在していないのに、前者には頻出しているという事実が挙げられる。従ってC、Dグループは右岸の比較的西側寄りの地域に同定されるわけだが、しかしサン・ドニ街より西側ではない。というのは、これより西側のセーヌ川に並行して走る街道は司教の支配下にあり、従って via publica とは称されないはずだからである。

Cグループは前にも指摘したように、地片の奥行きが一定し地積が小で、かつ地代が比較的高い、最も都市的性格の顕著な街区と思われる。このグループは隣接地所有者にサン・ドニ St.-Denis、サント・マリ Ste.- Marie (ノートル・ダム)、サン・クリストフ St.-Christophe などの、いずれもシテ島の教会、修道院が挙げられており、このことからサンス街道とサン・マルタン街の交叉する一画の街区がCグループの所在地と考えられる。サン・モール・デ・フォッセ修道院の直領地はこの交叉点に最も近接する地点にあって、同修道院の流通活動に関する諸実務の統

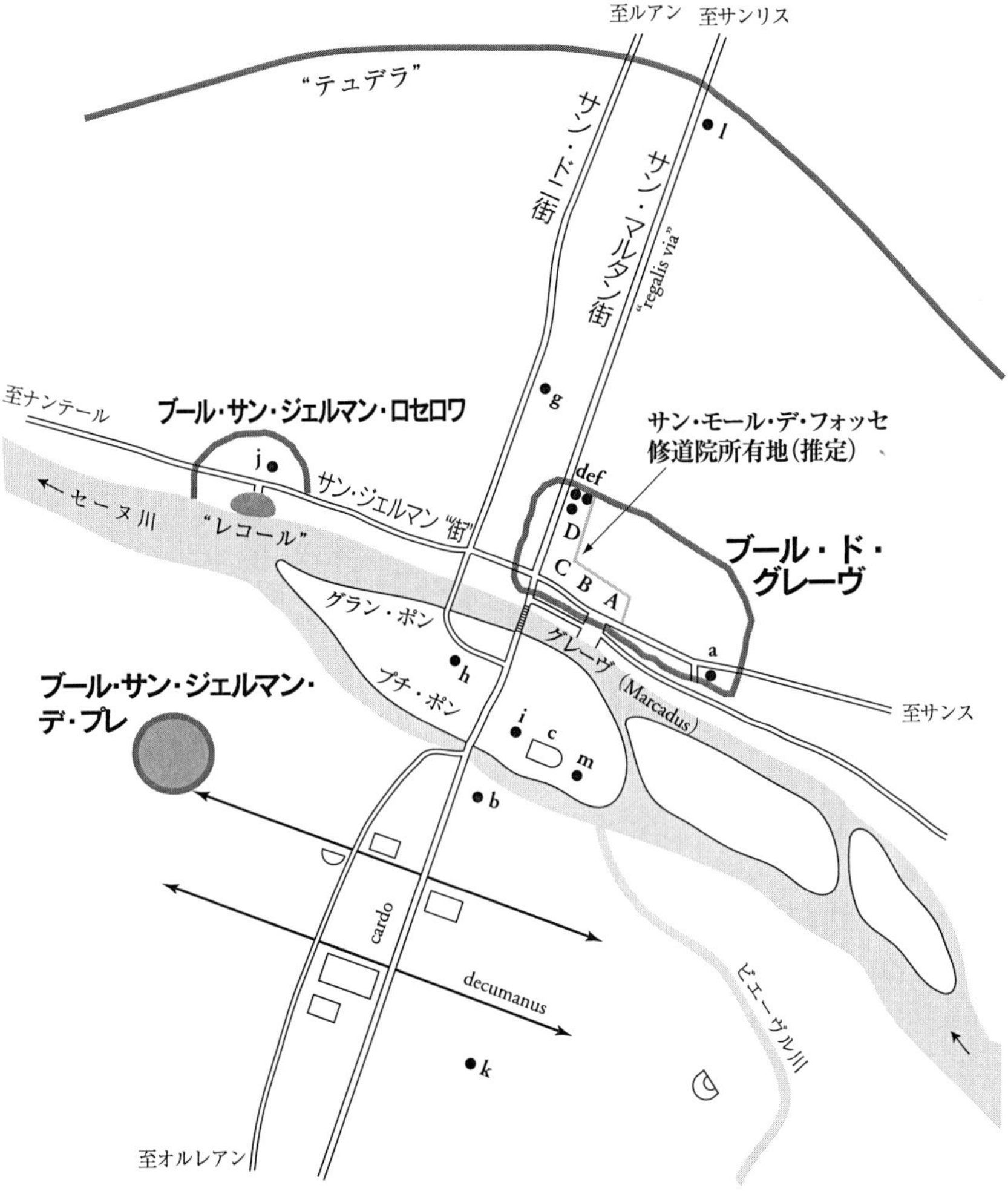

a 聖ゲルウァシウス教会
b 聖ユリアヌス教会
c 聖マリア教会
d 聖ペテロ教会
e 聖ペテロ教会(alia potestate)
f 聖メデリクス教会
g 聖ゲオルギウス教会
h 聖エリギウス教会
i 聖クリストフォルス教会
j 聖ゲルマヌス教会
k 聖ゲノヴェファ教会
l 聖マルティヌス教会
m 聖ディオニュシウス教会

図 6　9 世紀末のパリ

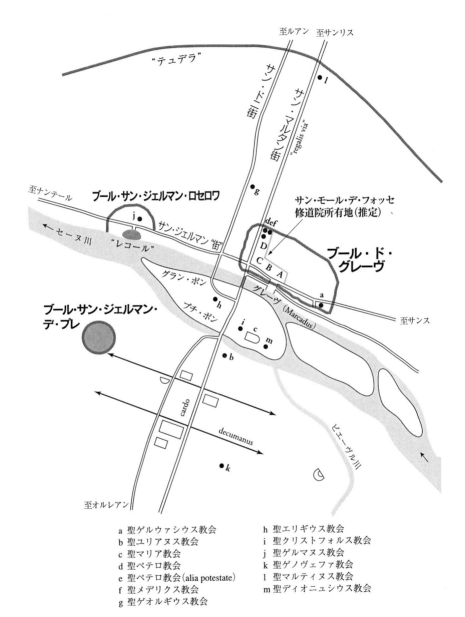

括拠点の役割を果たしていたのであろうか。[75]

Dグループの隣接地所有教会の特徴は、St.-Georges, St.-Pierre, St.-Merry, St.-Martinなど、それらがいずれもサン・マルタン街を北上する道筋に存在しているという事実である。地片番号が大きくなるにつれてSt.-Martinの所有地が増加するところから、25番から34番はサン・マルタン街を南から北の方向に順列していたと思われる。St.-Merryの地代取得地が、この教会の所在地の周囲に密集していた事実は前に述べた。[76] セーヌに並行して走るサンス街道に面した街区の地片に比して、このサン・マルタン街に面する地片の奥行きが一様に長いことから判断して、九世紀末には、セーヌ川の水運の拠点たるグレーヴ広場に近いサンス街道沿いの街区に、密度の高い都市的定住が行なわれていたが、北方へ通じるサン・マルタン街は、これに比してまだかなり農村的構造を有していたと考えられる。この推定はA、B、Cグループの地片の多くがvia publicaへの出口をもっているだけで、直接には街路に面していないのに対して、Dグループのそれは一様に直接公道に接しており、従ってこの地域は比較的定住状況に余裕があったと思われる事実によっても裏書きされるであろう。

以上の検討から、図6に示したようにサン・モール・デ・フォッセ修道院の所領明細帳に記載された諸地片は、ほぼグレーヴ広場の東を起点としてサンス街道に沿ってサン・マルタン街に至り、さらにサン・マルタン街に沿って北上し、サン・メリィ修道院へ達する街道沿いの街区に存在したと、われわれは推定する。

結　論

九世紀はパリの歴史にとってひとつの転換期を成している。それはローマ時代以後、パリの都市的中心としての優位を保持し続けて来た左岸が、右岸にその都市機能としての優位性を譲り渡した時期である、という意味においてである。ミシェル・ロブランはその原因として以下の二つの事実を挙げている。第一はカロリング王国の首都がラン、アーヘンなどの、より北方の地に定められたことで、この地域への出発点たる右岸の、とりわけ経済的機能が増大したこと。第二はノルマン人による劫略が、特に左岸に大きな打撃を与えたことである。この結果ロブランの推定によれば、パリの人口の三分の二がシテ島から北の地域に定住することになる。

われわれが若干立ち入って検討したサン・モール・デ・フォッセ修道院の所有地が、全て右岸の地に見出される事実も、このような歴史的コンテクストにおいて理解されなければならない。パリは古代から中世にかけて都市機能の連続が、他のいかなる都市と比較しても顕著であるが、ここにおいても左岸から右岸への重心の移動という形で、周知の中世都市形成の原理たるシテとブールの地誌的二元性の論理が外見上貫徹しているように見える。だがそれ以上に重要と思われるのは、いわばブールに対応する右岸の商業街区においてすら、土地の圧倒的部分は教会諸勢力の支配下にあり、その地の住民は教会の地代負担民であるという事実である。教会の都市支配における土地所有の意味は、実はこれら地代負担民の法的地位、土地所有者である教会と彼らの取り結ぶ諸関係、あるいはその地に対する裁判権の実体などを解明して初めて確定されるのであるが、それは今後の課題としなければならない。

（1）　この報告は一九七六年一月の例会において「都市における教会と下層民——中世初期ガリアを中心として」と題して行なわれた。報告の要旨は『比較都市史研究会会報』Ⅱ-3、一—二頁参照。

（2）　Marculfi Formularum Liber II, no.20; Formulae Turonenses, no.42, *MG. LL. Formulae*, pp.90, 158; Testamentum Ansemundi et uxoris ejus. a.543, Testamentum Aredii. a.573, Testamentum Burgundofarae. a.632, Testamentum Amandi. a.664, Pardessus, *Diplomata*, t.1, réimp. Aalen, 1969, pp.107, 136-144, t.2, pp.15-17, 133-134 参照。

（3）　M. Fleury, Paris du Bas-Empire au début du XIIIe siècle, *Paris, Croissance d'une capitale. Actes du Colloque*, Paris, 1961, p.73.

（4）　A. Lombard-Jourdan, *Paris - genèse de la "ville" - La rive droite de la Seine des origines à 1223*, Paris, 1976 参照。

（5）　P.-M. Duval, Lutèce gauloise et gallo-romaine, *Paris, Croissance*, p.41.

(6) M. Roblin, Cités ou citadelles ? Les enceintes romaines du Bas-Empire d'après l'exemple de Paris, *Revue des Études Anciennes*, 1951, vol.53, p.302.

(7) C. Brühl, *Palatium und Civitas. Studien zur Profantopographie spätantiker Civitates vom 3. bis zum 13. Jahrhundert.* Bd.I: *Gallien*, Köln / Wien, 1975, p.21.

(8) J. Boussard, *Nouvelle histoire de Paris. De la fin du siège de 885-886 à la mort de Philippe Auguste*, Paris, 1976, p.35.

(9) *Ibid.*, p.15, n.25.

(10) *Ibid.*, p.22.

(11) *Ibid.*

(12) "... Domum vero intramuros civitatis parisiorum, quae ab Eusebio quondam fuit aedificata vel possessa, et mihi a praecelso domno Clothario rege concessa esse dignoscitur...", Testamentum Bertramni episcopi Cenomannensis. a.615, Pardessus *Diplomata*, t.1, p.202.

(13) *MG. LL. Formulae*, t.1, p.90 参照。

(14) W. Schlesinger, Burg und Stadt, *Beiträge zur deutschen Verfassungsgeschichte des Mittelalters*, Bd.2, Göttingen, 1963, p.127.

(15) D. Claude, *Topographie und Verfassung der Städte Bourges und Poitiers bis in das 11. Jahrhundert*, Lübeck / Hamburg, 1960, pp.91-92 参照。

(16) "... sic quoque ut de tabernis quae infra ipsam domum esse noscuntur locarius ille, qui annis singulis exinde speratur in lumen in sacrosancta ecclesia Coenomanica et praedicta basilica domni Petri et Pauli insumatur,...", Pardessus, *Diplomata,* t.1, p.202.

(17) Greg. Turo. Hist. lib.X, c.26, *MG. SRM.,* t.1, pars 1, p.519; M. Vieillard-Troiekouroff, *Les monuments religieux de la Gaule d'après les œuvres de Grégoire de Tours*, Paris, 1976, p.205 参照。

(18) Brühl, *op. cit.*, p.22.

(19) *Ibid.*

(20) Duval, *op. cit.*, pp.50-52.

(21) Boussard, *op. cit.*, p.17.

(22) Roblin, *op. cit.*, p.302.

(23) Boussard, *op. cit.*, p.18.

(24) Duval, *op. cit.*, p.63.

(25) Roblin, *op. cit.*, p.309.

(26) Brühl, *op. cit.*, pp.8-9 および p.9, n.29 参照。
(27) *Ibid.*
(28) F. Lehoux, *Le bourg Saint-Germain-des-Prés depuis ses origines jusqu'à la fin de la Guerre de Cent Ans*, Paris, 1951, pp.xiii-xiv 参照。
(29) Roblin, *op. cit.*, pp.309-310.
(30) *Ibid.*
(31) Lombard-Jourdan, *op. cit.*, pp.5-6.
(32) *Ibid.*, p.29.
(33) *Ibid.*, pp.27, 146.
(34) *Ibid.*, p.29.
(35) *Ibid.*
(36) *Ibid.*, p.107.
(37) *Ibid.*
(38) Boussard, *op. cit.*, p.36.
(39) Lombard-Jourdan, *op. cit.*, pp.60-61.
(40) *Cartulaire général de Paris, t.I (528-1180)*, éd. R. de Lasteyrie, Paris, 1878, pp.72-75.
(41) M. Roblin, *Le terroir de Paris aux époques gallo-romaine et franque*, 2 éd., Paris, 1971, p.217.
(42) *Ibid.*
(43) *MG. DD.*, t. 1, p.64.
(44) *Ibid.*, p.78.
(45) *Cartulaire*, p.72, n.1.
(46) *Ibid.*, p.75, n.1; Bibliothèque Nationale de France, manuscrits latins no.3, fol.1.
(47) *MG. LL. Formulae*, t.1, p.90.
(48) *Cartulaire*, p.85.
(49) Lombard-Jourdan, *op. cit.*, p.30.
(50) *Ibid.*

(51) Vieillard-Troiekouroff, *op. cit.*, p.208.

(52) サン・テチエンヌ教会についてはM. Fleury, La cathédrale mérovingienne Saint-Étienne de Paris. Plan et datation, *Landschaft und Geschichte. Festschrift für F. Petri*, Bonn, 1970, pp.210-221 参照。

(53) J. Hubert, Les origines de Notre-Dame de Paris, *Huitième centenaire de Notre-Dame de Paris*, Paris, 1967, p.18 参照。

(54) *Ibid.*, p.19.

(55) 一三七頁参照。

(56) R.-H. Bautier, L'abbaye de Saint-Pierre et Saint-Merry de Paris du VIIIe au XIIe siècle, *Bibliothèque de l'École des Chartes*, t.118 (1960), pp.10-11.

(57) *Ibid.*, p.10.

(58) *Ibid.*, pp.15-16.

(59) *Ibid.*, pp.18-19

(60) Boussard, *op. cit.*, p.16, n.26. 詳しくはR. Merlet, Les origines du monastère de Saint-Magloire de Paris, *Bibliothèque de l'École des Chartes*, t.56 (1895), pp.237-273 参照。

(61) 一三一頁参照。

(62) Boussard, *op. cit.*, p.15, n.25.

(63) *Ibid.*, p.16, n.31.

(64) 一三五頁参照。

(65) Boussard, *op. cit.*, p.19, n.51.

(66) Vieillard-Troiekouroff, *op. cit.*, p.206.

(67) Boussard, *op. cit.*, p.20, n.59, 60.

(68) *Ibid.*, p.16, n.28, 29.

(69) Roblin, *Terroir*, p.108.

(70) Lombard-Jourdan, *op. cit.*, pp.86-87.

(71) *Ibid.*, p.86.

(72) Boussard, *op. cit.*, pp.43-44.

(73)　*Ibid.*, p.44

(74)　M.-Th. Morlet, *Les noms de personne sur le territoire de l'ancienne Gaule du VIe au XIIe siècle*. t.I, *Les noms issus du Germanique continental et les créations gallo-germaniques*, Paris, 1971, p.70 a, b 参照。

(75)　中世初期の所領経済が必然的に、商品、貨幣流通と関わらざるをえなかったことについては、森本芳樹『西欧中世経済形成過程の諸問題』木鐸社、一九七八年、一八二―一八三頁および二三一―二三三頁参照。

(76)　一四五頁参照。

第Ⅱ部　領域支配と所領構造

第四章　メロヴィング朝期ベリィ地方における空間の組織化

――古代的都市・農村関係の存続と展開――

はじめに

近年、古代から中世初期にかけての、西欧を対象とする農村史・定住史研究は目覚ましい成果を挙げ、これまでの定説を覆す一方、新たな問題を浮かび上がらせつつ、著しい進展を見せている。それは認識論上の革新とも呼びうる水準に達していると言っても過言ではない。この時代に関しての史料的基盤の拡大は、こと文献史料については極めて限られており、新史料の発見はごく例外的事態である[1]。にもかかわらず、この時期の農村生活の実態を以前に比べてはるかに具体的に知りうるようになったのは、考古学的発掘調査とそれに基づく研究の蓄積によるところが大きい[2]。考古学者アラン・フェルディエールの近著『ローマ期ガリアの農村地方』[3]は、現時点での発掘成果の総括を試みた著作であるが、それは地域差はあるものの、ローマ支配下ガリアでの土地占取と定住および開発が、われわれの想定を上回る規模で展開していた事実を、当時の農業の自然的・技術的条件をも含めて明らかにしているのである。

こうした成果は、中世初期史の領域でいまや基調となっている後期古代的諸条件の中世への連続という認識と重なり、中世の開始期についてこれまでわれわれが描いてきた画像から離れて、古代に一層引きつけた形でそれを再構成することを要請している。もちろんこの場合にも、地域の独自性や、連続する側面と断絶の局面との微妙な交錯には絶えず注意を払わなければならない。

古代史学からのもうひとつ大きな寄与は、都市・農村関係を基軸とするどちらかと言えば理論的な考察に関わっている。この新たな動向については、既に紹介をしたことがあるので詳論はひかえるが[4]、本章の意図を明らかにするために最小限度の説明は必要であろう。

その主張の核心を、実証と理論の両面で優れた成果を挙げたフィリップ・ルボーの議論に即して説明するならば、伝統的かつ古典的見解と異なり、ローマ期の定住空間は都市と農村、二つの空間領域の単純な対照として把握することができない。そうではなくて、一方では首邑都市たるキウィタスと農村ウィラがセットとなってひとまとまりの経済圏を構成し、いわばローマ型とでも呼ぶべきセクターを構成する。これに対して他方では、ローマの影響に抵抗し、土着の伝統的小集落ウィクスを中心として形成された非ローマ型セクターと称されるような空間領域が存在した。この二つのセクターの間に見られる差異は、それぞれが二つの異なる社会構成体に属しているとも言えるほどに際立っており、こうした対照こそがローマ期における空間編成の基本原理であった、とするのである[5]。

こうした結論に根拠があるとすれば、例えば四世紀ガリアのローマ社会の政治的・文化的衰退の証しとして、しばしば引き合いに出される都市支配層のウィラへの撤退という現象は[6]、何ら規定的意味を持ちえないことになるし、逆に二つのセクターの対置関係の解消、あるいはその変動は、当該地方での古代的空間組織の転換を示唆する指標ともなりうるのである。本章の目的は、以上のような前提に立ってフランス中部の司教座都市ブールジュ Bourges を中心とする、ベリィ地方におけるメロヴィング朝期の空間組織の構造を、極端に乏しい史料状況のもとにおいてではあるが、可能なかぎり解明し、その変化の条件を探ることにある。

一　ベリィ地方の定住構造

1　ウィラの配置

アラン・ルディの著書『ローマ期中部ガリアの農村地方』[7]は、主として考古学的手法によるブールジュを中心とするベリィ地方のウィラやウィクス、それに祭祀施設の分布およびその個別的分析を軸とした定住史研究であるが、われわれにとって特に興味深いのは生産組織たるウィラの配置である。

ルディはこれまでの考古学的発掘、航空考古学による網羅的探査、偶然の機会による発見等々の所見を整理し、全体で五七のウィラをこの地方に確認している。[8]表3はそれを一覧にしたものである。

これは現存する集落の下に眠っている遺構を含めて、ベリィ地方のウィラ配置の全体的傾向を示すものと考えてよいであろう。さて、これら五七の農村所領の分布は、次の図7（一六八頁）から見てとれるようにある偏りをみせている。すなわち大部分のウィラが、都市ブールジュを中心にして半径三〇キロほどの円内に配置されているのである。この圏内一帯は、北フランス・ピカルディ地方の開放耕地型の大穀倉地帯と同じく、肥沃な黄土層に覆われており、シャンパーニュ・ベリションヌ Champagne berrichonne とも呼ばれ、[9]小麦をはじめとする穀物栽培に適している。またこの地帯の西端には泥灰岩質土と沖積土の層があって、葡萄栽培や牧畜、畑作などのより多様な農業も可能にしている。[10]

ところで、これらのウィラが単に首邑都市ブールジュからあまり離れていない限られた圏内に集中しているばか

表3　メロヴィング朝期ベリィ地方のウィラ

	ウィラ所在地	コミューン名		ウィラ所在地	コミューン名
1	Champ de Devant	Plaimpied	30	Terres de Renaize	St.-Ambroix
2	Champ Laurent	St.-Doulchard	31	Mazières	Berry-Bouy
3	Les Crots Blonds	Lapan	32	La Croix du Ban	Bengy-s.-Craon
4	Les Bonnes	Vignoux-s.-les-Aix	33	St. Aubin	Marmagne
5	La Garance	Ste.-Thorette	34	Le Grand Désarmi	Blet
6	La Motte d'Inçay	Berry-Bouy	35	Les Varennes	Corquoy
7	Sauzay	St.-Loup-des-Chaumes	36	La Grande Pièce	Villeneuve-s.-Cher
8	Patareau Fourneau	Vallenay	37	St.-Martin	Preuilly-s.-Cher
9	Les Sales	Lazenay	38	Bigny	St.-Loup-des-Chaumes
10	Les Tuileries	Ste.-Thorette	39	La Motte	Preuilly-s.-Cher
11	La Chapelle	La Chapelle-St.-Ursin	40	Dame-Sainte	Saugy
12	Les Boubards	St. Germain-du-Puy	41	Verrières	Lissay-Lochy
13	Daugy	Paudy	42	Plotard	Ste.-Thorette
14	Les Cochons	La Chapelle-St.-Ursin	43	Marçay	Quincy-s.-Cher
15	La Chaume aux Couards	Levet	44	Les Varroux	Poisieux
16	Les Crots Ménards	Lapan	45	Champ Chiron	Primelles
17	Les Epinettes	Mehun-s.-Yèvre	46	Le Crot	Morthomiers
18	Pouplin	St.-Caprais	47	Les Grandes Pièces	Le Subdray
19	Les Coudrais	Cerbois	48	Bois Roland	Ste.-Thorette
20	Launay	Quincy-s.-Cher	49	La Salle	Ste.-Thorette
21	Le Poirier Molet	Civray	50	Corqueux	Châteauneuf-s.-Cher
22	Le Grand Chausseroi	La Guerche	51	Moulin de Soulas	St.-Ambroix
23	Les Nointeaux	Ste.-Solange	52	Champ Boba	St.-Loup-des-Chaumes
24	Le Coudray	Civray	53	Bois Blanchard	Levet
25	Les Maisons-Neuves	Ste.-Thorette	54	Près de Coulon	Bourges
26	Camp des Pois	Levet	55	Mouron	Berry-Bouy
27	Terres de la Garenne	St. Georges-s.-Arnon	56	Les Sables	St.-Ambroix
28	Chemin de Lunery	Trouy	57	Champ Michelon	Orval
29	La Viarrennerie	St.-Ambroix			

A. Leday, *La campagne à l'époque romaine dans le Centre de la Gaule*, t.1 より作成.

りでなく、この地方の航行可能な三本の基軸河川、すなわちシェール、アルノン、オロンに隣接するか、あるいは当時の幹線街道沿いに立地している事実にも注目する必要がある。特に河川のうち最も川幅が広く水量の豊富なシェール川沿岸には、サン・タマン・モンロン Saint-Amand-Montrond からほぼ五キロおきにヴィエルゾン Vierzon に至るまで、ウィラが点々と満遍なく配置されている。こうした立地の在り方には、いうまでもなく農業・生活用水確保のための配慮が働いたであろう。しかしながら水資源確保への関心は、ローマ期には必ずしも水源に近接した地点への生活、あるいは生産拠点の立地とは結びつかない。遠隔地からの水の供給のための水道建設は、その技術水準の高さばかりでなく、日常化した水道利用の伝統とローマの支配体制があいまって、物的にも心理的にもその建設を容易にしていたからである。[11]シェール川がオーヴェルニュ地方あるいはローヌ河口地帯から、トゥール地方を経由してロワール河口に達する最短の最も便利な通商路であった事実を考えると、むしろ重量物である穀物の河川を利用しての積出と運搬という輸送・流通上の関心が、より根本的にこれらのウィラの立地を規定していたと思われる。幹線道路沿いのウィラの配置もまた同様に、その生産活動が基本的には農産物市場を対象としていたことを窺わせる。帝政期における主要街道沿いの分布は、ロジェ・アガシュが網羅的な航空探査を実施した北フランスのソンム川流域地方のウィラ分布のパターンとも共通し、[12]また奴隷制大所領の一般的性格に照らしてみても、それらは商品としての穀物生産を目的としていたと推定されるのである。

2　ウィクスの分布

農村領域には、ローマによる征服以前からウィクスと称される小集落が存在していた。ウィクスは街道の交叉する場所や河川の渡河地点に立地し、宿駅であると同時に在地的交換の拠点であり、また手工業生産の機能をも担い、加えて農村内部での政治生活やガリア人の伝統的祭祀の中心地であった。[13]

表4　ベリィ地方古代ウィクスの所在地

1	Ardentes	14	Le Blanc
2	Argenton	15	Levroux
3	Bourbon-l'Archambault	16	Néris-les-Bains
4	Brives	17	Nérondes
5	Bruère-Allichamps	18	Sancoins
6	Chabris	19	St.-Ambroix
7	Châteaumeillant	20	St.-Florent
8	Chantelle	21	Vatan
9	Clion	22	Vendoeuvres
10	Déols	23	Venesmes
11	Gièvres	24	Vic-s.-St.-Chartier
12	St.-Thibault	25	Vierzon
13	Issoudun		

A. Leday, *op. cit.*, t.1 より作成.

この二次的中心地とも言うべき小集落が、ガリア全域に極めて濃密に分布していたことが知られている。ルディはベリィ地方について二五のウィクスを挙げているが、これらの中には史料上明示的にそう呼ばれているものの他に、碑文などから手工業者、商人などの多様な職種の人々の定住が知られ、明らかにウィクスの特徴を具えていると彼が判断したものも含まれている。[14] 表4に掲げるのがその一覧である。

その分布は図7からもわかるように、ベリィ地方の西部、現在のアンドル県に多く、シェール川沿いの幹線通商路への五つの立地を除けば、ウィラが濃密に分布している首邑都市ブールジュに近い地域には少ない。反対にウィラ的生産組織のない周縁地域に、比較的多く分布するというパターンを示している。

集落としてのウィクスの地誌的特徴は、家屋が道路の両側にそれぞれ一列に配置されていて、したがって街区をもたないという点にある。[15]

3　中心地‐都市ブールジュ

カエサルがその著『ガリア戦記』の中で、ガリアで最も美しい都市のひとつに挙げたアヴァリクム Avaricum は当時既に防壁と櫓《やぐら》を備え、市域内にはカエサルがフォルムと呼ぶ広場が設けられていた。前一世紀の中頃、ローマ軍との長期にわたる激しい攻防戦のすえ、このビトゥリゲス族の首邑は陥落し、勝利者による住民の相当規模での抹殺が行なわれたらしい。[16] ローマ都市アヴァリクムは、このケルト人のかなり整った都市施設を大枠で継承したものであるようである。同様の運命を辿った他の多くのガリア諸都市とは異なり、ここでは既存のケルト集落から少し離れた地点への新都市の建設が行なわれなかった。しかし四世紀には、他のガリア諸都市でも一般的に見られたように、都市名を旧来の地名から、部族名ビトゥリゲスにちなむブールジュに変えている。[17]

三世紀後半のディオクレティアヌス帝が公布した最高価格令には、ブールジュでの織物業の存在が言及されている。[18] 三六三年と三六八年の間に実施されたアクイタニアの行政的分割に際しては、アクイタニア・プリマの首都となっている。[19] 四世紀初頭のガリアのどの首邑都市でも見られた囲壁化はブールジュでも行なわれ、全長二六六〇メートル、面積二六ヘクタールをカヴァーする市壁は基礎部分の厚さ約三メートルで、四六の小塔で補強されていた。[20] この堅固な囲壁は、古代末期から中世初期にかけてただ一度しか外敵の攻撃に屈したことがなく、そのおかげで都市ブールジュは大きな破壊を経験したことがなかった。[21] 最初に防壁を破るのに成功したのはシャルルマーニュの父ピピンで、七六二年に周到な準備のすえ、巨大な攻城機を使っての成果であった。[22]

ディートリヒ・クラウデの研究によれば、中世初期ブールジュには都市参事会の存在を明示的に証言する所見がないという。[23] だがトゥール司教グレゴリウスは、この都市における primores urbis に言及しており、[24] また八世紀のブールジュ地方書式集には viri magnifici と呼ばれる集団が登場し、[25] ここから有力市民によって構成される、都市参事会類似の組織のあったらしいことが見てとれる。ガリアの司教座都市でひろく見られた、司教による都市支配は西ゴートの支配下に入った二〇年間を別にすれば、ブールジュでも八世紀初頭まで存続した。有力市民による市政運営は、そうした司教のもとにあって機能したのであった。

六世紀のパリ司教ゲルマヌスや、七世紀のブールジュ司教スュルピキウスの伝記は、この時期多数のユダヤ人がブールジュに居住していた事実を述べることによって、間接的にではあるが、この都市が依然としてこの地方の流通経済の中心地として機能していた事実を示唆している。[26] 首邑都市と周辺ウィラとの経済面での有機的結合は、ウィラ所有者がキウィタス内部に倉庫を有していることから、かなり具体的な形で理解される。例えば、ブールジュ司教スュルピキウス第二伝には、市内に倉庫を所有する「高貴な」婦人への言及があるが、彼女が周辺にウィラを経営する所領主であったのは疑いない。[27] 都市内のこうした貯蔵施設は、ウィラの余剰農産物、とりわけ穀物を都市の市場で売却するためのものと考えるべきであろう。この種の施設の存在は、メロヴィング朝期のいくつかの遺言状で見てとれる。[28] 購買者は都市の住民ばかりでなく、おそらくは地域間の穀物取引をも営んだ商人がそこに含まれていたと推定される。[29] それというのも、メロヴィング朝期に頻発した食糧不足は、天災によるにしろ、戦争などの人為的原因によるにしろ、いずれにしても穀物価格を急騰させたからである。[30] 食糧不足や飢饉による被害などは、一般に地域的性格が濃く、それゆえ穀物は極めて魅力的な投機の対象になったのである。[31]

二　ブールジュの中心地機能[32]

1　ウィラ・セクターとの関係

古銭学の与件

都市ブールジュのウィラ・セクターに対する中心地機能の、メロヴィング朝期における持続を示唆するのは、この地方における貨幣造幣地の分布と、そこに読みとれる貨幣の流通速度についてのデータである。一九世紀までの中世初期古銭学を集大成したモーリス・プルーのカタログには、それまでに発見・発掘されたベリィ地方を造幣地とする貨幣の一点一点の詳細な情報が記されている。[33] これをもとに、ベリィ地方の造幣地を一覧にしたのが表5である。

表のデータを移した図7を参照されたい。まず造幣地がベリィ地方の周縁部に縁どるように位置していること、そしてそれらが主としてローマ時代にウィクス・セクターに属していた地方に多いという事実が見てとれる。さらにウィラ・セクターには、首邑都市ブールジュ以外には造幣地が見られない点も注目すべきである。造幣地の存在そのものが貨幣使用を前提とし、社会の貨幣への欲求に応えるためのものであり、その分布密度はその地域における貨幣の流通速度と深い関連をもっている。[34] こうした因果連関が成り立つとすれば、ウィラ・セクターにおいてブールジュが唯一の造幣地であったという事実は、[35] すなわちこの都市の造幣活動がこのセクターの貨幣需要を一手に引受けたことを意味すると同時に、同セクター内部での流通速度の速さをも示すものと言えよう。

これにひきかえ、周辺部のウィクスに見られる造幣地の多さは、このセクターでの貨幣流通の速度の遅さ、あるいは貨幣が流通の流れから外され退蔵されてしまう例が多かったことを窺わせる。

造幣量の面でも、今まで知られているブールジュを造幣地とする五枚のトリエンス金貨と三枚のデナリウス銀貨の計八枚のうち、七枚がそれぞれ異なる造幣人によって造られており、[36] ここから造幣総量の多さが容易に推定されるのである。

限られたものではあるが貨幣現象に関わるこれらの所見を総合すると、一方においてはウィラ・セクターに対する都市ブールジュの中心地機能の維持、他方においては前者とウィクス・セクターとの構造上の差異という古代的な構図がまだ大きくは

表5 ベリィ地方の造幣地

1	Betoregas	Bourges
2	Bareloco	Barlieu
3	Bellomonte	Beaumont
4	Capudcervi	Sacierges-Saint-Martin
5	Climone	Clémont
6	Dolus Vico	Déols
7	Duno	Dun-le-Poëlier
8	Mediolano Castro	Châteaumeillant
9	Onanaciaco	Onzay
10	Rivarinna	Rivarennes
11	Sesemo	Souesmes
12	Virisione Vico	Vierzon

M. Prou, *Les monnaies mérovingiennes* より作成.

○ 古代のウィラ
■ 古代のウィクス
● メロヴィング朝期の造幣地
☆ ガモの所領
── ローマ道
-- 同推定

A ブリュエール・アリシャン
B ブールジュ
Br ブラゴギルス
Bt ブリティニアクス
Ch シャブリ
Cha シャンテル
N ネロンド
No ノウァ・ウィラ・ウィントリス
P ブリュリアクス
Q クインティアクス
Sa サン・タンブロワ
St サン・タマン・モンロン
V ヴィエルゾン

図7 メロヴィング朝期ベリィ地方の都市と農村領域

動いていないという印象を受ける。

ガモ夫婦の寄進状

メロヴィング朝期ベリィ地方について五点の証書が伝来していて、そのうち四点が都市ブールジュに直接関係している。[37] だがこの中の二点は一一・一二世紀に作られた偽文書であり、その証言能力を見極めるのは困難である。残る二点、すなわちエウスタディオラという名前の婦人の遺言状と、ガモ＝アダルグディス夫婦の寄進状のうち、前者は非常に簡略でブールジュとその周辺領域に関して、見るべき情報がほとんど盛り込まれていない。こうして、わずかに六九七年の日付をもつガモとその妻アダルグディスの共同名義の寄進状だけが、ベリィ地方におけるその首邑都市とウィラ・セクターとの関係を証言している。[38]

院長イルミノンの命令で、八〇六年と八二九年の間に作成された有名なパリ、サン・ジェルマン・デ・プレ修道院の所領明細帳の第一一章は、Nuvilliaco という所領の記述に充てられている。オギュスト・ロンニョンの地名比定によれば、この所領はまさしく六九七年に二〇〇キロ離れた同修道院に、ガモ夫妻が条件つきで寄進した一連のウィラのひとつ Nova Villa Vintoris[39] であるという。[40] この証書を通じて、夫妻は総数で二九のウィラを遺贈している（表6参照）が、列挙されている最初の六所領のうち Nova Villa Vintoris を含め Britinniacus, Quintiacus, Bragogilus, Prulliacus の五つのウィラが、図7に示したようにブールジュの西一〇キロのところを南北に流れるシェール川沿いにあり、しかもそのうち四つがローマ期のウィラの所在地と重なっている。残る Bragogilus といういかにもケルト的な名前の所領は、ウィクスの所在と合致している。この一帯はウィラ・セクターの中核地域であり、こうした現象は部分的ではあるがウィラ経営が衰えていないことを物語っている。

この証書でさらに注目すべきは、ウィラ・セクターが首邑都市に引き続き結びつけられている事実を別の面でも

表 6　ガモ = アダルグディス夫妻の寄進所領

	所領名	現在地
1	Nova Villa Vintoris	Villeneuve-sur-Cher (arr. Bourges, ct. Chârost)
2	Britinniacus	Brétigny
3	Quintiacus	Quincy-sur-Cher
4	Bragogilus	Breuil (arr. Bourges, ct. Chârost)
5	Grimoaldi-Villare	不明
6	Prulliacus	Preuilly-sur-Cher
7	*Rovere	不明
8	*Mauro Villa	不明
9	*Barbarione Villa	不明
10	Villa Milies	不明
11	Galdono-Maso	不明
12	Ferrarias	不明
13	Culmellae Montis	不明
14	Alnaus	不明
15	*Tricasini	不明
16	Felcariolae	不明
17	Noiolium	不明
18	*Mundone Villa	不明
19	Childeno Villa	不明
20	Potiosus	不明
21	Hadone Villa	不明
22	Flaviagus	不明
23	Alvernis	不明
24	Postimiagus	Pouthumé (Vienne, com. Châtellerault)
25	Caceriae	不明
26	Busxeriae	不明
27	*Balbiagus	不明
28	Cervatiacus	不明
29	Vallis	不明

＊印は，A. ロンニョンによって一応の地名比定がなされてはいるが，その所在地に関して寄進状で述べられている条件と齟齬が大きいため採用しなかったものを示す．

明らかにしているという点である。この文書が最終的に作成されたのはパリのサン・ジェルマン・デ・プレ修道院においてであったが、[41] 実はその内容は事前――おそらくは前年の六九六年――に、六九五年にフランク王国の統一王となったばかりのキルデベルト三世の臨席を得たブールジュでの「貴族たちの集会で in conventu nobilium」読み上げられており、[42] この寄進行為を市民達から承認してもらうという手続きを取っている。市民によるこうした認知手続の存在こそ、まさしくウィラ・セクターとブールジュとの緊密で有機的な結びつきの証言に他ならない。ここで言及されている nobiles は、おそらくブールジュの有力市民を指している。八世紀後半に成立したブールジュ地方書式集の六、八、九、一五番の四点に、都市ブールジュの何らかの政治組織を意味するcuriaという語が見えるが[43]、これを文字通りローマ期の都市参事会そのままの組織と考えることができないとしても、だからと言って実体を欠いた、純然たる書式墨守の結果と考えることもまた誤りであろう。既に指摘したように、この都市には有力市民による何らかの都市運営機構が存在したことは確実である。いずれにせよ、七世紀末の時点においても、ブールジュがウィラ・セクターと一体となって、その中心地としての役割を基本的に維持したことが推測されるのである。

ガモ夫妻の寄進になる二九所領のうち、表6から見てとれるように、Grimoaldi-Villare, Barbarione Villa, Galdono-Maso, Mundone Villa, Childeno Villa, Hadone Villa の全体で六所領がゲルマン人名あるいは、彼らを示す集団呼称を帯びている。帝政末期かあるいはメロヴィング朝初期の混乱の中で、領民が逃散したり廃棄されたりして定住の途絶したローマ・ウィラを、新来のフランク人が再開発した可能性も大きいので[44]、これらを全て中世初期の新規開発所領とするわけにはいかないであろうが、いずれにしても六所領の同定は民族移動期とそれに続く時代の新来者のウィラ経営の領域分布についての示唆を与えてくれるはずであり、そのことによって旧来のウィラ・セクターを越えて新たな所領組織が創出されたか否か、ひいてはウィラ・セクターとウィクス・セクターの関係がどのように変化したか、あるいは変動しつつあったかが具体的にうらなえるはずである。だが残念ながら、現在まで六所領いずれも確たる地名比定がまだ行なわれていない。今後この面での研究を推進させることにより、中世初期ベリィ地方の定住構造の変化を一層具体的に跡づけて行かねばならない。

2　ウィクス・セクターとの関係

ウィクスのなかでも、ウィラ・セクターに入り込むか、あるいは近接している集落、例えばSt.-Ambroix, Bruère-Allichamps, Nérondesなどでは[45]、その地の碑文の中にローマ市民に特有の命名法による名前を持った住民の存在が知られ、ローマ文化の浸透、言いかえると首邑都市ブールジュの中心地機能による一定度の統合といった事態が想定される。St.-Ambroix と Nérondes の墓石のレリーフから、武具製造職人、穀物商人、金細工師、染物師、両替商、大工、農民などの多様な職種の住民の存在が知られ[46]、これらのウィクスが近隣の定住地に対して、二次的ではあるが一定の中心地機能を果たしたのは確実である。

ところで、こうした実質的にウィラ・セクターに属すようになったウィクス以外の、いわゆる土着の伝統的な性格を保持し続けているウィクスは、メロヴィング朝期に首邑都市ブールジュとどのような関係にあったのだろうか。中世初期のウィクスに対する都市の作用の最も重要な局面は、後者が司教座都市である場合、司教が農村伝道の拠点としてウィクスに教区教会を建設したことによって切り開かれた、と言えるであろう。ベリィ地方に関しては、アルノン川以西のケルト的ウィクスに建設された多くの教区教会の初期の守護聖人が、ブールジュの司教座聖堂のそれと同じ St. Étienne であるところから[47]、教会行政の拠点という新たな役割が、ブールジュにこれまでその中心地機能を及ぼしていなかった地域へそれを広げる機会を与えたと思われる。この点についても、これ以上の考察をめぐらすための情報が残念ながら現時点では存在しない。

三　二次的中心地たるウィクスの成長

上に述べたように、ウィクスは教区教会の所在地というその宗教的機能を通じて、場合によってはそれ以前からの萌芽的中心性を強化したり、あるいは未だこうした特性を獲得していない場合は、それを創出する契機を見出したと思われる。というのも、その後ウィクス周辺の定住地に礼拝堂が増加するにつれて、ウィクスの教会は、これらの小教会を統括する主任司祭区の核として組織されるようになったからである[48]。ウィクスが教会組織の上で、司教座に次ぐ二次的中心地に発展するという動きが、八世紀の中頃には完了していたことはブールジュ地方書式集に収められた、ウィクスを任地として想定されている主任司祭任命書式から読みとれる。[49]

このようなウィクスの周辺領域に対する二次的な中心地機能形成のもうひとつの具体的表現が、ウィカリアと呼ばれる領域単位の存在である。フランク王国の行政組織において、このウィカリアは一般に伯領(pagus)の下位単位として位置づけられ、その起源としてはシャルルマーニュ時代の行政・司法改革に求められている。[50] このことを異論の余地なく証明する史料は存在しないが、仮にそれが事実であるとしても、ウィカリアがウィクスの中心地機能を核として自生的に形成されて来た領域単位であるということとは何ら矛盾しない。シャルルマーニュの功績は、ウィクスを中心に既に一定の領域的枠組をともなって完成を見ていた、あるいは形成過程にあったこの小領域に、単に公式に伯領の下位単位として国制上の位置づけを与えたにすぎないと見ることも可能だからである。[51] 一律に行なわれた制度的な上からの「改革」の所産というより、むしろ既存の自生的枠組の継受と統合と見るほうが、限られた技術的手段しか持たない中世初期国家の統治手法に似つかわしく、またこの「改革」の結果生まれたはずの下位単位の呼称が centena, grafia, vicaria, condita など、地域によって異なるという奇異な現象も[52]このように解することによって合理的に説明されるであろう。逆に、例えばカロリング国家の領域的解体や、その結果としての封建的分権化が問題にされるとき、「解体」とか「分権化」と称される現象の真のプロセスは何かを、定住構造が規定する領域的枠組の本質的に自生的な性格を考慮しつつ、十分に見極めなければならない。

ウィカリアが他の地方と同じく、ベリィ地方でも遅くとも九世紀に伯領の下位単位として安定した領域的枠組をもつようになったことは、それが土地の所在地表示の一般的書式に組込まれているところからも明らかである。例えばブールジュ地方書式集の一五番は、シャルルマーニュの皇帝戴冠以後のフランク王の称号である Imperator が見えるところから八〇〇年以後のものと思われ、結婚に際しての夫から妻への土地贈与を内容とする証書を下敷にした書式と推定されるが、そこでは当該土地の所在を示すために、"hoc est res proprietatis meas sitas in pago Biturigo, in vigarias illas et illas, in villa cuius vocabulum est illa..."[53]という定形的文言が使われている。実はこの書式より古い七六八年に、ベリィ地方で最初のウィカリアの所見として vicaria Cantellensis が知られていて、[54]この事実ひとつをとってもウィカリア「制」のシャルルマーニュによる創設という主張は、年代的与件の点で齟齬をきたすと思われるのだが、それはともかくこの vicaria Cantellensis は明らかにその中心集落である vicus Chantelle に由来する名称である。[55]古代のウィクスについても、また中世のウィカリアに関しても完全に網羅的なリストがないのでその対応関係を確定はできないものの、表7に掲げられた一一世紀末までにその存在が確認できる二九のウィカリア(そのうち二〇が一〇、一一世紀の所見である)のうち、一〇ウィカリアがローマ期に存在が証明されているウィクスの名称に由来しているのである。

さて、ここで重要なのは、かつてのウィクス・セクターのただ中にあった伝統的ウィクスが、先に引用した書式の文言からも推測されるように、八世紀後半までに首邑都市との関係で位置づけられ、その意味でキウィタスの中心地機能に引き寄せられつつあったと見ることができるという点である。果たしてこの段階においても、農村領域がルボーの言う「均質な空間」を実現しえていたかどうかは疑問だが、少なくともローマ期のあの二つの異質な世界の併存という状態から大きく前進したのは確実である。

この過程を推進する主要な力となったのがウィクスであったらしい。こうした推測は既に述べたが、あらためてこれまでほとんど注目されることのなかった[56]ひとつの事実を指摘することでこの点を強調したい。それはウィカリアの領域的枠組が成立する前段階として、ウィクスを定点とする土地の所在表示の方式があったということである。ブールジュ地方書式集より古いオーヴェルニュ地方書式集には、まさしく"in pago illo, in vico illo, in villa illa"という文言が見られるのである。[57]

こうした事例は書式の定式的文言にとどまらず、伝来しているいくつかの証書にも散見される。六六七年の日付をもつオルレアンのサン・テニャン修道院長レオデボドゥスの寄進状には、ベリィ地方にある所領に関して以下のように記している。すなわち、“... in pago Biturico cognominante Monte qui est juxta Cabrias vico...” とか、“villam Camberon, quae est juxta terminum Clariacense vel Ucello vico” あるいは “portionem meam quae est juxta Columnae vicum” などの文言である。[58] ここからわれわれは、書式 “in pago illo, in villa illa” から “in pago illo, in vicaria illa, in villa illa” の書式に移行する中間段階として、“in pago illo, in villa illa quae est juxta illum vicum” という書式があった段階を想定してみ

表 7　ベリィ地方のウィカリア

	ウィカリア名（その中心集落名）	史料初出年代	古代のウィクス名に由来するもの（▲印）
1	Chantelle	768	▲
2	Charenton-du-Cher	818	
3	Allouis	820	
4	Cluis	841	
5	*Oscellensis*	854	▲
6	Brives	859	▲
7	Nérondes	877	▲
8	Bourbon l’Archambault	880	▲
9	*Fabriacensis*	912	
10	Onzay	915	
11	*Andriacensis*	917	
12	Bouges	917	
13	Bubelle	917	
14	Venesmes	920	▲
15	Précy	936	
16	Dunet	941	
17	Bourges	943	
18	Vatan	956	▲
19	Sancerre	957	
20	Le Blanc	968	▲
21	Vierzon	974	▲
22	Rians	981	
23	*Oriensis*	988	
24	St.-Michel de Volangis	989	
25	Chabris	990	▲
26	Soulangis	990	
27	Levet	1017	
28	Mehun-sur-Yèvre	9 世紀中葉	
29	Murat	11 世紀末	

たい。ちなみにCabrias vicoからはvicaria Cabriacensis（九九〇年初出）、Ucello vicoからはvicaria Oscellensis（八五四年初出）が形成されている。またColumnae vicumはすぐ後でagro(=ager) Clomnensiと言いかえられているが、このagerはフランソワ・バンジュの九―一一世紀マコン地方に関する最近の定住史研究によれば、この地方でも少なくともその一部はウィクスを中心にしているという[59]。

こうした土地の所在地を示す書式に登場してくるいわば中間的な領域呼称は、ローマ期に皆無と言わないまでも所領の極めて少なかったウィクス・セクターにおける、ウィラの開発、その増加を背景としており、中世初期の農村内部の発展のひとつの証言に他ならないと思われる。

結　論

中世初期ベリィ地方の都市・農村関係を特徴づけているのは、古代的なウィラ・セクターを規律する諸関係が、その水準はさておき、一定の構造として基本的に維持されたということである。ここで忘れずに指摘しておかねばならないのは、そのことの意味についてであるが、二セクターの対照というルボーの図式は、古代都市を単なる消費の場としか捉えないマックス・ウェーバーによって代表される見方に対して、生産の組織者として古代都市が果たした役割を正当に評価し、かつアウグストゥス帝に始まる都市建設とウィラ的大所領の出現の並行現象という歴史的事実を整合的に説明するためのものであった、という点である[60]。その意味では、ルボーのモデルは元首政期に開始された統治・生産システムとしての空間組織の、いわば初発局面を提示するものである。以後数世紀間のローマ支配の発展の過程で、こうした構造が変動する可能性は論理的には排除されていないのである。にもかかわらずルボーは、ローマ期を通じて基本的には自らが提示したモデルが妥当すると考える。ベリィ地方に関しても、これまでの検討から、こうした図式が新たな変革の芽を胎みながらも七世紀頃まで維持されたとしても良さそうである。
けれどもこうした状況は、実はセーヌ川以北の北フランスの諸都市をめぐる情勢と著しく異なっている。例えばアラスやアミアンはブールジュと同じく、大規模な小麦栽培に適した肥沃な開放耕地型の穀作地帯の中心に位置し、ローマ期の都市建設に際して多大なウィラ建設も行なわれたが、少なくとも中世初期にはルボーがウィラ・セクターと名付けるような構造を示していない。[61] アミアン地方についてのアガシュの徹底的な調査は、古代末期までの時点での、この地方のほぼ全域にわたるウィラ建設の形跡を確認しているからである。さらにアラスやアミアン両都市を取り囲むように分布しているのは、[62] ウィラではなくウィクスなのである。これらの地域では、古代末期にウィラ・セクターの解体を含む生産組織の大規模な再編成が生じたことを推測せしめる。その原因がおそらく、ベリィ地方に比して遥かに急速に発展したウィラ経営の普及にあったらしいことは、その遺構の地方全体への広がりと数の多さから容易に窺われる。ローマ的所領経営の普及度という点から見て、北フランス一帯は北辺の地にありながら、ラインラントやイングランドと並んでいわば先進地域に属していた。古代末期から中世初期にかけての北ガリアの都市的定住についての概観を試みたポール・ヴァン・オセルの小論「三─九世紀北ガリアにおける都市建設と新都市。一つの問題」（一九八八年）の中で、この地域での「処女地」の欠如を新都市建設不在の原因として挙げているほどなのである。[63]
北ガリアのこうした状況と比較して、ベリィ地方の定住のありようは、少なくとも中世の開始期には古代ローマ的空間組織のモデルから大きく脱していない。中世史の立場からすれば、古代的諸関係を基礎とするルボーのモデルは地域発展の「停滞型」検出モデルとも言えるが、今後ベリィ地方以外の中部フランス地域についての事例研究を進めることによって、未開拓の分野である南北フランスの中間領域における古代から中世への移行過程・歴史発展の特質を明らかにしていかねばならない。

（1） 厳密な意味での発見ではないが、そのテクストが初めて解読され、内容が確認されたという意味での「発見」の例として、七世紀末のトゥールのサン・マルタン修道院の「会計文書」(一九七〇年にテクスト公刊)や、パリの東にあるシェル修道院の遺跡から文字通り発見された、聖遺物の袋に付けられるフランス語でオータンティックと称される名札(一九八二年)のような例が挙げられる。

（2） 例えばフランスではDocuments d'Archéologie Française(Maison des Sciences de l'Homme)やBibliothèque d'Archéologie、イギリスではBritish Archaeological Reportsなどの叢書が注目される。

（3） A. Ferdière, *Les campagnes en Gaule romaine*, 2 vols., Paris, 1988.

（4） 佐藤彰一「一九六〇年以降フランス学界における中世初期都市・農村関係に関する研究」『愛知大学法経論集・法律篇』109、一九八五年、六七—八九頁参照。

（5） Ph. Leveau, La ville antique et l'organisation de l'espace rural, villa, ville et village, *Annales, Économies, Sociétés, Civilisations*, 1983, no.4, pp.920-936; Id., *Caesarea de Maurétanie. Une ville romaine et ses campagnes*, Paris, 1984 参照。

（6） ローマ帝国の統治機能を引受け、またその租税徴収をも担保した都市参事会員の都市から農村ウィラへの脱出が、経済的、文化的に都市の活力を弱め、その衰退をもたらしたとするのが、多くとられている説明である。

（7） A. Leday, *La campagne à l'époque romaine dans le Centre de la Gaule. Villas, vici et sanctuaires dans la Cité de Bituriges Cubi*, 2 vols., Oxford, 1980.

（8） *Ibid.*, t.1, pp.80-83 参照。

（9） フランス各地に見られる、特定の土質と自然条件をもった地方を表現するシャンパーニュ champagne という地理的概念については、R. Dion, *Le Val de Loire. Éude de géographie régionale*, réimp. Marseille, 1978, p.3 参照。

（10） Leday, *op. cit*, t.1, pp.9-12; G. Devailly, *Le Berry du Xe siècle au milieu du XIIIe. Éude politique, religieuse, sociale et économique*, Paris / La Haye, 1973, pp.63-64.

（11） ガロ・ローマ期ベリィ地方のウィラ経営と水道の役割に関してはLeday, *op. cit.*, t.1, pp.58-60 参照。

（12） R. Agache, *La Somme préromaine et romaine*, Amiens, 1978, p.136 参照。

（13） Leday, *op. cit.*, t.1, p.203 以下参照。

（14） *Ibid.*

(15) *Ibid.*
(16) D. Claude, *Topographie und Verfassung der Städte Bourges und Poitiers bis in das 11. Jahrhundert*, Lübeck / Hamburg, 1960, p.41.
(17) M. Rouche, Le changement de nom des chefs-lieux de cité en Gaule au Bas-Empire, *Mémoires de la Société Nationale des Antiquaires de France*, 9e série, t.IV, 1969, pp.47-64; Claude, *ibid.*, p.44 参照。
(18) Claude, *ibid.*, p.42.
(19) *Ibid.*, p.45.
(20) *Ibid.*, p.43.
(21) *Ibid.*, pp.75-76.
(22) 『フレデガリウス年代記続編』は次のように記している。“Videns praedictus Waifarius princeps Aquitanicus, quod castro Claremonte rex Pippinus bellando ceperat et Bytricas caput Aquitaniae munitissimam urbem cum machinis capuisset...”, Chronicarum quae dicuntur Fredegarii Scholastici libri IV cum continuationibus, *MG. SRM.*, t.2, p.189.
(23) Claude, *op. cit.*, p.71 参照。
(24) “... quos cum plerumque verbis procacibus lacessiret ac judicio publico provocaret, decretum est sententia primorum urbis...”, Gregorii episcopi Turonensis Liber in gloria martyrum, c.33, *MG. SRM.*, t.1, pars 2, p.58.
(25) “... viris magnificis Betorice civitatis...”, Formulae Bituricenses no.7, *MG. LL. Formulae*, t.1, p.171.
(26) Claude, *op. cit.*, p.74 参照。
(27) *Ibid.*, p.70 参照。
(28) 例えば、六一六年のル・マン司教ベルトラムヌスの遺言状に見える、パリやボルドーの domus などもそのような機能を備えていたと推測される。Pardessus, *Diplomata*, réimp. Aalen, 1969, t.1, pp.197-215 参照。
(29) 上掲のベルトラムヌスの遺言状に登場する小集落 Villedieu に住む商人 Sargitus などはそうした例であろう。*ibid.*, p.205. なお、メロヴィング朝期の商人についての包括的研究として、A. Verhulst, Der Handel im Merowingerreich. Gesamtdarstellung nach schriftlichen Quellen, *Studia Historica Gandensia*, 125, 1970 参照。
(30) トゥール司教グレゴリウスは六世紀の末のある飢饉の際、パン数個で一トリエンスという途方もない高騰を示した例をあげている。Greg. Turo. Hist. lib.VII, c.45, *MG. SRM.*, t.1, pars 1, p.365 参照。
(31) カロリング朝期に成立したサンス地方書式集には七世紀末の一連の書簡が収録されている。これは当時のトゥール司教とパリ司教が交わした往復書簡であるが、それは飢饉によって食糧不足となったトゥールにパリから送られた穀物の粗悪な品質に対して、トゥール司教クロドベルトゥスが書き送った強い不満の手紙をきっかけとして、誹謗・中傷合戦のおもむきを呈した。その内容はともかく、食糧不足がかなり地域的性格を持っていたことの一例であろう。Additamentum e codice Formularum Senonensium, *MG. LL. Formulae*, t.1, pp.220-226 参照。

(32) 地理学の分野で開発された中心地理論の歴史研究への適用の問題については、田北廣道「中世都市史の研究方法としての「中心地」論の意義と限界――ドイツ学界を中心に」『福岡大学商学論叢』32-3、一九八七年、三六一―六七頁の優れた論考参照。

(33) M. Prou, *Les monnaies mérovingiennes. Catalogue des monnaies françaises de la Bibliothèque Nationale*, réimp. Graz, 1969, pp.345-354.

(34) R. Doehaerd, *Le Haut Moyen Age occidental. Économies et sociétés*, Paris, 1971, p.308 参照。

(35) Claude, *op. cit.*, p.75 によればブールジュの造幣所は司教座、Sainte-Croix, Saint-Sulpice の両修道院であった。

(36) Prou, *op. cit.*, pp.73-76 参照。

(37) K. H. Debus, Studien zu merowingischen Urkunden und Briefen. Untersuchungen und Texte, Erster Teil, *Archiv für Diplomatik*, Bd.13, 1967, pp.43-44.

(38) *Ibid.*

(39) Pardessus, *Diplomata, op. cit.*, t.2 に収められたガモ夫妻の遺言状では、"Loca vero nuncupantur ita: id est, Nova-Villa, Vintoris, Britinniacus, ..." と読まれ、Nova-Villa と Vintoris とは二つの異なるウィラと理解されている。*ibid.*, p.244.

(40) A. Longnon, *Le polyptyque de l'abbaye de Saint-Germain-des-Prés, rédigé au temps de l'abbé Irminon*, t.1, Paris, 1895, p.194 参照。

(41) "Et, ut epistola hujus donationis firma permaneat. Bituricas in conventu nobilium, in praesentia regis domini nostri Childeberti relecta, et Parisius civitate in monasterio Sancti Vincentii, die sexto mensis Aprilis super altare Sanctae Crucis posita, anno tertio ejusdem domini nostri Childeberti regis.", Pardessus, *Diplomata*, t.2, p.245.

(42) *Ibid.*

(43) Formulae Bituricenses, *MG. LL. Formulae*, t.1, pp.170-176 参照。

(44) この点については S. Sato, Les implantations monastiques dans la Gaule du Nord: un facteur de la croissance agricole au VIIe siècle? Quelques éléments d'hypothèse concernant les régions de Rouen et de Beauvais, *Flaran* 10, 1990, pp.171-177.

(45) Leday, *op. cit.*, t.1, pp.206-240 参照。

(46) *Ibid.*

（47） *Ibid.*

（48） この過程が具体的かつ最も明らかにされているのはリムーザンやオーヴェルニュ地方においてである。前者に関しては M. Aubrun, *L'ancien diocèse de Limoges des origines au milieu du XIe siècle*, Clermont-Ferrand, 1981、後者については G. Fournier, *Le peuplement rural en Basse-Auvergne durant le Haut Moyen Age*, Clermont-Ferrand, 1962 参照。

（49） Formulae Bituricenses, no.5, *MG. LL. Formulae*, t.1, p.170.

（50） 例えば F.-L. Ganshof, Charlemagne et les institutions de la monarchie franque, Hrsg. H. Beumann, *Karl der Große*, Bd.1, *Persönlichkeit und Geschichte*, Düsseldorf, 1965, Bd.3, pp.376-377 はこうした見解の代表である。

（51） 佐藤彰一「フランク時代のウィカーリウスとウィカーリア」『ポスト・ローマ期フランク史の研究』岩波書店、二〇〇〇年、第八章参照。

（52） 最近の研究として J.-P. Brunterc'h, Le duché du Maine et la marche de Bretagne, éd. H. Atsma, *La Neustrie. Les pays au nord de la Loire de 650 à 850*, 2 vols., Sigmaringen, 1989, t.1, pp.29-127 がある。

（53） Formulae Bituricenses, no.15, *MG. LL. Formulae*, t.1, p.176.

（54） Devailly, *op. cit.*, p.75 参照。

（55） Leday, *op. cit.*, t.1, p.224 参照。

（56） 佐藤前掲論文「フランク時代のウィカーリウスとウィカーリア」では書式集という多少具体性に乏しい所見をもとに指摘した。

（57） Formulae Arvernenses, no.6, *MG. LL. Formulae*, t.1, p.31 参照。

（58） Pardessus, *Diplomata*, t.2, p.143.

（59） F. Bange, L'ager et la "villa". Structures du paysage et du peuplement dans la région mâconnaise à la fin du Haut Moyen Age du IXe au XIe siècles, *Annales, Économies, Sociétés, Civilisations*, 1984, no.3, p.552 参照。

（60） Leveau, La ville, *op. cit.*, p.923 参照。

（61） Agache, *op. cit.*, passim.

（62） R. Fossier, *La terre et les hommes en Picardie jusqu'à la fin du XIIIe siècle*, 2 vols., Louvain / Paris, 1968, t.1, pp.182-183 参照。

（63） P. van Ossel, Création urbaine et ville nouvelle dans le nord de la Gaule entre le IIIe et le IXe siècles. Une question, éd. J.-L. Huot, *La ville neuve. Une idée de l'Antiquité ?*, Paris, 1988, p.173 参照。

第五章　九世紀トゥール地方の所領構造と領民の存在形態

筆者は一九九七年に、七世紀末にトゥールのサン・マルタン修道院が、領民からの貢租徴収に際して作成した会計文書の断片群を基本史料として用い、ロワール地方を舞台として古代から中世への移行期の農民生活の様相を解明することを試みた著書『修道院と農民――会計文書から見た中世形成期ロワール地方』を公刊した。[1] 貢租徴収の現場で使用される目的で作られた「会計文書」ということもあって、それらはひたすらに実務的で、貢租制度の背景がどのようであったかや、徴収の枠組となったのがいかなる単位であったのかを含めて、規範的な情報を一切欠いた史料である。したがって社会構成史的な諸問題について、史料に即してそれらに取り組む機会を持つことができなかった。

本章はこの残された課題のささやかな一環として、いまでは原本が失われて、一八世紀の「写し」を核とする一九世紀の編纂物の形でしか存在していない、トゥールのサン・マルタン修道院カルテュレール「黒本」に収録されていたはずの二点の文書を手がかりに、標記の主題をめぐって考察を果たそうとするものである。

トゥール地方の八―九世紀所領史に関する史料は、過去の悲劇的な伝来の経緯もあり、決して豊富とは言えないが、すべての関連史料が十分に精査し尽くされていて再検討の余地のない状態にあるわけではない。[2] 今後、上に述べたような展望をもとに、この地方の中世初期に関わる史料を網羅的に検討し、これを様々な形で逐次公刊するつもりである。

中世初期西欧の大所領について論ずるとき、すぐさま一つのパラダイムとして想い浮かぶのが古典荘園型所領の存否である。[3]トゥール地方は初期西欧の経済的先進地帯であるライン・ロワール間の周縁に位置しており、こうした型の所領の史料中での検出は微妙な問題を提起する。それはこういうことである。中世初期という時代の社会経済的環境の中で、優れて合理的な支配と経営の方式である「古典荘園」と名付けられる体制は、まず七世紀中頃にパリ盆地の王領地でいち早く生まれ、徐々に周辺地帯に普及していったとされるが、[4]その普及の地理的推移の様相が詳細に明らかにはされていない、いや伝来している史料状況に鑑みて、おそらく永久に異論の余地のない形でそれを突きとめるのは不可能と思われる。われわれにできるのは、この所領形態について書き記していると推測される記録のなかで、幾多の滅失の危機をくぐり抜けて、たまたま現在まで伝来したものを手にしての分析でしかない。それらはトゥール地方に古典荘園型所領が出現した時期のものでさえなく、厳密に言えば、われわれはせいぜいのところ、この地方への普及の下限年代(terminus ante quem)を云々しうるだけであるということ、このことを留意しておかなければならない。ミシェル・ルーシュは、シャルル禿頭王時代における古典荘園の普及についてのフランス全体の概観を提示し、この王の治世にはロワール川まで、この所領形態が浸透していたと結論づけているが、その開始期については沈黙している。[5]

既に言及した拙著において縷々議論し、また結論づけたように、サン・マルタンの「会計文書」が作成された七世紀末ないし八世紀初頭には、トゥール地方には領主直領地と農民保有地が有機的に結合して、経営と支配の一つの単位をなすような古典荘園制は、明らかに出現していない。少なくとも「会計文書」から窺われるのは、軽微な現物貢租のみを負担し、賦役労働を免れている比較的自立した在り方を示す農民像である。[6] これに対して九世紀中葉のシャルル禿頭王の時代は、ルーシュによればトゥール地方は古典荘園制が既に浸透を見た地方として分類される。もし彼の意見が正鵠を得ているならば、八世紀の初頭から約一世紀半の間に、既存の社会秩序の大きな変革を伴いつつ、新たな支配の枠組となる古典荘園制が導入されたことになるであろう。私は著書のなかで、一つの見通しとして、トゥール地方のそうした動きはカール・マルテルの統治期に採られた施策が契機となって、わりあい短期間のうちに齎《もた》らされた変化の所産ではなかったかという展望を述べたのであったが、確たる史料に基づいて論証できたわけではなかった。[7]

一七九三年に焼却されたトゥールのサン・マルタン修道院の、いわゆる「黒本」と称される文書集を、様々な形で伝来している「写し」や印刷本をもとに一九世紀後半にエミール・マビーユが復元再構成した刊本が存在する。[8] このなかで「会計文書」の時代以降、トゥール地方の土地制度に関わりのある最も古い文書は、七八五年六月二二日の日付をもつサン・マルタンの修道士グルフレドゥス Gulfredus の寄進文書である。[9]

この文書の narratio（叙述部）の語るところでは、[10] グルフレドゥスは幼少の頃両親の手により、サン・マルタンの墓に幼児献納の形で託されたという。[11] 彼は「落とされた頭部の髪と武器を墓に置き、生涯を神に捧げて生きた」のであった。[12] 剃髪の儀式の折に、武器が聖人の墓石に置かれたところから判断して、この人物は貴族家門に属していたと推測される。[13]

こうした身分に属するグルフレドゥスは、両親から相続した彼の固有財産(proprium meum qui ex successione parentum meorum mihi legibus evenit)である土地を、天国への愛と、父母の魂の安寧のためにサン・マルタン修道院に寄進したのであった。寄進の対象となった土地は二か所あり、ひとつは原文をそのまま引用するならば "proprium meum... qui est in pago Turonico in vicaria Muliacense, in villa scilicet Linarilias, cum omni sua integritate atque supraposito suisque omnibus adjacentiis...[14]”と記され、もうひとつは“in ipse eademque pago[=Turonico] in vicaria Laudiacense in villa Grusso[15]”であり、“proprium meum qui de partes parentum meorum mihi legibus evenit, similiter cum omni supraposito suisque adjacentiis, sicuti a me praesentis tempore possideri videntur, totum ad integrum...[16]”と表現されている。見られるように、いずれの土地にも proprium meum「私の固有財産」と極めて一般的な表記法が取られている。ただ明らかな事実は、それらの土地が「ウィラ」という枠のなかに位置づけられているということである。従物書式の文言から、ここで言われている「ウィラ」が生産組織として有機的なまとまりをもった実体のようにも思われるが、たとえ血縁者間のそれとしても、一部が固有財産として持分化され独自に処分されうるとすれば、所領の一体的経営は、少なくとも安定的には望めないであろう。

グルフレドゥスの寄進行為には条件が付されている。その条件とは、彼が存命中はひき続きそれを所有するということである。[17]それだけではない。彼の死後は clericus Sigelanus と diaconus Raganardus の二人がその存命中に限って保有する(teneant atque possideant)旨が指示されているのである。[18]つまりこの寄進はグルフレドゥスの死を契機に実施される死因贈与であり、かつそのような仕方でサン・マルタン修道院の財産となった後でも、シゲラヌスとラガナルドゥスがそこからの収益を享受する形で用いられるという、使用制限まで付されたものであったのだ。その制限は二人の人物が生きている間に限られてはいるけれども。彼らはグルフレドゥスの命日に、サン・マルタン修道院にあわせてパンと葡萄酒をそれぞれ八モディウス、施療院と新修士の僧坊に葡萄酒を一モディウス納めることを義務づけられている。[19]加えて聖マルティヌスの命日に蠟一〇ポンドの納入も求められている。[20]

このように幾層もの条件の膜で覆われたグルフレドゥスの二つの土地は、ある大所領を構成する一要素と考えるには、あまりに自律性が高いと言わねばならないであろう。ちなみに、グルフレドゥスの寄進状は書式の文言構成の点では違いがあるものの、文書全体の構成という面ではトゥール地方書式集の第三七番に収録されている“Donatio ad ecclesiam post obitum”の書式と類似しており、これを踏襲した可能性が高い。[21] ここでは“… hoc est villam, rem proprietatis meae, nuncupantem illam, sitam in pago illo, super fluvium illum, in condita illa, cum omnibus adiecentiis vel appendiciis suis,…”[22]というようにウィラと「固有財産」とが併置されているが、後者のようにあるまとまった単位の所領から分離した一部が相続、売買、交換される流動性の高さは、F・L・ガンスホーフによれば七世紀および八世紀初頭の時代の特徴であった。[23] グルフレドゥスの二つの土地が提示する姿は、八世紀後半のトゥール地方において、ガンスホーフが検出したような性格を具えた土地財産が依然として相当程度存在していたことを物語っている。こうした小経営の意味を問う作業として想起されるのは、大所領のなかに包摂されている小経営や小所領の動向を析出することによって、大所領そのものの生成論的把握を試みたM・J・ティッツ＝ディユエドの優れた論文である。[24] 彼女はこの論文のなかで、大所領の一部でありながら、自立した自由な所有者が自らの意思で処分しうる小経営の存在を確認し、それがアンジュー地方やオーヴェルニュ地方などロワール川沿岸やその南の地方の書式集に典型的に見えるとしている。[25]

おそらくグルフレドゥスの二つの土地も、このような小経営、もしくは小所領と考えるのは妥当であろうが、問題なのはそれを包摂している「ウィラ」がいかなる実体を具えていたかを明らかにすることである。

ところで、これら二つの土地のうち、villa Grusso の現在地の同定が可能であり、その所在地はまず間違いなくトゥール近郊のグルー Greux である。[26] villa Grusso は、グルフレドゥスの文書では vicaria Laudiacense と称される中間的領域単位のなかに位置づけられているが、[27] この Laudiacense はトゥール司教グレゴリウスの著作で幾度か言及されている Monslaudiacus、または Laudiacus vicus であるのも確実な事実であり、[28] その現在地はトゥールの中心から東一一キロのロワール川沿いにあるモンルイ Montlouis のことである。

一八一三年頃に実施されたモンルイの地籍調査によると、その行政区域の面積は二四五〇ヘクタールである。[29] 一九世紀初頭の段階で Greux は、自治体モンルイを構成する二十数か村の一つで、住民数はこの時点で一一九人であった。[30] Greux はロワール川とシェール川に挟まれた幅三キロ程度の帯状の台地に在り、モンルイから西南西に二・五キロほど離れた、ちょうど台地の南辺がシェール川の乱流域に落ちかかる縁に位置している。[31] 八世紀末におけるモンルイ地域の定住状況が不明であるために、正確な判断は下せないものの、villa Grusso の規模はモンルイの面積の数分の一というところで、せいぜい大きくて二〇〇—三〇〇ヘクタールといった程度であろう。

グルフレドゥスの文書から約一世代を経過した八一八年に、この villa Grusso が再び文書に姿を現わすのである。問題の文書はサン・マルタン律修参事会士ハガノとアディウトールの、八一八年の年代をもった寄進状である。[32] ハガノとアディウトールは、寄進状の文言によれば「いと貴き院長フリデギスス殿の下でサン・マルタン修道院でともに律修生活をおくる血を分けた兄弟 germani, infra monasterium Sancti Martini sub serenissimo abbate Domno Fridegiso canonicam pariter vitam degentes」であり、ハガノおよびアディウトール自身の魂と、院長の魂の救済のために、彼らの固有財産を彼らの死後(post obitum nostrum)に、サン・マルタン修道院に寄進するとの内容である。[33] 二人の生前は、一方が先に死亡しても他方が全体の権利を享受するという形で、引き続き財産を管理するというのが条件であった。

条件はそれだけではない。二人が他界した後に、それらの土地財産を実際に用益する人物が複数指名され、さらに彼らの死に際しての処置までもが指示されているのである。つまりサン・マルタン修道院への寄進の意味は、これらの「相続人」が同修道院の参事会士であるという点、もう一つは毎年予め定められた現物賃租が同修道院にもたらされること、この二点に存する。[34] このように見てみると、八一八年の文書全体の構図は大きく言えば、七八五年のグルフレドゥスの文書に類似のものと判断されるのである。

さて肝心のハガノらの寄進物件であるが、全部で六つの土地がその対象にされている。このうち villa Silcariolas の

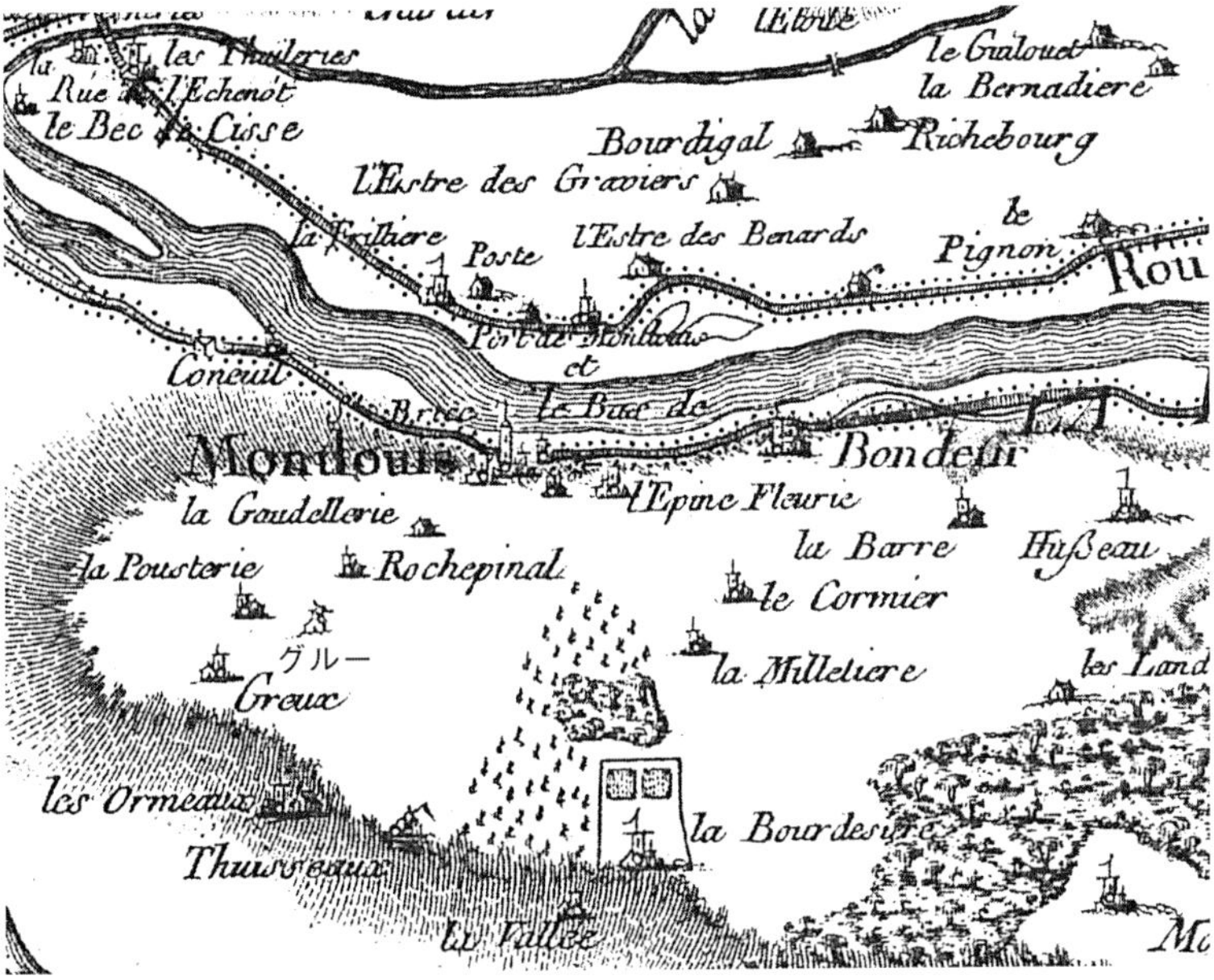

図 8　トゥール地方のグルー

葡萄畑を除いた五か所が、すべて mansus dominicatus と形容されているのである。[35] そうした一つにモンルイ地方の villa Grussio の mansus dominicatus が挙げられている。[36] 通例 mansus dominicatus、あるいは mansus indominicatus は、古典荘園制のもとで、領主が奴隷などの不自由人労働力を使役したり、保有農民が提供する賦役労働によって経営する直領地を表現する言葉である。[37] したがって villa Grussio は、領主直領地と農民保有地から成る典型的な古典荘園構造を取っていたと結論づけられるであろうか。少なくとも七八五年の時点では、既に見たようにこのウィラはそうした複合的構造を示してはいなかった。この三〇〇年間の時代の推移の過程で、直領地の創出が構想され、実現したのであろうか。それとも、villa Grussio の mansus dominicatus は、何か特殊な用語法で、古典荘園制の実在とは無関係な言葉なのであろうか。このウィラが所在した場所の空間的余裕や地誌構造から推して、二元的な所領組織を生産性に富む経営体として安定的に維持するのは困難ではないか、というのが率直な感想である。

villa Grussio が二元的構造の所領であったと推測することについてのこうした一連の疑問にもかかわらず、ある時期にここに直領地の新規創出が意図され、かつこの文書が作成された八一八年まで、まがりなりにもそうした構造が保持されたと解釈する可能性を示唆する事実が、文言から読みとれる。それは“mansum dominicatum, quem de diversis hominibus pariter comparavimus...”という箇所である。[38] この言葉を字義通りに受けとめるならば、ハガノらはこの mansus dominicatus を、「様々な人々から購入した」土地を、一つの直接経営の対象として統合するという段階が暗に想定されている。そうした段階を想定しないならば、錯綜した土地購入によって編成される mansus dominicatus は、もし買得した土地に直接耕作者が付随している場合は、単なる農民保有地の集合にすぎない実体でしかない。この場合 dominicatus という形容詞は、通例の「領主に帰属する」とか、「領主の」という意味とは異なる別の事実を表わしていることになろう。[39]

先に留保した葡萄畑を別にして、ハガノたちが寄進した五所領はすべて mansus dominicatus であると述べたが、五所領の分布はブロワのパーグス一、トゥールのパーグス二、アンジェのパーグス二という構成である。[40] このうちアンジェ地方の二つの直領地は、いずれも ex nostra hereditate と明言され、彼ら兄弟の家系が先代から領有し、経営の対象としてきた土地であることが知られる。[41] しかし、その一つ villa Cresiaco については、それが単数の mansum dominicatum と表現されていながら、明らかに一つの持分として認識されているとしか考えられない「グンドゥイヌスから購入したもの」[42] とか、「テオドウィヌスが保有している小マンス」[43] など、およそ常識的な直領地像とは相容れない姿を提示しているのである。トゥールのパーグスに所在するもう一つの mansus dominicatus、すなわち villa Braico のそれも、「様々な人々から集めた」ものであった。[44]

最後に残ったブロワのパーグスの villa Blidrico にある mansus dominicatus はどうであろうか。ここでは直領地の一部が寄進から除外されていて、その部分はハガノとアディウトールが「ヒボンとベルティルダ〔夫妻か〕と二人の相続人から購入した」[45]ものであった。つまり直領地が全体として均一で、一体的な経営体であるというわれわれの認識と矛盾する姿を呈しているのである。

mansus dominicatus の組成構造の観点からする、本来直領地が具えているべき経営上組織上の一体性への疑いを増幅させるようなこれら一連の所見に対して、これらの土地に居住する農民に対して定めた賦課の内容は、逆にこうした土地が以前には単一の経営のもとにあったと解釈しうる可能性を提示している。それは次のような文章である。

Et constituimus illos homines in omnibus praedictis locis commanentes illam terram et vineas, et omnia ad medietatem collaborare; et nihil aliud eis requiratur, nec post nos nihil inquietudinis patiantur.[46]

すなわち寄進の対象となった六つの土地に関して、「そこに居住する者は、耕地であれ、葡萄畑であれ、なんであれ半分を共同で作業することを定める。そして彼らにはそれ以外の何物も要求されてはならず、われらの死後いかなる懸念にも煩わされることはない」、と明言している。ここに見られる共同での作業というのは、おそらくそれぞれの mansus dominicatus とみなされている土地の半分を、それぞれの居住農民が責任をもって経営すべしとの命令なのである。

それでは直領地に住む農民とは、この場合いかなる存在であるのか。

六つの土地のうち、葡萄畑だけが挙げられている villa Silcariolas を除く五つの直領地には、それぞれそこに居住する農民世帯の構成が列挙されている。最も大人数なのはブロワのパーグスにある villa Blidrico であり、ここには "Daniel et uxore sua Herlinde cum infantibus eorum"[47] のような形式で、合計九世帯が記されている。[48] そして、彼らが「コロヌス身分として生きるよう」、明示的に定められているのである。[49] 残る四つの土地についても、同様の形式で農民世帯の列挙が行なわれ、彼らがコロヌス身分である旨の規定が添えられている。ちなみに、トゥールのパーグスにある villa Grussio と villa Braico では、ともにそれぞれ二世帯が、アンジェのパーグスに所在した villa Cresiaco と villa Pauliaco の場合は、それぞれ一世帯と二世帯がコロヌス身分となるべき耕作者として示されている。[50]

このような仕方で記録されているコロヌス農民は、それぞれの直領地の農民全体を表わしているのかどうかという厄介な問題を、ここで考えなければならない。それというのも、農民世帯列挙の後に、"excepto qui a nobis ingenuitates promeruerunt, vel alicubi delegati sunt"[51] という重要な一文が置かれているからである。この文章の読解は、「われわれにより自由人の地位を獲得したか、あるいは他所に移住させられた者を除く」と解するか、あるいは「われわれにより自由人の地位を獲得し、かつ他所に移住させられた者を除く」と解するか、二つの可能性がありうる。私には後者の解釈がより自然のように思われる。その場合、今度は文書において、明示的にその名前が列挙されている者の中にも、この除外規定の対象に含まれる者がいたのかどうかを、考えなければならない。私はコロヌス身分となるよう定められている世帯は、すべて旧来の mansus に留まる者たちであり、「自由人の地位を獲得し、かつ他所に移住させられた者」は、この法律行為には直接関わらない者として言及されていないと解釈すべきであると思う。留まる者と、移住する者との境遇の違いは根本的であり、コロヌス身分の中に両者が混じっているならば、名前を挙げていずれか明示するのが、中世法において当然取られるべき措置だからである。

ここで先に触れた、「そこに居住する者は、耕地であれ、葡萄畑であれ、なんであれ半分を共同で作業することを定める」の解釈の問題に戻ろう。いまやこれが、コロヌス身分として留まった者たちに課された労働賦課であることが明らかになった。最も容易な想定は、これが自由人として解放され、かつ他所へ移住して減少した労働力を考慮した規定であるというものである。労働力を厳密に計量することは無理であるのだから、それぞれの mansus indominicatus には、以前のちょうど半分の人数が残ったと想定する必要はないものの、相当数の農民が自由身分を獲得して居所を変えたことは間違いあるまい。“omnia ad medietatem collaborare”[52]という文言は、そうした現実に対する配慮ではなかったかと推測される。

この箇所はさらに続けて、直領地に残った彼らが「もし聖マルティヌスのものとなったならば、彼らは保護され、ほかの自由なコロヌスと同様に生きるべきこと。われわれが自由人として解放もせず、他所に移すことをしなかった者たちを、聖マルティヌスの側は受け入れ、保護すべきこと」、と述べている。

ハガノとアディウトールのサン・マルタン修道院への寄進に際して、対象となった直領地に居住していた農民の間に相当大きな身分上の、また社会的な変動があったと想定すべきであろう。自由人として解放された者たちは、おそらくその自由の代償として土地との安定した絆を断ち切られ、棲み慣れた直領地を離れざるを得なかったにちがいない。逆に身分的に自由でありながら、コロヌスの地位——文書の言葉を使うならば“colonario ordine, more colonario vivere”——にある者は、サン・マルタン修道院の保護下に置かれたのであった。これは正直のところ、おそらく完全な自由を得て直領地を立ち去るか、それとも旧来の土地との関係を保ち、身分的には自由であるが、修道院の緩やかな支配に留まり、その保護権力の恩典に与るかを決めたのは、当事者たる農民自身であった可能性も捨てきれない。保護権力の傘の下から出て、完全に自由な人間となることは、他方において土地に対する旧来の権利を喪失し、新たに自らの手で生活の基盤を構築せざるを得ない、厳しい状況にわが身を晒すことを意味する。そのことを考慮するならば、誰もが完全な解放を望んだとはとうてい言えないのである。

ところで、半分を自由なコロヌス身分となった世帯の共同作業によって経営されたとしても、残る半分はいかなる仕方で土地が利用されたのであろうか。容易な論理的想定は、残る半分の土地が直領地に留まった農民の個別的な持分に振り分けられて、サン・マルタン修道院領の体制の枠の中での、自立的な小経営の創出をもたらしたとするものである。ハガノ、アディウトールの両者とも、生前は寄進の対象となっている土地を引き続き用益し、その間毎年六月二八日の聖ペテロの徹夜勤行の日に、[53] 予め約束した小麦八モディウス、葡萄酒八モディウス、鶏一三〇羽を貢租として修道院の厨房にもたらす義務があった。[54] その貢租は、当然ながら用益者たるハガノらが、直領地のコロヌス農民から収取した賦課の中から、修道院に支払われたのであるが、寄進という所有権の移転を主たる対象としたこの文書にとって、用益権者と直接耕作者との関係は埒外の問題であり、そもそも表には出てこない性格のものなのである。

このように、五つの mansus dominicatus において、コロヌス農民として身分的に位置づけられた人々は、固有の持分としての土地を与えられ、人格的には自由な存在たる保有農民に転化したと想定することができる。

これらの mansus dominicatus を、字義通りの直領地と解するならば、これは明らかに直領地の解体過程の一段階を示す現象と見られるわけであるが、問題はこの事態をいかなるパースペクティヴのもとに捉えるかである。これらの「直領地」は、古代末期の奴隷制型所領(ラティフンディア)の系譜を引いたその名残りであったのであろうか。それとも八一八年からさほど遠からぬ過去に、一定の政策と意図とをもって新規に創出された生産の組織であったのだろうか。

既に見たようにトゥール地方の二つの mansus dominicatus は、ハガノ兄弟あるいは彼らの先祖が複数の人から購入して成ったものであった。アンジェのパーグスにある二つの mansus dominicatus にしても、例えば villa Cresiaco の「直領地」の場合は、その中に Gunduinus なる人物から購入した部分とか、Theodovinus が保有する mansellum などが存在し、錯綜した土地構成の様相が露《あらわ》である。[55] またもう一つの villa Pauliaco のそれにしても、ハガノ個人の持分が独立に設定されていたり、Sicfredus なる農民の保有するマンスが見られたり、同様の姿を呈している。[56]

またこれらトゥレーヌ、アンジューの四つの「直領地」には、コロヌス世帯として留められているのは二世帯か一世帯なのである。[57] 文書では、これらの世帯でそれぞれ、mansus dominicatus の「半分」の経営がなされることが想定されている。この事実を考慮するならば、ブロワのパーグスの villa Blidrico はともかく、より西方の地域に位置する四「直領地」は極めて小規模であったと見なければならない。トゥール地方の villa Grussio の地誌的構成の検討から、この所領がおそらく二〇〇から三〇〇ヘクタールほどと見積もったのであるが、その「直領地」はたかだか数十ヘクタール程度であったと推測される。

このような「直領地」の具体的な規模と構造を想定してみたとき、果たして mansus dominicatus を機械的に古典荘園制のもとでの直領地と解釈してしまうことに、躊躇を覚えざるを得ない。既にこの点については、森本芳樹教授が、かつて dominicatus を何らかの制度的刻印ではないかという推測を表明していたことが想起される。[58] 私は、indominicatus は、もともと教会領として寄進された土地を還俗した際に、その由来を示し本来教会、すなわち「キリスト」に属する旨を銘記した痕跡ではなかったかと考えている。還俗行為はカール・マルテルのものが最も有名であるが、実際には六世紀末以来、幾度も繰り返し行なわれて来ているのである。[59] その種の土地が独立の範疇として、状況の如何によって直領地的な構成をとることがあったとしても不思議ではない。この点については、ここではこれ以上の推測的議論を控えるが、今後の検討のなかで追究して行くつもりである。

＊

われわれはここまで、九世紀トゥール地方の所領構造と領民の在り方を探るべく、七八五年のグルフレドゥスのサン・マルタン修道院への寄進文書と、八一八年のハガノ兄弟のそれについて様々な角度から検討してきた。その結果、ロワール川流域地帯の mansus dominicatus が、通例の古典荘園制像において描かれるのとはかなり異質な様相を呈しているとみなさざるを得ないと考えるにいたった。理念型的な像からの偏差は、ブロワから西に行くに従って一層顕著となる感がある。これをいわゆる直領地の解体段階における特殊性と考えるにしても、こんどはなぜこれほど早期にそうした解体現象が、ロワール・ライン間の中核地帯に比して遅れて古典荘園制が導入されたはずのこの地方に検出されるのかが説明されなければならない。

私の差当りの見通しは、一言で言えば古典荘園制システムはこの地方に安定した基盤をもつことができなかったというのがその理由である。それは極めて不安定であり、恒常的に持続させることが困難であった。とりわけ直領地の経営の担い手として想定される奴隷的不自由人の存在は、農民のコロヌス的な存在形態が社会に深く浸透していたこの時代のロワール地方にあっては、いかにも異質であり、そうした組織が一時期ありえたとしても、それは絶えずコロヌス化のベクトルを孕んで、安定化しなかった。

所領もまた支配の組織としての側面は稀薄であり、所領からの収益の獲得が第一義的意味を与えられるような実体であった。われわれが分析の俎上に挙げた二文書ともに、その形式において、文書作成者の死亡によって発効し、かつ用途制限をともなった寄進証書という複雑な性格の文書なのであるが、実はさらに一〇世紀にこの地方で盛んに見られる世襲借地証書の先駆形態と見ることもできるのである。[60] 後者は別名マンフェルム文書とも呼ばれ、賃租の支払を代償に修道院や律修組織が借地の用益権のみを二ないし三代に限って貸与する契約を定めた文書である。[61] 八一八年の文書では、ハガノ兄弟が死亡した後に、その寄進地を用益する人物が指定されており、その場合に納入すべき貢租内容も別途詳細に定められている。[62] この土地貸与が用益権の譲渡を内容としていることは、“... sed sub praetexto Sancti Martini et sub praedicto censo usufructuario ordine diebus vitae suae, sicut supra dictum est,...”[63] なる文言からも明白である。

D・バルテルミィによれば、マンフェルム型の土地貸借は古代の emphyteusis、すなわち長期土地貸借の系譜を引く契約関係であり[64]、八世紀の後半に成立したとされるトゥール地方書式集の所見から推するに、この地方では九世紀いっぱい「プレカリア」の法形式として普及したと推測される[65]。

八一八年の文書は二通作成されて、一通はサン・マルタン修道院の文書庫に保存され、他の一通はハガノ兄弟が土地に対するその権利を護るために保存することとされているが、この文書の契約書的な性格は、そこに記された土地財産がなによりも賃租収取を目的とするものであったことを象徴的に示しているように思われる。

（1）佐藤彰一『修道院と農民――会計文書から見た中世形成期ロワール地方』名古屋大学出版会、一九九七年。

（2）例えば九世紀初頭にサン・マルタン修道院の院長をつとめたアルクインが遺した大量の書簡が、所領史研究の観点から十分に精査されているとは言えない。

（3）古典荘園制の研究については森本芳樹の多数の研究、例えば Essai d'une analyse du polyptyque de l'abbaye de St. Bertin (milieu du IXe siècle). Une contribution à l'étude du régime domanial <classique>, *Annuario (Istituto giapponese di cultura)*, 8, 1970-1971, pp.31-53 や「モンティエランデル修道院土地台帳の分析――「古典荘園制」未発達の一形態」『経済学研究』37-1～6、一九七二年、三一―五三頁を参照。

（4）A. Verhulst, La genèse du régime domanial classique en France au Haut Moyen Age, *Agricoltura e mondo rurale*, Spoleto, 1966, pp.135-160 参照。

（5）M. Rouche, Géographie rurale du royaume de Charles le Chauve, ed. M. Gibson / J. Nelson, *Charles the Bald: Court and Kingdom*, Oxford, 1981, p.204.

（6）S. Sato, L'agrarium: la charge paysanne avant le régime domanial, VIe-VIIIe siècles, *Journal of Medieval History*, 24, 1998, no.2, pp.103-125 参照。

（7）佐藤前掲書六五三頁。

（8） Éd. É. Mabille, *La pancarte noire de St.-Martin de Tours, brûlée en 1793, restituée d'après les textes imprimés et manuscrits*, Tours, 1866.

（9） Pancarta nigra, no.37, BNF. col. *Baluze*, t.76, fol.92r,v.

（10） "Idcirco in nomine Sanctae et Individuae trinitatis ego Gulfredus coenobii gloriosi confessoris Dei Martini, quo ipse praedictus domnus, corpore requiescit, humillimus levita tradens, cotidie modam fragilitatis humanae necnon molam meae nequitiae, sive pavens utrisque diem judicii quatenus propitium in eo merear habere omnipotentem Deum eiusque omnes sanctes adjutoris meisque omnibus exitiis peccatis, offero, dono, trado atque confirmo omnipotenti Deo necnon Sancto Martino confessori suo agregi, ad sepulcrum scilicet ejusdem, ubi parentes mei me studerunt, nove ordine traditionis, per capillos capitis mei, illic arma reliquens et comam, ut ibidem cunctis diebus quibus adviveram Deo, sed ullam exhiberam officium, quamquam illud dignae minime complessam...", *Baluze*, t.76, fol.92r.

（11） 中世初期における修道士の重要な供給形態であった幼児献納についての最新の成果である、M. de Jong, *In Samuel's Image. Child Oblation in the Early Medieval West*, Leiden / New York / Köln, 1996 参照。

（12） "... illic arma reliquens et comam, ut ibidem cunctis diebus quibus adviveram Deo,...", *Baluze*, t.76, fol.92r.

（13） 騎士身分の成立は定説によれば一一世紀以降とされるが、最近D・バルテルミィは中世初期と盛期の間、いわゆる紀元千年のドラスティックな変化はなかったとして、騎士身分がカロリング朝期に既にあったとする主張を行なっている。D. Barthélemy, La chevalerie carolingienne, *La mutation de l'an mil a-t-elle eu lieu ? Servage et chevalerie dans la France des Xe et XIe siècles*, Paris, 1997, pp.193-217 参照。

（14） 現在地は Maillé, cant. Ste. Maure de Touraine, arr. Chinon, dép. Indre-et-Loire.

（15） 現在地は village Greux, com. Montlouis-sur-Loire, cant. St.-Avertin, arr. Tours, dép. Indre-et-Loire.

（16） *Baluze*, t.76, fol.92r.

（17） "... eo quidem tenere ut quamdiu aduexeto tenere et possidere faciam...", *ibid.*

（18） "Postmodum quoque diffissus Sigelanus, clericus et Raganardus diaconus memoratas res diebus quibus aduexerint teneant atque possideant.", *ibid.*

（19） "... ea videlicet ratione ut annuatim in die obitus quibus mei dare ordense fratribus congregationis Sancti Martini VIII modios panis et VIII vini et in ipse hospitali modium unum vini et in illo pulsatorio unum modium, post horum quoque discipuli quicumque custos exterior sepulcri beati Martini...", *ibid.*

（20） "... insuper etiam tam ipse quam praedicti successores mei in transitu Sancti Martini illud dare studeant cereum de libris X...", *ibid.*

（21）　Formulae Turonenses, no.37, *MG. LL. Formulae*, t.1, p.156 参照。

（22）　*Ibid.*

（23）　F.-L. Ganshof, Quelques aspects principaux de la vie économique dans la monarchie franque au VIIe siècle, *Caratteri del secolo VII in Occidente*, t.1, Spoleto, 1958, p.88.

（24）　M.-J. Tits-Dieuaide, Grands domaines, grandes et petites exploitations en Gaule mérovingienne. Remarques et suggestions, éd. A. Verhulst, *Le grand domaine aux époques mérovingienne et carolingienne*, Gent, 1985, pp.11-50.

（25）　*Ibid.*, p.49.

（26）　註15参照。

（27）　ウィカリウスおよびウィカリアの古典的理解への批判を試みた佐藤彰一「フランク時代のウィカーリウスとウィカーリア」『ポスト・ローマ期フランク史の研究』岩波書店、二〇〇〇年、二七一―二九〇頁、および通説的見解を踏襲した宮松浩憲「ポワトゥにおける vicaria と vicarius（10―12世紀）」『史学雑誌』87-9、一九七八年、三四―五九頁を参照。

（28）　Greg. Turo. Hist. lib.II, c.1, *MG. SRM.*, t.1, pars 1, p.38.

（29）　J.-X. Carré de Busserolle, *Dictionnaire géographique, historique et biographique d'Indre-et-Loire et de l'ancienne Province de Touraine*, Tours, 1882（1977）, t.IV, p.315.

（30）　*Ibid.*, p.314.

（31）　*Carte de Cassini*, no.29; IGN. Carte topographique, no.1922 参照。

（32）　Pancarta nigra, no.36, BNF. col. *Baluze*, t.76, fol.328-329.

（33）　*Ibid.*, fol.328r.

（34）　*Ibid.*, fol.328r-329r.

（35）　*Ibid.*

（36）　"Item cedimus mansum dominicatum, quem de diversis hominibus pariter comparavimus in pago Turonico, in condita Monte Laudeaciense, in villa Grussio cum terris, domibus, aedificiis, vineis, pratis, pascuis, cultum et incultum, quaesitum et adinquirendum, excepto illum campum in illo monte ad illa colto...", *ibid.*, fol.328r.

（37）　G. Duby, *L'économie rurale et la vie des campagnes dans l'Occident médiéval*, t.21, Paris, 1962, p.17; É. Perroy, *Le monde carolingien*, Paris, 1974, p.25 参照。

（38） 註36参照。

（39） Perroy, *op. cit.*, p.25 参照。

（40） ブロワについては“mansum nostrum dominicatum,... in pago Blesinse, in condita ponte lapidense, in villa Blidrico, cum terris, domibus, aedificiis, vineis, silvis, pratis, pascuis suprapositis; cultum et incultum,...” トゥールのパーグスについては villa Grussio ともう一つ “... in ipso agro in villa Braico mansum dominicatum de diversis hominibus contractum cum terris, domibus, aedificiis, vineis, silvis,...” アンジェのパーグスについては “... mansum dominicatum ex nostra hereditate portiones nostras in pago Andecavo in condita Catenacense, in villa Cresiaco” と “mansum dominicatum ex nostra hereditate, portiones nostras in pago Andecavo, in condita Crovinse, in villa Pauliaco cum terris,...”, *Baluze*, t.76, fol.328r,v.

（41） 註40参照。

（42） “... illud quod de Gunduino comparavimus...”, *Baluze*, t.76, fol.328v.

（43） “... et illum mansellum quem Theodovinus tenuit...”, *ibid.*

（44） “Similiter in ipso agro in villa Braico mansum dominicatum de diversis hominibus contractum cum terris, domibus,...”, *ibid.*, fol.328r.

（45） “excepto quod de Hibone et Bertildae, vel heredibus eorum comparavimus...”, *ibid.*

（46） *Ibid.*, fol.328v.

（47） *Ibid.*, fol.328r.

（48） 九世帯とは以下のごとくである。“Daniel et uxore sua Herlinde cum infantibus eorum, Arleverto et uxore sua Danegane cum infantibus eorum, Adalberto et uxore sua Bertane cum infantibus eorum, Genmaro et uxore sua Aldehilde cum infantibus eorum, item Adalberto et uxore sua Erlilde cum infantibus eorum, Berchario et Romano et uxore sua Archentrud cum infantibus eorum, Aldemaro et uxore sua Adalbergane cum infantibus eorum, Christiano cum uxore sua et infantibus eorum, Ragantrude cum infantibus suis.”, *ibid.*

（49） “... tradimus, cum hominibus ibidem commanentibus, quos colonario ordine vivere constituimus:...”, *ibid.*

（50） *Ibid.*, fol.328r,v.

（51） *Ibid.*, fol.328r.

（52） *Ibid.*, fol.328v.

（53） “Ergo censuimus ex supradictis rebus pro redemptione animarum nostrarum et eleemosina Domini nostri Fridegisi abbatis annis singulis in die vigiliarum Sancti Petri IIII. Kal. Iuli ad refectionem fratrum...”, *ibid.*

（54）“... ad refectionem fratrum tritici modia VIII, vini inter refectorium et ad collationem modia VIII, pullos CXXX vel...”, *ibid.*

（55）“... excepto illud quod de Gunduino comparavimus, et illum mansellum quem Theodovinus tenuit,...”, *ibid.*

（56）“... excepto illam vineam quam ego Hagano per donationem mei genitoris plantavi extra consortium fratrum, et illam tertium partem in illo manso ubi Sicfredus commanet,...”, *ibid.*

（57）トゥールのパーグスの villa Grussio は二世帯、villa Braico も二世帯、アンジェのパーグスの villa Cresiaco は一世帯、villa Pauliaco の場合は二世帯である。*ibid.*, fol.328r,v.

（58）森本前掲論文「モンティエランデル修道院土地台帳の分析」三一―五三頁を参照。

（59）M. Rouche, Religio calcata et dissipata ou les premières sécularisations de terres d'Église par Dagobert, ed. J. Fontaine / J. N. Hillgarth, *The Seventh Century. Change and Continuity*, London, 1992, pp.236-249 はダゴベルトをその嚆矢としているが、私見では既にキルペリク一世が行なっていたと考えるべき根拠がある。Greg. Turo. Hist. lib.VI, c.46, p.320 参照。

（60）D. Barthélemy, *La société dans le comté de Vendôme de l'an mil au XIVe siècle*, Paris, 1993, pp.44-51 参照。

（61）トゥール地方のマンフェルム文書については、佐藤彰一「マンフェルム文書と修道院――一〇世紀トゥール地方の世襲借地制をめぐるノート」『西洋史研究』(東北大学)新輯27、一九九八年、一二一―一三九頁参照。

（62）“unde dabit ipse, et quicumque post eum de sua progenie tenuerit, ad praedictam festivatem omni anno ad refectionem fratrum tritici modia V, vini modia V, pullos LXXX, Aganardus vero recipiat illam medietatem in Cresiaco et illam alteram medietatem in Pauliciaco, unde fratribus reddat ad praedictam refectionem tritici modia II, vini modia II, pullos XXV. Similiter et omnis legitima ejus agnatio perpetualiter faciat. Hungafer autem recipiat illum mansum in Strada et in Fiscariolas, et fratribus reddat ad praedictam refectionem tritici modia II, vini modia II, pullos XXV et Hunaldus frater ejus post eum, et deinde singuli fratris eorum per ordinem nativitatis suae, ac similiter per successiones legitima eorum progenies. De Braico vero ad illum sacrarium ad oblationem faciendam in supradicta die tritici sextaria duo, vini sextaria duo. Et ad illum ecclesiam Sancti Petri, quae est juxta ecclesiam Sancti Venantii, de oleo aut de cera libras tres ille reddat cui per epistolam nos reliquerimus post obitum nostrum.”, *Baluze*, t.76, fol.328v-329r.

（63）*Ibid.*, fol.329r.

（64）Barthélemy, *La société dans le comté de Vendôme*, p.44.

（65）Formulae Turonenses, no.7, *MG. LL. Formulae*, t.1, p.139 参照。

第六章　カロリング朝初期ラングドック地方における伯職領の創出

――七八二年ナルボンヌ司教管区に関する裁判文書をめぐって――

はじめに

七七八年初秋、シャルルマーニュは武勲詩『ローランの歌』に謳われた「ロンスヴォー(ロンセスバレス)の戦い」で名高いスペイン遠征の帰途、アクイタニア(＝アキテーヌ)地方の国王所領カッシノギルムに立ち寄ったが、そこでは王妃ヒルデガルドが出産したばかりの双子の男児とともに大帝を待っていた。[1] 二児のひとりロタリウスは病弱であったため二歳で早世し、残ったひとりが後に敬虔帝と呼ばれたルイである。[2]

大帝は急ぎアーヘンの宮廷に帰還すると、ロワール川からピレネー山脈に及ぶ広大で北方とは著しく異なる文化的背景を有する地方を、フランク人が直接に支配し、なおかつアキテーヌ人の独自意識を充たすという配慮のもとに、ルイを国王とするアキテーヌ王国を創設した。[3]「アクイタニア」をアキテーヌ人に任せておくならば、この地は遠からず第二のスペインになるであろうというのが、大帝の思いであったとされる。[4] 天文学者の異名をもつ名前不詳の作者が著わした、ほぼ同時代記述に属する『ルイ敬虔帝伝』によれば、「カロルスはアクイタニア全土に亘って伯、修道院長さらには俗にヴァススと称される多くの者たちを、フランク人から任命した」のであった。そして続けて、伯の任命が行なわれた首邑都市名と伯の名前を列挙している。[6] 言うまでもなく、「フランク人から任命したex gente Francorum [ordinavit]」という数語こそが、この一節を作者に書かしめた要諦をなす。大帝は股肱のフランク人下臣を、まだローマ的な民心と文化の遺風を色濃く残す南方の土地に送り込んだのである。それが既存の秩序に変化をもたらしたことは容易に察せられるし、[7] そもそもそれが大帝の意図でもあったはずである。ところでそのおり、地方統治の要として派遣された伯が任地において給養源として賦与されたのは、通説的な考え方に従えば裁判収入や流通税収入の一部、国王が賦与する官職領(honor)や恩貸地(beneficium)などである。[8] この古典的通説の論者たるF・L・ガンスホーフは、「ホノール」の賦与が「ベネフィキウム」の賦与と同じ形式と象徴儀礼を通じて実践されたために、やがて社会の封建化の進展とともに、前者もまたベネフィキウム化し、知行化していったのだと主張したのであった。[9]

これに対して、封建制の西欧中世における原理的規定性に根本的な批判を加えることを目的としたS・レイノルズは、第一にガンスホーフが前提とした国王と伯との主従関係による結びつきを否定し、ついでガンスホーフが知行化の内容をなすと考える「官職」と「ホノール」の一体化もまた却け、土地と官職は常に明確に区別され続けたことを力説している。[10] 彼女は封建的主従関係が社会的紐帯の基本となるいわゆる「封建社会」論をドラスティックに否定し、観念の上でも実態としても公的秩序の一貫した持続を想定するのであるが、その主張は差当り伯職の補任が、任地においていかなる事態を出来せしめるかその事実の検討を要請していよう。

本章は、カロリング権力にとって新たな支配地域となった南フランスのナルボンヌ地方に関して、主に大司教を原告とし、ナルボンヌ伯を被告とする七八二年に行なわれた裁判文書を手がかりに、伯の官職領の創出について考察しようとするものである。

一　中世初期のナルボンヌ

ナルボンヌはローマ期の属州ナルボネンシス・プリマの拠点都市であり、西ローマ帝国の崩壊後は、旧属州の枠組を継承した教会の大司教管区の首都司教座として、その地位を維持した[11]。五〇七年、西ゴート人のトゥルーズ王国がフランク王クローヴィスの軍門に降りスペインに逐われたとき、彼らが辛うじてガリア内に保持しえた領土が、都市ナルボンヌを首都大司教座とし、ピレネー山脈からローヌ川にかけて広がる第一ナルボンヌ管区であった[12]。やがて「セプティマニア」と別称されるようになり、さらに後には「ラングドック」と称されることになるこの地方は、その後約二世紀にわたってスペイン西ゴート王国の領土として、その政治的運命を共にしたのである[13]。

七一一年に西ゴート王国を倒し、イベリア半島を北西の山岳地帯を除いてほぼ制圧したイスラーム教徒は、長い間政治的にその一部であったセプティマニアにも進出して、太守アル・サムーに率いられたアラブ軍は七一九／七二〇年にナルボンヌを占領している[14]。以後ナルボンヌはこの地方でも、最後までイスラーム勢力の主要な拠点であり続けた都市である。トゥール・ポワティエの戦いの勝利者カール・マルテルの地中海地方への進出は、自らの勢力基盤であるアウストラシアと伝統的に深い繋がりをもち、またその帰趨がフランク王国の心臓部により深刻な打撃を与えることが懸念されたローヌ川地帯からプロヴァンスに向けられ、セプティマニアには七三八年に短期の遠征を試みアグド、ベジエ、マグロンヌ、ニームなどの諸都市に火を放っただけでさしたる成果を挙げることなく終わったのであった[15]。

カロリング権力によるこの地方の本格的な征服は、カールの息子ピピン短身王の治世に実現した。当時アキテーヌ地方にほぼ独立的な権力として君臨していた大公ヴァイファリウスが、ナルボンヌの支配を狙って動き出したのをきっかけとして、七五九年にピピンはアグド、ニーム、マグロンヌ、ベジエの伯領を保護下に置いて介入し、さらにはナルボンヌ市民に彼らに固有の法を安堵することを保証して懐柔した。そして彼らにこの都市に駐屯していた少数のアラブ人守備隊を殲滅せしめ、フランク人に市門を開かせたのであった。[16] ピピンがナルボンヌ市民に保証したのが西ゴート法であったというのは、多くの研究者が共有する見解である。[17] この後セプティマニアの諸都市は、先に述べた七八一年のシャルルマーニュによるフランク人伯の任命まで、これまでのように暫くはゴート人伯の支配のもとに生活を送ることになる。[18]

ナルボンヌは前二世紀にプロヴァンスからピレネーに通ずる幹線街道として開削されたウィア・ドミティアーナと、北アキテーヌからトゥルーズを通って地中海に至る道とが交錯する要衝の地に位置し、湖沼を介してではあるが地中海へ出る港をもち商取引に有利な都市であった。[19] 五八九年にナルボンヌで開かれた公会議記録は、この都市にゴート人、ローマ人、シリア人、ギリシア人、ユダヤ人が数多く見られると証言しているが、[20] それはおそらくナルボンヌのそうした性格と深く関わっている。そして七世紀からは、他の地方におけると同じく、この都市では東方の人々としては専らユダヤ人のみが史料に姿を見せるのである。[21]

ナルボンヌのユダヤ人共同体がヨーロッパで最も古いものであることは、J・レニェの先駆的な研究により明らかにされており、[22] 近年ではA・グラボイスがその後の関連研究を踏まえた最新の知見を提供している。[23] それによれば、既に後期ローマ帝国の時代に、ナルボンヌには奴隷や賃労働者を使役する土地所有者たるユダヤ人門閥が存在しており、これらの家門は西ゴート時代にもその体制を堅持し、ピピンによるセプティマニア地方の制圧後もそうした事情は変わらなかったとされる。[24] ナルボンヌの近郊もしくは周辺地域に所領を有する土地所有貴族の門閥から、この都市のユダヤ人共同体を統括する人材が生み出されたのであった。[25]

このナルボンヌのユダヤ人共同体をめぐっては、後代に書かれた記録に史実と伝承とが複雑に入り交じっていて、その霧を通して事実を確定するのは容易ではない。例えば「偽フィロメナ」と称される逸名作者の筆になるとされる叙述『カルカッソンヌとナルボンヌにおけるシャルルマーニュの功業』(Gesta Karoli Magni ad Carcassonam et Narbonam)は、ラングドック地方におけるシャルルマーニュ伝説醸成の拠点であったラグラス修道院で一二世紀頃に結晶化したとされているが、この作品の中でナルボンヌ解放の立役者はピピンではなくシャルルマーニュとされている。[26] そのおり大帝は、この都市と市域を三分割して、それぞれ三分の一をナルボンヌ大司教、ユダヤ人、それに自らの下臣でありナルボンヌ副伯となるアイメリに賦与したとされている。[27] 一二世紀の中頃トレドのユダヤ人アブラハム・イブン・ダウドが著わした『伝承の書』(Sefer Haqabbalah)はナルボンヌ分割に関連して、ユダヤ人への割譲分の受給者としてマキルの名前を挙げ、さらにこの人物は大帝が当時友好関係を結んでいたバグダードのアッバース朝太守に依頼して、バビロニアから派遣してもらった学識に優れた人物であり、古代イスラエル王ダヴィデの血統に連なるとしている。[28]

シャルルマーニュによるナルボンヌの市域割譲の受益者となったユダヤ人が、単にユダヤ人集団とされているにしても、またその統括者であったマキルであったとされるにしても、いずれにしろこうした伝承が、この都市域におけるユダヤ人の土地所有に歴史的根拠を与える働きをしたことは疑いない。こうした説話や伝承の世界とは別に、ユダヤの民が古代末期以来ナルボンヌにおいて土地領有を享受していたことは既に触れた通りであり、そのことを確認させてくれる教皇書簡も残されている。[29] すなわち教皇ステファヌス三世は七六八年にナルボンヌ大司教アリベルトゥスに書簡を送り、キリスト教徒の農民がユダヤ人土地所有者に隷属する事態を阻止するよう強い調子で訴えているのがそれである。[30]

カロリング権力の進出にともなって、ナルボンヌを舞台に繰り広げられた伯職とその権力の重要な内実をなす給養地をめぐる裁判に関して、この都市とその周辺領域の土地領有について以上のような独特の条件があったことに留意しておくことは、事態を正確に把握するために必要である。

二　七八二年の裁判文書

本章が当該裁判文書の底本として用いるのは、一七三〇年から四五年にかけてサン・モール会士のドゥヴィックとヴェセットの手で叙述・編纂された『ラングドック一般史』(Histoire générale de Languedoc)の第二巻に収録されているテクストである。[31] この文書は一一五四年にナルボンヌ大司教ピエール・ダンデューズの命令により筆写されたカルテュレール断片に収録されて、現在フランス国立図書館に保存されているが、原本は伝来していない。[32]

この裁判文書の全体の構成は以下の通りである。

(a) 前文。すなわち旅行で不在のナルボンヌ大司教ダニエルの依頼により、訴訟提起を依頼された代理人アルルイヌスが告訴人であること、神の名において裁判の一件記録をここに作成することを述べ、ここナルボンヌでフランク人の王カロルスの巡察使の面前において、そして彼らの指揮のもとに、訴えを吟味し正しき判決を下すために参集したとする。[33]

(b) 法廷出席者の一覧。巡察使としてヴァルタリウス、アダルベルトゥス、フルコ、ギブイヌスの四名、ヴァシ・ドミニキ vassi dominici としてロデスタグヌス、アブンダンキウスの二名、訴えを聴取し、法により判決を下す裁判官としてグンタリウス、ディスコリウス、レオデリクス、ペトルス、ボナウィタ、シスフレドゥスの六名、その他のボニ・ホミネース boni homines と称される一種の参審人としてガリベルトゥス、ウィダルドゥス、インゴベルトゥス、アルイヌス、ウィカール、ウィスルフス、アティラ、サムエル、ドナデウス、アルゲムンドゥス、ウルシオ、アルギミルス、アンセルムス、ワルナリウスの一四名である。[34]

(c)　このような構成の法廷に、ナルボンヌ大司教の代理人で訴人であるアルルイヌスなる人物が、王カロルスの許可のもとに大要以下のような告訴を行なった。すなわちこの法廷に臨席している伯ミロが、ナルボンヌ伯領にある聖ユストゥス＝パストール、聖パウルス、聖ステファヌス教会の名義であったウィラを不正にも、悪しき命令により略取している、と。そしてこれに続いて総数五四のウィラ名が列挙されている。この際、訴人アルルイヌスはそれぞれのウィラの返還請求対象となる部分を、欠けるところなくすべて個別に挙げているが、それは以下の三つの範疇に分けられる。一七ウィラが「全体 ab integre」として、三四ウィラが「半分 ex medietate」、三ウィラが「四分の一 quarta parte」だけ返還の対象となっているのである。この部分について大司教の権利を侵害しているとして、伯ミロへ返還が求められている。[35]

(d)　これに対して、伯ミロは以下のような抗弁を行なう。「これらのウィラは、わが主君カロルスが私にベネフィキウムとして下されたのだ」[36]と。

(e)　ミロの抗弁に対して、巡察使、裁判官、ヴァシ・ドミニキらが、しからばミロが前記のウィラの返還請求分に関して、それを保持するのを正当化しうる何らかの同意書、確認書、判決文あるいは証人が存在するか否かを尋ねる。[37]

(f)　伯ミロは「私は当該諸ウィラを正当に私の持分たらしめるいかなる真正の判決文も証言も、この法廷においても、別の法廷においても、第三の法廷においても、何時いかなる時も有しない」と答える。[38]

(g)　今度は巡察使、裁判官、ヴァシ・ドミニキが、大司教の代理人であるアルルイヌスにむかって、伯ミロを訴えた内容の権利を証明しうる証言を有するか否かを尋ねた。するとアルルイヌスは、「はい、私は先述の地域に権利を有することを証明するものを持っています」と述べ、保証となる担保をおいて一時法廷から下がった。そしてほどなくして、再び法廷に姿を現わし、証拠として法に適った一三人の証人たち(boni homines)を出頭させた。彼らはナルボンヌの市壁内にある聖母マリア教会において宣誓し、伯ミロの面前において、また一連の文書を前にして、先述の諸ウィラが境界、周辺地、付属地を含めて全的(ab integre)に、アルルイヌスが代理人をつとめる大司教ダニエルの支配のもとにあり、聖ユストゥス＝パストール、聖パウルス、聖ステファヌス教会の所領であることを証言した。[39]

(h) 巡察使、ヴァシ・ドミニキ、裁判官らはアルルイヌスがもたらした証拠を目撃し、それらが真実であると認識した後、参審人の面前で意見を交換し、かくして伯ミロに先述のウィラを大司教ダニエルの代理人であるアルルイヌスに放棄し、その執達吏により大司教がそれらを再び保持するようにと命じた。そしてかくのごとくなされた。代理人アルルイヌスは、判決文のうちに彼の主張が明確に正義とされたのを喜んだ、とされる。[40]

(i) 判決文作成の日付ならびに伯ミロ、参審人全員、裁判官四名の署名。そして「私 ego」という一人称で名前を提示したワルナリウス Warnarius、書記という肩書きで同じく ego と称するアダルベルトゥス Adalbertus、そしてこの判決のノティティアを作成したボゾ Boso の署名。[41]

＊

裁判の経過は以上の通りであり、被告人であるナルボンヌ伯ミロの全面敗訴がその帰結であった。裁判記録の作成者ボゾの的確なまとめにより、このノティティアは裁判の経過を簡潔かつ十分に詳しく伝えていて、当時のナルボンヌ地方での裁判手続や仕組み、あるいは広く社会状況を把握するうえでまたとない貴重な文書である。それにしても奇異に感じられるのは、(f)の部分にはっきりと見てとれるように、伯ミロの無条件降伏とでも呼びたくなるような対応である。彼は一つの事柄を留保するだけで、あとは自らの行為を正当化するいかなる抗弁も、遁辞も弄さずに屈服する。そして彼が唯一留保したのが、係争対象となっているナルボンヌ教会の所領を自らのものとしたのは、それらを国王シャルルマーニュが彼に「ベネフィキウム」として授与したからである(d)という説明であった。けれども現実にはミロは、国王が確かに自分に当該所領を「恩貸地」として賦与したという事実を証明する文書も証言も一切存在しないと、自ら認めているのである。

この裁判の詳しい背景は、ノティティアに記されていない。それはこの文書が専ら法廷での審理経過を記録した、法的性格が明確なものであるということに起因しているのであろうが、推測するに裁判はナルボンヌ大司教が国王宮廷に伯ミロの行為を不法として、訴え出たことに発している。おそらく大司教はアーヘンの宮廷までの長途の旅をして、自らシャルルマーニュに窮状を訴えたものと思われる。[42] 国王は直ちに願いを聞きとどけ、裁判を実質的に主宰する四名の巡察使を派遣することを約束し、それればかりか国王の腹心である二人のヴァシ・ドミニキ、すなわち Rodestagnus と Abundancius をも巡察使に同道させることを決意したのであった。ヴァシ・ドミニキとは「国王の」ヴァススのことであり、伯ミロの同輩である。ロデスタグヌスは、七八五年にフランクの支配に服したスペインのヘローナ伯領の伯として、八〇一年に初めて史料に登場する同名の人物であると推定される。[43] 彼らが国王の意向をミロに直接に、かつ非公式に伝え、同時に裁判の目付役をつとめるべく配されたのは明らかである。この時点で裁判の帰趨は定まり、ミロには勝訴の可能性は全く断たれたのである。

大司教が訴人として代理人を立てた理由として、「旅行」による不在としているのは、おそらくアーヘンからの帰途を意味していると思われるが、それほどまでに事態は迅速に展開したということなのであろう。また大司教としても、結論がはっきりしている以上、自分の留守中に裁判が決着するほうが好都合と判断したに違いない。

この問題の背後には、教会との関係を整理してより秩序だった教会財産の利用を意図した王権の目論見と、カロリング権力伸張の牽引役をつとめたヴァシ・ドミニキを核とする下臣層の思惑との大きな齟齬が見え隠れしている。初期カロリング王権が教会領を「王命によるプレカリア precaria verbo regis」として還俗し、股肱の下臣に給養として賦与するのを政策としてきたのはよく知られている。[44] この政策が在俗教会や修道院の疲弊をもたらしたのは、教会人の手になる記録がいささか誇張混じりであることは疑いえないとしても、やはり事実である。[45] 七七九年にシャルルマーニュはエルスタルで勅令を発して、「王命によるプレカリア」により教会領を獲得した下臣に、彼らが教会へ支払っている地代を増額するよう命じるとともに、教会領の賦与を新たに希望する下臣は、その旨文書により申請するよう措置したのであった。そのおり「王命によるプレカリア」で還俗した所領と、教会が自発的に賦与した所領とが区分けされるように配慮している。[46]

このような制度的整備を前提とするならば、おそらくエルスタル勅令以前の征服という事実に半ば立脚して、教会の同意も得ることなく強権的に還俗する、古い慣習に基づくミロのような行動がとうてい容認しがたいのは言うまでもない。E・エヴィヒが想定しているごとく、ミロがカロリング権力揺籃の地モーゼルラントの中心トリヤーの高名なミロ一門の出自であるとすれば、[47] 古い行動規範のままに簒奪にひとしい教会領掌握を行なったとしても不思議ではない。けれども王権の側からすれば、これはいまや好ましからざる逸脱の振る舞いであり、教会からの訴えがあれば断固として却けなければ鼎の軽重を問われかねない事柄である。

さらには国王としてもミロの不法行為を座視しえないナルボンヌ独特の事情があった。先に述べたように、七五九年にシャルルマーニュの父王ピピンがナルボンヌの市門をフランク軍に向けて開かせたおり、この都市の住民であるゴート人たちに彼らの法を護ることを約束していたのであった。彼らの法を安堵するということは、なによりもその財産権を保証することであり、そのなかには当然ながら教会財産も含まれる。

こうした事情もあって、シャルルマーニュは伯ミロの不法行為を排除せざるを得なかったのである。そして裁判はそうした意向に沿って淡々と展開し、ミロ敗訴の判決がもたらされたというわけである。

この一件は、思うに伯ミロが当然の事として行なった、カロリング王権が新たに獲得した新征服領域に対するそれまでの伝統的な対応の仕方を、隠し絵のようにあぶり出す効果をもっている。それは、もし直前のエルスタル勅令が発布されていなければ、新征服領域の統治を委ねられた伯であれば誰しもが取った措置を示しているからである。ちなみに七九一年一二月五日作成の、ある所領の境界をめぐる裁判文書にはナルボンヌ伯としてマグナリウス Magnarius なる人物が登場しており[48]、この間にミロからこの人物への伯職の交替があったことが知られる。

そこで以下、残された紙幅を充てて、七七九年以前にカロリング王権が新たに支配した地方の教会領に対してどのように対応したかという観点から、上記の裁判記録についてさらに立ち入った検討を試みたい。

三　簒奪されたナルボンヌ教会領

この訴訟は、大司教ダニエルがナルボンヌ伯ミロにナルボンヌ教会から簒奪した所領を返還せしめる目的で提起したものであった。訴訟の対象となった所領名は、上掲の裁判記録の(c)部分に逐一列挙されているが、先の紹介ではそれらの名前を挙げるのは省略した。表8はそれを一覧としてまとめたものである。また図9は、その所在地を地図上に配置したものである[49]。

地図からも容易に見てとれるように、所領の多くはナルボンヌを中心にして、半径一五キロから二〇キロ圏内の比較的狭い地域に分布している。ローヌ河口から細長く西に伸びるラングドック平野の西端に位置するナルボンヌは、地中海に注ぐオード川とオルブ川が造りだした沖積平野の只中にある。この都市の南西二〇キロ付近からは、ピレネー山脈に続く白亜紀の広漠たる石灰岩台地が広がり、海岸沿いのわずかな帯状の地帯か山間の狭い盆地の外は、まとまった耕地を造りだすのが困難な自然条件にあった[50]。それゆえナルボンヌ大司教のそれに限らず、そもそもこの地方の所領経営がまずオード川筋の第四紀地層と、これに続く沖積平野に限定されてしまうのは、地質学的

表 8　返還請求所領一覧

	所領名	現在地	返還請求分		所領名	現在地	返還請求分
1	Quincianus	Fleury 近傍	media(=1/2)	28	Caunas	Narbonne 近傍	integra
2	Mujanus	Moujan	media	29	Casolas	Cazouls	integra
3	Pucio-Valeri	Coursan 近傍	integra(=1)	30	Baias	Bages	integra
4	Baxanus	Coursan 近傍	integra	31	Ursarias	Aussières	integra
5	Malianus	Coursan 近傍	integra	32	Quiliano	Quillanet	integra
6	Antonia	Saint-Antoine	media	33	Lapedeto	Levrettes	quarta(=1/4)
7	Trapalianicus	Tréviac(?)	media	34	Colonicas	Pradines	quarta
8	Paredinas	Les Parets	media	35	Mercuriano	Marcorignan	quarta
9	Agello	Agel	media	36	Maglaco	Mailhac	media
10	Medellano	Madaille	media	37	Fonte dicta Buconiano	Fontaine de Boutenac	media
11	Buconiano	Boutenac	media	38	Callavo	Cailhau	media
12	Follopiano	Feuilla	media	39	Canovia longa	Canos	media
13	Aniciano	Nissan-lez-Enserune	media	40	Abuniano	Bougna	media
14	Magriniano	Magrie	integra	41	Leoniano	Leuc	media
15	Lecas	Ile-Saint-Martin	integra	42	suburbium Sala super P.S.	Salles-d'Aude	media
16	Centopinus	Santi	integra	43	Crotas	Narbonne 近傍	media
17	Cristinianicus	Narbonne 近傍	integra	44	Cagnano	Les Pouzets	media
18	Petrurio	Peyrou	integra	45	Sancti Marcelli	Saint-Marcel	media
19	Canedo	Canet	media	46	Totonis	Toutous	media
20	Troilo	Treil	media	47	Sancti Georgii	Saint-Georges	media
21	Laurelis	Montlaures	media	48	Ciliano	不明	media
22	Curte-Oliva	Curtoulous	media	49	Sancti Crescenti	Saint-Crescent	media
23	Prexanus	Preisse	media	50	Sanctae Mariae	Lamourguier	media
24	Caunas	Caunes	integra	51	Segelona	不明	media
25	Nivianus	Nevian	integra	52	Gragnano	Granieres	media
26	Insula Kauco	Ile-Sainte-Lucie	integra	53	Aquaviva	Aigues-Vives	media
27	Gorgociano	Gourgousan	integra	54	Masiniano	Massignan	media

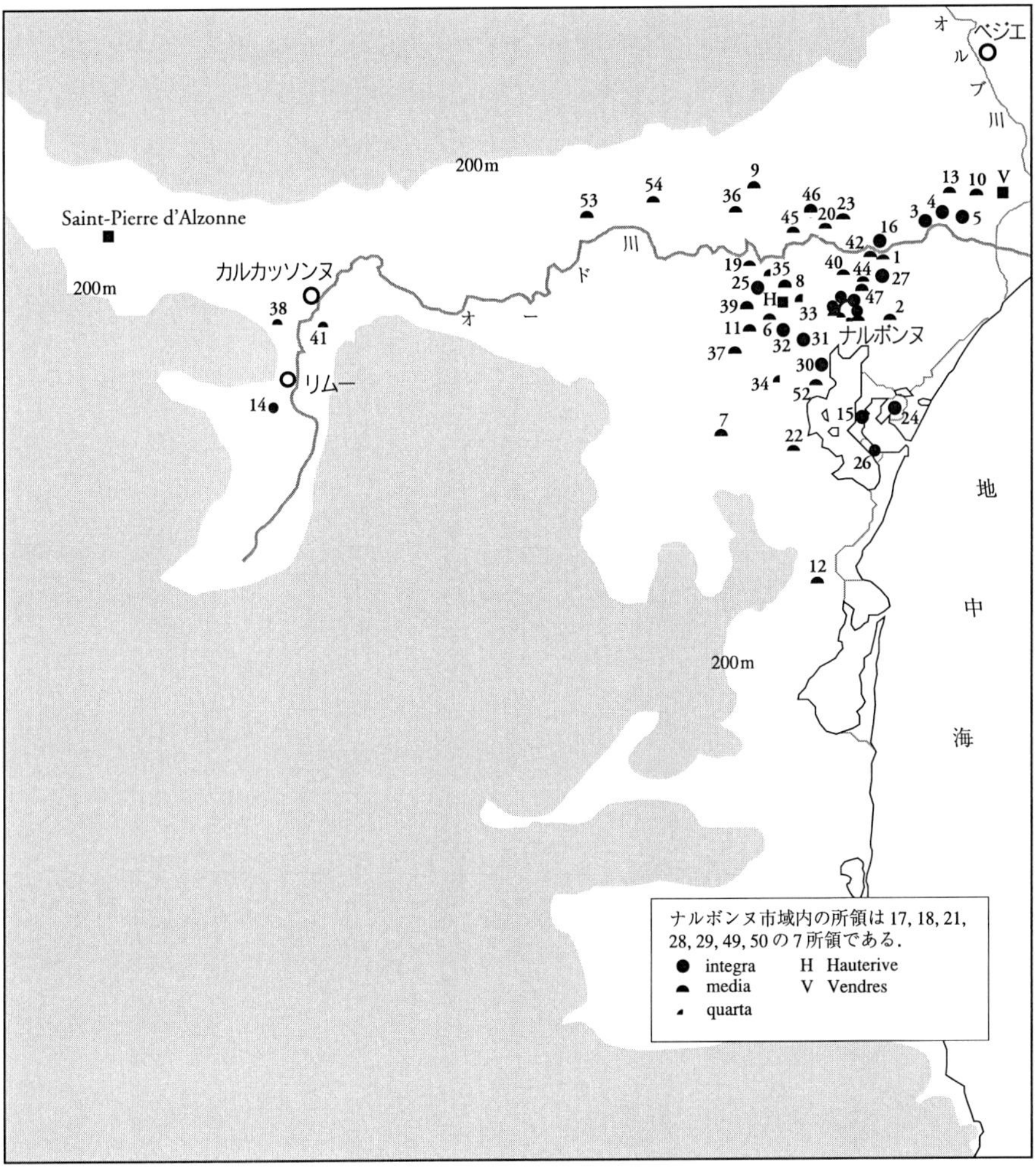

図 9 返還請求所領分布図

条件からする理の当然でもあった。
ローマ期の西ラングドック平野における農業発展は、ベジエ地方に関するM・クラヴェルの緻密な研究により明らかにされている。[51] 前二世紀末までは、この地方の定住形態は高台もしくは平地での集住が特徴的であった事実が考古学的所見から知られるのであるが、ローマ支配の開始とともに散居的な定住が優越するようになる。[52] ベジエでは前三五—前三〇年頃には東西南北軸の条里制(centuriation)が布かれているが、ナルボンヌ周辺においても、遅くともこの時期には同様の地条整備がなされたと推測される。[53] ナルボンヌ・ベジエ平野では先史時代以来小麦栽培が盛んであり、キケロやカエサルはこの地がスペインやガリアでの作戦活動を行なうローマ軍にとって重要な食糧基地であったことを語っている。[54] さらにローマ期にはオリーブ栽培や葡萄栽培が展開し、油や葡萄酒はウィア・ドミティアーナやナルボンヌ近くの海港を介して、スペインやガリア内陸部に移出されている。[55] 海岸地帯にある塩湖では牡蠣の養殖や製塩が盛んで、さらには塩を用いての鮪の塩漬けがこの地方の特産品であった。[56]
帝政末期に活躍した少なからぬ人物がこの地方に所領を有するか、またはこの地方の所領で過ごした思い出を書き残している。四世紀末に『聖マルティヌス伝』を著わし、マルティヌス崇敬の醸成に決定的な役割を果たしたスュルピキウス・セウェルスはカルカッソンヌの西にある Eluso にウィラを所有していた。その現在地は Saint-Pierre d'Alzonne である。[57] これより少し後に、ノラのパウリヌスが所有し、そのなかに礼拝堂や洗礼堂を建設させたと書簡で述べている villa Primuliacus は、ベジエとナルボンヌの間の Vendres に所在したとされている。[58] また詩人として著名なクレルモン司教シドニウス・アポリナーリスが『詩歌集』で滞在の思い出を詩っている友人コンセンティウスが所有する villa Octaviana は、ナルボンヌの近郊にある Ornaisons 近くの Hauterive に比定されている。[59] オートリヴの土地は一二世紀末にも古名の Octavianum を保持しており、聖ステファヌスを守護聖人とする教会があった。[60]
ローマ期にナルボンヌ地方に展開したこのような農業と産業の構成が、その後どのような変遷を見たかを正確にあとづけるだけの十分な知見をわれわれは有しないが、時あたかも裁判文書の時代に開始するカロリング権力のスペイン辺境への進出と、そのイスラーム教徒との長期にわたる対決は、直接の後背地である九世紀ラングドック地方の社会にも大きな影響をもたらさずにはおかなかった。なかんずくスペインから到来したキリスト教徒「難民」が、アプリシオ制という独特の土地占取方式のもとにこの地に入植し[61]、これまた符節を合わせたようにこの地方一帯に修道院が陸続と建設されたことと相俟って[62]、既存の諸構造に顕著な変化をもたらすのは、われわれが問題にしている時期から若干後のことである。

さて、ナルボンヌ大司教ダニエルが伯ミロに返還を要求した五四所領が三つの範疇に分かたれる事実を先に指摘したが、そもそも係争の対象となった簒奪行為が、所領によりその程度が異なるのはいかなる事実を意味しているのであろうか。これを全く素直に解釈するならば、もともと司教座教会に属する経営組織としての所領を、ミロが不法に占拠・領有し、教会当局の手を排除して、実効的に支配している部分の割合と理解されよう。けれどもすぐに思い当ることであるが、仮にミロが係争対象の所領を現実に掌握することを想定したならば、占取が部分的であるような所領を徒《いたずら》に多くするのは、とうてい合理的とは言えない。例えば「二分の一」所領を三四取得する代わりに、全体として支配する一七所領を有するほうが所領管理と、それに要する人員の配置の面で遥かに効率的である。

部分占取の所領は生産面で特別の意味をもっていて、それらが産する特産物を生産の段階から直接に管理することに関心があったのであろうか。裁判文書には、それぞれの所領においてどのような生産活動が行なわれていたかを知るための情報が完全に欠落していて、この点について事実に即して検討することはできない。けれども一所領を全体として掌握している場合と、それ以外の所領が示す配置状況は、そうした仮定に否定的であるように思われる。むしろ最大多数を占める「二分の一」所領は、特別の偏りをもつことなくナルボンヌ地方に広く分布しているとの印象が優っている。

中世初期の史料のなかにこうした部分所領が登場する場合、経営組織であり生産空間である所領そのものの分割ではなく、単に当該所領からもたらされる生産物、あるいは収益の分割である事例が多い[63]。おそらく伯ミロの行為も、自らが所領を現実に経営するために支配しているというより、その収益の徴収を自らの持分として強権的に実施したのであろう。つまりダニエルの提起した所領返還訴訟とは、実質的には伯ミロが行使する徴収権が、法的な根拠を有しない不法行為であることを証明するためのものであったと推測されるのである。

ところで係争対象となっている五四所領が、大司教ダニエルの代訴人アルルイヌスの主張通り本来ナルボンヌ教会に帰属する所領であったとして、それらは司教座教会の所領をすべて網羅するものであったのであろうか、それとも五四所領以外にも教会が領有するウィラが存在したが、ミロの不法行為の対象とならなかったために法廷では挙げられなかったのか。この点の確認は、われわれの議論にとって重要であるが、これを一義的に確定する情報を有していない。ただナルボンヌ空間の広がりを勘案し、また大司教が直ちにアーヘンの宮廷までミロの所業を訴えた切迫したさま、さらに国王側の極めて迅速な対応を見るならば、これら五四所領が司教座教会に帰属する全所領を網羅していた可能性が大である。これを仮に前提として以下の議論を進めたい。この前提の妥当性は、後に諸般の事実といかに整合するかによって判定されることになろう。

ミロが七八一年にナルボンヌ伯として着任したおりに、シャルルマーニュにより賦与されたベネフィキウムであるとの口実に、自らの持分として掌握した所領は、司教座に属する所領のなかでどれだけの比率を占めたか。これは ab integre と形容された所領を一、ex medietate のそれを二分の一、quarta parte を四分の一としてそれぞれ積算した数字を五四で除すれば算出される。それは(17＋34×0.5＋3×0.25)／54 の計算式によって得られる。答えは○・六四四。すなわち約三分の二である。

もしそれぞれのウィラの規模の間に大きな差がないとすれば伯ミロはナルボンヌ教会帰属財産の三分の二を「ベ

ネフィキウム」の口実のもとに還俗し、収公していたことになるのである。もしこの推論が正しければ、所領からもたらされる教会収入は、単純に見積もってみてもそれまでの三分の一となり、ナルボンヌ教会とその聖職者の生活に大きな打撃を与えたことは容易に想像される。実質はおそらく三分の一に止まらない収入の減少をもたらしたはずである。なぜなら全体(ab integre)が伯に帰属せしめられたのは、相対的に豊かな収入を提供する所領であったに違いない。そのことを傍証するのは、この種のウィラが都市の近郊、あるいは幹線街道たるウィア・ドミティアーナに近接した、古くから定住の進んだ地帯に多く分布しているという事実である。ナルボンヌに限らず、ベジエでもニームでもラングドック地方においては、首邑都市の近郊周辺部が集約的農業が盛んで、地片の細分化が進んだ地帯であった。[64]その農民がおそらく都市の交換経済の流れに無縁ではありえなかったように、この地帯に位置する大規模所領もその生産活動が都市の日常消費物資の流通と関わっていたはずである。

伯ミロがナルボンヌの南に所在したLecas(15)、Caunas(24)、Insula Kauco(26)の三所領をab integreに掌握したことは、われわれのこうした解釈を補強する事実である。なぜならこの三所領は明らかに海水を利用した塩田経営を基軸にする塩の生産に特化した所領であり、ミロがこれらのウィラからもたらされる収入を単独で収取したということは、「二分の一」所領とは対照的にまさしくこの範疇のウィラこそが、彼のナルボンヌ地方での所領支配の利害関心の所在を顕わにしていると言えるのである。

けれどもフランク王国全体を眺めわたして見れば、この種の乱暴とも言える教会財産の収公はとりたてて珍しくも異例でもない。カール・マルテルの権力掌握と、それに続くネウストリア、ブルグンド、プロヴァンスへの勢力伸張には、進出先の多くの地方での大規模な教会財産の還俗を伴ったのである。[65]ナルボンヌに幸いであったのは、既に述べたように七五九年シャルルマーニュの父ピピン短身王に、この都市の門を開く条件として彼らの固有の法を安堵することを約束させたことであった。この「法」のなかに教会の財産権が含まれるのは論を俟たない。ミロの所業はこうした約束を蹂躙する行為であり、イスラーム勢力と対峙するために、この地を橋頭堡と想定しているカロリング王権にとって、最大の支持勢力たるナルボンヌ教会との軋轢は望むところではなかった。それがこの係争をめぐるアーヘン宮廷の迅速な対応の理由であったと推測されるのである。前にも指摘したように、エルスタル勅令の公布以後であっただけに、王権の対応はなおのこと断固としたものたらざるを得なかったのである。

さて伯ミロには、返還請求の対象となったナルボンヌの教会財産以外の「官職領」というものが存在したのであろうか。もしあったとすれば、公権力たる伯職の保持者が当然継承する権利を有する西ゴートの国家領であるが、公的存在の西ゴート王国は半世紀も前に既に消滅してしまっているから、それがそのままカロリング権力の進出時まで残存していたとはとうてい考えがたい。七五九年にピピンの約束に応えてナルボンヌ市民が殺戮したイスラームの駐屯部隊は、西ゴートの国家領を継承・経営するだけの領域支配の組織を整えていたとは思えない。彼らは国家領を継承したと推測される教会や、しかるべき市民組織からの現物給付によって給養されていた可能性が大きいのである。先に紹介したように、偽フィロメナの記述はシャルルマーニュがナルボンヌの都市と市域を三つに分割して、ナルボンヌ大司教とユダヤ人とナルボンヌ副伯のアイメリの三者に配分したと伝えているが、それは大帝の配下であるアイメリを除く二者が、カロリング権力到来以前にこの都市と市域とを掌握していたことの反映であり、両勢力がイスラーム守備部隊を養う負担を担ったことは大いにありうることである。

ところが伯ミロが七八一年にナルボンヌに伯として補任されたおり、彼はこの時期の官職担当者の「常識」に倣って、教会領を自己の官職領として還俗した。その際、われわれが既に推測したように、ミロは教会財産の三分の二を自らのものとし、教会には三分の一しか残さなかった。この配分比率の根拠は、おそらく西ゴート王国の末期まで機能し続けたとされる「ホスピタリタース hospitalitas」の制度に求められるであろう。これはローマ帝政末期に、南西ガリアに定着した西ゴート人に帝国当局が認めた定住制度である。それは征服者が当該所領の三分の二を掌握し、被征服民たるローマ人には三分の一だけが留保される「軍駐屯制」と呼ばれる入植システムである。レッケスヴィントやエルヴィヒなど七世紀末の西ゴート諸王の治世にも、それは適用されている。[66] 時代が下った八四八年に、アグド司教ダクベルトはシャルル禿頭王から新教会の建設を条件にしてではあるが、伯領の三分の一を賦与されている。[67] こうした事例から、カロリング朝期ラングドック地方では、伯領の三分の一が教会に帰属するという観念が広く共有されていたとみなしてもよいように思われる。ナルボンヌ地方における征服者たるフランク人ミロと、被征服者たるナルボンヌ人との関係を律する唯一の法的伝統は、この地ではこれを措いて他になかった。伯ミロにしてみれば、在地の法的伝統に則っての「官職領」の創出のつもりであったに違いない。

おわりに

七八二年六月の判決以後、伯ミロはおそらくベネフィキウムのすべてであったナルボンヌ教会領を返還し、一切の給養源を失ったが、そうした状態は長くは続かなかったはずである。官職領なしに伯がナルボンヌであれどこであれ、統治を実施しえないのは全く明らかかと言わねばならない。裁判の判決は、しかるべき手続きを取ることなく、またナルボンヌの戦略的に重要な、それゆえ在地の諸勢力の十分な慰撫に留意しなければならない状況を考慮せずに、伯が実行した強引な還俗をとりあえず無効とするところに真の意図が存したと言うべきであろう。ほどなくして、かつての西ゴート期の公領を部分的に継承したと推定される教会との協議の結果、しかるべき割合での配分があらためて実施され、これにより伯の官職領も設定されたと推測されるのである。およそ四〇〇年後に成立した『カルカッソンヌとナルボンヌにおけるシャルルマーニュの功業』において大帝が実施したと記されている都市ナルボンヌとその市域の大司教、ユダヤ人、副伯の三者への均等な分割という事績は、こうした経緯についての後代[68]

の記憶の結晶化の一現象であったのではなかろうか。

もし伯ミロの当初の官職領創設の過程が、われわれが想定したような西ゴート法の原則に基づく方式を採用したとすれば、それはカロリング権力が初期のその勢力拡大にあたって、在地の慣行を考慮しつつそれを実施したのであって、決して一律な原理によってすべてを律したのではなかったことを示している。

（1） "Rediens ergo rex[=Carolus] repperit coniugem Hildegardem binam edidisse prolem masculam:...", Astronomi Vita Hludowici Imperatoris, c.3, *Monumenta Germaniae Historica, Scriptores Rerum Germanicarum*(以後 *MG. SRG.* と略記), t.2, p.608.

（2） "... quorum unus inmatura morte praereptus...", *ibid.*

（3） アキテーヌ王国についての最も包括的な古典的研究として L. Auzias, *L'Aquitaine carolingienne (778-987)*, Toulouse / Paris, 1937 があり、最新の研究として J. Martindale, The Kingdom of Aquitaine and the Dissolution of the Carolingian Fisc, *Francia*, Bd.11, 1984, pp.131-191 を挙げておく。

（4） Ch. Lauranson-Rosaz, *L'Auvergne et ses marges (Velay, Gévaudan) du VIIIe au XIe siècle. La fin du monde antique ?*, Le Puy-en-Velay, 1987, p.44.

（5） "[Carolus] Ordinavit autem per totam Aquitaniam comites, abbates, necnon alios plurimos quos vassos vulgo vocant, ex gente Francorum.", Astronomi Vita Hludowici, *op. cit.*, p.608. J・P・ポリィと E・ブルナゼルは伯、修道院長、ヴァススのうち、「フランク人から」という表現が係るのはヴァススのみであり、伯、修道院長は必ずしも「フランク人」から任命はされなかったと主張している。その根拠は列挙されている者のなかに、幾人かローマ系の人名が見えるからであるという。J.-P. Poly / E. Bournazel, *La mutation féodale, Xe-XIIe siècles*, 1ère éd., Paris, 1980, p.319.

（6） 全部で九名の伯とその任地が記されているが、それらはブールジュ伯 Humbertus(少し後にそれは Sturbinus に代えられた)、ポワティエ伯 Abbo、ペリグー伯 Widobodus、オーヴェルニュ伯 Itherius、ヴレ伯 Bullus、トゥルーズ伯 Chorso、ボルドー伯 Sigwinus、アルビ伯 Haimo、リモージュ伯 Hrodgarius である。Astronomi Vita Hludowici, *op. cit.*, p. 608.

（7） A. R. Lewis, *The Development of Southern French and Catalan Society, 718-1050*, Austin, 1965, pp.31-33.

（8） F.-L. Ganshof, Charlemagne et les institutions de la monarchie franque, Hrsg. H. Beumann, *Karl der Große*, Bd.1, *Persönlichkeit und*

Geschichte, Düsseldorf, 1965, pp.373-374; Id., *Qu'est-ce que la féodalité ?*, 4ème éd., Bruxelles, 1968, p.55.

（9） *Ibid.*

（10） S. Reynolds, *Fiefs and Vassals. The Medieval Evidence Reinterpreted*, Oxford, 1994, pp.112-114.

（11） *Topographie chrétienne des cités de la Gaule des origines au milieu du VIIIe siècle*, t.VII. Province ecclésiastique de Narbonne, éd. P.-A. Février / X. Barral i Altet, Paris, 1989, pp.11-13. この地方のキリスト教化の詳細な経過については É. Griffe, *La Gaule chrétienne à l'époque romaine*, t.1, *Des origines chrétiennes à la fin du IVe siècle*, Paris, 1964, p.94f.

（12） *Histoire du Languedoc*, publié par Ph. Wolff, Toulouse, 1967, pp.110-118.

（13） *Ibid.*; Lewis, *op. cit.*, pp.3-4.

（14） *Histoire du Languedoc*, *op. cit.*, p.121.

（15） *Ibid.*, p.122.

（16） *Ibid.*, p.123.

（17） 『ユゼス年代記』は、ゴート人(＝ナルボンヌ市民)が単に固有の法を求めたのではなく、都市の自立的な運営も求めたとして次のように述べている。“Anno Domini DCCLV, Franci Narbonam obsidendam dato sacramento Gothis, qui ibi erant in civitate, quod si illam traderent partibus Pipini, Francorum regis, dimiterent eos regere...”, *Histoire générale de Languedoc*, éd. C. Devic / J. Vaissete, t.2, col.26.

（18） 西ゴート支配層のセプティマニア社会への統合については、Cl. Duhamel-Amado, Poids de l'aristocratie d'origine wisigothique et genèse de la noblesse septimanienne, *L'Europe héritière de l'Espagne wisigothique*, Madrid, 1992, pp.81-99.

（19） *Topographie chrétienne*, t.VII, *op. cit.*, p.11; J.-P. Devroey, Juifs et Syriens. A propos de la géographie économique de la Gaule au Haut Moyen Age, ed. J.-M. Duvosquel / E. Thoen, *Peasants and Townsmen in Medieval Europe. Studia in honorem A.Verhulst*, Gent, 1995, p.59.

（20） Concilia Galliae, *Corpus Christianorum, Series Latina*, 148A, c.4, 9, 14.

（21） Deveroey, *op. cit.*, p.59. おなじ西地中海に面するタラゴナも、この時期に大規模なシナゴーグを有していた事実が碑文から知られ、後代のアラブ側史料はこの都市を「ユダヤ人の都市 Medina-Al-Yuhud」と形容している。S. Keay, Tarraco in Late Antiquity, ed. N. Christie / S. T. Loseby, *Towns in Transition*, Aldershot, 1996, p.39.

（22） J. Régné, *Étude sur la condition des Juifs de Narbonne du Ve au XIVe siècle*, Narbonne, 1912, réimp. Marseille, 1981.

（23） A. Graboïs, Le “roi juif” de Narbonne au Moyen Age, *Annales du Midi*, t.109, no.218, avril-juin 1997, pp.165-188.

（24） *Ibid.*, pp.166-167.

（25） *Ibid.*, p.167.

（26） *Ibid.*, p.171.

（27） Régné, *op. cit.*, pp.23-24.

（28） Graboïs, *op. cit.*, p.28; Régné, *op. cit.*, p.24.

（29） Ph. Jaffé / S. Loewenfeld, *Regesta Pontificum Romanorum*, no.2389.

（30） *Ibid.*

（31） *Histoire générale de Languedoc*, t.2, *op. cit.*, cols.47-50, no.6.

（32） *Ibid.*, col.47, no.1; H. Stein, *Bibliographie générale des cartulaires français ou relatifs à l'histoire de France*, réimp. Neudeln, 1967, no.2681 参照。

（33） 巻末の第六章付録 a参照。

（34） 同 b参照。

（35） 同 c参照。

（36） 同 d参照。

（37） 同 e参照。

（38） 同 f参照。

（39） 同 g参照。

（40） 同 h参照。

（41） 同 i参照。

（42） É. Magnou-Nortier, *La société laïque et l'Église dans la Province ecclésiastique de Narbonne (zone cispyrénéenne) de la fin du VIIIe à la fin du XIe siècle*, Toulouse, 1974, p.361.

（43） Auzias, *L'Aquitaine carolingienne*, *op. cit.*, pp.26-27.

（44） 通説への最近の批判的研究として H. Wolfram, Karl Martell und das fränkische Lehenswesen. Aufnahme eines Nichtbestandes, Hrsg. J. Jarnut / U. Nonn / M. Richter, *Karl Martell in seiner Zeit,* Sigmaringen, 1994, pp.61-78.

（45） 例えば『フォントネル（サン・ヴァンドリーユ）修道院長事績録』には七三四年に院長に就任したテウテシンドゥスが、修道院所領の三分の一を俗人下臣団に賦与したために、いかに修道士たちが貧困に苦しんだかが述べられている。Gesta abbatum Fontanellensium, *MG. Usum Scholarum*, Bd.28, Hannover, 1980, pp.29-34.

（46） Capitulare Haristallense, *MG. LL.* Capitularia, t.1, no.20, c.13, p.50

（47） E. Ewig, L'Aquitaine et les pays rhénans au haut moyen âge, *Cahiers de Civilisation Médiévale*, 1, 1958, p.51. レニェはナルボンヌ伯ミロを、ピピンに開城する以前からナルボンヌを支配したゴート人と考えている。Régné, *op. cit.*, p.22 参照。

（48） *Histoire générale de Languedoc*, t.2, col.58 参照。

（49） 地名比定については、Magnou-Nortier, *op. cit.*, pp.364-365 の「ナルボンヌ教会所領（782）」を参照したが、一部筆者独自の比定もある。

（50） G. Mottet, *Géographie physique de la France*, Paris, 1993, pp.489-493 参照。

（51） M. Clavel, *Béziers et son territoire dans l'antiquité*, Paris, 1970.

（52） *Ibid.*, p.296.

（53） *Ibid.*

（54） *Ibid.*, pp.308-309.

（55） *Ibid.*, pp.310-320; A.L.F. Rivet, *Gallia Narbonensis, with a chapter on Alpes Maritimae, Southern France in Roman Times*, London, 1988, p.130.

（56） Clavel, *op. cit.*, pp.324-328, 350-351.

（57） É. Griffe, *Histoire religieuse des anciens pays de l'Aude*, Paris, 1933, p.39.

（58） *Ibid.*

（59） *Ibid.*, p.57.

（60） *Ibid.*, p.57, n.3 参照。

（61） スペインからのキリスト教徒「難民」のラングドック地方への入植は、アプリシオ制と称される独特の土地占取方式をもって実施されたが、その国制史的側面については本書第九章参照。

（62） そうした修道院として Montolieu（八世紀末）、Caunes（八世紀末）、Lagrasse（八世紀末）、Saint-Polycarpe（八世紀末）、Saint-Thibéry（v. 780）、Aniane（v. 782）、Gellone（806）、Saint-Gilles（八世紀末）、Psalmodi（783）などが挙げられる。*Documents de l'histoire du Languedoc*, publié par Ph. Wolff, Toulouse, 1967, p.117.

（63） 例えば六九二年にル・マン司教アイグリベルトゥスが作成した証書は、ル・マン司教区におけるこの種の分配の証である。佐藤彰一『修道院と農民——会計文書から見た中世形成期ロワール地方』名古屋大学出版会、一九九七年、三三九—三四二頁参照。

(64) Magnou-Nortier, *op. cit.*, pp.150-151.

(65) こうした収公の規模を限定的に評価しようとする新しい動向を示すものとして A. Dierkens, Carolus monasteriorum multorum eversor et ecclesiasticarum pecuniarum in usus proprios commutator ? Notes sur la politique monastique du maire du palais Charles Martel, *Karl Martell, op. cit.*, pp.277-294.

(66) E. A. Thompson, *The Goths in Spain*, Oxford, 1969, p.133.

(67) A. Castaldo, *L'église d'Agde (Xe-XIIIe siècle)*, Paris, 1970, Pièce justificative, no.1 参照。

(68) 一二世紀にナルボンヌに君臨していたのは「伯」ではなく、「副伯」であった。南フランスおよびカタルーニャ地方での副伯職の早期の展開については、Lewis, *The Development, op. cit.*, pp.114-119 参照。

第Ⅲ部　経済活動と植民

第七章　七世紀ルアン司教区における修道院建設・定住・流通
――聖人伝を主たる素材として――

はじめに

古代と中世との様々な局面での連続は、近年ますます多くの歴史家によって支持されて来ているが、基本的にはこうした考え方を認めつつも、その歴史過程は平板な流れではなく、いくつかの節目、さらに積極的に言えば転換期と呼びうるような、重要な時期があったと主張するのは決して矛盾した態度とは言えないだろう。これら中世初期にありえた転換期の最大のものが七世紀のそれである。後期古代に始まっていた多様な局面での大小の変化のベクトルが、この七世紀に収斂し、ひとつの新しい構造を生み出すのである。とりわけこの世紀の後半には、例えばパリ盆地に初めて古典荘園制的に組織された大所領が出現し[1]、ソリドゥス・トリエンス金貨から小額貨幣たるデナリウス銀貨への切り替えが全面的に進行し[2]、また統治や行政のための不可欠の手段である公文書が、パピルスではなく羊皮紙に記録され始めるなど[3]、新たな歴史的局面への移行を窺わせるに足る兆候が見てとれるのである。さらに、四世紀後半からガリアにおける権力編成に大きな影を落としていた、キウィタスを中心とする司教支配体制を根底から揺るがすような動きも生じていた。[4]

しかし、さらに一歩踏み込んで、これらの顕著な諸現象をもたらした変化の具体的内容となると、これまで解明されている部分はきわめて限られている。その最たるものは、この一世紀間にセーヌ川以北の北ガリアだけでも一八〇に及ぶ多数の建設をみた、農村修道院のもつ社会・経済史的意義とその国制史的連関の究明である。その多くが王権の保護・支援を受けて、またたく間に巨大領主に成長したこれらベネディクト派修道院の簇生現象は、これまでコルンバヌス改革、あるいは七世紀にいたるまで特に異教崇拝の残存が濃厚であった北ガリア(ネウストリア)農村地帯のキリスト教化という、文化・教会・修道院史の側から専ら問題にされてきた。J・F・ルマリニエの中世初期ロワール川以北の教会組織形成についての重要な論考もメロヴィング朝期に関する限りこうした問題意識を大きく出ていない。[5]だが最近まずH・アツマが文献のみならず碑文史料の網羅的検討を通じて、都市への修道院建設と、農村へのそれの数量を南北ガリアに分けて、しかも時代を追って整理し、七世紀の北ガリアの司教座都市で、前世紀までとほぼ変わらない建設数であったのにたいして、農村ではわずか一〇〇年間に前世紀までの総数の二倍強の修道院が創建されたことを明らかにした。ちなみに南ガリアでは、七世紀には都市、農村いずれにおいても、前世紀までに比べての建設数の減少が確認される。アツマの研究は七世紀の北ガリアでの農村修道院の建設が、ある種の「特異現象」である事実を数字によってはっきり示している。[6]

ついで一九八五年に公刊されたA・ディルケンスの、中世初期サンブル・ムーズ川間の修道院についての精緻な研究は、その建設の契機を追究し、ピピニーデンの影響領域の拡大という政治的意図の介在を指摘した。ディルケンスはルマリニエと同じく、農村地帯のキリスト教化において果たしたこれら修道院の役割を評価するが、これらのいくつかが古代以来のウィラ跡に建設された事実をも見逃してはいない。[7]既にE・ジェイムズは、メロヴィング朝期の修道院に定型化されたプランが見当たらないのは、それがウィラを転用して造られたからであるというフォン・シュロッサーの旧説を、最新の考古学的所見を基礎に再説することによって、この最後の論点を強調していた。[8]われわれもルアン司教区において、この点への注意を怠らないようにしよう。もし仮に、七世紀の修道院の立地として、古代ウィラ跡が選ばれたという事実がある程度一般化しうるとすれば、この建設運動は荒廃した古代の所領組織の復興、古代末期までに達成された生産力の回復をめざすという、すぐれて経済的な側面をもった運動であったと見なければならないのである。

本章の目的は、七世紀の四〇年代から五、六〇年間に、ルアン司教区に建設された一五の修道院を対象とし、素材を主として聖人伝に求めつつ、この建設現象の背景を都市・農村関係の問題系の中に探ることにある。

一　史料としての聖人伝——その基本性格と問題点——

われわれが次節以降で主たる材料として利用する「聖人の伝記」について、まずもって一応の概観を与え、歴史史料としての性格、およびその利点と限界を簡単に見ておくことが、以下の行論の射程を理解する上で有益であろう。ところで今「聖人伝」という表現ではなく、わざわざ「聖人の伝記」という、未熟な言葉をあえて使ったのには理由がある。「聖人伝」はただちにhagiographie, hagiographyという対応語を想起させるが、このhagiographieなる概念は中世の聖人に関わる文学ジャンルならびに史料カテゴリー全体を覆う、きわめて広い意味内容をもっており、これにたいして本章で用いる「聖人の伝記」は重要ではあるが、その一部でしかないからである。hagiographieの中にはこの他に奇蹟譚(miraculum)、奉遷記(translatio)、聖人説話(legenda)、聖人祝日暦(martyrologium)等々多くの史料ジャンルが含まれていて、[9]固有の意味での聖人の伝記(vitae sanctorum)は、この厖大な記述群の一部分を構成しているにすぎない。

以上のような点を明確にした上で、われわれは聖人伝という言葉をその狭い意味で、すなわち聖人の伝記の意味で使うことにしよう。

中世初期の聖人伝が、その文学ジャンルとしての起源をローマの伝記文学に負うている事実は、今日広く知られている。古代の教養貴族の生活において、有名無名を問わず、また知己であろうと未知の人物であろうと、ある人物の生涯を語ることは、その教養、文学的才能、観察眼を披瀝する好個の機会であり、特に好まれた文学活動であった。その一環として、故人をたたえる韻文による追悼詩があるが、碑文の形で残されたこうした顕彰・追悼文学を、M・ハインツェルマンは中世の聖人伝に流れ込む一ジャンルとして注目した[10]。とりわけ六世紀までの司教の顕彰碑文は、その人物が貴族家門の出身者であることのひとつの指標として、古代後期から中世初期にかけての、支配層の連続を主張する彼の議論の補強材料にしたものであった[11]。碑文・墓碑銘は、故人の死から時をおかずに創られるのが通例であるから、時間の経過によって当該人物の像が褪せることがなく、その限りにおいて貴重な情報を提供してくれるものである[12]。だが量的に圧倒的多数を占めるのは、なんと言っても vitae sanctorum と総称される聖人伝である。後期古代の西方世界におけるその代表的なものは、スュルピキウス・セウェルスの手になる『聖マルティヌス伝』であろう。スュルピキウス・セウェルスはこの伝記を通して、中世初期の聖人のひとつのモデルを提供した。それは禁欲の実践者であると同時に、力(virtus)をもって異教的祭祀と戦う、戦闘的福音者という像であり、これはその後の聖人伝作者に大きな影響を及ぼした[13]。

にもかかわらず、とりわけメロヴィング朝後期に夥しく書かれた聖人伝の形態に着目するならば、それらが手本にしたのはセウェルスのような大部の伝記ではなく――メロヴィング朝期の聖人伝作者の大方のラテン語能力からして、それは大いなる苦行であったと思われる――むしろ六世紀末の二人のグレゴリウス、すなわち教皇グレゴリウス一世と、もうひとりの同名のトゥール司教が著わした聖人伝的作品であった。若干の数字を紹介すると、ガリアだけで五世紀の聖人について四〇、六世紀および七世紀初頭のそれに関して一五〇、六一三年から七五一年に生きた聖人について一九〇以上の伝記がそれぞれ書かれたとされているが、[14] メロヴィング朝期ガリアのこれら三四〇以上の聖人伝は、その大部分がスタイルの点で『聖マルティヌス伝』よりは、教皇大グレゴリウスの『対話集』(Dialogi)や司教グレゴリウスの『教父伝』(Liber vitae patrum)、その他の聖人伝により近い簡潔な体裁をとっている。

それではこれら聖人伝はどのような契機で、何を素材として書かれたのであろうか。六世紀末の「職業的」文筆家と言えるウェナンティウス・フォルトゥナトゥスが、頌詩や聖人の伝記を注文によって書いたのは知られている。このフォルトゥナトゥスが著わした『聖女ラデグンド伝』を二〇年後に、このクロタール一世の妻が院長をつとめたポワティエのサント・クロワ修道院の修道女たちが、仲間の一人バウドニヴィアを促して、第二の伝記として書き直させたが、この場合もフォルトゥナトゥスと同じ契機に属するであろう。修道女たちが第二の伝記を必要と感じた、言ってみればこの伝記作成の根本的動機は、フォルトゥナトゥスによって描かれたラデグンド像へのものたりなさであった。[15]『聖コルンバヌス伝』の作者ヨナスは、ムティエ・サン・ジャン修道院長フナスの依頼で、同修道院の創建者ヨハンネスの伝記を書いている。[16] 本章でわれわれが多くを依拠する『聖フィリベルトゥス伝』のもとになった手稿本は、ジュミエージュの第三代院長コキヌスが、おそらく同修道院の修道士に命じて書かせたものである。[17]

しかしこうした伝記誕生の契機は直接的ではあるが、根本的原因とは言えない。さらにつっ込んでなぜ依頼主たちが伝記の作成を必要としたのかが問われねばならない。この問いへの回答は容易ではない。伝記の作者、あるいは依頼主はなおさらのことだが、その意図をそれ自体として伝えることが稀だからである。だがいくつかそれを明示するか、あるいは推測せしめる材料が特に序文を付している場合に見出すことができる。例えばトゥール司教グレゴリウスは『教父伝』の序文の中で、執筆の動機として信徒の教化を目的としていることを次のように明言している。「聖人の伝記は、単に彼らの企図を伝えるだけではなく、その物語を聞く者がその足跡に従う勇気を与える」[18]。ヨナスがコルンバヌスの伝記を著わしたのも、基本的には同じ理由によるが、彼はそれを次のように述べている。聖人の伝記、すなわちキリスト教的な徳の具現者たちの行跡についての記憶の堆積それ自体が、正しき信仰が異端の教説に揺さぶられるのを防ぐからである、と[19]。これにたいして、教皇グレゴリウスが著わした『対話集』は、「対話」の相手である助祭ペトルスの提起した「イタリアには奇蹟を起こした聖人がいないのではないか」、という問いかけへの回答であった。その標題にもかかわらず、実際にはイタリアの聖人伝集成としての内容をもつこの作品の意図は、勿論キリスト教的信仰の強化を大きな目的としつつも、より直接にはイタリアに聖人崇拝を創り出すことを狙ったものであった。ふんだんに盛り込まれた奇蹟の記述が、そのことを示唆している[20]。また五四二年に他界したアルル司教カエサリウスの伝記は、同司教の死の直後に、その妹カエサリアが兄の友人たちに執筆を依頼したものであったが[21]、この場合のカエサリアの動機は肉親としての追憶という、より個人的なものであったと想像される。

さてこれら聖人伝の作者たちは、伝記の作成にあたって一体何を素材としたのであろうか。トゥール司教グレゴリウスは、『教父伝』に収めた自分の母方の大叔父リヨン司教ニケティウスの伝記を書くにあたって、作者不詳の同司教についての、より古い伝記に依拠したことを冒頭で述べている[22]。彼は、その書物は大叔父についての多くの情報を与えてくれるが、その出生、回心、彼が起こした奇蹟の後日談などが十分書かれていないので、それを補うのが執筆の目的であると明言している。『教父伝』に収録されている伝記が、このニケティウスのそれを除けば、すべて四章から六章構成であるのに、これだけが一二章と例外的に長いのも、同じ家門に属する者として一族に伝えられた伝承をよく知っているため、あるいは血縁者としての愛着のためだけではなく、依拠したより古い伝記の構成に規定された結果であることは確実である。既に言及したポワティエのサント・クロワ修道院の修道女バウドニヴィアが、六〇九年頃『聖女ラデグンド再伝』を著わした時、その二〇年前、フォルトゥナトゥスによって書かれた初伝を有力な情報源にしたのは間違いない。

こうした例は、先行する伝記へのいわば正当なる依存であり、当該聖人伝の叙述内容の信頼性をむしろ高めてくれる要素だが、逆にディスクールの価値を著しく損なう先行文献の利用方法がある。それは当該聖人とは全く無関係の聖人伝、あるいは聖書などからの文章の借用である。例えば、『モヌメンタ』版「メロヴィング朝史家部」第二巻以降にとりわけ見られる、欄外余白への借用典拠の註記の夥しさは、凡庸な聖人伝作者の苦労のほどがいかばかりであったかを偲ばせる。主人公たる聖人とは時間的、空間的に隔たり、歴史的関連の皆無な伝記からのこうした無頓着な文章の借用は、編者の一人ブルーノ・クルシュを大いにいらだたせ、彼をしてメロヴィング朝期聖人伝の史料としての価値を著しく低く評価せしめる原因となった。クルシュはメロヴィング朝期に属する聖人の伝記三〇ほどがこの時期に書かれ、残りはすべてカロリング朝期に書かれたか、あるいは書き変えられたと断じたのであった[23]。

もっとも聖人伝作成におけるこうした文学的依存関係は、それ自体ひとつの研究テーマになりうるわけで、ベルギーのファン・デア・エッセンは、メロヴィング朝期のベルギー・北フランスの聖人伝を素材として、文章の借用関係から教区間、地域間の文化伝達と、聖人伝のテーマの流布についての貴重な考察を行なっている[24]。

聖人伝作者が、既存の伝記にもまして重要な情報源としたものに、口頭で伝えられた伝承がある。トゥール司教グレゴリウスが大叔父ニケティウスの伝記を書いた時、家門のうちに伝えられている伝承が寄与したのは間違いない。六世紀中葉のトリヤー司教であるもうひとりのニケティウスの伝記の冒頭で、グレゴリウスは、「ここで語られていることすべてを、われわれは自分の目で見たわけではないが、ある部分は信頼できる報告で確かめ……[25]」と、口頭伝承がその材料の一部であることを認めている。ボッビオのヨナスは聖コルンバヌスの伝記を書くために、後の聖アマンドゥスを伴ってこのアイルランド人が残した足跡を訪ねて旅をし、必要な情報を蒐集した[26]。それは六三九年のことであり、コルンバヌスの死後二四年であったから、各地に残されたコルンバヌスにまつわる記憶は、まだ生き生きと保たれていたにちがいない。

だが口頭伝承に最も体系的に依拠したのは、なんと言っても大グレゴリウスの『対話集』である。ここでは第三書第一節と同第九節を除いて、すべて自己の体験か、口頭での伝承を基礎にしていることが示されている。情報の提供者、あるいは奇蹟の証人は、その人物が高位聖職者や高官である場合、その人物の名前が明かされるのにたいして、下級の聖職者や俗人、庶民が目撃者や報告者の時は、名前が意識的に伏せられているのは、アダルベール・ド・ヴォギュエによれば、この書物の読者としてローマの上流階級が想定されているためで、とりわけ奇蹟現象の信憑性を保つための配慮であるという[27]。

先行する伝記的著作と、口頭による伝承という二大素材の他に、情報量は限られているにせよ、基本的なデータを提供してくれる碑文、それから一般に史的聖人祝日暦と称される[28]、聖人の生涯についての短い摘要を併載した祝日リストも、カロリング朝期以降は伝記作成の折に参照された。また後にわれわれが利用する『聖コンデドゥス伝』に見られるように、稀には証書類も材料にされることがあったが[29]、それらは主としてカロリング朝期以降に執筆されたものと見てよい。

以上のような中世初期の聖人伝の基本性格をふまえて、以下これを史料として利用する際に出てくる諸問題について、現在の聖人伝研究の動向をまじえて、ごく簡単に述べておこう[30]。

聖人伝を利用する場合、その伝記がいつ成立したかを知ることは、そこに盛られた情報を正しく評価する上で基本的な問題となる。伝記に描かれた事実を、「歴史的」事実として解釈するにせよ、あるいはそれを事実として提示する作者の、あるいは広く時代の心性に帰すにせよ、その手稿本がいつ書かれたかが推定できなければ、議論は空論たらざるをえないからである。ところが手稿本の成立年代の確定が必ずしも容易でない上に、もうひとつ事態を複雑にしている要素がある。それはカロリング朝期に盛んに行なわれたメロヴィング朝期に書かれた聖人伝の改訂作業である。

カロリング・ルネサンスの担い手、例えばアルクインや、ヴァラフリド・ストラボンらは、粗野な文体と不正確な文法・語法で綴られた先行する時代の伝記を、典雅でより正確なラテン語で書き直した。その折、古い伝記の内容や、そこに描かれている「事件」の記述に、彼らがどの程度手を入れたのかわれわれは知りえないのである。メロヴィング朝期ガリアで書かれた聖人伝の原本が、今日まで直接伝来している例はきわめて稀である。六五九年に他界した聖エリギウスの伝記は、友人のルアン司教アウドイヌスが彼の死後ほどなくして執筆したものだが、現在伝わる『聖エリギウス伝』の核心部分がアウドイヌスの手になるのは確実としても、現存する手稿本はカロリング朝期のもので、その作成の際に多くの書きかえがなされたのは周知の事実である。この点に関連して最近論争の対象になったのは、六世紀ブルターニュの聖人サムソンの伝記である。現存するいくつかの手稿本の最古のものが依拠した最初の伝記はいつの時代に書かれたかが議論の争点である。古い世代の、主としてブルトン人の研究者たちが七世紀説を主張したのにたいして、Ｒ・ファウティエは、八世紀末から九世紀初頭の成立を説いたのであった。[31]その後ジョゼフ＝クロード・プランが再びこの問題を取りあげ、ファウティエ説を確認したのであったが、七世紀説を新しい形で主張するユベール・ギョテルとの間で見解が大きく分かれている。[32]『聖サムソン伝』の中に描かれた教区組織の現実が、一体どの時代のものを反映しているかは、教会史のみならず政治史の観点からも重要な問題である。一般に、当該聖人の死から時間的にあまり隔たっていない段階で作成された伝記は、記憶の褪色を免れるから所与の現実により近い情報を提供し、時間が経過すればそれだけ民話的要素、幻想譚あるいは聖書のアレゴリーによって伝承の欠落が埋められることが多いとされている。[33]われわれが本章で利用する聖人伝は、そのいくつかはメロヴィング朝期に書かれ[34]、他も、遅くともカロリング朝期には成立していたと見てよい[35]。

聖人伝作者がその主人公の行動や、またその叙述一般に関して、聖書から多くを借用しているのは容易に想像されるところである。聖人伝が教化機能をもっている限り自然の成り行きであろう。その度合は七世紀のセビージャ司教イシドルスをして、「仮に聖書による神の教えがなくとも、聖人の模範的行動はわれわれの法として十分である[36]」と言わしめたほどであった。聖書に由来するトポスは、七世紀後半のルアン司教区に関する聖人伝にも数多くみられ、枚挙にいとまがないが、いくつか例を挙げよう。『聖ゲレマルス伝』第三章や、『聖アンスベルトゥス伝』第二章でそれぞれ強調されている、ゲレマルスや聖女アンガドリスマの肉体的・外見的美しさは、旧約におけるサムエルとユディトのそれに帰せられるトポスであろう[37]。また『聖女アウストレベルタ伝』で述べられている、主人公の知的・精神的早熟さは、『ルカ福音書』二にみられる、イェルサレム神殿での一二歳のキリストの行動に比せられようし、『聖ヴァンドレギシルス伝』第七章の主人公が、パリの王宮の前でぬかるみにはまり込んだ男を助ける描写は、『マタイ福音書』一〇のキリストの言行に想を借りたとされている[38]。例えば、われわれは後者からただちに、ダゴベルト時代のパリ宮廷前の道路状態についての所見を引き出してはならないのである。

それでは聖人伝の歴史史料としての価値はどこにあるのだろうか。まず地理的・地誌的与件を挙げなければならない。当該聖人伝の作成年代を確定しうるならば、そこに記されている地誌的描写は聖人伝のディスクールが展開している、あるいは少なくともその作成された年代の状況を反映しているのは、まず間違いないと見てよい。そしてその量も比較的豊富である。この点はつとにミシェル・ド・セルトーが指摘したことであった[39]。

これにたいして、時間意識は聖人伝において著しく稀薄である。年代がそれ自体として記述の中に出てくることは、まず皆無と言ってよい。したがって聖人伝の中から年代的要素を抽出するためには、例えば、他の史料から知られている登場人物の生没年や、活躍した時期などから推定して行く他はない。聖人伝における時間意識の欠如は、神の業を前にしての、人間存在の永遠なる同時代性という観念に帰せられよう。

こうした制約にもかかわらず、聖人伝の中から歴史的事実、あるいは事件を抽出する試みがフリードリヒ・ロッターによって、エウギッピウスの書いた古代末期ノリクム(ドナウ地方)の聖人セウェリヌスの伝記を素材にして行なわれている。主人公セウェリヌスと、歴史上知られている五世紀にこの地方を統治した同名のローマ行政官との同定、モーゼ的人物像の背後にある蛮族の侵入にさらされたドナウ地方からのローマ人の大脱出計画存在の可能性など、新約学の分野で練り上げられた様式史の方法や理念史的対応関係などといった概念装置を使って、彼は根本的に時間を欠いた聖人伝を時間の場、歴史の空間に置き直すというきわめて注目すべき実験を行なっている。[40] またチェコスロヴァキアの歴史家フランティシェク・グラウスは、メロヴィング朝期の聖人伝を、当時のイデオロギー、社会構造を映し出している史料と見る点は認めるもののロッターの捉え方がもしこう言ってよければポジ・フィルムであるとすると――、それはネガ・フィルムとして現実を映し出しているという。なぜならば聖人伝は根本的に教会・支配者側のイデオロギーを民衆の意識に浸透させるための手段であり、そこに表明されている価値体系は民衆のそれとは異質な、非民衆的なものであって、教会イデオローグが人々を導いて彼らの間に定着させようと欲したイデオロギーに他ならないからである、というのがグラウスの基本的立場である。フリードリヒ・プリンツは一連の論文を通して、聖人伝の中に、ある種の手段としての性格を見る点では共通しているが、彼はもっと単純に――というのもメロヴィング朝期の多くの聖人伝の主人公は、高貴なる出自として示されているからなのだが――これらの伝記を、支配層としての貴族の「神聖化」のための政治的プロパガンダの道具と考えている。[41]

最後に近年目ざましい進歩をとげている中世考古学の側から、聖人伝の記述、とりわけ地誌や建築物などの物的側面についての叙述が、かなり正確である事実が、いくつかの研究で実証されている点を指摘しておこう。[42]

二　七世紀中葉までのルアン司教区をめぐる状況

本章が以下で扱うテーマの地理的枠組をなすルアン司教区は、現在ノルマンディと称される地方のうち、セーヌ川より北に位置する部分に概ね対応している。そしてこれはコー地方 Pays de Caux、ヴェクサン・ノルマン地方 Le Vexin normand、ブレ地方 Pays de Bray という、地味と風土を異にする三地方から成っている。コー地方は石灰岩の台地状の地帯で、北は英仏海峡、南は蛇行するセーヌ川で区切られ、台地の表層を成す黄土によって比較的肥沃な地味を得ている。アンデル Andelle 川とエプト Epte 川にはさまれたヴェクサン・ノルマン地方は、地質の上ではコー地方の延長であるが、とりわけ厚いその黄土層のおかげで、穀物耕作の特に恵まれた条件を具えている。これにたいして、ブレ地方は西をコー地方、東をピカルディ地方と接する粘土層の広大な陥没地帯で、主に牧畜と果樹栽培に適した地帯である。これら三つの地質構造とこれに規定されたそれぞれの自然的、生態学的条件は、特にコー地方において著しかった開墾による森林の減少を別にすれば、これからわれわれが扱おうとする時代と今日で根本的な差異はないと思われる。[43]

さて司教区の中心をなすルアンは、二世紀のギリシア人地理学者プトレマイオスによって Rotomagus の名前で紹介されて以来、『アントニヌスの旅行地図』や『ポイティンガーの地図』といったローマの地図資料にも姿を見せ、ローマ支配下のガリアのブリテン島との交通、およびガリアの北西海岸一帯の防備に重要な拠点であったらしいことが知られる。四世紀初頭の帝国の軍団配置を知る上で貴重な『軍官要覧(Notitia Dignitarum)』にはブルターニュ、ノルマンディそしてピカルディと連なる海岸沿いの一帯の防衛を担当する司令官が、ルアンを本拠としていたことが記されているからである。[44] しかし肝心のローマ時代のルアンの具体的様相を伝える史料は残されていない。

司教区全体の定住状況についても同様である。わずかに地名学の所見が、ごく大まかに一般的傾向を教えてくれるにすぎない。それによれば、最も古いケルト系地名は川沿いの一帯にしか見られず、とりわけコー地方の台地にはそれが全くといってよいほど見当たらない。だが、これより後のガロ・ローマ時代になると、台地にもローマ期の地名が見られるようになり、この一帯の定住と開発の進展のあとが窺われるのである。ville を接尾辞として持つ地名は台地に夥しく見られ、ノルマンディの地図を拡げた時の印象は強烈である。典型的な開放耕地で散居定住の景観が、コー地方を埋めつくす -ville 型地名から想像されるのである。ブレ地方でもコー地方とほぼ似通った推移が見られる。これにたいして、ヴェクサン・ノルマン地方ではケルトおよびガロ・ローマ起源の地名が相対的に多く、かつ全体に満遍なく分布しており、また -ville 型の名前も少なく、早期から全域的な定住が進行したことが窺われるのである。[45] 教会の守護聖人名の分布は、地名学の所見に若干だが歴史的内実を加味しつつ、それを補強してくれる。すなわち中世初期に崇敬された聖人に由来するサン・マルタン、サン・レミ、サン・ドニの分布は、河川沿いの地方から海岸づたいに台地に展開している。コー地方の中央には空白部があるが、これは大公支配期に「フエカンの森」と呼ばれた広大な森林の名残りである。聖マルティヌス崇敬はこのように中央部を除けばほぼ全域的だが、実はもう一つの空白部がある。それはディエップ周辺である。代わりにこのあたりでは聖レミギウス、聖ディオニュシウスを守護聖人とする教会が多い。聖ディオニュシウスの崇敬は、八世紀頃この一帯に所領を集積したパリのサン・ドニ修道院の影響が考えられる。またディエップで大西洋に流れ入るヴァレンヌ Varenne 川沿いに、ピカルディ地方の聖人に献げられた教会が少なからず見られるが、これをピカルディとの単なる地理的な近さに帰すべきかどうか、後に議論する機会があろう。次節以下で検討の対象とする諸修道院の建設されたコー、ブレ両地方の守護聖人に関して、もう一つ問題となるのはブルトン人聖人名の分布である。サン・サムソン、サン・マロ、サン・トーバンなどが海峡交易の拠点となったと推定される海岸地帯に見られること、またブルトン人が英仏海峡を「われらの海」として自由に往来し、ノルマンディ地方全域に定着していたとする最近の有力な主張などをあわせ考えると[46]、とりわけコー、ブレ両地方が中世初期には常に河海交渉を背景とし、あるいはその影響下にあっただけに無視しえない要素である。

時代が前後するが、このルアン司教区のキリスト教布教が本格的に開始されるのは、四世紀末第七代司教ウィクトリキウスの時代である。この人物は聖マルティヌスの友人であり、またキリスト教にとって聖人崇拝がきわめて有効な教化手段であることを理解し、三八六年ミラーノ司教アンブロシウスによって発見された、ネロ帝時代に殉教したとされるゲルウァシウスとプロタシウスの遺骸の一部を譲りうけ、殉教者をもたないルアン教会に、教化のための核を創りだそうとした。そして同時に有名な『聖人讃仰』(De laude sanctorum)を著わし、いわば聖人崇拝の理論化を試みたのであった[47]。にもかかわらず両聖人の崇拝がルアンから周辺の農村地帯に広まった形跡はない。果たしてそれが、後続する聖マルティヌス崇拝に駆逐されたためか、あるいはこの時期の農村部での異教崇拝の根強さによるものか、簡単には判断しがたい。七世紀前半の司教ロマヌスの時代においてさえ、ルアンの北の郊外といっても、ほとんど市域内同様の場所にウェヌスを祀った神殿があり、異教的な集会が催されていたと、この聖人の伝記は語っている[48]。この叙述が聖人伝特有のトポスである可能性を完全には否定できないものの、周囲の住人の反応などの描写は生彩に富み、なんらかの伝承にもとづくものであると思われる。

メロヴィング朝期前半のルアンに関して多少とも確実な情報を与えてくれるのは、トゥール司教グレゴリウスである。確かにこれとてもルアンおよびこの地方の事情について具体的で確実な知見をもたらしてはくれないが、にもかかわらず六世紀末を彩る分王国間の絶え間ない抗争を通して垣間見えるルアン像は、王国内でのこの都市の位置を考える手がかりを与えてくれる。五七五年アウストラシア王シギベルト一世は、ネウストリア王キルペリク一世を攻め、パリ周辺の諸都市を陥落させ、セーヌ川に沿ってルアンまで進攻した。そして、この時代の戦争の常のごとく、シギベルトはこれらの諸都市を自らの従士たちの略奪に委ねようとしたが、側近たちの強い反対にあって取りやめた。略奪の禁止措置は異例であり、この件について従士の間に強い不満がくすぶり続けたことは容易に想像される。この直後にトゥールネにたてこもるキルペリクの征討に向かったシギベルトはアラス郊外でキルペリク側の放った刺客に暗殺された。その際側近であった cubicularius のカレギセルスとゴート人出身のシギラの二人も虐待され、前者はその場で息をひきとり、後者は敵方のキルペリクに引き渡され殺された。いずれにせよ、二人の迫害を積極的に実行したのがシギベルトの従士たち自身であったのは明白である。おそらく先の諸都市略奪禁止を進言した側近とはこの二人であり、従士たちの恨みが王の死を契機として一気に噴出したのであろう。刺客は公然たる犯行にもかかわらず、捕えられさえしなかったと思われるところから、従士団の有力者との事前の、少なくとも暗黙の合意が想定されるのである[49]。この間の背景について、グレゴリウスは一切の説明を省いている。その理由を推測するのは困難ではない。従士団による略奪行為は、当然ながらグレゴリウスにとって容認しがたい事態であり、これを禁止したがためのシギベルトの死の真相を包み隠さず語ることがためらわれたのであろう。

ところで、われわれの問題との関連で重要な点は、権力の中枢でなぜ異例な略奪禁止令を従士たちに課すという決定がなされたかである。推測するに、ルアンからパリにかけてのセーヌ川沿いに点在する諸都市のもつ経済的重要性への認識が、そうした措置をとらせる原因であったのだ。禁令を出した時点でキルペリクは破滅に瀕しており、これらの諸都市を含む領域は、早晩シギベルトの支配下に入るはずであった。したがってセーヌの水運を基礎とする流通組織の物的基盤を、一時の物欲から破壊し、恒常的な富の源泉に打撃を与えることは二人の側近には容認しがたいものであったろう。側近の一人シギラが、おそらくはブルンヒルドに付き従って来た西ゴート人で、フランク人の伝統的な思考、慣習から自由であったことが災いした。

ともあれ、この挿話の語られざる背景となっているのは、パリ・ルアン間のセーヌ水運の、ネウストリア経済にとっての特別の重要さである。また同王権にとってのルアンの政治的比重、その王権を支える基盤としての安定性は、例えば五六七年のキルペリク一世の西ゴート王女ガルスヴィントとの最初の結婚がこの都市で挙げられたこと、[50]先に紹介したシギベルト暗殺に続く箇所で、王妃ブルンヒルドがキルペリクに捕えられルアンに幽閉されたこと、[51]キルペリクの息子メロヴェがルアンに赴き、叔母ブルンヒルドとこの都市で結婚の儀式を挙行したこと、[52]などに表われている。なぜならば、ネウストリア王権を支えるフランク人従士団の有力者たちが、ルアンおよびその周辺に定住していたからであり、彼らの結婚への立ち合いと承認の必要が、この都市を選ばせた動機と考えられるからである。その意味では、この時期のルアンはパリと並んでネウストリア分王国の「首都」と言っても、あながち言い過ぎではないような重要性を持っていたのだ。現在までその所在地は確認されていないが、この都市内での国王宮廷の存在はグレゴリウスの語るところでもある。

メロヴィング朝期を通じてのルアンの政治的・経済的重要性は、フランク王国とイングランドとの交流の上で占めるその地理的位置による。それは単に海峡に近接しているばかりでなく、とりわけガリアにおける交通の最大の分岐点であり、夥しい王領地が集中し、政治と経済の中心たるパリへ連なる交通と流通の幹線セーヌ水運の結節点でもあったからである。[53]パリの王カリベルトの娘ベルタが、おそらく五六〇年代にケント王エセルベルトのもとに嫁した時、[54]この水運を利用したのは確実である。ベダは『アングロ・サクソン教会史』の中で、七世紀のイングランドでは王族をはじめ貴顕の子女が、修道生活を学ぶためにネウストリアのアンドリィ・スュル・セーヌ Andelys-sur-Seine、ファルムティエ Faremoutiers、シェル Chelles などの修道院に赴いたことを語っているが、それらがセーヌ・マルヌ流域のパリ盆地に位置しているのは示唆的である。[55]さらに遅くとも六六八年にパリ司教になったアギルベルトは、長い間アイルランドで聖書の研究を積み、次いでイングランドに渡り、ウェセックスでキリスト教化まもない王国の教会組織の要をになった人物である。ダゴベルト一世の息子ネウストリア王クローヴィス二世の妃となり、シェル修道院興隆の推進者であった聖女バルティルドが奴隷としてイングランドから連れて来られた人物であったのは、あまりに有名である。フランク王国の中心部とイングランドとのこうした人的交流は、七世紀のたま残された断片的な所見を通しても、かなり活発であったことが窺われる。たとえネウストリアとイングランド南部が一つの流通圏を形成していたとする結論が早急に過ぎるとしても、今挙げたような人間の往来を遥かに上まわる規模と密度で、商品と貨幣の流通が海峡をはさんで行なわれたことは、考古学が近年ますます明らかにしつつあるところである。[56]

三　修道院建設の構造

ダゴベルト一世（六三九年没）の宮廷で有力な廷臣として王の信頼あつかったアウドイヌスは、同王の死後ノワイヨン＝トゥールネの司教座を得た僚友エリギウスと同時期に、ルアンの司教に叙任された。[57]この司教区における修道院建設は、このアウドイヌスの到来とともに本格的に開始される。それ以前にこの教区で史料上確認される修道院は、クローヴィスの妻クロティルドが建設したと伝えられるルアンの都市修道院サン・ピエール――後にアウドイヌスを守護聖人としてサン・トゥアンと称され今日に至っている――と、[58]イングランドの王族・貴族の子女が修行を積んだとベダが証言しているヴェクサン地方のアンドリィ・スュル・セーヌの女子修道院、[59]そしてセーヌ川が海に注ぐあたりに、同じように注ぐリル Risle 川のたもとに、ブルターニュの聖人サムソンが五五〇年頃に建てたペンタル修道院の三つである。[60]

アウドイヌスの司教叙任とともに、彼の直接の援助のもとに、あるいはその影響下に、またはこうした動きに触発されて、約半世紀の間に合わせて一五の男女修道院が建設された。その内訳はコーとブレ両地方で一二、ヴェクサン地方が三と、圧倒的に前二者の数がまさっている。

1　建設の経緯と建設者

サン・ヴァンドリーユ修道院、別名フォントネル修道院は、史料で確認されるアウドイヌス司教就任後のルアン司教区に最初に建設された修道院である。その建設者ヴァンドレギシルスはダゴベルト一世の宮廷に勤務する高貴な出自の人物で、ヴェルダン Verdun で生まれた。[61] 彼は神の僕として生きることを決意して、王の許しを得て俗世を離れ、自ら僧庵を編んで修行を積み、さらにコルンバヌスが建設した北イタリアのボッビオ修道院へ赴き、最後にアイルランド行きを決めた。[62] 彼が当時一世を風靡していたコルンバヌス戒律の影響下にあり、それに魅せられていたのは明らかである。おそらく、アイルランドへ渡るための港のある地域の中心都市であるルアンにやって来て、ダゴベルトのもとで共に勤務し旧知の仲であったアウドイヌスと会い、多分後者の説得で、教区の聖職者としてルアンの副助祭、ついで助祭となり、最終的にアウドイヌスからのテルアンヌ司教アウドマルス saint Omer への依頼で司祭となった。[63] おそらくはテルアンヌ司教区の司祭であろう。[64] だが俗世からの離脱の思いやみがたく、ついにルアン近くのジュミエージュの森に、王から国家領の一部を下賜され、修道院を建設した。当初の Fontanella なる名前は、この土地に水の湧き出る泉があったためであるという。

以上が七〇〇年頃成立したとされる、最も古い『聖ヴァンドレギシルス伝』初伝によるサン・ヴァンドリーユ建設に至るあらましである。だが、八五九年をあまり下らない時期に書かれたと思われる、いわゆる『サン・ヴァンドリーユ修道院長事績録』（以下『院長事績録』と略記）の語る修道院創建の経緯はこれと若干異なり、しかも遥かに詳細である。『院長事績録』のラポルト版一書第四章と第七章の二か所に、修道院建設用地の取得の経過が記されているが、[65] そのうち第七章の記述は先行のそれをさらに敷衍した形で委曲を尽くしており、事の経緯を知る上で貴重である。これによると、土地はもともと国王に属していたが、ダゴベルト一世はこれをロトマルス Rothmarus なる人物に下賜した。ロトマルスからこの土地を相続したその息子アイラムヌスがネウストリアの宮宰エルキノアルドゥスと、後者が所有するヴェクサン地方にある土地とこれを交換し、新たにこの土地の所有者となった宮宰が、ヴァンドレギシルスの甥で一緒に修道院を建設したゴド Godo に売却するという形で獲得したのであった。[66]

こうした複雑な土地の入手経過を『院長事績録』の作者が知りえたのは同修道院の文書庫に残された創設関連文書のおかげであり、事実第七章はダゴベルト一世とクローヴィス二世の合計三点[67]のそれぞれの段階における確認証書、およびヴァンドレギシルス、ゴドとエルキノアルドゥスの間の売買証書の要約であると言っても過言ではない。これより一世紀半も前に、創建者の初伝を書いた同修道院の修道士も、これらの文書を知っていたはずであるが、土地の取得という法的事実にはさして関心をはらうことなく、この土地がもともと国王に属し、繰りかえし行なわれた国王の確認行為から「国王の下賜により regale munere」という表現に落ちついたものと思われる。『院長事績録』によれば同修道院の建設者は、ヴァンドレギシルスと甥のゴドである。[68]

後にサン・ヴァンドリーユ修道院の属院となるベルキナカ修道院は、イングランドから渡来したコンデドゥスなる修道士によって建てられた。彼は海峡を渡った後、コー地方の海岸沿いのサン・ヴァレリー・アン・コーに隠棲した。そののちサン・ヴァンドリーユの評判を耳にしてやって来て、その近くに庵を結ぶことを決心した。[69]そして王領地であり、宮廷の所在地でもあったアレラウヌム Arelaunum に隣接するベルキナカ Belcinaca と呼ばれる小島を、その地として選んだ。彼はコードベク Caudebec の対岸、セーヌの流れに浮かぶ長さ三マイル、幅一〇五〇歩のこの島の取得を神に祈った。[70]ちょうどその頃アレラウヌムの森で狩を楽しんでいた国王テウデリク三世（在位六七三―六九一）は、夢の中でコンデドゥスの存在を告げられ、彼のもとに赴いてこの島を王の特権をもって永遠にコンデドゥスに譲渡した。[71]ジャン・マビヨンが蒐集し公刊した『聖コンデドゥス伝』の別の写本によると、テウデリク三世の治世七年目(六七九年)に、コンデドゥスがサン・ヴァンドリーユ修道院に、ベルキナカ修道院の領地の二回目の贈与を行なった折、その証人として「弟子であり、彼とともに海を渡って来た者たちも列席した」[72]とあるところから、先の伝記の叙述が一貫してコンデドゥスの単独行のごとく描かれているにもかかわらず、使徒ペテロとパウロに献げられたバシリカの建設者に、おそらく彼の弟子たちも含まれよう。

フルーリィ・アン・ヴェクサン修道院はフラリクス Fraricus なる人物が自分の土地に聖母マリアおよび聖ペテロ、聖アニアヌスを守護聖人とする教会を建て、それに一〇人の貧者を収容する救貧院(xenodocium)を付属させたのに始まる。彼はそれを時の実権者、宮宰ピピン二世に贈った。ピピンは妻プレクトルードとともにここに修道院を建設し、これをサン・ヴァンドリーユ修道院の管理下においた。この修道院はサン・ヴァンドリーユの第三代院長でルアン司教となった聖アンスベルトゥスに献げられている。アンスベルトゥスはピピンによって司教座を追われ、エノー地方にあるオーモン Hautmont 修道院に幽閉され死去しているところから、鎮魂の意味もあったのであろう。ロギウム修道院は女子修道院で、サン・ヴァンドリーユの背後に発するフォントネルという小さな川がセーヌ川に注ぐ地点から、二キロほどセーヌ上流に位置するコードベクに建設された。建設の詳しい経緯は不明だが、男子修道院サン・ヴァンドリーユに近接(一キロメートル)しており、おそらくはアイルランドやイングランドの修道制の影響で、当時ガリアでも普及した男女複合修道院(Doppelkloster)の構想下に[73]、後者の創建からほど遠からぬ時期にヴァンドレギシルスによって建てられたと推定される。

ダゴベルト一世の宮廷で、後にルアン司教となったアウドイヌスのサークルに属していたフィリベルトゥスは、南西フランスのノウェンポプラナの出身である[74]。七世紀末か八世紀初頭の伝記をもとにした、九世紀のノワールムティエ修道院の修道士エルメンタリウスの筆になる『聖フィリベルトゥス伝』[75]によれば、主人公は若くしてモー地方のルベ Rebais 修道院の院長をつとめたが、やがてここを去り、コルンバヌスの戒律を学ぶべくリュクスーユ、ボッビオその他のフランキア、イタリア、ブルグンディアの「全修道院」を歴訪した。その後、自らの修道院建設を思いたち、クローヴィス二世と妃のバルティルドの要請(obtinens suggestione supplici)もあって、ルアンのパーグスにジュミエージュ修道院を建設した。[76]建設用地が国庫(fiscus)に属していたことは、『聖女バルティルド伝』に明示されている。[77]

モンティヴィリエ修道院は、フィリベルトゥスが死の直前に建てた女子修道院である。先に挙げた、エルメンタリウスの筆になる伝記第二四章に、その簡単な経緯が記されている。それによると、ネウストリアの宮宰ワラトGuarato=Waratoがコー地方にある“Villare”と呼ばれるoppidumを処女たちの修道院を建てるために寄進したのであった。伝記作者エルメンタリウスが生きた九世紀においても、修道規範が保たれ存続していたことが、「今日まで修道戒律がその地で光彩を放っている」[78]という証言から窺われる。土地はともかく、施設が誰によって建設されたか明示されていないが、多分叙述の具合からしてフィリベルトゥスであったと思われる。もしそれがワラトによるものであるとすれば、土地と修道院の一括寄進の形をとると想定されるからである。

同じく『聖フィリベルトゥス伝』によると、ジュミエージュの創建者が同修道院から北北東へ一〇マイルほど離れたパヴィイPavillyに女子修道院を建設したのは、男子の修道士が十分に増えたからであった。[79]建設理由の説明としては、いささか曖昧かつ謎めいているが、この修道院がジュミエージュの姉妹修道院として構想されたと考えれば筋が通る。姉妹修道院における修道女の労働の最も大きな部分は、男子修道士の身のまわりの世話に費やされたからである。こうした慣行の中に、中世初期の修道院の貴族的性格の一端が見てとれる。建設の実態は、この修道院の初代院長となった『聖女アウストレベルタ伝』によれば以下のようである。すなわちパヴィイに土地を有するvir inluster Amalbertusなる人物が自らの領地に修道院を建設し、自分の娘アウレアAureaをはじめ、自発的に修道生活をおくる娘たちの指導と監督とをフィリベルトゥスに依頼した。後者は、彼女らに修道女としての教育をほどこしていうちに、この修道院が女性によって治められる必要を感じ、ソンム川沿いのPortus（現在のAbbeville）にある修道院の院長代理をつとめ、名声高いアウストレベルタを招いたのであった。[80]

デュクレ修道院の存在は、サン・ヴァンドリーユの第二代院長で、その後リヨン大司教となったラントベルトゥスの伝記『ラントベルトゥス伝』で初めて知られる。これはサン・ヴァンドリーユとジュミエージュの両修道院が、ジュミエージュの森の領有をめぐって境界紛争を起こした折に言及されている。国王キルデリク二世は、ルアン司教アウドイヌスに書簡を送り、調停を依頼したが、アウドイヌスはこの森を均等に分割したものの、サン・ヴァンドリーユの取り分が大きくなるのではとの懸念から、ラントベルトゥスの同意のもとにサン・ヴァンドリーユの取り分の一部を、この係争に全く関係のないセーヌ川に面したデュクレDuclairにある同修道院に、豚の放牧用に譲ったのであった。この修道院は聖ディオニュシウスを守護聖人とし、当時リドアルドゥスなる人物が院長をしていた。[81]その成立の経緯は全く不明である。

ポルモール・アン・ヴェクサン修道院とアオリノヴィラ修道院は、六九〇年のワンデミールとその妻エルカンベルタの寄進文書によって、その存在が確認されているだけで、その他の事情は不明である。[82]これにたいして、英仏海峡に面したフェカン修道院創建の由来は、建設者ヴァニングスの伝記が残されていて、かなり詳しくその経緯が知られている。もっともボランディストの『アクタ・サンクトールム』には、フェカン修道院の文書庫に残された二種類の異なるテクストが収録され、とりわけ主人公ヴァニングスの素姓を述べた第二章に関して、双方で内容上かなりの隔たりが認められる。われわれは、中世初期の聖人伝の多くの写本に見られるように、より短いEx veteri manuscrito Monasterii fiscanensisを、差当りより古い手稿本と考えておこう。

フェカンのラ・トリニテ修道院の建設者ヴァニングスは、クロタール三世に仕えた宮廷の有力者で、フェカンに修道院を建設する前にヴァンドレギシルスに自らがコー地方に所有する土地を寄進し、現在ではその名も所在も知られていない小規模な修道院の建設に協力した。加えて、息子で相続人でもあるデシデラトゥスを修道士としてサン・ヴァンドリーユに送り込み、寄進地を父の意志に反して他者に売却したりしないように配慮している。

さて、ある夜夢の中に聖母マリアが現われ、これまで行なって来た善行の頂点として、フェカンの彼の所有地にトリニテに献げられた女子修道院を建設するよう促した。夢からさめたヴァニングスはただちにルアンのアウドイヌスのもとへ赴き、彼の助言で国王クロタール三世に拝謁し、修道院建設の許可をえた。修道院完成の祝別の日にはガリアの諸司教が集まり、既に三六六人を数える修道女も参列したという。

以上が建設のあらましである。この伝記では、修道院の敷地はヴァニングスの所有地(possessiones)である旨が明示的に記されているが、もうひとつのより多くの情報を含んだ新しい伝記では、この点が必ずしも明らかではない。それというのも、新しい伝記によるとコー地方のこの地はヴァニングスに beneficium として与えられたのであり、[83] かつヴァニングス自身この地方の出身ではなく、ピカルディの Ham 地方の生まれであったと思われる形跡があるからである。[84] また、そもそもヴァニングスの所有地であることを前提とする古い伝記での、国王による同意のもつ重要性にいささか奇異の感があったが、新しいそれでは「わが富と汝の富をもって、汝が当初構想したのよりさらに完全なる皇帝の壮麗な館を建てよ rebusque meis et tuis summum imperatoris palatium quam maturis gloriosiusque valueris, construe」[85](第五章)というクロタール三世の言葉に見えるように——summum imperatioris palatium はコンテクストからして修道院の比喩と考える他はない——建設にあたっての国王の物質的寄与がほのめかされている。さらに同じく、新しい伝記にはこの修道女の館の落成式典へのクロタール三世自らの出席という、異例の描写が加わっている。[86] われわれは仮説として、ヴァニングスのその役職上利用しうる国王に帰属する資財を用いての、王領地への修道院建設を提起しておこう。

セット・ムール修道院は、七五〇年七月二〇日の日付をもつパリのサン・ドニ修道院と同修道院とのディエップ地方にある Curborio なる土地の帰属をめぐる係争の裁定書の中に、一方の当事者として姿を見せている。これは女子修道院で院長の名前はラガナ Ragana であった。この修道院が七五〇年以前に建設されたという以外は不明である。[87]

ブレ地方のサン・セール修道院は、八三三年のサン・ヴァンドリーユの院長アンセギーズの遺言状で一〇ソリドゥスの遺贈が約束されている。[88] コシェ師によれば、建設者で守護聖人のサルウィウスの素姓をめぐって、五八四年に死没した同名のアルビ司教説と七世紀のアミアン司教説とが対立しているという。[89] 地理的条件を考慮すれば七世紀のアミアン司教と見るべきであろう。[90] 修道院建設の経緯は不明である。同じくブレ地方にあるサン・サーンス修道院は、アイルランドから渡来したシドニウスなる人物によって、六八四年から六八五年の間に建設された。[91] 彼は長い間、ジュミエージュの創建者フィリベルトゥスに仕え、宮宰エブロインが中心となった権力闘争の渦中で、フィリベルトゥスがエブロインを支持するルアン司教アウドイヌスと対立してネウストリアを去り、ロワール河口に新たにノワールムティエ修道院を建設した時、給養を担当する倉係(cellarius)をつとめた。[92] ノワイヨン司教区の Ourscamp にあるシトー派修道院から出た手稿本は、はるか後代にフィリベルトゥス、アウドイヌス、アイカルドゥス、レウトフレドゥスなど、彼が生前に親交のあった諸聖人の伝記から関連部分を抜き出して作った二次的編纂物で、独自の情報をほとんど含んでいない。[93] わずかに、テウデリク三世が王領地の一部を建設用地として提供した事実が新たな知見としうるのみである。[94]

ヴァレンナ修道院は、七世紀後半にリベルトゥスなる人物によって建設されたと推定されている女子修道院である。[95] 先に挙げたシドニウスや、エヴルー Évreux 近郊のラ・クロワ・サン・トゥアン修道院の建設者レウトフレドゥス(七三八年没)らと、このリベルトゥスは同時代人であった。一二世紀初めに『教会史』を著わしたオルデリクス・ウィタリスの時代には、このリベルトゥスの伝記が存在していたことを窺わせる記述があるが、現在では失わ

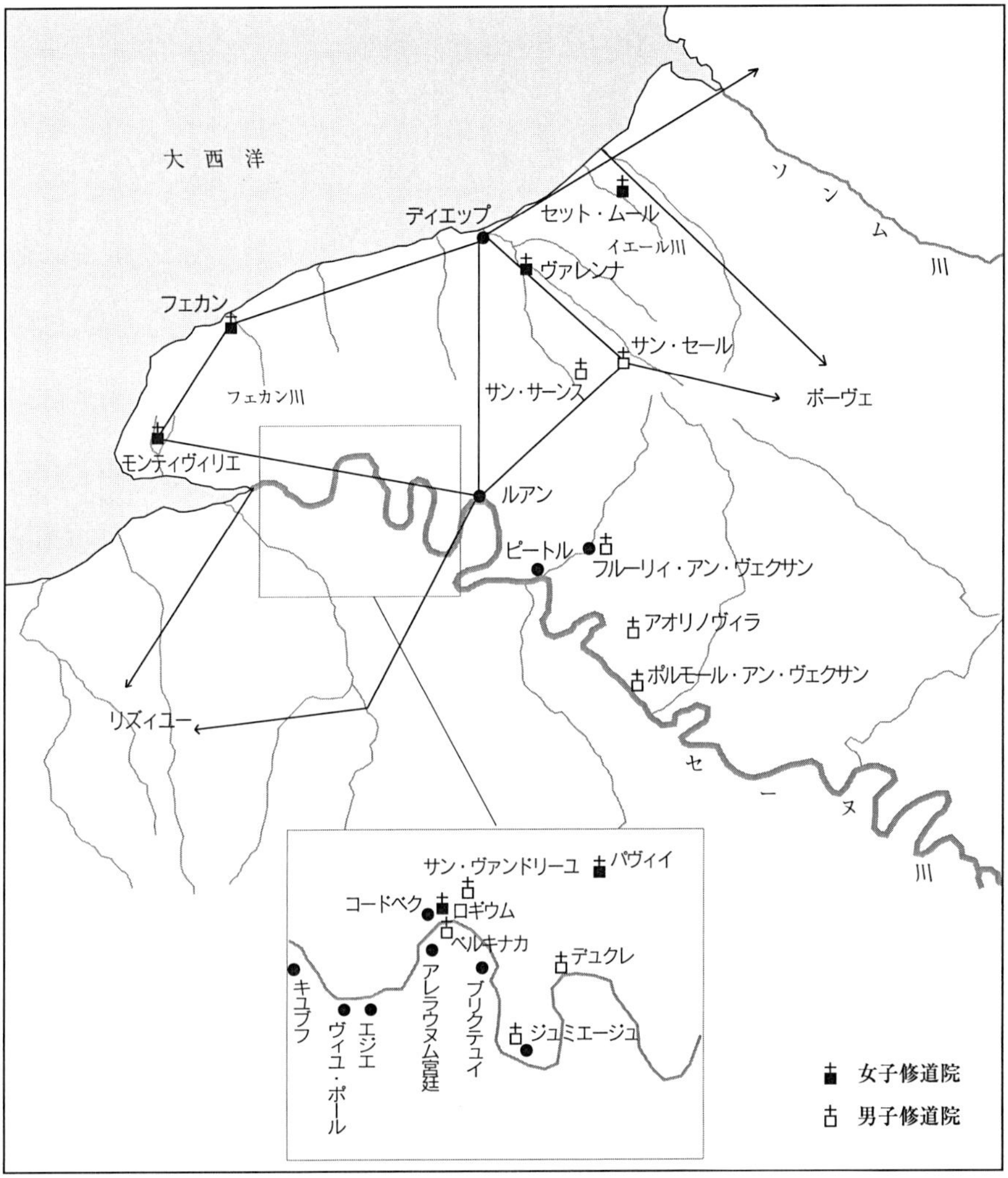

図 10　ルアン司教区関連地図

れてしまっている。[96] リベルトゥスがこの修道院に埋葬された事実は『院長事績録[97]』に記されており、確実と言えよう。この修道院の所在地はルグリ、それに最近ではL・ミュッセなども、ブレ地方のトルシィ・ル・グラン Torcy-le-Grand を候補地に挙げている。[98] このヴァレンナ Varenna には王領地があったところから、王領地への建設が想定される。[99]

2　建設地の状況

ほぼ半世紀ほどの期間内に、ルアン司教区に建設された修道院は確実にその存在が史料上確認されるものだけでも、上述のごとく決して少ない数ではない。この他にコシェのリストには、これとほぼ同数の中世初期における修道院の存在を伝承としてもっている場所が挙げられている。[100] われわれがその建設の態様について触れた修道院の、ほぼ三分の二がノルマン人の侵攻によって壊滅的な打撃を受け再生することがなかった事実を考えるならば、小規模で名だたる聖人をもたなかった修道院が、土地の伝承にわずかにその存在の名残りをとどめるにすぎないとしても、なんら異とするに当たらない。

さて、こうした修道院が一体どのような場所に建設されたか、その地誌的状況を把握することは、この現象の意味を解明する上で根本的に重要である。

建設地の状況が最もよくわかっているのは、サン・ヴァンドリーユ修道院の事例である。先に紹介した『院長事績録』によれば、建設地は Bothmariacas と称される土地で、もともと王領地であったのを Rothmarus なる人物が国王ダゴベルトから譲与され、開発したものであった。[101] 地名と開発主の名前との類似が注目されるが、ラポルトによれば、開発主の正確な綴りは Botmarus であった可能性が高い。[102] もしそうであるとすれば、この土地の名称は六世紀末か七世紀初頭の開発領主に由来し、したがってそれ以前の人間の定住の不在を推定せしめるわけである。だがヴアンドレギシルスと甥のゴドがこれを入手した時点では、開発後少なくとも一世代を経て、人が住める土地となり――人々の定住が見られた――、おそらく平均以上に所領としての経済的価値をもっていた。それゆえにこそ、宮宰エルキノアルドゥスは開発主の息子からヴェクサン地方の所領と交換してまでこの土地を入手し、またそれだからこそ、おそらく彼は売却という形でしかヴァンドレギシルスらに、その譲渡を認めなかったのである。[103] たとえ売却という仕方であるにせよ、宮宰にこの所領を手放させるにあたっては、死に至るまでネウストリア王国の最有力の国王顧問であり続けたルアン司教アウドイヌスの関与があったのは確実である。ところで、この土地がRothmarus(=Botmarus)の開発以前は全くの荒蕪地、森林であったかというとそうではなく、開発以前からあった朽ち果てた水車の残骸(molendinum in ruinam positum)が示すように、[104] おそらくはローマ時代のウィラであった。ただローマ時代の地名が完全に消滅してしまうほど、長期間の定住の断絶状態があったのである。

ジュミエージュは既に述べたように、王妃バルティルドの要請と指示によって選ばれた場所である。河口から大きく蛇行するセーヌが、北から南へ、そして南から北へと袋状の弧を描く、二つ目の「コブ」の中央西側に修道院が位置する。東西と南をセーヌの流れで区切られた、周囲約二六キロの敷地全体が修道院に属したのは蓋然的である。ジュミエージュの語源となった古語Gemmeticum[105] がラテン語のgemma(宝石)を連想させ、そこから『聖フィリベルトゥス伝』の作者は、この地の景観描写のための多くのファンタジーを紡ぎ出している。[106] この修道院が当初から繁栄をみたのは確かのようで、フィリップ・オギュストの治世に書かれたと推定されている『ジュミエージュのサン・ピエール修道院年代記』は、フィリベルトゥスの時代に、既に九〇〇人の修道士と一五〇〇人の使用人(servientes)を数えたと伝えている。[107]

この地での交易のにぎわいは、創建者の伝記で次のように描かれている。「往来の唯一の形態は川による。川を遡る時は海の力が運び、泊りに戻る時は水の力が自然と運んだ。船のおかげで取引は栄え、四輪荷車で来る者、あるいは徒歩で、また馬で来る者、二輪荷車や小船でやって来る者、ほとんど誰もが目あての物を手に入れることができた」[108]。先の一五〇〇人という servientes の数は、こうした取引に従事するジュミエージュの俗人を含んだ数ではないだろうか。ともあれこの地が修道院建設以前から一定の人口をかかえていたことは、河川交易と航行の諸条件の恒常性から推定されるのである。この地でのローマ時代の貨幣の出土はそのしるしと言えよう[109]。近年E・ジェイムズは、メロヴィング朝期の修道院に一定の理想的なプランが見当たらない理由として、農村では古代のウィラ、あるいはその遺構がしばしば修道院に転用されたためであるという興味深い仮説を再び提起したが[110]、ジュミエージュの修道院もこうした転用ウィラの系列に入る。創建者の伝記は、この地に古代の建築物―― castrum ――があった事実を述べており(ibidem castrum condiderunt antiqui)[111]、同修道院の敷地がローマ時代のウィラ・コンプレックスであったことを窺わせる。

フェカンのラ・トリニテ女子修道院は海峡から一・五キロほど陸に入り込んだフェカン川のつくる谷が、コー台地から海に向かって開く南斜面の台地に位置し、現在では市の中心部となっている。ヴァニングスがこの修道院を建設した七世紀中葉のフェカンの状況は、現在までのところほとんど闇につつまれている。だが考古学は、フェカン市内で発掘されたラエティの墳墓の副葬品から、四世紀末から五世紀前半にかけての、この地へのフランク人の定住と彼らのライン・リーメスとの交流を教えてくれる。また八世紀以降については、同じく考古学がイングランドその他との交易を明らかにしている[112]。ただ七世紀に関しては、今までのところ「層」が明らかにされていない。しかし、われわれはかなりの確実性をもって、古代以来のフェカンにおける定住と交易地としての連続性を想定することが許されると考える。ひとつには、フェカンが他ならぬヴァニングスのコー地方統治の中心拠点となっていること[113]。またヴァニングスの古い方の伝記で指摘されている、彼の聖女エウラリアへの熱心な帰依は、この聖女の崇敬の中心アクイタニアとフェカンとの海を通じての交流を容易に推定させるからである。彼が自ら建設した修道院の初代の院長にすえたのは、ボルドーのサン・テウラリィ修道院にいたヒルデマルクであった[114]。

同じく女子修道院のモンティヴィリエおよびパヴィイもローマ期以来の集落か、あるいはそのすぐ近くに建設されたと考えてよい。モンティヴィリエは oppidum というある種の防禦施設を備えた集落を意味する言葉で示され、また Villare という地名は大規模ウィラからの派生集落を起源としていることを窺わせる[115]。ちなみに、モンティヴィリエはセーヌ河口に面したローマ時代の海港 Caracotinum (=Harfleur) に隣接している。

パヴィイは『聖フィリベルトゥス伝』第一九章と、『聖女アウストレベルタ伝』第三章で、それぞれ Pauliacum、Pauliacus と称され[116]、また後者では fundus と形容され、いずれにしてもローマ期の大所領に起源を発することが窺える。おそらく所領主で修道院の建設者の Amalbertus はネウストリアの高級貴族で、モンティヴィリエ修道院の敷地提供者で宮宰のワラトなどとともに、七世紀後半の政争に深く関わっている人物である。それはともかく、コシェによればこの大所領の中心集落からは帝政前期、および後期いずれの貨幣も出土し、またメロヴィング朝期のものと思われる PAVLIACO VICO の銘をもつトリエンス貨も見つかっている[117]。

ヴェクサン地方のアオリノヴィラ修道院も、その名称から所領内に建設された修道院であろうと思われる。デュクレ、ロギウム、ポルモール・アン・ヴェクサンの三修道院はセーヌ川に沿った街道に位置し、陸上交通、河川航行の拠点にある。またセット・ムール女子修道院はローマ期以来の集落 Le Catelier と、同修道院がパリのサン・ドニ修道院とその領有権を争ったところの Curborio vicus と隣接している[118]。フルーリィ・アン・ヴェクサン修道院は、パリとルアンを結ぶ街道がアンデル川を渡る地点にあり、救貧院を前身としているところから、多分 vicus と称される定住地が近くにあり、一定の人口をかかえていたにちがいない。

一八世紀には水没してしまった、コンデドゥスが小修道院を建てたベルキナカ島でさえ、他に土地の所有者がいたのである。『聖コンデドゥス伝』Ex manuscrito Rubrae Vallis の第七章には、Schiwardus なる名前のきわめて富裕で高貴なる人物が、小さな土地をこの島に所有していたが、六七五年にそれをこの聖人に寄進した事実が語られている。[119] サン・サーンス、サン・セール、それに女子修道院ヴァレンナについては立地の具体的状況を知るための史料がない。しかしこれらがいずれも、海港ディエップからボーヴェ、およびルアンに通ずるルート沿いに立地しているところから、付近への定住地の存在は蓋然的である。

さて以上の建設の経緯、建設者および建設地に関する事例を通じて見てとれる、七世紀後半ルアン司教区における修道院建設の特徴について、若干の敷衍をまじえてまとめておこう。

まず建設の経緯、態様が多少なりとも史料で言及されている八修道院(サン・ヴァンドリーユ、ジュミエージュ、ラ・トリニテ、モンティヴィリエ、パヴィイ、ベルキナカ、フルーリィ・アン・ヴェクサン、サン・サーンス)のうち、国王権力あるいはそれに準ずる宮宰権力の関与が全く認められない例は、Amalberrus によるパヴィイ修道院の創設のみで、他の七つの場合はなんらかの公権力の寄与があった点が指摘されるであろう。だが寄与の内容は変化に富んでおり、ジュミエージュのように王権の側から創建者に自発的に働きかけ、土地を提供し建設を促したような全的な関与が認められるものから、サン・ヴァンドリーユの事例に見られるように、建設者が金銭によって買得した土地に、かつてそれが王領地であったという理由から形式的な承認を与えるだけの、わずかな寄与までまちまちである。仮に「王権による修道院建設」の内容を理念型的に、王の側からの自発的働きかけによる、そして王領地への国王資財による建設というふうにとらえてみるならば、この理念型に完全に合致する事例はわれわれの修道院の中にはひとつもない。そもそも敷地はともかく、建設費用がどこから調達されたかに関して聖人伝作者はきわめて寡黙である。フェカンのラ・トリニテの建設について『聖ヴァニングス伝』の異本の第五章がクロタール三世の言葉として、「わが富と汝の富をもって」と、国王の一部出費をほのめかしているだけである。もっとも先に指摘したように、われわれの仮説ではこの文言はそのまま字義通りは受けとりがたいのだが。あるいは中世初期の修道院の建築的水準が多大の出費を要求するようなものではなかったための、伝承の中での欠落に由来するのであろうか。だがサン・ヴァンドリーユは当初からサン・ピエール、サン・ポール、サン・ローランの三教会を有し、主教会のサン・ピエールは長さ二九〇歩、幅三七歩の規模をもっていたし、[120] またジュミエージュは三ないし四つの建物から成り、石造で一部は塔とアーチ構造を有していた。最大の建物は修道士の居住区画で、長さ二九〇歩、幅五〇歩の規模である。[121] その建設には莫大な費用を要したはずである。もしこの点が聖人伝作者の故意の言い落としに起因する欠落であるとすれば、その理由は推測できなくはない。修道院の建設に際して、仮に王権の全面的な物質的援助があったとしても、それをそのまま述べることは、聖人の影を薄くしかねないとの危惧と配慮は当然働いたであろう。

これにたいして、ほとんどすべての事例を通して明白なのは、人跡の稀な荒野や荒蕪地への立地が見当たらない事実である。この点は、この時期のルアン司教区の修道院建設現象の意味を正確に理解する上で重要である。修道士の労働によって未開の地を耕し、定住の拠点を創り、耕地を拡大し、といった真の意味での開拓としての性格を、これら一連の建設活動はもっていない。立地の状況が判明しているすべてが、既存の集落の近くか、あるいは既に十分に整備された所領(サン・ヴァンドリーユ、パヴィイ)または何世代か前に廃棄されたものの潜在的なウィラ組織を残している所領(ジュミエージュ、ベルキナカ、モンティヴィリエ)に建設されたのである。全体で五分の二を占める女子修道院の多さが、こうした確認を補強してくれる。[122] なぜならば、女子修道院は安全のために、既にある一定の人口を擁する定住地の近くに建てられるのが原則であり、[123] また修道女は農業労働に従事して食糧を自給することをしないために、交換の場に近接していることが不可欠だからである。[124] 勿論これら修道院の建設が、既に一定の人口の定着を見た集落の存在を前提とし、また ex nihilo からの開発でないからと言って、そのことによって建設のもつ宗教的・経済的意義を過小に評価してはならない。農村地方のキリスト教化に果たしたその役割は聖人伝のいたるところに散見され、自明であるとしても、とりわけ数世代前から荒廃しているローマ期のウィラ——王領地からの敷地の賦与は原則としてこのような土地と理解すべきである——を再開発することによって、地域経済の充実と組織化に大きく寄与した可能性を忘れてはならない。七世紀の経過中に北ガリアだけで約一八〇の修道院が建設された事実を指摘したが、その立地における荒廃したローマ期のウィラの再占取は、ルアン司教区を越えてかなり一般化しうる事実だけに、[125] この時期開始される大所領の古典荘園制的編成という現象と併せて、この事実を特に強調しておこう。したがってルアン司教区に関して、若干の所見をつけ加えることが許されるであろう。

ルアンとボーヴェ両司教区の境界に位置するサン・ジェルメール・ド・フリィ修道院は、六四四年ころルアン司教アウドイヌスによって場所の選定がなされ、ゲレマルスによって建設された修道院だが、『聖ゲレマルス伝』によれば、この土地は Flaviaceum (=Flaviacium) という典型的なローマ人名に由来する地名で、ローマ期以来のウィラであったのは確実である。この locum heremorum は、しかし「四〇年前から無住の地であった」[126]。四〇年前には生活の営みがあったのである。この事実は、聖人伝に出てくる eremus をあまりに聖書的に理解してはならないことを示唆しているように思われる。無住の地、とりわけ以前の所領跡であれば、法的には本来 fiscus に帰属している。だがこの場合は王による許可の言及がなく、天から降りて来た雲からつき出された棒が四辺の計測を行ない、敷地を設定した。聖人伝に見られる、超自然的な力による教会や修道院の敷地の設定は、この種の廃棄された土地や所領の、王の承認を経ない形での占取の正当化を意図するトポスではなかろうか。一一世紀に書かれた作者不詳の『フエカン修道院建設縁起』は、ヴァニングスが修道院を建立した場所が、かつて大公アンセギススが狩猟の最中、白い鹿が弧を描いて区切ったのを啓示と見なし木造の祭壇をたて、以来聖域となっていた土地であるという。[127] ヴァニングスはこの地の利用を王に許可されたわけだが、ここにローマ以来のウィラの廃墟があったという想定は魅力的である。

四　河海利用の諸相

ルアン司教区の諸修道院は、他の地方のそれに比して水上交通との関わりが密接なのがひとつの特徴で、関連する聖人伝は水の匂いと海の香りに満ちている。ところでヴァンドレギシルスにせよ、フィリベルトゥスにせよ、ガリアのみならずイタリアまで足を伸ばし、無数の修道院を訪ね歩き、聖書や修道戒律にとどまらず修道院経営の実際的知識を貯えた人物である。アウドイヌスは若い頃スペインまで旅をし、この地で旱魃に苦しむ人々のために降雨の「奇蹟」を起こした経験をもち、サン・サーンスの創建者シドニウスはイングランドから渡来し、アウドイヌスに従ってローマまで赴いた。こうした人々の多様な見聞は修道院の所領管理の方法と技術から、農業の分野での革新にまでわたるのは言うまでもなく、それが周辺の世俗所領や農民にまで影響を及ぼすのは十分予想される。だがわれわれの聖人伝は、その性格上こうした局面での動きには無関心であり、わずかにサン・ヴァンドリーユのアンスベルトゥスが修道士の頃、創建者にすすめて同院から一キロほど南に葡萄畑を開発させた事実が史料に見えるだけである。[128] これにたいして海や河川の利用の様相に関してはふんだんな記述がある。輸送路としての河川の利用は、川の流れに抗しての遡行に大きな問題が出てくるのは言うまでもない。ところが河口に近いセーヌ川流域では、大西洋の潮の干満によって生ずる海水の逆流という自然現象が、動力機をもたない近代以前のセーヌ水運に恰好の遡行手段を与えていた。海嘯《かいしょう》と呼ばれるこの自然現象は、『院長事績録』の中で、旧約的な天上の川ゲオンと、エジプトのナイルの流れを隠喩として、詩的に描かれている。だが『聖コンデドゥス伝』の作者は、より散文的なスタイルで具体的かつ有益な情報を提供してくれる。それによれば、「海水は一日に三度干満があって、その水はいたるところ少なからざる影響を及ぼす。その力はセーヌの水に沿ってこの島〔ベルキナカ〕の東方四〇マイルも遡ってPistasと呼ばれる場所まで及んだ」[129]。Pistasとはルアンの南東一二キロにあり、アンデル川がセーヌに注ぐ地点に位置する王領地ピートルとして知られる所である。この伝記の記述が正しいとすれば、ルアンもこの自然力によるセーヌ遡行の範囲内に入ることになる。河口のキユブフQuillebeufを出発点として、最初の満潮で古代ローマの街道がセーヌと交差するヴィユ・ポールVieux-PortあるいはエジエAizierまで遡り、第二の満潮でコードベクをすぎてブリクテュイBliquetuitまで遡行し、そして第三の上げ潮で出発点から水航して三八キロのジュミエージュに到着するのである[130]。

それぞれの泊りが交易の場となったのは言うまでもない。ジュミエージュほど河口から離れていても、上げ潮の激しさは相当で、この修道院の港はしばしば船が損害を蒙ったところから「地獄の桟橋Quai d'Enfer」と称されることになる[131]。途中のコードベクの近くには「サン・ヴュルフランの港Port de Saint-Vulfran」と呼ばれる石造の岸壁があった[132]。ウルフラヌスはサン・ヴァンドリーユの修道士であり、これは同修道院に帰属する港であったと推定される。逆流する水力に乗っての遡行では、ルアンまで二日の日時を要した。遡行の限界点ピートル周辺には多数の王領地が確認されるが、船で運ばれた積荷は一部がここから陸路を辿り、ノルマンディ西部、イル・ド・フランスへ運ばれたと思われる。

セーヌ河口から下流一帯は遠浅のせいで豊かな漁場を成した。その豊富なことは、他の川から漁師が出かけて来るほどであった。『聖フィリベルトゥス伝』では、体長一五メートルもの鯨を何頭も捕え、食料と照明用の鯨油を得た逸話が語られているが、ミュッセの主張するように[133]、恒常的に捕鯨が行なわれたかどうかは必ずしも明らかではない。

前節で引用した『聖フィリベルトゥス伝』第八章に見えるジュミエージュ近辺のにぎわいの描写は、水上輸送と陸上のそれとの結節点でもあった、この地での取引の活発な様相を示すものである。この修道院の繁栄のさまは十分の一税としてもたらされた銀の多さからみてとれる。[134] この十分の一税は、農業や手工業の生産物だけでなく、商人もその利益にたいして支払うべきとの議論が九世紀初頭のオルレアン司教テオドゥルフスの教区民あての指令書に見えるが、[135] それがカロリング朝期の創造物でないのはノワイヨン司教エリギウスの作と伝えられる説教にも見えているところから明らかであろう。[136] フィリベルトゥスは年ごとに増える十分の一税収入の用途として、貧者への食糧供与とイングランドでの奴隷の買戻しを考え、そのための特命を帯びた修道士を派遣した。その際彼は修道士に、普通俗人が支払うよりも高い代価を提示するよう命じ、「イングランドではこれを喜んだ近隣の住民と、正当なる労働の成果についても聖なる取引が急増した」のであった。[137] 修道院が独自にデナリウス銀貨を造幣していたのも、[138] 商取引におけるこうした中心的機能によるものと思われる。フェカン修道院初代の院長ヒルデマルクをボルドーから連れて来たのは、「修道院の用事」で定期的にボルドーに赴くサン・ヴァンドリーユの修道士シンダルドゥスであった。[139] またテウデリク三世の時代にサン・ヴァンドリーユは灯明・照明用のオリーブ油その他を得るために、リヨンの南ドンゼール Donzère に王領地を獲得し、そこに修道士を常駐させた。[140] こうしたことから、この修道院もジュミエージュに劣らず、流通活動に手を染めていたことが推測されるのである。

ジュミエージュの院長フィリベルトゥスは、宮宰エブロインへの対応でルアン司教とたもとをわかち、六七七年半ば追放のかたちでポワティエ司教アンソアルドゥスのもとに身を寄せた。[141] そして同司教の援助のもとに、ロワール河口に近い大西洋に浮かぶエリオ島にノワールムティエ修道院を建設するのである。[142] この人物の海への志向は意識的なものであったと思われる。この折、幾人かの修道士をジュミエージュから連れて来ており、この新天地にセーヌ河口のそれのように交易の組織を作り出すのに時間はかからなかったのであろう。『聖フィリベルトゥス伝』の第二七章から二九章にかけては、このノワールムティエ修道院の交易活動の様子を窺わせる記述が続いている。すなわち第二七章ではオリーブ油が底をついた折、祈りによってボルドーの友人から贈られた四〇モディウスの油を積んだ船の入港の知らせがとどいたこと、[143] 続く二つの章ではイングランド、アイルランドからの船の到着が語られ、とりわけ後者では様々の品物、なかでも靴と衣服とを大量にもたらしたと述べられている。[144] ボルドーからの船が港(portus maris)に入り、イングランド、アイルランドの船が海岸に直接乗りあげる(in litore, ad litus)タイプであることが示唆されていて興味深い。二つの構造を異にする船の類型は二つの異なる交易圏の存在を物語るものであろうか。

宮宰エブロインの失脚後、フィリベルトゥスはルアン司教アウドイヌスと和解し、再びジュミエージュを掌握するのだが、同じ院長をいただくこの二修道院が、交易面で無関係であったとは考えにくい。ほとんど時を同じくして、サン・ヴァンドリーユも院長ラントベルトゥスの命を受けた修道士エルメランドゥスの努力で、やはりロワール河口に近いナント地方のアンドル島に修道院を建設しているのは、[145] きわめて示唆的である。南西ガリアからセーヌ河口地帯へ至る一般的ルートはロワール河口まで海路をとり、その後はメーヌを経てノルマンディ西部を北上する陸路をとったものであろうか。ルアン司教アウドイヌスもスペインからの帰途、こうしたルートを辿った可能性がその伝記から窺える。[146] フランク王国から自立した勢力となりつつあったアクイタニアの心臓部を回避し、そしてブルターニュ半島をまわるというのが航海上危険かつ不必要に長い日数を要する点を考えるならば、これは妥当なルートと言えよう。南から直接セーヌ河口まで達する海路は以前あったにしても、七世紀末にはそれほど一般的ではなくなっていたのではなかろうか。

五　修道院建設の地理的分布とクロノロジー

われわれは第三節で、七世紀後半におけるルアン司教区の修道院建設が、絶えて定住の皆無な荒蕪地にではなく、まず例外なく一定の人口をかかえた集落に近接して、あるいは大所領そのものの中に行なわれたことを確認した。したがってルアン司教区という地理的枠組の中で、その建設を年代的に跡づけることによって、この地方における定住と流通の発展の概要と、もしあるとすればその傾向も把握しうるのではないかと想定される。そこで一五修道院について主に建設年代を中心に検討してみよう。

多少とも具体的に建設時期を特定できるものの中で、最古の修道院はサン・ヴァンドリーユである。『院長事績録』ではキリストの降誕六四五年三月一日に建設が始まったと記されている。[147] しかし同時に挙げられている教皇マルティヌス(一世)の在位期、および東ローマ皇帝コンスタンティヌス三世と国王クローヴィス二世の統治開始年の紀年法、すべてがことごとく食いちがっていて、手のつけられぬ状態にある。[148] 結局最も身近なクローヴィス二世の統治年次を基礎にすべきであるという、Ｅ・ヴァカンダールの意見が通説となって、[149] その一一年目、すなわち六四九年三月一日を建設開始の年とする説が一般に受け入れられている。われわれは一応六四五年から六四九年の間と見ておこう。

これに続くのはジュミエージュと思われるが、その年代はいかなる中世初期の史料によっても具体的には示されていない。既に見たように、クローヴィス二世がジュミエージュを建設地に選んだのは、王妃バルティルドの申し出によったのであるから、両者の結婚、すなわち六四九年以後ということになる。一二世紀の『ジュミエージュのサン・ピエール修道院年代記』の作者もその年代を知らない。「六四九年聖フィリベルトゥス名声をうる DCXLIX Sanctus Philibertus claruit」[150] と記すだけである。『聖フィリベルトゥス伝』には、聖人伝の通例にしたがって一切の年代的与件が欠けている。この伝記の編者Ｒ・プパルダンは、マビヨンの説として六五五年を挙げている。[151] またコシェによれば六五四年説が通説とのことだが、その根拠は明らかにされていない。[152] われわれは差しあたり、六五四年から六五五年と考えておこう。サン・ヴァンドリーユの姉妹修道院たるべき構想下に建てられたロギウムの女子修道院も、ほぼこの時期前後の創建と見られている。[153]

フェカンのラ・トリニテ修道院が、おおよその次に来る世代で、『聖ヴァニングス伝』の異本によれば、同修道院が完成後ルアン司教とヴァンドレギシルスに委ねられたとあるところから、後者の死(六六八年)以前に存在していたのは明らかである。カロリング朝期に書かれた新しい『聖ヴァンドレギシルス伝』、すなわち再伝にもとづく解釈では六六四年である。[154] また、もっと古い時点を主張するのは『ガリア・クリスティアーナ』で、六五八年をとっている。[155] 結局決め手がない以上六五八年から六六八年という幅をもった年代設定にする他はない。

デュクレ修道院もそれ自体として建設年代が知られていない。前に述べたようにサン・ヴァンドリーユとジュミエージュの両修道院の間で、ジュミエージュの森の領有について境界紛争が生じた折、ルアン司教アウドイヌスの配慮で森の一部がこの修道院に賦与されたことがあった。それはラントベルトゥスがサン・ヴァンドリーユを治めていた時期である。この係争事件のエピソードのすぐ前の章では、この争いのもとになったジュミエージュの森のキルデリク二世によるラントベルトゥスへの賦与の事実が述べられ、それが彼の院長在任五年目、つまり六七三年であるから、これからあまり隔たらない時期に調停がなされたとの前提に立てば、デュクレ修道院は遅くとも六七三年以前には存在していたことになる。[156]

イングランドから渡来した修道士コンデドゥスによって創建され、後にサン・ヴァンドリーユに寄進されたベルキナカ修道院は、『聖コンデドゥス伝』の異文によれば、先述したラントベルトゥスのサン・ヴァンドリーユの院長在任期の建設になるから、[157] 後者がリヨン司教へ転出する六七七年以前ということになろう。[158]

アマルベルトゥスが建設し、フィリベルトゥスがその管理を委ねられたパヴィイ修道院の建設は、ジュミエージュの創建からさほど経ない時期に行なわれたと見られる。ひとつには、パヴィイのそれが女子修道院として、サン・ヴァンドリーユとロギウム修道院の関係のように、姉妹修道院として建設された形跡があるからである。フィリベルトゥスがその修道院長としての最初の経歴を飾ったのが、モー地方の男女複合修道院ルベであった事実を想起しよう。[159] 建設は六六〇年前後と推定される。ワラトからの土地寄進を受けて、フィリベルトゥスが建設したモンティヴィリエは、彼の死の直前六八四年頃の創設ということで諸家の見解は一致している。[160]

サン・サーンス修道院の創建者シドニウスは、フィリベルトゥスの弟子としてノワールムティエの維持に大きな役割を果たした人物だが、彼がブレ地方にその名をとることになる修道院を建てたのは師の死後であり、また建設にはルアン司教アウドイヌス(六八六年没)も関与しており、その生前ということで、六八五年頃と考えられる。[161]

アオリノヴィラとポルモール・アン・ヴェクサンの、ヴェクサン地方にある二修道院は、六九〇年の日付をもつVandemirusとその妻の遺贈文書の中に、それぞれVigurおよびAmalcariusなる修道院長名とともに登場し、少なくともこの時点での存在が確認される。つまり建設年代は六九〇年以前ということになる。[162] だが六九〇年以前といってもサン・ヴァンドリーユやジュミエージュの建設時期にまで遡るとは思えない。フルーリィ・アン・ヴェクサンは、修道院としての創建が七〇三年から七〇四年にかけてである。[163]

修道女を擁するヴァレンナは、エヴルーの聖人レウトフレドゥスの伝記に見え、[164] この人物が七世紀末に活動しているところから、この時期には既に修道院として存在していた。セット・ムール女子修道院は前にも触れたように、七五〇年の日付をもつピピンの証書に初めて登場する。それ以前のこの修道院に関する所見は全く存在せず、建設時期は七五〇年以前と想定しうるだけである。

同じくブレ地方のサン・セール修道院は、八三三年のサン・ヴァンドリーユの院長アンセギーズの遺言状で初めてその存在が確認される。守護聖人がおそらく七世紀のアミアン司教で、この地に埋葬されたものと考えられるが、七世紀のどの時点で同修道院が建設されたかは不明である。

ところで、これらの修道院の地理的分布についてであるが、三つの領域が区別される。第一はセーヌ河口のサン・ヴァンドリーユ、ジュミエージュを中心とし、総計六修道院が数えられる。第二はヴァレンヌ川とイエール川にはさまれた地帯――われわれはこれを大まかにブレ地方と称して来た――であり、全部で四つの男女修道院の建設が見られる。第三の領域はヴェクサン地方で、三つの男子修道院の建設が行なわれている。

こうした分布から指摘できるのは、沿岸部にフェカンとモンティヴィリエの二修道院があるものの、まずコー地方中心部に大きな空白部分が見られる事実である。中世初期のこの地方の定住史はまだ明らかにされていないが、流通の拠点となるような比較的大きな集落はあまりなかったと考えられる。第二は、この第一点と表裏の関係にあるわけだが、ほとんどが川に近接して立地し、ルアン司教区の歴史地理学的所見によれば、古い定住地と想定される場所に建設されたことである。これら古い定住地は当時の主要な街道で結ばれている。川は勿論セーヌのように主に交通の手段としての意味と、もうひとつ動力源、すなわち水車利用という観点からも考慮しておかねばならない。だがいずれにせよ第三節で指摘したように、七世紀後半のルアン司教区の修道院建設は、既存の定住地を地誌的な基礎としており、その意味で建設地の分布は、この地方における集落形成現象を映しだす鏡と言えるであろう。ネウストリア王国を横断し、その両端に位置する枢要な都市パリとルアンを結ぶ基幹ルートたるセーヌ川沿岸と、英仏海峡沿岸から歴史的に見てこの王国の心臓部たるソワソン、ボーヴェ地方に通ずるルートに位置するヴァレンヌ・イエール川地帯にフェカン、モンティヴィリエ両修道院を除いて(この二修道院の立地する集落もセーヌ・ルートにリンクしていた可能性が強い)、すべての修道院が見られるのである。

修道院建設地の分布が、定住と流通の充実度・活発化に対応するとして、それではこうした動きの地域的推移を、関係する修道院の建設年代から捉えることができないだろうか。修道院の建設は何よりもまず宗教現象であって、当該集落の社会・経済的成熟と、そこへの立地に一応の合理的連関があるにせよ、それ以外にも様々の要因が働くのは言うまでもなく、両者の間の時間的懸隔は決して一様ではない。にもかかわらず、一〇年、二〇年といった物差しで考えてみた場合、そこになんらかの動態を捉えられないだろうか。これが建設期のクロノロジーを整理しようとしたわれわれの意図であった。結果は聖人伝特有の年代的与件への無関心のために、良くて一定の幅をもった期間、そうでなければ建設時期の下限年代しか確定できなかった。にもかかわらず大きな動向として、セーヌ河口の主要な修道院、すなわちサン・ヴァンドリーユやジュミエージュ、およびその姉妹修道院またデュクレ、ベルキナカなどが、六五〇年代から六七〇年代にかけて建設が終わっているのにたいして、ヴァレンヌ・イエール川沿岸のそれは確定しうる最古のものが六八四年から六八五年頃のサン・サーンスであり、他は六九〇年以降の存在が確認されるのみという事実がある。言うまでもなく下限年代しか得られないものの中に、セーヌ沿岸のそれより古い創設年代を有する修道院がないとは断言しえない以上、われわれのこうした「確認」もあくまでも仮説的たるをまぬがれないのだが、ともかくもひとつの仮説として、セーヌ沿岸部の集落形成、とりわけ流通活動の活発化が、ヴァレンヌ・イエール川地帯のそれに若干先行し、後者の局面は、経済的・社会的現象が宗教現象に転化するのに一定の時間的経過を見なければならないとして、概ね六五〇年代以降に顕著な発展を見たと考えておきたい。

結　論

七世紀後半に、ルアン司教区にその建設が史料から確認される一五の修道院に関して、主として聖人伝によりつつ個別的な検討を加えたが、そこから以下のような帰結が引き出される。

史料から建設の経緯が多少とも明らかな事例に関して、そのほとんどに王権、「貴族」をはじめとする領主権力の関与が確認される。関与の具体的内容は、建設地や建設費用の提供から、建設の単なる形式的承認にいたるまで多種多様だが、いずれにせよ確実に言えることは世俗権力と関わりを持たない創建は知られる限り皆無である。次いで、より重要と思われるのは、建設場所として全くの荒蕪地ではなく、ローマ期の廃棄されたウィラ、あるいはその他の古代の居住施設の跡地が選ばれており、その限りにおいてこの地方の修道院建設運動は、ローマ期以後放棄された生産組織の再建という側面を持っていたことである。この場合、建設地が人里離れた僻遠の地ではなく、修道院建設以前から一定の人口を擁する集落に隣接するような場所であった事実にも注目しなければならない。とりわけ女子修道院は身の安全と生活資料の確保などの基本的要請からも、既存集落の内部もしくはそれと近接している場所への立地が求められた。

聖人伝史料の史料類型上の特徴として、時間的与件への無関心が挙げられるが、七世紀のルアン司教区の聖人伝も例外ではない。しかし、異なるカテゴリーの史料および伝記に登場する人物の生存、活動年代を手がかりにして各修道院の建設時期の再構成を試みると、きわめて概括的ではあるが建設地域の時間的推移が見てとれる。それによれば、建設は初めセーヌ河口地帯に始まり、時代を経るにしたがって漸次コー、ブレ地方へと移動していった。こうした動きは、修道院の立地が孤立した定住ではなく、先に述べたように集落と交換活動の存在を前提としている限り、ノルマンディ東部における集落形成と成長の時間的・地理的推移をも反映していると言えよう。六七〇年頃から、後にディエップの名を冠される海岸部から内陸部にかけてのヴァレンヌ・イエール間地域、およびさらに北東のソンム流域にかけて、サン・ヴァンドリーユ修道院が大量の土地集積を果たした事実が『院長事績録』から読みとれるが[165]、これはこの地方の農業、とりわけ流通面での発展と無縁ではなかろう。また七五一年頃のものとされる、宮宰ピピンのパリ、サン・ドニ修道院長フルラドゥス宛の証書には、まさしくディエップ周辺からブレ地方を通ってボーヴェに至る地帯に、同修道院の所領獲得の努力が、この時期以前に行なわれた事実が如実に示されている。[166]さらにルアンのサン・トゥアン修道院も、八七六年のシャルル禿頭王の確認証書によれば、この一帯にいくつかの所領を有し、それが遅くとも八世紀には獲得されていたのは確実といえる。[167]最後にソワソンのサン・メダール修道院も同じくディエップ局辺に古くから所領を持っていたと推定されている。[168] このように、パリ、ルアン、ソワソンといった司教座都市にあるメロヴィング朝期の名だたる大修道院が、ひとつの地域に錯綜して土地を有していた事実は、八世紀から九世紀にかけてのフランク王国有数の海洋交易地カントヴィック周辺の事情とも共通している。こうした現象は、対イングランドおよび北海沿岸地方交易の新たに成長してきた拠点としてのディエップと、それが周辺一帯にもたらした経済活動一般、とりわけ流通面での刺激を想定するならば納得されよう。興味深いのは、この地域がノルマンディ地方でも、マンス制度が最も定着を見た地方であるということである。[169]

ところでディエップに発するヴァレンヌ・イエール川のルートが、ボーヴェを経て、オワーズ、エーヌ川沿いのコンピエーニュ、キェルジィなどの末期メロヴィング、初期カロリング諸王の「宮廷」所在地にリンクしている事実も見逃してはならない。仮に、七世紀後半以降に顕著となるこの交易ルートの成長が、ますます頻繁となり恒常化した、王権のこれらコンピエーニュ地方の諸「宮廷」への滞在と相互関連があるとすれば、例えば「首都」パリからの王権の離脱、そしてこれら諸「宮廷」の遍歴という周知の事実も、安易に主張されているように、[170] 都市パリ衰退の帰結と理解することはできないし、ましてや社会全体の自然経済への傾斜を示唆するものとは言えない。コンピエーニュ地方への王権の移動が、この地方と接合する交易ルートを活発化させたという事実そのものが、そのことを雄弁に物語っている。ノルマンディ地方に出土した、fibula と呼ばれる衣服の留め金やピン、それにバックルについての考古学的研究は、七世紀初頭から上ノルマンディ（ルアン司教区）に普及したそれが、オワーズ、エーヌ、マルヌ流域を産地としていることを確認しているが、[171] それは両地域間での商品流通の存在の証言に他ならない。

この研究が考察の対象としたルアン司教区ばかりでなく、七世紀の三〇年代以降特に活発となる北フランス一帯における農村修道院の建設は、教皇グレゴリウス一世とアイルランド人伝道者聖コルンバヌスの伝道理念[172]が、時の国王、貴族、教会人、とりわけ俗人である前二者の間に巻き起こした宗教的熱意の賜であった。わけても異教崇拝が根強く残ったネウストリア農村部が、精力的な布教の舞台となり、支配層の内部に「田園志向」の思想を育んでいった。王権のパリからイル・ド・フランス北部の森と田園への移動は、こうした思想の派生作用のひとつと見ることができる。ところで、われわれの問題にとって重要な点は、こうした傾向が単に「好み」という次元にとどまるのではなく、その浸透にあたって政治的な根拠があったということである。実際、田園志向と表裏をなす反キウイタス(司教座都市)的動きが、この時期フランク王国の教会行政と王権の政策の中に、はっきりと読みとれる。例えばモー司教区におけるように、司教の影響力を可能な限り減殺するために、創建者が修道院を司教管区の周縁に建設したり、また教会法上それまで司教が掌握してきた修道院財産の管理と運営が、院長に委ねられるという形で、司教権力の制度的弱体化が図られた。加えて王権は、都市的環境の中で養成された聖職者の司教就任にことあるごとに忌避的態度をとり、王妃バルティルド(六三五—六八〇年頃)はその摂政期に、リヨン司教アウネムンドゥスを含む九人の司教を殺害させたほどであった[173]。これとは対照的に、その多くが貴族の出身で、宮廷官僚の経歴を持つ修道院出身者が、司教に登用された。司教座の権威の修道院にたいするこの奇妙な地盤低下は、九世紀の中頃まで続く。

こうした一連の動きが、揺るぎつつあった古代後期以来の、司教座都市を中心とする司教支配体制に大きな打撃となったのは想像にかたくない。だがこの現象が、当の司教座都市そのものの消長とは、全く無関係であった点は強調しておかねばならない。司教座都市は、周辺農村部の伝統的な交易集落(ウィクス)や新たに形成されつつあった修道院ブールなどと並んで、たゆみなく着実に成長しつつあったのである。

(1) A. Verhulst, La genèse du régime domanial classique en France au Haut Moyen Age, *Agricoltura e mondo rurale in Occidente nell'alto medioevo*, Spoleto, 1966, pp.133-160 参照。

(2) J. Lafaurie, Changement de l'unité monétaire vers 675: la renaissance du denier d'argent, Résumé des rapports présentés au colloque sur "*La*

Neustrie. Les pays au nord de la Loire de 650 à 850", Deutsches Historisches Institut in Paris, 1985, p.57.

（3）J. Stiennon, *Paléographie du Moyen Age*, Paris, 1973 参照。

（4）七世紀初頭から始まる修道院の司教支配からの自立、特権の獲得、六六〇年頃と思われる摂政バルティルドの命によるリヨン司教アウネムンドゥスをはじめとする九人の司教の殺害という前代未聞の事件はその象徴であろう。この問題については E. Ewig, Die Klosterprivilegien des Metropoliten Emmo von Sens: das Reichskonzil von Mâlay-le-Roi（660）und der Sturz des Metropoliten Aunemund von Lyon（661/62）, Hrsg. von G. Jenal, *Herrschaft, Kirche, Kultur. Beiträge zur Geschichte des Mittelalters. Festschrift für F. Prinz zu seinem 65. Geburtstag*, Stuttgart, 1993, pp.63-82 参照。

（5）J.-F. Lemarignier, Quelques remarques sur l'organisation ecclésiastique de la Gaule du VIIe à la fin du IXe siècle, principalement au Nord de la Loire, *Agricoltura, op. cit.*, pp.451-486 参照。

（6）H. Atsma, Les monastères urbains du Nord de la Gaule, *Revue d'Histoire de l'Église de France*, 1975, pp.163-187 参照。

（7）A. Dierkens, *Abbayes et chapitres entre Sambre et Meuse (VIIe-XIe siècles). Contribution à l'histoire religieuse des campagnes du haut Moyen Age*, Sigmaringen, 1985 参照。

（8）E. James, Archaeology and the Merovingian Monastery, ed. H. B. Clarke / M. Brennan, *Columbanus and Merovingian Monasticism*, Oxford, 1981 参照。

（9）それぞれの史料類型の独自性を明らかにし、その有効な利用の原則を確立する目的で、ベルギーの中世史家L・ジェニコによって始められた Typologie des sources du Moyen Age occidental の中に、今列挙した Hagiographie に属する史料ジャンルのうち、M. Heinzelmann, *Translationsberichte und andere Quellen des Reliquienkultes*, Turnhout, 1979 や G. Philippart, *Les légendiers latins et autres manuscrits hagiographiques*, Turnhout, 1977 のような研究がある。また聖人伝の史料類型を論じた最新の邦語文献として森洋「聖者伝」『中世の歴史観と歴史記述』創文社、一九八六年、一二九―一四九頁参照。

（10）M. Heinzelmann, Neue Aspekte der biographischen und hagiographischen Literatur in der lateinischen Welt (1.-6. Jh.), *Francia*, Bd.1, 1973, pp.27-44.

（11）M. Heinzelmann, *Bischofsherrschaft in Gallien. Zur Kontinuität römischer Führungsschichten vom 4. bis zum 7. Jahrhundert. Soziale, prosopographische und bildungsgeschichtliche Aspekte*, München, 1976 参照。

（12）R. Aigrain, *L'hagiographie. Ses sources, ses méthodes, son histoire*, Paris, 1953, p.109.

（13）*Vie de saint Martin de Sulpice Sévère*, éd., trad. et com. J. Fontaine, 3 vols. (Sources chrétiennes, 133-135), Paris, 1967-69; C. Stancliffe, *St.*

Martin and His Hagiographer. History and Miracle in Sulpicius Severus, Oxford, 1983 参照。

(14) J. De Ghellinck, *Littérature latine au moyen âge*, Paris, 1939, réimp. Hildesheim, 1969, 1ère partie, p.64.

(15) Aigrain, *L'hagiographie*, *op. cit.*, p.302.

(16) *Quellen zur Geschichte des 7. und 8. Jahrhunderts*, Übertragungen von H. Wolfram / A. Kusternig / H. Haupt, Darmstadt, 1982, p.396.

(17) *Vita S. Filiberti, Monuments de l'histoire des abbayes de Saint-Philibert (Noirmoutier, Grandlieu, Tournus)*, éd. R. Poupardin, Paris, 1905, pp.x-xi.

(18) Gregorii Turonensis Liber vitae patrum, *MG. SRM.*, t.1, pars 2, Hannover, 1885, Neudruck, 1969, p.662.

(19) Ionae vitae Columbani liber primus, *Quellen*, *op. cit.*, pp.406-407.

(20) Grégoire le Grand, *Dialogues*, I. Introduction, bibliographie et cartes, par A. de Vogüé (Sources chrétiennes, 251), Paris, 1978, pp.46-48.

(21) Aigrain, *op. cit.*, p.301.

(22) Gregorii Turonensis Liber vitae patrum, *op. cit.*, p.691.

(23) De Ghellinck, *Littérature latine*, *op. cit.*, p.66. ただしゲーリンクはクルシュの名前を挙げていない。だがこうした論者の代表が後者であったのは夙に有名である。なおルーテリアンとしてのクルシュの批判のイデオロギー性は、聖女ゲノヴェファ(ジュヌヴィエーヴ)伝の新たな評価をめざす M. Heinzelmann / J.-Cl. Poulin, *Les Vies anciennes de sainte Geneviève de Paris. Études critiques*, Paris, 1986 において明らかにされている。

(24) L. Van der Essen, *Étude critique et littéraire sur les Vitae des saints mérovingiens de l'ancienne Belgique*, Louvain, 1907, p.96 参照。

(25) Gregorii Turonensis Liber vitae patrum, p.727.

(26) *Quellen*, p.396 参照。

(27) Grégoire le Grand, *Dialogues*, *op. cit.*, pp.43-44, 124-125 参照。

(28) Dom H. Quentin, *Les martyrologes historiques du moyen âge. Étude sur la formation du martyrologe romain*, Paris, 1908, passim.

(29) この第七章は、おそらく九世紀にサン・ヴァンドリーユの修道士が、文書庫に保存されていたいくつかの寄進証書をもとに書いたものと思われる。

(30) 既に註9で指摘したように、「史料類型」叢書は細分化しつつある歴史学・文献学の広範な分野における現在の研究水準を知る上では不可欠であるが、残念ながら M. Van Uytfanghe に託されている聖人伝の分は、まだ刊行されていない。以下の行論は筆者の所見に限定されていることを断わっておきたい。

(31) M. Vieillard-Troiekouroff, Le sarcophage décoré d'une châsse gravée, provenant de Saint-Samson-de-la-Roque, au Musée de Saint-Germain-en-Laye, *La Normandie. Études archéologiques. Actes du 105e Congrès national des Sociétés savantes: Archéologie et Histoire de l'Art* (Caen 1980), Paris, 1983, p.268, n.6 参照。

(32) H. Guillotel, Les origines du ressort de l'évêché de Dol, *Mémoires de la Société d'Histoire et d'Archéologie de Bretagne*, 54, 1977, pp.31-68; J.-Cl. Poulin, Hagiographie et politique. La première Vie de saint Samson de Dol, *Francia*, Bd.5, 1977, pp.1-26; Id., A propos du diocèse de Dol: Saint Samson et la question des enclaves, *Francia*, Bd.6, 1978, pp.610-615 参照。

(33) M. Van Uytfanghe, Modèles bibliques dans l'hagiographie, éd. P. Riché / G. Lobrichon, *Le Moyen Age et la Bible*, Paris, 1984, p.453.

(34) 例えば Vita Audoini episcopi Rotomagensis, *MG. SRM.*, t.5, pp.553-567; Vita Austrebertae, *Acta Sanctorum* (以下 *AA. SS.* と略記) Feb. II, p.419-424; Vita Balthildis, *MG. SRM.*, t.2, pp.482-508; *Vita S. Filiberti*, pp.ix-liii, 3-18; Vita Wandregisili abbatis Fontanellensis, *MG. SRM.*, t.5, pp.13-24.

(35) Vita Ansberti episcopi Rotomagensis, *MG. SRM.*, t.5, pp.618-643; Vita S. Condedi ex ms. Ultrajectino S. Salvatoris, *AA. SS.* Oct. IX, pp.354-355; Vita Geremari abbatis Flaviacensis, *MG. SRM.*, t.4, pp.628-633; Vita Lantberti abbatis Fontanellensis et episcopi Lugdunensis, *MG. SRM.*, t.5, pp.608-612; Vita S. Waningi, *AA. SS.* Jan. I, pp.592-593 などがそうした作品として挙げられる。

(36) Van Uytfanghe, Modèles bibliques, *op. cit.*, pp.452-453.

(37) *Ibid.*, p.469; Vita Ansberti, *op. cit.*, pp.620-621; Vita Geremari, *op. cit.*, p.628 参照。

(38) Vita Austrebertae, *op. cit.*, p.420; Vita Lantberti, *op. cit.*, p.609; Van Uytfanghe, Modèles bibliques, *op. cit.*, pp.472-473 参照。

(39) M. De Certeau, *L'écriture de l'histoire*, Paris, 1975, pp.285-287.

(40) F. Lotter, *Severinus von Noricum. Legende und historische Wirklichkeit. Untersuchungen zur Phase des Übergangs von spätantiken zu mittelalterlichen Denk- und Lebensformen*, Stuttgart, 1976.

(41) 佐藤彰一「メロヴィング朝期聖人伝研究の動向――F・グラウス、F・プリンツの所説の紹介を中心として」『ポスト・ローマ期フランク史の研究』岩波書店、二〇〇〇年、八九―一〇八頁参照。

(42) A. Dierkens, Un aspect de la christianisation de la Gaule du Nord à l'époque mérovingienne. La «Vita Hadelini» et les découvertes archéologiques d'Anthée et de Franchimont, *Francia*, Bd.8, 1980, pp.613-628; Id., Le culte de sainte Rolende de Gerpinnes au Moyen Age. Hagiographie et archéologie, *Problèmes d'Histoire du Christianisme*, t.12, 1983, pp.25-50.

(43) 関連する諸地方の地理学的構造については、この分野の傑作として名高い J. Sion, *Les paysans de la Normandie orientale. Étude*

géographique sur les populations rurales du Caux et du Bray, du Vexin Normand et de la vallée de la Seine*, Paris, 1909 を参照。

(44) 以上については *Dictionnaire d'archéologie chrétienne et de liturgie*, sous la direct. de dom F. Cabrol / dom H. Leclercq / H.-I. Marrou, Paris, 1907-53, passim.

(45) F. De Beaurepaire, *Les noms des communes et anciennes paroisses de la Seine-Maritime*, Paris, 1979, pp.1-23 参照。

(46) L. Fleuriot, *Les origines de la Bretagne. L'émigration*, Paris, 1982, pp.149-156.

(47) *Histoire du diocèse de Rouen*, sous la direct. de N.-J. Chaline, Paris, 1976, pp.9-14.

(48) Vita S. Romani secunda, *AA. SS.* Oct. X, p.97.

(49) Greg. Turo. Hist. lib.IV, c.51, *MG. SRM.*, t.1, pars 1, pp.187-190.

(50) Venance Fortunat, *Poèmes*, t.II, Livres V-VIII, éd et trad. M. Reydellet, Paris, 2003, pp.69-70; Greg. Turo. Hist. lib.IV, c.28, *ibid.*, pp.160-161.

(51) Greg. Turo. Hist. lib.V, c.1, *ibid.*, pp.194-195.

(52) Greg. Turo. Hist. lib.V, c.2, *ibid.*, p.195.

(53) K.-F. Werner, *Histoire de France,* t.1, *Les origines (avant l'an mil)*, Paris, 1984, pp.61-62.

(54) Greg. Turo. Hist. lib.IV, c.26, *op. cit.*, p.157 参照。

(55) Baedae Historia ecclesiastica gentis Anglorum, *Baedae opera historica*, (Loeb Classical Library), Cambridge(Massachusetts) / London, 1954, t.1, pp.108-109 参照。

(56) R. Hodges, *Dark Age Economics. The Origins of Towns and Trade A.D. 600-1000*, London, 1982, passim.

(57) アウドイヌスについて、余すところなく詳細に述べられている最良の伝記は E. Vacandard, *Vie de saint Ouen, évêque de Rouen (641-684). Étude d'histoire mérovingienne*, Paris, 1902 であり、今日でも十分通用する。ただしその死亡年代については、われわれは六八六年説をとる。

(58) L. Musset, Le problème de la continuité monastique en Normandie entre l'époque franque et l'époque ducale; les apports de l'épigraphie, éd. N.-J. Chaline, *Histoire religieuse de la Normandie*, Chambray, 1981, p.58.

(59) Dom. T. Duplessis, *Description géographique et historique de la Haute Normandie*, 2 vols., Paris, 1740, t.2, p.211 参照。

(60) Vieillard-Troiekouroff, *op. cit.*, p.268.

(61) Vita Wandregisili, *op. cit.*, p.14.

(62) *Ibid.*, pp.16-18.

(63) *Ibid.*, p.19.

(64) *La plus ancienne Vie de saint Wandrille*, tr. dom J. Laporte, Yvetot, 1979, p.13, n.15 参照。

(65) *Gesta sanctorum patrum Fontanellensis coenobii*, éd. dom J. Laporte / dom F. Lohier, Paris / Rouen, 1936, pp.5-6, 11-14. なおこれらはM・G版の第4、5、6、8章に対応する。

(66) S. Sato, Les implantations monastiques dans la Gaule du Nord: un facteur de la croissance agricole au VIIe siècle? Quelques éléments d'hypothèse concernant les régions de Rouen et de Beauvais, *Flaran* 10. *La croissance agricole du haut Moyen Age. Chronologie, modalités, géographie*, Auch, 1990, p.171 参照。

(67) F. Lot, *Études critiques sur l'abbaye de Saint-Wandrille*, Paris, 1913 の Recueil des chartes, nos.1, 2, 5 参照。

(68) *Gesta sanctorum patrum Fontanellensis coenobii*, *op. cit.*, pp.9-10.

(69) Vita S. Condedi ex ms. Ultrajectino S. Salvatoris, *op. cit.*, pp.354-355.

(70) この島の規模の記述は偽文書とされる Pardessus, *Diplomata, Chartae, Epistolae, Leges*, t.2, réimp. Aalen, 1969, pp.89-90 に収録の六七三年一〇月二一日の日付をもつテウデリク三世寄進文書と同じで、このことから伝記作者はサン・ヴァンドリーユ修道院の修道士であり、この修道院に保管されていた同証書を下敷きにしたと推測される。

(71) Vita S. Condedi ex ms. Ultrajectino S. Salvatoris, p.355.

(72) Vita S. Condedi ex ms. Rubrae Vallis, *AA. SS.* Oct. IX, p.357.

(73) F. Prinz, *Frühes Mönchtum im Frankenreich. Kultur und Gesellschaft in Gallien, den Rheinlanden und Bayern am Beispiel der monastischen Entwicklung (4.-8. Jh.)*, München / Wien, 1965, pp.127-128.

(74) *Vita S. Filiberti*, *op. cit.*, pp.3-4.

(75) *Ibid.*, pp.x-xiii.

(76) *Ibid.*, pp.4-6.

(77) Vita Balthildis, *op. cit.*, p.491.

(78) *Vita S. Filiberti*, pp.14-15.

(79) *Ibid.*, pp.11-12.

(80) Vita Austrebertae, p.422.

(81) Vita Lantberti, pp.611-612.

(82) Pardessus, t.2, *op. cit.*, p.209 参照。

(83) Vita Waningi ex alio ms. ejusdem monasterii, *AA. SS.* Jan. I, p.592.

(84) 八四一年のノルマン人の侵入を前にして、一部の修道女は建設者ヴァニングスの遺骨をもってピカルディ地方に逃れた。そして建設者の世襲地たるLe Mernilという名前のHam近くの寒村に一時その遺骨が置かれた後、最終的にHamに安置され、現在でもそこにある。J. Fournée, Le culte populaire des saints fondateurs d'abbayes prénormandes, *Les abbayes de Normandie. Actes du XIIIe Congrès des Sociétés historiques et archéologiques de Normandie*, Rouen, 1979, p.78 参照。

(85) Vita Waningi ex alio ms., *op. cit.*, p.593.

(86) *Ibid.*

(87) Diplomata e stirpe Merovingica, *MG. DD.*, t.1, pp.107-108.

(88) Gesta abbatum Fontanellensium, *MG. Usum Scholarum*, Bd.28, Hannover, 1980, p.115.

(89) L'Abbé Cochet, *Répertoire archéologique du département de la Seine-Inférieure*, Paris, 1871, réimp. 1975, p.254 参照。

(90) *Bibliotheca Hagiographica Latina*, 2 vols., Bruxelles, 1898-1901, no.7470 参照。

(91) A. Legris, Vie de saint Saëns, abbé au diocèse de Rouen du VIIe siècle, *Analecta Bollandiana*, 10, 1891, p.415.

(92) *Vita S. Filiberti*, *op. cit.*, p.16 参照。

(93) Legris, Vie de saint Saëns, *op. cit.*, p.403.

(94) Vita S. Sidonii abbatis ex veteri cod. ecclesiae Ursi Campi prope Novionum, *Analecta Bollandiana*, 10, 1891, p.430 参照。

(95) A. Legris, Saint Ribert, abbé au diocèse de Rouen du VIIe siècle, *Analecta Bollandiana*, 10, 1891, p.442 参照。

(96) Orderici Vitalis historiae ecclesiasticae libri tredecim, *Patrologiae Latinae*, CLXXXVIII, col. 395.

(97) Gesta abbatum Fontanellensium, *op. cit.*, p.31; *Gesta sanctorum patrum Fontanellensis coenobii*, *op. cit.*, p.51.

(98) Legris, Saint Ribert, *op. cit.*, pp.451-452; L. Musset, Monachisme d'époque franque et monachisme d'époque ducale en Normandie, *Aspects du monachisme en Normandie (IVe-XVIIIe siècles)*, éd. L. Musset, Paris, 1982, p.62 参照。

(99) Gesta abbatum Fontanellensium, p.30 参照。

(100) Cochet, *Répertoire archéologique*, *op. cit.*, p.598 の索引参照。

(101) *Gesta sanctorum patrum Fontanellensis coenobii*, pp.4-6, 11-14.

(102) *Ibid.*, p.5, n.14.

(103) *Ibid.*, pp.12-13.
(104) *Ibid.*, p.12.
(105) De Beaurepaire, *op. cit.*, p.98.
(106) *Vita S. Filiberti*, p.6.
(107) Annales de l'abbaye Saint-Pierre de Jumièges, *Chronique universelle des origines au XIIIe siècle*, éd. et trad. dom J. Laporte, Rouen, 1954, pp.78-79.
(108) *Vita S. Filiberti*, p.6.
(109) X. Loriot / J. Delaporte, Les trésors de monnaies romaines découvertes dans le département de la Seine-Maritime, no.33, *Histoire et numismatique en Haute-Normandie*, Caen, 1980, p.35.
(110) James, Archaeology and the Merovingian Monastery, *op. cit.*, p.47.
(111) *Vita S. Filiberti*, p.6.
(112) A. Renoux, Habitats et céramiques carolingiennes à Fécamp, *La Normandie. Études archéologiques*, Paris, 1983, p.136 参照。
(113) Vita Waningi ex alio ms., *op. cit.*, p.592 参照。
(114) Fournée, Le culte populaire, *op. cit.*, p.78.
(115) *Vita S. Filiberti*, p.14 参照。
(116) Vita Austrebertae, *op. cit.*, p.420; *Vita S. Filiberti*, p.11 参照。
(117) Cochet, *op. cit.*, p.355.
(118) *Ibid.*, p.45; Diplomata, *MG. DD.*, t.1, pp.107-108.
(119) Vita S. Condedi ex ms. Rubrae Vallis, *op. cit.*, p.356.
(120) *Gesta sanctorum patrum Fontanellensis coenobii*, p.9.
(121) *Vita S. Filiberti*, p.7.
(122) A. Renoux, Le monastère de Fécamp pendant le Haut Moyen Age (VIIe-IXe siècles). Quelques données historiques et archéologiques, *Les abbayes de Normandie*, *op. cit.*, pp.118-119.
(123) ルイ一四世治下に、ノルマンディのクータンスで見つかったある祭壇の碑文は、当該修道院が女子修道院で、囲壁化されていた(cinubium chingxit mur[is])事実まで伝えており、女子修道院の態様を知る上で興味深い。Musset, Le problème de la continuité

monastique en Normandie, *op. cit.*, p.65 参照。モンティヴィリエが oppidum の中に建てられたことを想起されたい。

(124) 中世初期の女子修道院の実態はあまり明らかにされていない。男子修道院にもまして貴族の子女が多く、当然のことながら労働のエートスに欠けている。生計は所領からの収入、喜捨、それに男子修道院と姉妹関係にある場合は前者からの提供などである。女子修道院はその場合、男子修道院における諸雑務(例えば洗濯など)を引き受けた。われわれはアイルランド、イングランドの影響を受けたこうした関係を、サン・ヴァンドリーユとロギウム、ジュミエージュとパヴィイの間に推定する。

(125) Orderici Vitalis historiae ecclesiasticae, *op. cit.*, p.420 によれば、七世紀ガリアを席巻したコルンバヌス改革運動の中心リュクスーユ Luxeuil 修道院は、まさしくこのような場所に建設されたのであった。またベルギーのフォッス Fosses 修道院に関して、Dierkens, *Abbayes et chapitres*, *op. cit.*, p.312 を参照。

(126) Vita Geremari abbatis Flaviacensis, *op. cit.*, p.633.

(127) Anonymi Fiscannensis libellus de revelatione, aedificatione et auctoritate Fiscannensis monasterii, *Patrologiae Latinae*, CLI, cols.704-706; Vita Waningi ex alio ms., *op. cit.*, p.592.

(128) Vita Ansberti episcopi Rotomagensis, *op. cit.*, pp.623-624 参照。

(129) Vita S. Condedi ex ms. Rubrae Vallis, *op. cit.*, p.356.

(130) M. Mollat, Jumièges, foyer de vie maritime médiévale, *Jumièges. Congrès scientifique du XIIIe Centenaire*, I, Rouen, 1955, p.254 参照。

(131) Dom Duplessis, *Description géographique et historique de la Haute Normandie*, *op. cit.*, t.1, p.256.

(132) *Ibid.*

(133) L. Musset, La Seine normande et le commerce maritime du IIIe au XIe siècle, *Revue des Sociétés Savantes de Haute-Normandie*, 53, 1969, p.11 参照。

(134) *Vita S. Filiberti*, p.12; G. Constable, *Monastic Tithes from their Origins to the Twelfth Century*, Cambridge, 1964, p.22 参照。

(135) Constable, *ibid.*, p.34.

(136) Vita Eligii episcopi Noviomagensis, Appendix, *MG. SRM.*, t.4, p.755 参照。

(137) *Vita S. Filiberti*, pp.11-12.

(138) J. Babelon, Les monnaies de Jumièges, *Jumièges*, *op. cit.*, pp.479-482.

(139) Dom P. Cousin, Le monastère de Fécamp des origines à la destruction par les Normands, *L'abbaye bénédictine de Fécamp 658-1958*, 1, Fécamp, 1959, pp.23-24 参照。

(140) Vita Ansberti episcopi Rotomagensis, p.625.
(141) *Vita S. Filiberti*, pp.xxi-xxiii 参照。
(142) *Ibid.*, p.13 参照。
(143) *Ibid*, pp.16-17.
(144) *Ibid.*, p.17.
(145) Vita Ansberti episcopi Rotomagensis, pp.625-626.
(146) Gesta abbatum Fontanellensium, *op. cit.*, pp.558-559. 第八章がスペインで主人公が行なった奇蹟の記述で、続く第九章が「かくして彼の旅はアンジェのパーグスを通ることになった」という書き出しで始まるからである。
(147) *Gesta sanctorum patrum Fontanellensis coenobii*, *op. cit.*, pp.8-9.
(148) 教皇マルティヌスの教皇即位から数えて七年目は六五五年で、同教皇は既に他界しており、皇帝コンスタンティヌス三世の在位は六四一年のわずか数か月でしかなかった。
(149) Vacandard, *Vie de saint Ouen*, *op. cit.*, p.165 参照。
(150) Annales de l'abbaye Saint-Pierre de Jumièges, *op. cit.*, p.41.
(151) *Vita S. Filiberti*, p.xix, n.4 参照。
(152) Cochet, *Répertoire archéologique*, *op. cit.*, p.303.
(153) *Ibid.*, p.500 は六五四年と考えている。ただしこの場合は王妃バルティルドの寄進を創建と解釈している。
(154) Dom Cousin, Le monastère de Fécamp, *op. cit.*, pp.23-24.
(155) *Gallia Christiana in provincias ecclesiasticas distributa*, XI, Paris, 1759, réimp. Westmead, 1970, p.201.
(156) Vita Lantberti abbatis Fontanellensis et episcopi Lugdunensis, *op. cit.*, pp.611-612 参照。
(157) Vita S. Condedi ex ms. Ultrajectino S. Salvatoris, *op. cit.*, pp.354-355.
(158) Vita Ansberti episcopi Rotomagensis, p. 613 参照。
(159) *Vita S. Filiberti*, p.5 参照。
(160) *Ibid.*, p.23; Vacandard, *op. cit.*, p.210 参照。
(161) Legris, Vie de saint Saëns, *op. cit.*, pp.415-416 参照。
(162) Pardessus, *Diplomata*, t.2, *op. cit.*, p.209 参照。

(163) Musset, Monachisme d'époque franque, *op. cit.*, p.62.

(164) ヴァレンナへやって来たレウトフレドゥスは、この地にある feminarum habitaculum(字義通り訳せば「女の館」であるが、諸家の見解は女子修道院と理解することで一致している)の住人たちが、彼をつかまえて放さず、修行がままならないので逃げるようにこの土地を去っている。Vita S. Leutfredi, *AA. SS.* Jun. V, p.93 参照。

(165) *Gesta sanctorum patrum Fontanellensis coenobii*, pp.19, 33-34, 40-41, 48-41, 65-66 参照。

(166) Diplomata e stirpe Merovingica, *op. cit.*, pp.107-108 参照。

(167) Éd. G. Tessier, *Recueil des actes de Charles II le Chauve, roi de France*, t.II, Paris, 1942, p.384; L. Musset, Notes carolingiennes, *Bulletin de la Société des Antiquaires de Normandie*, t.57, 1969, p.382 参照。

(168) Musset, *ibid.*, pp.378-380.

(169) L. Musset, Notes pour servir d'introduction à l'histoire foncière de la Normandie. Les domaines de l'époque franque et les destinées du régime domanial du IXe au XIe siècle, *Bulletin de la Société des Antiquaires de Normandie*, t.49, 1942-45, p.19 参照。

(170) R.-H. Bautier, Quand et comment Paris devint capital?, *Bulletin de la Société de l'Histoire de Paris et de l'Ile-de-France*, t.105, 1979, pp.26-30 は、七世紀後半以降の Marne, Oise 流域の Compiègne, Verberie, Quierzy, Attigny, Ponthion への国王の滞在を、都市パリの経済的・政治的衰退と関連させて理解している。

(171) Cl. Lorren, *Fibules et plaques-boucles en Normandie. Contribution à l'étude du peuplement, des échanges et des influences de la fin du Ve au début du VIIIe siècle*, 2 vols. Thèse de 3e cycle, l'Université de Caen, 1976, p.760 参照。

(172) W. Fritze, Universalis gentium confessio. Formeln, Träger und Wege universalmissionarischen Denkens im 7. Jahrhundert, *Frühmittelalterliche Studien*, Bd.3, 1969, pp.112-113 参照。

(173) E. Ewig, Das Privileg des Bischofs Berthefrid von Amiens für Corbie von 664 und die Klosterpolitik der Königin Balthild, *Francia*, Bd.1, 1973, pp.108-109 参照。

第八章　中世初期のトゥールとロワール交易

――一つの試論――

一　ロワール川

ロワール川は、中央山塊の南東に位置する標高一五五一メートルのジェルビエ・ド・ジョンク山の中腹に源を発し、一〇一二キロの流域をもって大西洋に注ぐフランス有数の大河である。[1] 大河であるという意味は、単に流域の広さばかりでなく水量の豊かさにおいてもそう言えるのであり、水源から三五〇キロほどの地点でさえ、最高時にはセーヌ川がパリで記録した最大流量の四倍を上回る毎秒九八〇〇トンという巨大な数字を残している。[2] こうした豊富な水量に支えられて、渇水期でなければ船は河口から八〇〇キロ以上離れたロアンヌ Roanne まで遡航することができた。[3]

一つの河川が内在させている交通・流通面のネットワーク形成上の可能性を考える場合、当該河川の流域ばかりでなく、そこに合流する中小の支流の流域も考慮に入れる必要がある。この点で、歴史的にロワール川が空間組織の上で果たしてきたある特徴が見てとれる。すなわちロワールに注ぐ諸河川を、南岸からのそれと北岸からのそれとに分けると、中央山塊北面のオーヴェルニュ、ブルボン地方の水を集めたアリエ Allier 川、ベリィ、北リムーザン、ポワトゥ地方の流水を注ぐシェール Cher、アンドル Indre、ヴィエンヌ Vienne 川など多数の主要河川が南から合流している。[4] 北岸からの主だった合流は、河口のわずか一〇〇キロほど手前のアンジェでメーヌ川として一本になる、ル・マン地方からのマイエンヌ Mayenne、サルト Sarthe、ロワール Loir の三河川を挙げうるにすぎない。[5] ロワン Loing 川、エソンヌ Essonne 川などのパリ盆地南東部のガティネ地方を潤す中規模河川は、それぞれロワールから一五キロと一八キロのところまで迫っているにもかかわらず北流し、セーヌ川に流れ込んでいる。[6] そこからロワール中流域の、わけてもオーヴェルニュ、ベリィ、ポワトゥなどのロワール以南の諸地方との強い結びつき、およびメーヌとの密接な関係、そして地理的には近接していながら意外に疎遠な、ガティネをはじめとする北岸の後背地との関係が理解されるのである。

こうした現象は、例えば六世紀にロワール中流域南岸にある、トゥールのサン・マルタン修道院にしつらえられた聖マルティヌスの墓に詣でる巡礼者たちの出身地の分布ともほぼ重なり、人間生活における自然的・地理的要因の予想外の重みを感得させずにはおかない。すなわちL・ピエトリによれば、トゥール司教グレゴリウスの著作を素材として五六三年から五九四年の間に検出された出身地の判明している一四三人の巡礼者のうち、二〇%を占めるトゥールおよびトゥール地方出身者を除いて、最多数を占めるのはベリィ、リムーザン、オーヴェルニュからの巡礼者、つづいてロワール中下流域のオルレアンからナント出身の巡礼、第三番目としてパリ盆地からのそれ、そして最後のグループとしてノルマンディやブルターニュから到来した人々が挙げられるという。[7]

さてロワール川とそれに合流する諸河川の覆う流域を、さしあたりロワール空間と称しておくと、[8] 現在この空間内の河川の停泊地や合流点、渡河地点、市場、城塞など多様な契機で集落形成を成し遂げた都市的集落として総計二九五が数えられ、住民の総数は約五〇〇万人にのぼる。[9] しかしセーヌ川のパリ、ローヌ川のリヨン、ガロンヌ川

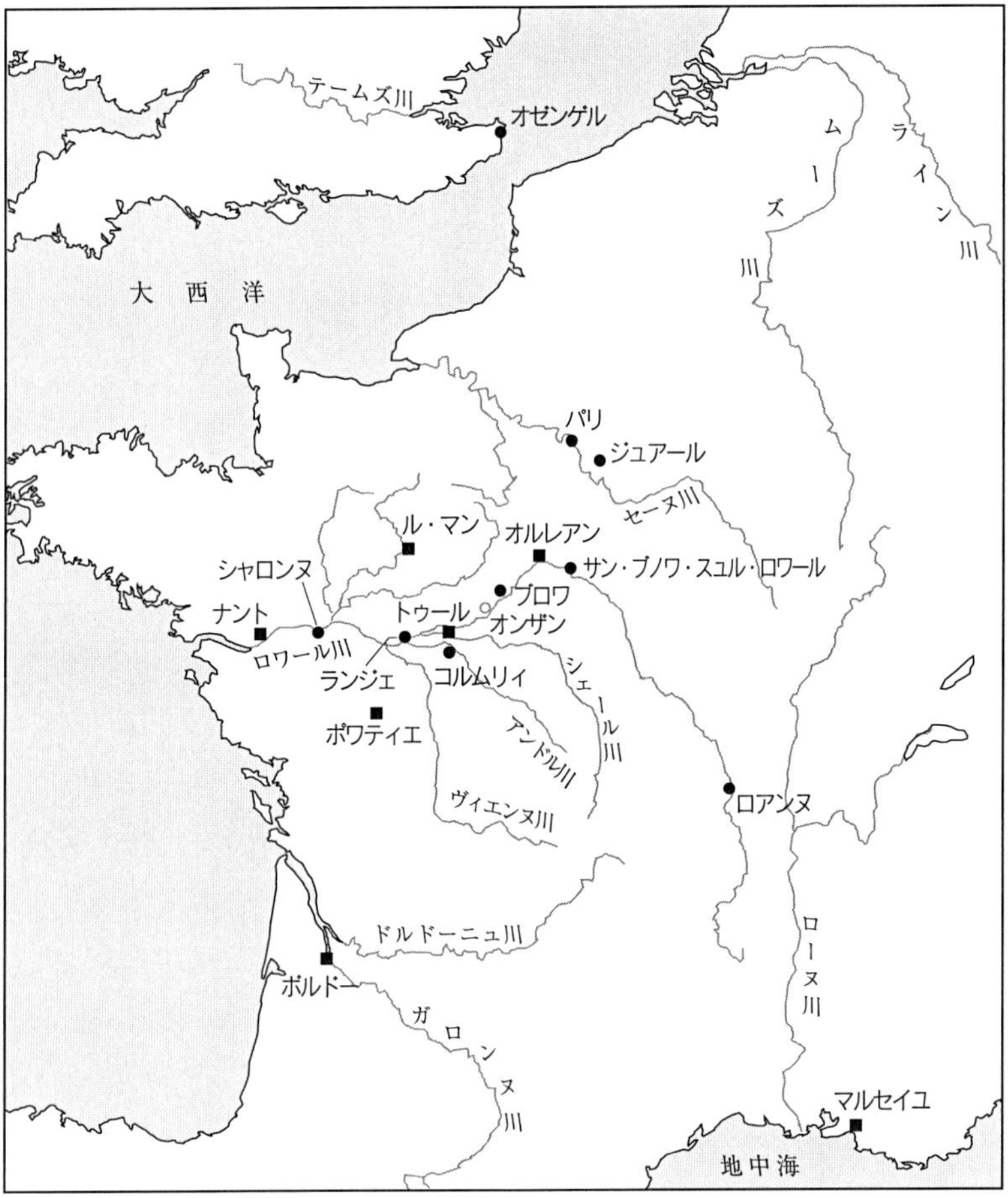

図 11　ロワール地方を中心とする関連地図

のトゥルーズといった、それぞれの流域の交通と商業とを掌握する卓越した大都市に匹敵する規模と機能を具えた都市がロワール流域では成長せず、いずれも中規模の地方都市にとどまっている。[10] その中で河口近くに位置するナントが流域の交易に、おそらく古代以来一貫して規定的役割を果たし続けた都市として指摘することができる。[11]

二　史料と問題状況

中世初期を通じて、国王を筆頭とする支配層から下層民衆にいたるまで、ガリアのキリスト教徒諸階層によって最大の崇敬を受けた聖マルティヌスの司教座として、そしてとりわけその墓廟の所在地として、ロワール中流域のトゥールが、ひとりガリアにはとどまらない名声を得ていたのは周知の事実である。先に触れたピエトリの研究は、六世紀末に出身地域が確定しうる巡礼者の五％がイタリア、スペイン、東地中海地方からの到来者であることを明らかにしている。[12] 七世紀に入ると、イングランドやアイルランドのキリスト教化の進展に伴い、これら島嶼地方の聖俗の巡礼も姿を見せ始めたことがいくつかの聖人伝から窺われる。[13] 中世初期のトゥールの歴史的展開は、このようにまずもってマルティヌス崇拝と結びついた宗教的機能によって特徴づけられ、ピエトリが四―六世紀トゥールを扱った最近の浩瀚な学位論文の中でこの都市を“Martinopolis”と表現したのは、その意味では十分に根拠のある指摘であった。[14]

だが他方で留意しておかなければならないのは、ピエトリによって綜合されたトゥール像は、かなりの程度その依拠した伝来史料の質と性格、すなわちその独特のバイアスの所産である面が少なくないという点である。[15] ピエトリはその研究対象として設定した時代的枠組の中で、グレゴリウスの歴史記述、聖人伝的著作を核として、書簡類、頌詩、典礼作品、碑文などおよそこの時期のトゥールの歴史的再構成に有用と思われる素材をほぼ完璧に蒐集利用しているが、それにもかかわらず、あるいは逆説めくが史料探索が網羅的であればあるほどと言ってもよいが、「永続的なもの」をより重視するこの時期の価値基準に適って残存した宗教・典礼史料のみが増えるのは避けられず、その意味では中世初期の人々に映じたトゥール像の剔出という興味深い試みとなってはいても、「生きられた空間」としての現実のトゥールの復元にはなりえていない。

トゥールの俗人世界の現実がまとまった形で姿を現わすことは、確かに稀である。中世初期全期間を通じて、六世紀末にグレゴリウスが折に触れて語る以上に詳しくトゥール社会に言及している記録はないと言えるほど、史料状況は絶望的である。とりわけ本章が課題としているロワール川を舞台として展開された商業・流通活動や交通の実態を、都市トゥールの側から直接照らし出してくれる史料は皆無と言ってよい。

物質生活の在り様ばかりでなく、時には街区構成や生産組織などの過去の都市社会の全貌を提示する都市考古学も、トゥールはフランスの都市の中では先進的であるにもかかわらず、七―一〇メートルという途方もなく厚い考古学的層に阻まれて、古代末期・中世初期の表土層までなかなか達しえず、画期的進展を見せていない[16]。四―一一世紀の間に生じたロワールの川床の隆起に伴う氾濫に対処すべく、一一世紀以前に四、五メートル、さらに一八世紀中頃に四、五メートルの盛土が行なわれ[17]、多くの遺構が破壊されたためである。比較的探査し易いはずの中世の船着場の場所さえ、未だつきとめられてはいない[18]。

文献史学および考古学両面での、こうした所見内容の貧困を弁えた上で、敢えてこの問題を取り上げるのは、筆者が課題としている一一世紀中葉以前のトゥール地域史の作業の一環としての性格を別にすれば、学界動向の中でここ二〇年来はっきりと定着している中世初期の流通経済とその諸連関への正当なる評価[19]、そしてより具体的には、七世紀以降顕著となるロワール交易がその一部を成している大陸と島嶼地域との関係の深化を窺わせる所見[20]、この二つのささやかな革新が、いかなる新たな像を可能にするかへの関心による。

三　ロワール交易の基本構図

ロワール川を舞台とする交易活動は、スペインからアイルランド、イングランドを覆う大西洋交易とリンクし、セーヌ川交易と並んでガリア内陸の流通網の動脈の役割を果たしたと推定される。そこで、ロワール交易がいかなる意味を持ちえたか、中世初期西欧の商業・流通活動全体の中に位置付けるために、この点について簡単に概観しておこう。

しばらく前に、E・ジェイムズはメロヴィング朝期南西ガリアの考古学遺物の包括的再検討を試みた優れた研究の中で、ガリア全体の交易ネットワークの特徴に関して重要な事実を発見していた。すなわちガリアの交易網は大きく二つの体系に分かれており、一つは東地中海―イタリア・マルセイユ―ライン川―島嶼地域、もう一つはスペイン―南西ガリア―ロワール・セーヌ流域―島嶼地域であり、この二系列のネットワークは基本的にはそれぞれ独立に機能し、有機的な結びつきがなかったということである。その原因としてジェイムズが指摘するのはマルセイユ以西の西地中海地域の孤立と、加えてラングドック地方からボルドーに抜けるルートの、西ゴート王国とフランク王国との関係による完全な閉鎖である。[21] ロワール流域の交易が河口のナントを介して接合している大西洋交易網は、後者の系列であり、全体的傾向としてはライン・ルートはアウストラシア権力と、そして大西洋交易はどちらかと言えばネウストリア王権の影響下にあったと見てよいであろう。

地中海地域への出口を封じられた大西洋ネットワークの幹線ガロンヌ交易が指向したのは、西のブリテン島、ロワール川、セーヌ川の諸港であった。[22] そのことはこの流域で生産された刻印付き陶器の出土分布からも見てとれる。ボルドー製の陶器はセーヌ河口のルアンや、ロワール空間のナント、オルレアン、ルーダン、ポワティエなどで見つかっている。[23]ボルドー近郊のプラサックで発掘された一括遺物に含まれた貨幣の造幣地の分布は、刻印付き陶器の販路とほぼ重なっているようである。[24]大部分が七世紀のものとされるピレネー産の大理石製の柱頭が、東に隣接するトゥルーズ地方やガロンヌ中流域に稀で、ルアン近くのデュクレ Duclair や、ジュアール Jouarre など、相対的にではあるがセーヌ流域に分布しているのも、大西洋交易圏の特徴を示す所見と言えよう。[25]セーヌ河口のサン・ヴァンドリーユ修道院では、七世紀中頃に修道士が「修道院の用事」で定期的にボルドーを訪れていたが、この用事の中身が実質的に流通に関わる業務であったらしいことは、その定期的性格から窺われるのである。[26]

アクイタニア北部、とりわけポワトゥとロワール流域との商業・流通面での結びつきは一層緊密である。ジェイムズは、メロヴィング朝期ポワトゥの「有力産業」の一つとして石棺生産を挙げ、その産品の流れを追跡し、検討を加えた。それによれば、ポワトゥ製の石棺は河川を利用してヴィエンヌ、ロワール沿岸地域に運ばれた。ロワール河口に近いナントのサン・タンドレ教会の地下から出土した石棺はそうしたものの一つであった。[27]特に七世紀のポワトゥは金銀や鉛の鉱山開発の成功と併せて、数千にも及ぶ石棺の生産が安定した商業組織を作り出したとされる。[28]またポワトゥ製のベルト・バックルのロワール・サルト流域への集中の事実からも、両地域間の密接な交流が窺える。[29]

P・ヨハネックは専ら文献史料によりながら、中世初期におけるロワール以北の大西洋交易について再構成の作業を行なっている。[30]基本的な事実として押さえておかなければならないのは、四一〇年のローマ軍のブリテン島からの撤退後も、島嶼地域と大陸との人や物の交流は持続したということである。[31]ブルトン人はブリテン島とブルターニュの間を自由に往来し、フランク支配下の大西洋沿岸地域に絶えず影響を与え続けたし、[32]サクソン人も同じくシャラント地方の沿岸部から[33]ノルマンディ、ブーローニュ地方にかけての広い地域にわたって定住地を分布させている。[34]

ロワール河口のナントの取引活動の特徴から判断されるのは、ここを起点とする交易がアイルランドを指向していたことである。その旅程が三昼夜であったことは、当時のアイルランド側の証言から知られる。[35] 後に述べるように、ロワール流域からの主要な輸出品は葡萄酒であった。[36]

われわれは六世紀末に、いま簡単に概観したようなボルドーからセーヌ川にいたる南西ガリア・大西洋交易ネットワークの実在を体現するような一人の人物に出会う。それはルアンを本拠とし、パリ宮廷にも深い関わりを持つ、おそらくはフランク支配層に属すると推定され、ル・マン司教ベルトラムヌスの父とおぼしき人物である。[37] 名前不詳のこの男はボルドーにしばしば姿を現わし、トゥールを訪ね、多分ポワトゥに活動拠点を有していた。[38] これは所見としては稀だが、現実にはしばしば見られたに違いない貴族層の流通活動への積極的参画の一例であろう。

ロワール流域の交易・水運の担い手の問題は、流通活動にこのように新たに政治的次元が開けたことによって、副次的にはとどまらない意味を帯びて来るように思われる。この点について若干述べておかなければならない。

七世紀に、ロワール河口とアイルランドおよびイングランドとの航行と海運を担ったのは、専らブルトン人とアイルランド人であったが、[39] ナントより内陸の水運に彼らが従事した形跡はない。とすれば在地のガリア人がそれを引き受けたとするのが妥当な推測であろう。しかし、五世紀に始まるサクソン人の大西洋沿岸のみならず、ロワール中流域にまで及ぶとされる広範な定住を考えるとき、[40] この川の中下流域の水運がわけてもこうしたサクソン人の後裔によって担われたと見るのは、それほど突飛な想定とは言えないであろう。同時期のライン中下流域の水運の主役がフリーセン人であった事実を見れば、[41] そして先行する時代でのこの部族民の沿岸への大量定着を勘案するならば、むしろ当然の事態と言ってもよいであろう。六、七世紀にはこうしたサクソン人は敢えてその部族的出自を明らかにすることがないために、その定住の規模を推し量るのが困難なのだが、この時期ロワール沿岸に登場する幾人かの特異な名前を持つ人物にサクソン人の姿を見ることができる。

『フレデガリウス年代記』は、クロタール二世の晩年にパリ近郊のクリーシィで開催された王国の有力者を集めた政治集会の折の流血事件に触れて、サクソン人出身の大公で、ボルドーを拠点としてバスク人との境界領域を統括していたAegynaなる人物を挙げている。[42] ところで六世紀末から七世紀にかけてのロワール中流域で、どちらかと言えば非フランク的なこのAgo-、Aega-系統の名前を帯びた人物に少なからず出会う。例えば五九〇年にトゥール司教グレゴリウスの助祭としてローマに赴いたAgiulfus[43]、六一六年のル・マン司教ベルトラムヌスの遺言状に登場するトゥール司教Agericus[44]、トゥールの下流二〇キロほどの右岸に位置するランジェから出た、七世紀の墓碑の主たるAigulfusとその父Ageecius[45]、ブロワ出身で、六五三年頃モンテ・カシーノ修道院から聖ベネディクトゥスの聖遺物を持ち帰ったサン・ブノワ・スュル・ロワールの修道士Aigulfus[46]、七世紀末に特権の教皇による確認を得るべくローマを訪ねた、トゥールのサン・マルタン修道院長Aygericus[47]等々である。八世紀の末に、同じサン・マルタンの院長となったアングロ・サクソン人アルクインを訪ねた同国人の司祭の名前はまさしくAigulfusであった。[48] Ago-／Aega-タイプの名前を持つ人々が全てサクソン系であると主張するつもりはないが、網羅的とはほど遠い列挙にもかかわらず数多くこの地域に見られるこの種の名前は、もっと非フランク的ゲルマン人の定着との関連で検討されて然るべきである。

四　メロヴィング朝期の様相

五世紀のパリの聖女ゲノヴェファの伝記や、六世紀のロデス司教聖ダルマティウスのそれは共に、オルレアンからトゥールへの旅程が通常は船によって果たされた事実を証言している。[49] F・ヴェルコートレンは七世紀初頭に成立した、ゲノヴェファと同時代のアンジェ司教マウリリウス伝の一節、「人々に役立つ必要な品物を積んだ船が、昼といわず夜といわずロワール川を往来し」[50]という一節から、ロワール川の夜間航行が一般的であった如く理解しているが、[51]オルレアン・トゥール間の舟旅を記したゲノヴェファの伝記作者は多くの難所(multa discrimina)の存在を指摘し、少なくともこの区間の夜間航行は容易にできなかったことを窺わせている。[52]この点について、D・クラウデがマウリリウス伝の証言はロワール下流・河口地帯にのみ妥当するのではないかとしているが、[53]的確な留保であろう。トゥール・オルレアン間約一一〇キロの標高差五〇メートルに対して、トゥール・ナント間二〇〇キロが四〇メートルの高低差しかなく、[54]勿論河床の地質学的条件も考慮に入れなければならず、単純に勾配だけから判断するわけにはいかないが、前者に急湍が多いことはこの事からだけでも十分理解される。おそらく夜間の航行が可能であったのはトゥールより下流の流域に限られていたのでなかろうか。

ところで、先に引用したマウリリウス伝の一節のすぐ前には、中世初期のロワール交易を考える上で見過ごせない一文が置かれている。すなわち、「ある日、他の商品とならんで捕えられた人々を商うのを習慣としている Calonna の領地の商人達の手を遁れて、商品として運ばれて来ていた捕囚の一人が教会に逃げ込んだ」。[55] Calonna はアンジェから一〇キロほど下流の南岸に位置する Chalonnes-sur-Loire で、praedium と形容されているところからみて、集落的性格を持たない単なる所領センターであったようだ。[56]注目すべきは、商人の活動が河川の沿岸とはいえ、農村地帯の深部まで入り込んでいる事実である。ル・マン司教ベルトラムヌスの遺言状(六一六年)には、トゥールの北方四〇キロにある、ロワール Loir 川にほど近い所領 Parte divina を所有していた商人サルギトゥスなる人物が言及されており、[57]ロワール空間での商人の活動が都市的集落にはとどまらないことを示している。

急いでつけ加えておかねばならないが、トゥールのような都市的集落でも商人の存在が確認されるのは言うまでもない。グレゴリウスは五八四年頃の飢饉の折に起こった事件を語っている。[58]凶作による葡萄酒価格の高騰を前に、トゥールの商人クリストフォルスはオルレアンに大量の葡萄酒が到着したという情報を得て、買い付けに赴き首尾良く成功する。彼は買い付けた葡萄酒を艀《はしけ》に積み込ませ、ロワール川を利用してトゥールまで運ばせたのであった。重量物である葡萄酒や穀物などは、おそらく河川による運搬が常套手段であったと思われる。同業の義父に荷物を託した後、陸路をたどったクリストフォルスは、積年の恨みを持つ二人のサクソン人護衛に殺害されてしまう。

ロワールを行き来する人々を乗降させたり、船の積荷を積降ろしするための桟橋がトゥールに在ったのは確実である。[59]聖女ゲノヴェファがオルレアンから六〇〇スタディアの航行の後に到着したのは、「トゥールの町の港portus」であった。またブルンヒルドの怒りをかいリュクスーユを離れなければならなかった聖コルンバヌスが、聖マルティヌスの墓廟に詣でるべく、オルレアンから乗った小舟から上陸したのも、ゲノヴェファと同じトゥールのportusであった。[60]

さて、トゥールのポルトゥスから積み出された商品は何であったろうか。この問いに対して直接答える史料所見は存在しない。ここでロワール空間での最大の交易拠点であるナントにおいて、コルンバヌスに贈り物をしたプロクラとドダという名前の二人の婦人のエピソードを想起しよう。プロクラはdomina、ドダはnobilis feminaと形容されているところから、いずれもナントの支配層に属すると推定されるが、敬虔の念から前者は葡萄酒一〇〇モディウス、小麦二〇〇モディウス、麦芽一〇〇モディウス、後者は小麦三〇〇モディウスを贈ったのであった。[61]こうした寄進行為はナントに穀物、葡萄酒その他の農産物が常時大量にストックされていたという事態を前提としており、それらの品々はおそらくアイルランドやイングランドへの主要な輸出品であった。[62]二人の女性の一門がナント地方に所有する所領の生産物ばかりでなく、多分流域の諸地方から河川を利用して運ばれた産物も集積され貯蔵されていたと推測しても、大きく誤ることはないであろう。[63]

ロワール流域の農業事情から推して、トゥールの港からの船載品も穀物や葡萄酒などであったと考えてまず間違いない。メロヴィング朝期トゥール地方の農業について、断片的ではあるが具体的な情報を含むサン・マルタン修道院の「会計文書」には、同修道院の領民が支払った農産物が記録されているが、この地方の有力産物で、確実に農民が栽培・収穫していた葡萄酒が記載されていない[64]。この事実の解釈については、葡萄酒の徴収に関しては別の台帳が在ったためであると考えることもできるが、むしろ他の農産物に比して品質の統一性がより重要な意味をもつ葡萄酒を、農民から小口に徴収することにあまり利点がないとされたためではなかろうか。修道士の自家消費用ではなく、島嶼地域への輸出用であればなおさらのことである。事実七世紀のサン・マルタン修道院領では、葡萄酒が直接経営的な仕方で、季節労働力をも用いて生産された事実を聖シギラムヌスの伝記が述べている[65]。

トゥールとイングランドの交易関係や、都市トゥールの周辺地域に対する経済的中心機能を具体的に示すのが貨幣現象である。前者に関して言えば、貨幣使用の一般化・恒常化の指標とされる小額貨幣(デナリウス銀貨)の大陸への出現という大変革の中で、トゥールが先進的役割を果たした事実が最近の発見によって明らかにされている。すなわち、一八九二年にトゥール・オルレアン間のロワール沿岸にあるオンザン Onzain で発見された一枚のデナリウス銀貨には、TVRONVS CIVI と CHILDERIGO REGE の銘文が表裏に刻まれており、そこから、この貨幣がクロタール三世の死によってトゥールが形式上アウストラシア王キルデリク二世に復帰したはずの六七三年にトゥールで造幣された銀貨であるのは確実視されていたものの、出所についての詳細な情報の欠如と、単一の出現であったため真正性への決定的な判断が下されないでいた[66]。だが一九八七年に、イングランド・ケント州のラムズゲイトの近くにあるサネット Thanet 島の港オゼンゲル Ozengell で行なわれた発掘の際、一つの墓からオンザン出土のデナリウス貨と全く同じ銘文をもち、摩滅がなければ同一の重さがあると思われる銀貨が見つかったのである[67]。この発見によって、知られる限り大陸で最も早い小額貨幣の造幣がトゥールで行なわれ、かつトゥールとイングランドとの商業関係も確認されたのである。品位が低下したトリエンス金貨には銀が含まれ、またメロヴィング朝期のデナリウス銀貨は必ず小量の金を含有しているために、一方から他方への移行は連続的変化の相を呈し、その転換点を確定するのは必ずしも容易ではない。[68] だが完全な形で保存されたオンザンの銀貨が示す重量一・三五六グラムは、八ローマ・カラット(1.503g)の伝統的なトリエンス金貨とも、また六世紀末から造幣され始めた七ローマ・カラット(1.315g)の新しいトリエンス金貨とも異なる、ローマの一重量ポンドの 1/240 (1.353g)という完全に新しい基準の出現を告知している。[69] その後、この二四〇分の一ポンドというデナリウス銀貨の重量は一〇世紀の終わりまで維持される。[70] このように、中世初期における貨幣使用の原理的変革にトゥールがなぜ先端的に関わったのか、詳細は残念ながら不明だが、この都市における交換経済の活発さと無縁でないことだけは確かである。

メロヴィング朝期トゥールの貨幣使用について、周辺農村地域に対して都市トゥールが先進的であったことは、造幣された貨幣の種類からも知られる。すなわち、M・プルーのカタログはメロヴィング朝期トゥールの領域で造幣された出土貨幣一一二点を収録しているが、そのうちトリエンス貨が九一点、デナリウス貨が二一点を占める。[71] この領域には、都市トゥールを除いて現在地の同定が確立している二三か所、未確定が四か所の、合わせて二七の周辺造幣地があるが、この中にデナリウス銀貨を造幣したところはただの一か所もない。全てのデナリウス貨は、都市トゥールの二つの造幣工房、すなわち司教の支配の下におそらく国庫役人が差配していた都市の造幣工房と、サン・マルタン修道院の工房においてのみ作られているのである。[72] そしてさらに言えば、プルーのカタログ刊行以後発見された前述のオンザン、オザンゲルの二枚を加えても、確実に都市造幣工房の手になるのは五点であるのに対して、サン・マルタンのそれによる造幣は一五点であり、[73] 小額貨幣の造幣活動においてサン・マルタン修道院のほうが優越していたことが分かる。

W・ブライバーはトリエンス金貨からデナリウス銀貨への基軸通貨の転換に際して、一般に造幣地の数の減少が生じ、引き続き活動を持続したのは司教座都市と、農村部に建設された有力修道院であった事実を確認していたが、[74] それはトゥールの場合に正しく妥当する。このことはメロヴィング朝末期フランク王国の交換経済において、教会諸勢力がいかに重要な位置を占めたかを物語っているが、[75] この点についてはこれ以上詳しく立ち入ることはしない。

五　流通税免除特権の意味

八一六年にルイ敬虔帝はトゥールのサン・マルタン修道院に、同修道院の所属になる一二艘の船の、以下の河川の流通税免除の特権を与えた。すなわち、ロワール Loire、アリエ、シェール、ヴィエンヌ、マイエンヌ、サルト、ロワール Loir とそれらの支流である小河川である。[76] これらの河川はロワールと合流する南岸、北岸の主要なものを網羅し、[77] ロワール空間とほぼ重なっているといってよい。ルイ敬虔帝の証書の文言から、この免除特権が少なくともピピン短身王の時代まで遡る事実が知られる。[78] トゥールの南東二〇キロにある、アンドル河畔にサン・マルタンの院長イテリウスが建設したコルムリィ修道院も、八〇〇年にシャルルマーニュから同種の特権を獲得している。こちらの場合は、所属する二艘の船が免除特権を認められ、自由通行河川はロワール Loire、マイエンヌ、サルト、ロワール Loir、ヴィエンヌであった。[79] トゥール以東の河川が明示的には挙げられておらず、ここから同修道院の河川運搬活動がロワール下流の南北地域を中心としていたと思われる。

さてこれらの免除特権を享受した船は、必ずしも列挙された河川の流域に散在する自領の生産物の集配のみを目的としていたわけではなく、その一部を各地の市場で随時流通に投下することによって商業活動にも関わったことは、これまでの研究によって明らかにされている。[80] サン・マルタンとコルムリィ両修道院それぞれに認められた免除対象となる船の艘数、すなわち一二艘と二艘は、二修道院に属するそれぞれの所領間を繋ぐ「家内」経済的組織の活動ばかりでなく、それに随伴した通常の商業活動を併せた経済活動総体の格差であったと見てよい。ところで、自由航行を許された船の数と修道院経済の規模との関連を考える際に見逃してはならないのは、この二つの修道院の在り様の根本的な違いである。

サン・マルタンがルイ敬虔帝から先の特許状を得た八一六年には、同修道院は律修参事会(Collegium)に転換し、修道士の共同体であることを止めていた。[81] 以後参事会の成員は monachus や frater ではなく、clericus, sacerdos, clerus などの名称で呼ばれる。[82] 事実特許状には、一例を挙げれば“… ab neccessitatis praedicti monasterii et clericorum…”[83] のように、monasterium の言葉は使われるが monachus は一度も登場せず、専ら clericus が用いられている。これは律修修道制を維持し、五〇人の修道士を擁していたコルムリィ修道院の特許状[84]において、流通税免除の主体が monachus と表現されているのと対照的と言えよう。[85]

O・G・エクスレは、既にアルクインの時代にサン・マルタンの修道士団が律修参事会への移行過程にあり、修道士の中にはトゥール市内に自らの家屋を持って住まいしていた者がいた事実を指摘している。[86] サン・マルタンの修道士たちは今や、所領の生産物を糧として共同生活をおくる存在ではなく、給養の形態から見るならば聖職禄(stipendium)という年金の受給者でしかない。そしてその数は、シャルル禿頭王の時代で少なくともコルムリィの四倍の二〇〇人であった。[87] スティペンディウムが必ずしも貨幣の形を取る必要はないものの、最小限度次のことは言える。すなわち、所領生産物を現物のまま留保する必要は大きく減少した、と。サン・マルタンへのルイ敬虔帝の特許状の文言から見て、この修道院の船舶による活動には修道士＝参事会員関与の気配はいささかもなく、極論するならば専門的な交易の従事者が同修道院の名義で廻船を運用し、自らの営業と共に修道院の業務を遂行する、といった状況を想定しても誤りではないように思われる。[88] 特許状が意図する「流通税免除」という言葉とは案に相違して、それは完全に支払いを免れるのではなく、国庫(fiscus)への支払い免除を保証しているに過ぎず、一年分の流通税をサン・マルタンに「灯明料」として収めるべきとする条項は、[89] ここでは免除特権のもとに俗人が自己の営業を行なう実態を踏まえたものと解さなければならない。

こうした修道院の所領組織が内在させていた豊かな経済的契機が、サン・マルタン修道院の独自のデナリウス銀貨造幣を説明している。サン・マルタンの流通税免除特権がピピン短身王以前に、メロヴィング朝期の諸王によって発給されていたのは蓋然的である。

おわりに

ロワール川のみならずセーヌ、ライン、ソーヌ、ムーズなど中世初期に交通と流通の幹線として重要な役割を果たしたのがほとんど自明であるにもかかわらず、その具体的な姿や諸河川の織り成すネットワークの構造はごくわずかしか知られていない。中世全期間にわたって、この分野の史料の欠如はまことに顕著である。時間の経過の中での史料の破壊というより、おそらくあまりの日常性のゆえに河川利用に関して記録を残そうとすることを思いつかなかったというのが真実であろう。だが伝来した限られた史料を、とりわけ相互に関連させて読み解こうとする努力がまだ十分行なわれてはいないように思われる。近年進展著しい考古学や古銭学の成果を踏まえながら、既知の史料を仔細に検討するならば、まだ語られない「次元」がいかに多いかに気づかされよう。中世初期の忘れられた空間「海と川のヨーロッパ」を再現する作業を通して、「陸のヨーロッパ」はより立体的に、そして等身大でその姿を見せるに違いない。

（1） Y. Babonaux, L'espace ligérien, éd. Ph. Vigier, *Une histoire de la Loire*, Paris, 1986, pp.38-44 参照。
（2） *Ibid.*, p.49.
（3） *Ibid.*, p.45.

（４） *Ibid.*, p.44.

（５） *Ibid.*

（６） *Ibid.*

（７） L. Piétri, Le pèlerinage martinien de Tours à l'époque de l'évêque Grégoire de Tours, *Gregorio di Tours, Convegni del Centro di studi sulla spiritualità medievale*, XII, Todi, 1977, p.108.

（８） 前掲のＹ・バボノーの用語法による。

（９） Babonaux, *op. cit.*, p.45.

（10） *Ibid.*

（11） *Ibid.*

（12） Piétri, *op. cit.*, p.108.

（13） 七世紀前半のサン・マルタンの修道士聖シギラムヌスの伝記には、アイルランドからトゥールに到来したフラウィウスなる聖職者にまつわるエピソードが記されている。Vita Sigiramni, c.9,10, *MG. SRM.*, t.4, pp.611-612 参照。

（14） L. Piétri, *La ville de Tours du IVe au VIe siècle: naissance d'une cité chrétienne*, Roma, 1983, p.788 参照。

（15） W. Goffart による *Speculm* 61(1986)誌上での前記ピエトリの書評参照。

（16） H. Galinié, Tours, *Archéologie urbaine, Actes du Colloque international de Tours*, Paris, 1982, p.722.

（17） R. Dion, *Le Val de Loire. Étude de géographie régionale*, réimp. Marseille, 1978, pp.203-208.

（18） Galinié, *op. cit.*, p.722 参照。なおガリニエによれば、船着場ばかりでなく、forum の所在地、居住区画、手工業街区、都市プランなど全て不明であるという。

（19） 森本芳樹『西欧中世経済形成過程の諸問題』木鐸社、一九七八年、一八〇―一八三頁参照。先史時代から中世初期にかけてのヨーロッパの商業と交通をテーマとしたゲッティンゲン・コロキウムの四巻から成る報告集、*Untersuchungen zu Handel und Verkehr der vor- und frühgeschichtlichen Zeit in Mittel- und Nordeuropa*, Göttingen, 1985-87 は、その恰好の例であろう。

（20） 例えば R. Hodges, *Dark Age Economics. The Origins of Towns and Trade A.D. 600-1000*, London, 1982; S. Lebecq, La Neustrie et la mer, éd. H. Atsma, *La Neustrie. Les pays au nord de la Loire de 650 à 850*, 2 vols., Sigmaringen, 1989, t.1, pp.405-440 などを挙げるにとどめる。

（21） E. James, *The Merovingian Archaeology of South-West Gaul*, 2 vols., Oxford, 1977, Part 1, pp.243, 255-258 参照。

（22） *Ibid.*, p.243.

(23) *Ibid.*

(24) *Ibid.*

(25) *Ibid.*, pp.235-238.

(26) Dom P. Cousin, Le monastère de Fécamp des origines à la destruction par les Normands, *L'abbaye bénédictine de Fécamp 658-1958*, 1, Fécamp, 1959, pp.23-25 参照。

(27) James, *op. cit.*, p.41.

(28) *Ibid.*, pp.91-92; M. Rouche, *L'Aquitaine des Wisigoths aux Arabes, 418-781. Naissance d'une région*, Paris, 1979, p.192 参照。

(29) James, *op. cit.*, pp.146, 238-239 参照。ジェイムズによれば、ベルト・バックルは商品として流通したのではなく、親族・門閥集団が自らの部族的アイデンティティを意識しつつ、同族や血縁者たちの内部で贈与的交換の形で流通したという。従って、同一意匠のバックルが見出される二地点の間には、支配集団間の交流が想定されるわけである。

(30) P. Johanek, Der Außenhandel des Frankenreiches der Merowingerzeit nach Norden und Osten im Spiegel der Schriftquellen, *Untersuchungen zu Handel und Verkehr*, *op. cit.*, Bd.3, pp.214-254; Id., Der fränkische Handel der Karolingerzeit im Spiegel der Schriftquellen, *Untersuchungen*, Bd.4, pp.7-68.

(31) Johanek, Der Außenhandel, *op. cit.*, p.225 参照。

(32) L. Fleuriot, *Les origines de la Bretagne. L'émigration*, Paris, 1982, passim.

(33) James, *op. cit.*, p.202.

(34) Johanek, Der Außenhandel, p.225. 英仏海峡に関してはルベックの前掲論文 Lebecq, La Neustrie et la mer, *op. cit.* 参照。

(35) Johanek, *ibid.*, p.227.

(36) *Ibid*, p.230.

(37) 本書第1章参照。

(38) ベルトラムヌスの母と思われるベルテグンデが兄の死に衝撃を受けて、それまでの自らの行動を反省してポワティエに身を落ち着けるが、グレゴリウスは詳論していないもののそれが夫、すなわちベルトラムヌスの父の所領の一つであったと推定することは可能である。Greg. Turo. Hist. lib.X, c.12, *MG. SRM.*, t.1, pars 1, p.495 参照。

(39) Johanek, Der Außenhandel, p.231.

(40) E. James, *The Franks*, Oxford, 1988, p.73. ジェイムズは五世紀のロワール川以北の三大勢力として、ラインラントのフランク人、ロワール沿岸のサクソン人、キルデリクが率いるサリー・フランク人を挙げている。

（41） S. Lebecq, *Marchands et navigateurs frisons du haut moyen âge*, 2 vols., Lille, 1983, t.1, p.76f. 参照。

（42） Chronicarum quae dicuntur Fredegarii Scholastici libri IV, lib.IV, c.55 et c.78, *MG. SRM.*, t.2, pp.148, 160; Ch. Higounet, *Bordeaux pendant le Haut Moyen Age*, Bordeaux, 1963, pp.19-20 参照。

（43） Greg. Turo. Liber vitae patrum, de sancto Nicetio Lugdunense, c.6, *MG. SRM.*, t.1, pars 2, p.246 参照。

（44） Testamentum Bertramni, a.616, Pardessus, *Diplomata*, t.1, réimp. Aalen, 1969, p.206 参照。

（45） E. Diehl, *Inscriptiones Latinae Christianae veteres*, besorgt von J. Moreau und H. I. Marrou, Berlin, 1967, no.2340; P. Audin, La Touraine, du Ve au IXe siècle: 25 ans de publications, éd. X. Barral i Altet, *Bretagne, Pays de Loire-Touraine, Poitou à l'époque mérovingienne*, Paris, sine date, p.116 参照。

（46） F. Prinz, *Frühes Mönchtum im Frankenreich. Kultur und Gesellschaft in Gallien, den Rheinlanden und Bayern am Beispiel der monastischen Entwicklung von 4. bis 8. Jahrhundert*, München / Wien, 1965, p.276 参照。

（47） この人物については S. Sato, Chrodebert concèda-t-il le premier privilège épiscopal pour Saint-Martin de Tours? Une problématique méconnue, éd. M. Sot, *Études offertes à Pierre Riché. Haut Moyen-Age. Culture, éducation et société*, La Garenne-Colombes, 1990, pp.172-181 参照。

（48） Vita Alcuini, c.18, *MG. SRG.*, t.15, pars 1, p.193.

（49） Vita Genovefae virginis Parisiensis, c.45; Vita Dalmatii ep. Ruteni, c.8, *MG. SRM.*, t.3, pp.234, 547.

（50） "..., naves neccessariae humanis usibus negotia deportantes, die noctuque per Ligerim discurrentiam habent,...", Vita s. Maurilii ep. Andegavensis, *AA. SS.* Bolland. Sept. t.IV, p.73.

（51） F. Vercauteren, La vie urbaine entre Meuse et Loire du VIe au IXe siècle, *La città nell'alto medioevo,* Spoleto, 1959, p.471.

（52） Vita Genovefae, *op. cit.*, p.234.

（53） D. Claude, Aspekte des Binnenhandels im Merowingerreich auf Grund der Schriftquellen, *Untersuchungen zu Handel und Verkehr, op. cit.*, Bd.3, p.24.

（54） Dion, *op. cit.*, p.123 参照。

（55） "Praetereuntibus quadam die per ipsum Calonnae praedium negotiatoribus, qui solent inter alia commercia etiam homines captivos venundare, unus ex eisdem captivis, qui tam quam merces quaelibet ducebantur venales, confugium in ecclesiam fecit,...", Vita s. Maurilii, *op. cit.*, p.73.

(56) この伝記が書かれた七世紀初頭にはまだ古典荘園制的所領組織が出現しておらず、ローマ期の所領を示す praedium という用語が好んで使われたという印象を受ける。

(57) Testamentum Bertramni, *op. cit.*, p.205; M. Weidemann, *Das Testament des Bischofs Berthramn von Le Mans vom 27. März 616. Untersuchungen zu Besitz und Geschichte einer fränkischen Familie im 6. und 7. Jahrhundert*, Mainz, 1986, p.25 参照。

(58) Greg. Turo. Hist. lib.VII, c.46, *op. cit.*, pp.365-366.

(59) Vita Genovefae, *op. cit.*, p.234.

(60) Ionae vitae Columbani liber primus, c.22, Hrsg. von H. Wolfram und übertragen von H. Haupt, *Quellen zu Geschichte des 7. und 8. Jhdts.*, Darmstadt, 1982, p.469.

(61) *Ibid.*, p.473.

(62) Johanek, Der Außenhandel, pp.228-229 参照。

(63) *Ibid.*, p.231. 同時代のトゥール地方に隣接しているブールジュ地方でも似通った現象が見られることについては、本書第四章参照。

(64) P. Gasnault, *Documents comptables de St.-Martin de Tours à l'époque mérovingienne, avec une étude paléographique par J. Vezin*, Paris, 1975 ならびに佐藤彰一『修道院と農民——会計文書から見た中世形成期ロワール地方』名古屋大学出版会、一九九七年参照。

(65) Vita Sigiramni, c.10, *MG. SRM.*, t.4, pp.611-612 参照。

(66) J. Lafaurie, Un nouveau denier de Childéric II frappé à Tours, *Bulletin de la Société française de Numismatique*, 1988 juillet, pp.421-424 参照。

(67) *Ibid.*, p.423.

(68) *Ibid.*, p.425; P. Spufford, *Money and Its Use in Medieval Europe*, Cambridge, 1988, p.27 参照。

(69) Lafaurie, *op. cit.*, p.246; Spufford, *ibid.*, pp.19-20 参照。

(70) Lafaurie, *ibid.*

(71) M. Prou, *Les monnaies mérovingiennes*, réimp. Graz, 1969, pp.72-97 参照。

(72) *Ibid.* 七世紀における司教座都市の商品・貨幣関係の重要性については W. Bleiber, *Naturalwirtschaft und Ware-Geld-Beziehungen zwischen Somme und Loire während des 7. Jahrhunderts*, Berlin, 1981, pp.28-30 参照。

(73) Prou, *op. cit.*, pp.76-79, nos.343, 344, 345 の三点はトゥールでの造幣の確実なデナリウス銀貨だが、都市のそれかサン・マルタンのそれか確定しえないので考察から除外した。

(74) Bleiber, *op. cit.*, p.60.

(75) フランク国家の国家性の本質部分を構成するのが教会である点を鋭く突いて、中世初期国家論の再検討を促した山田欣吾「「教会」としてのフランク帝国――西ヨーロッパ初期中世社会の特色を理解するために」『教会から国家へ――古相のヨーロッパ』創文社、一九九二年、一九―八四頁には共感させられる部分が多い。ただ、著者が国家と教会との癒着現象がフランク的西欧では初発から必然的に運命づけられていたと見る一点で意見が分かれる。私見では、七世紀以降本格化する上記の関係は、六世紀の経過中にメロヴィング王権の行なった選択の結果なのである。

(76) Bibliothèque Nationale, *Collection Baluze,* t.76, fol.30r et v.

(77) Indre 川がなぜ除外されるのかは不明である。

(78) "... obtulit obtutibus nostris praecepta regalia decessorum nostrorum regum Francorum necnon avi nostri Pippini quondam regis seu et domni et genitoris nostri bonae memoriae Karoli piissimi augusti,...", *Baluze*, t.76, fol.30r.

(79) *Cartulaire de Cormery*, éd. J.-J. Bourassé, Tours / Paris, 1861, no.3, p.9 参照。

(80) 丹下榮『中世初期の所領経済と市場』創文社、二〇〇三年、一七―六四頁参照。

(81) E. R. Vaucelle, *La collégiale de Saint-Martin de Tours, des origines à l'avènement des Valois (397-1328)*, Tours, 1907, p.72; O. G. Oexle, *Forschungen zu monastischen und geistlichen Gemeinschaften im westfränkischen Bereich*, München, 1978, pp.131-132 参照。

(82) Vaucelle, *ibid.*

(83) *Baluze*, t.76, fol.30r.

(84) "Et placuit nobis certum numerum constituere, ut quinquaginta monachi sint.", Praeceptum Ludovici regis, a.820, *Cartulaire de Cormery*, no.7, p.18.

(85) " ... Ut monachi,... in loco qui dicitur Cormaricus licentiam haberent naves duas...", Praeceptum Domni Caroli, *ibid.*, p.9.

(86) Oexle, *op. cit.*, p.122.

(87) Éd. G. Tessier, *Recueil des actes de Charles II le Chauve*, I, Paris, 1943, no.113, a.849, pp.300-303 参照。

(88) ルイ敬虔帝の文書では免除特権を受ける主体は homines abbatis と呼ばれている。*Baluze*, t.76, fol.30r 参照。

(89) "... ut scilicet teloneum quod annuis recursibus fiscus ex ipsis navibus iure exigere poterat in luminaria basilicae beati Martini fovenda augmenti esset...", *ibid.*

第九章　八・九世紀セプティマニア・スペイン辺境領のヒスパニア人

はじめに

八世紀後半から九世紀前半にかけての約一世紀間にわたって、スペイン北東部のバルセローナを中心とする地域、およびピレネー山岳地帯から南フランスのローヌ河口地帯にまで達する地中海沿岸地方は、極めて深刻な社会変動と定住状況の変化を経験した。

すなわち、北部山岳地帯を除いてイベリア半島をほぼ制圧し終えていたイスラーム軍の度重なる南フランスへの軍事遠征、略奪行動と、ピピン短身王の治世以後アクイタニア地方に覇権を確立し、さらにイベリア半島のイスラーム勢力との対決のために初期カロリング王権が行なった定期的な掃討・焦土作戦、この両者があいまってこの地方に大量の人口消滅、住民の大規模な逃散をひき起こし、いたるところに荒蕪地を生ぜしめたと言われている。カロリング朝諸王は、これら荒廃した地方の経済的復興とイスラーム勢力に対する防衛の担い手として、半島内部から遁れて来たキリスト教徒ヒスパニア人をこの地に入植せしめた。この植民はアプリシオと呼ばれる独特の性格をもつシステムのもとに行なわれている。この制度は大まかに言えば、荒蕪地の事実上の占取を起点とし、三〇年間にわたる継続的な開墾、耕作活動を条件に、当該地に対する一定の制限つき所有権が成立する土地占取システムである。だがこの制度のもとに入植した者は同時にその代償として、イスラームとの辺境地帯における偵察、哨戒および彼の地への遠征参加などの軍事的諸負担を負い、また国王巡察使、あるいは国王によって派遣された使節への駅馬や宿舎・食事の提供を義務づけられていた。しかしこれらの負担を除いては、彼らは一切の賦課租を免除されている。こうした賦課租の全面的免除、土地占取の態様に見られる優遇措置は、カロリング・フランク支配領域の南辺に定着したヒスパニア人をして、その権利・義務の点で、他のフランク「自由人」に比較してあたかも特権的存在であるかの如き観を呈せしめている。ところがヒスパニア人の、このようないわば特権的地位というものが、彼らをフランクの自由人一般から分かつ真に本質的性格のものか、あるいは辺境地帯の防衛という特別の任務がもたらす、より大きな危険負担の代償として勘案されたものであって、フランク自由人との権利の差は単に付随的であるにすぎないのか、いずれとも容易に決めがたいのである。後述するように、まさしくこの点がヒスパニア人の法的地位をフランク国制のうちに位置づける際に重要な論点となる。[1]

さて、この時期セプティマニア・スペイン辺境領に定着したヒスパニア人のこのような特権的性格は、古くから研究者の関心をよび、間接的言及を含めて様々の角度から研究の対象として取り上げられてきた。

この問題についての研究史を概観してみると、以後の研究の出発点として位置づけられるのは、一八七七年に発表されたE・コーヴェの『八・九世紀セプティマニアへのスペイン人の定着、および八世紀のスペイン人ヨハンネスによるフォンジョンクーズ所領の建設についての史的研究』[2]と題された長大な論文である。彼はその中で、八世紀初頭に始まるイスラーム勢力のセプティマニアへの侵攻と、七五二年以後本格的に開始されるカロリング王権のこの地方への干渉の政治史的分析を初めとして、この地方の経済的荒廃、スペイン人難民とベネディクト派修道院の開墾活動によってその復興を図ろうとするカロリング王権の政策、アプリシオ制の実態といった様々の問題を、

図 12　8・9 世紀セプティマニア・スペイン辺境の諸伯領

時代を追って検討の対象にしている。

しかし彼がおそらく最も関心を寄せたのは、論文の題名の後半部分が示しているように、この地方の定住史、所領形成史に関わる局面ではなかったかと思われる。住民の逃散と消滅によって無人地帯に近い状態となったこの地方にとって、ヒスパニア人植民者とベネディクト派修道士による再耕作・開墾活動は、セプティマニア地方の定住史の実質的な出発点と観念されたようである。その意味で、中世全期間を通しての土地と人間との諸関係、領主制の形態、農村景観、ひとことで言えばこの地方の農村史の独自な性格を解明することを主たる関心としつつ、研究対象にすえたのではないかと推測される。比較的最近この問題について一連の研究を著わしたA・デュポンの場合[3]、このような意図は明白である。いずれにおいても、地域史的問題関心が特に顕著であると言えよう。

この他にもフランスではG・メルシオル[4]、P・アンバール・ド・ラトゥール[5]、Ph・ウォルフ[6]などの研究が挙げられるが、これらはほぼ次のような認識において一致している。すなわち、戦争と略奪行為によって荒廃し、人口の激減をみたこの地に、イスラーム・スペインから逃亡して来たキリスト教徒難民を定着させ、彼らの耕作、開墾活動を通じてこの地方の経済的復興を図り、同時に彼らを対イスラーム戦の戦力として動員しようと考えたカロリング王権が、自らの主導のもとに、ひとつの確たる政策として展開したということである。この見解では、フランク側の主導的役割が強調され、従って特にその政治的契機や経済的帰結の検討が中心となっている。

カロリング王権支配下のカタルーニャ地方の証書類の編纂と公刊を通じて中世カタルーニャ史の研究に多大な貢献を果たしたR・ダバダル・イ・デ・ビニャルスの、これらヒスパニア人の植民をめぐる一連の研究も[7]、基本的にはフランス史学の伝統的な視点と大差なく、植民運動全体の理解に関しても、フランク側に主導権のあったことが認められている。ただ彼において特徴的なのは、カタルーニャの歴史が他のスペイン諸地方のそれに対して、フランク国家、後にはフランス王国の圧倒的影響下に形成されたという意味での、カタルーニャの独自性の強烈な意識である。中世カタルーニャの政治的統合の中心となったバルセローナ伯領は、かつてのスペイン辺境領が核となって形成されたものである。従ってヒスパニア人の定住史は、カタルーニャ初期史の重要な一局面であったわけである。彼においては何よりもまず、こうした地域主義的問題関心がまさっていたと言えよう。

以上の諸研究が植民・定住運動におけるカロリング王権の能動的・主導的役割を主張するか、あるいは自明の前提としているのに対して、スペインの歴史家Ａ・バルベロは、この運動をいわゆるレコンキスタの一環としてとらえ、逆にヒスパニア人の側に主導的役割を認める。[8] 彼は従来レコンキスタ運動が、イスラーム教徒によって征服、占領された地域の奪回という政治現象として専ら理解されていたのを、当時イベリア半島の北部山岳地帯で生起しつつあった人口増加と、それに伴う社会構造の変動の結果もたらされた山岳民の膨張運動であると規定し、その社会・経済史的側面を強調したのである。[9]

他方、第二次大戦後のドイツ史学から、先に触れたヒスパニア人の法的地位、その特権的性格の本質の解明に関わる研究動向が生まれてきた。このような傾向を担ったのは、一九六〇年代以降わが国の西洋中世国制史研究に深甚な影響を与えた「国王自由人」学説の有力な推進者であったＨ・ダンネンバウアー、Th・マイヤー、Ｗ・シュレジンガー、Ｋ・ボーズルなどであったことはよく知られている。こうした論者はカロリング朝時代の諸史料、特に勅令に登場する自由人が、古典学説の説くような一般自由人ではなく、国王に対して特別の従属関係にある「国王自由人」であると考え、それを、人的結合を原理とする国家から領域支配国家への転換過程で、王権が支配の基盤として創出した被支配層の法的地位であると理解した。[10]

国王自由人の基本的特徴は、彼らが王領地に定住し、[11] 事実上無制限の軍役義務を負担していることである。ダンネンバウアーはランゴバルド王国の「アリマンニ arimanni」[12] とともに、ヒスパニア人を国王自由人の諸属性をそなえた典型的存在と考えた。[13] こうした理解は、一方では確かにヒスパニア人問題を旧来の地域史的枠組から解放し、これをフランク社会の国制構造全体との関連で考察する道を開いたが、しかしその反面ヒスパニア人が享受した「自由」の実体と諸属性を、その社会的連関から切り離して抽象化し、フランク国家の「自由人」(=国王自由人)の存在形態を推定するための素材として一般化しすぎたきらいがある。彼らにあっては地域史的関心の過度の不足が見すごせない問題としてあるように思われる。フランク国制下の「自由人」の在り方を、ヒスパニア人の存在形態を媒介として理解しようとする思考法は、「国王自由人」学説に批判的な旧東ドイツのE・ミュラー=メルテンスの場合にもみとめることができる。[14]

われわれはまずもってヒスパニア人をめぐる諸状況を、その法的・国制的地位ばかりでなく、彼らに対するカロリング王権の対応やヒスパニア人の社会構成、それに植民・定住運動の在地的局面等の諸点について考察し、それらとの関連でヒスパニア人の存在形態を考え、その法的地位や歴史的性格を明らかにしたいと思う。

一　勅令にあらわれた対ヒスパニア人政策

勅令はその性質上、実効力をもったか否かを別にして、諸史料中王権の意図と政策を最も端的に表明するものである。それゆえ個々の勅令の内容、勅令相互間の比較検討によって、王権の政策変化とその方向をある程度明瞭にたどりうるはずである。しかしそのためには、勅令相互間の先後関係や年代比定が確立されていることが必須の前提条件となろう。この点、Monumenta Germaniae Historica 版、Capitularia regum Francorum に収録されている四点のヒスパニア人関係の勅令に限るならば、差しあたり問題はない。Praeceptum pro Hispanis (シャルルマーニュ) 八一二年、[15] Constitutio de Hispanis prima (ルイ敬虔帝) 八一五年、[16] Constitutio de Hispanis secunda (ルイ敬虔帝) 八一六年、[17] Praeceptum pro Hispanis (シャルル禿頭王) 八四四年[18]というように、一応その作成・公布年代が確定されているのである。

諸勅令に盛られた個々の規定それ自体の立ち入った検討は次節以降に譲って、ここではそれぞれの規定内容の変動が全体として、シャルルマーニュ、ルイ敬虔帝、シャルル禿頭王、このフランク三王のヒスパニア人難民への対応の差異を、どのように反映しているか、またそれはどのような変化を示しているかを、時代を追って跡づけることを主たる課題にしたい。

ヒスパニア人に関する最初の勅令は八一二年四月二日の日付をもち、アーヘンの宮廷で作成されたシャルルマーニュのそれであるが、これはその形式と内容の点で、通常の勅令とはいささか異なっている。まず、この勅令の被給者であるが、前文の記すところによれば、バルセローナ伯ベラ、ルーション伯ガウスケリヌス、カルカッソンヌ伯ギスクラフレドゥス、ヘローナ伯オディロ、アンプリアス伯エルメンガリウス、ナルボンヌ伯アデマール、任地不明の伯であるライブルフス、ベジエ伯エルリヌスの八名である。[19] 勅令の被給者は、一般には王国の全ての地方官職担当者か、あるいは当該勅令が一定の地域に向けられた場合は、その地方の全官職担当者であるのが普通で、このように特定の人物が名指しで被給者とされるのは異例である。

続いて本文の冒頭に、この勅令を発する経緯がかなり詳細に述べられている。それによれば、司祭マルティヌスをはじめとする四二名のヒスパニア人(勅令には一人ひとりその名前が列挙されている)[20]がアーヘンの宮廷を訪れ、彼らが伯とその配下の者たち(iuniores)の圧迫を受けていると訴えた。[21] ヒスパニア人の受けた圧迫の具体的内容は、第一に、ヒスパニア人以外の在地住民が、ヒスパニア人が入植した土地は以前彼らの所有地であったと互いに証言しあって、三〇年以上にわたって耕作してきた土地から入植者を駆逐したこと。[22] 第二は、やはりヒスパニア人の耕作していた所領(villa)を、以前それを所有していたのが西ゴート系の官職サイオン Saion を保有する者たちであったという口実で、伯が取りあげ、ヒスパニア人から力ずくで徴税を行なっているこのサイオンたちに贈与したことである。[23] このような訴えを受けた大帝は巡察使を派遣し、実情を調査させた上で、上記八名の伯に以下の三点を命じている。一、伯自身および彼の配下の者たちが、ヒスパニア人にいかなる貢租も課さざること。[24] 二、アプリシオの権利によってヒスパニア人が三〇年間占有してきた土地を横奪せざること。[25] 三、伯およびその配下の者たちが不当に奪取した土地を返還すべきこと、[26] 以上である。最後に本勅令起草者の名前と日付、起草の場所等が付されている。これが概ね前文と本文を含めた八一二年勅令全体の内容である。

既に述べたように、この勅令はヒスパニア人が入植したと思われる伯領を統轄した、複数ではあるが特定の人物に向けて発せられたものであり、しかもその内容は四二名の、これまた特定の人物の権利確認をその主たる内容としている。勅令の一般的性格として、その綱領的、政策目標的な点を指摘しうるとすれば、その限りにおいて、これは勅令一般の観念からかなり隔たっていると言わざるをえない。むしろこれは特定の人物に対して、特定の権利を確認する目的で賦与される確認証書に近い性格のものであると言えよう。いずれにしても重要なのは、ヒスパニア人に関する最初の勅令において、シャルルマーニュが植民についての体系的な立法措置を何ら講じていないという事実であり、それればかりかイスラームに対する防壁として、またこの地方の経済的復興にとって重要な役割を担うはずの植民者が圧迫を受け、生存の基盤を奪われるような危機的状況にあったにもかかわらず、ヒスパニア人の訴えにあって初めて対応策を講ずるという受け身の態度であり、究極的には、この地方の実情への関心の薄さである。大帝は「ロンスヴォーの悲劇」で史上有名な、七七八年の失敗に終わったスペイン遠征以来、ガロンヌ川から南の地域には足を踏み入れていない。[27] 彼は、七八一年以後に、ルイ敬虔帝として王位を継ぐ次子のルイをアクイタニア(=アキテーヌ)王に任じ、[28] 南部辺境地帯の統治を委ねたのであった。しかしながら、これは独立の王国としてアキテーヌ王国をルイに分与したことを意味するものではない。法的には、アキテーヌ王国はあくまでフランク王国を構成する一地域にすぎず、シャルルマーニュのみが、フランク王国全域にわたって支配する唯一の王であった。[29] それゆえにこそ、ヒスパニア人は彼のもとに訴えたのである。従って大帝のヒスパニア人植民者に対する受動的な対応は、そのままカロリング王権のそれを示しているのである。少なくともシャルルマーニュの時代には勅令から見る限り、ヒスパニア人の植民が王権の確たる政策として積極的に展開されたとは、われわれは考えない。

これに続くのは、八一四年一月二八日のシャルルマーニュの死後、その支配権を継承した前アキテーヌ王のルイ敬虔帝が発した Constitutio de Hispanis prima である。この勅令はルイの即位後一年ほど経過した、八一五年一月一日にアーヘンの宮廷で公布されたものである。全体の構成は、前文と結びの文を除いて、ヒスパニア人に関する具体的諸規定七条から成っている。勅令の文言によれば、被給者は「聖なる神の教会に属する全ての信者、ならびにアクイタニア、セプティマニア、プロヴァンス、ヒスパニアの地に住む、現在および将来のわが下臣[30]」と指示されている。前文の後段では、ヒスパニア人難民が自由かつ明白な意思に基づいてフランク王の支配に服した事実が指摘され、ついで、一方王権の側では、自らの保護下に置いたヒスパニア人を自由身分のものとして遇することに決めたことを、本勅令の被給者全てが知悉するよう注意が喚起される。[31]

続く本文の第一条では、ヒスパニア人の軍役・哨戒などの軍事的負担、巡察使、使節への奉仕と彼らへの馬匹の提供といった非軍事的負担が明示され、最後に伯およびその配下の者によって貢租が課せられてはならない旨が強調されている。[32]

第二条は裁判に関する規定で、特に事物管轄について定めている。それによれば大事件(causae maiores)およびヒスパニア人以外の隣人(vicinus suus)[33]の告訴による場合は、伯の主宰する裁判集会において審理され、小事件(causae minores)はヒスパニア人の習慣に従って内部的に処理することが認められている。[34]

第三条では、ヒスパニア人が占有する荒蕪地(＝アプリシオ地)に当該占有者が他の者を居住させた場合、前者は後者を排他的に使役し、また小事件に属する係争に関しては、後者をヒスパニア人の裁判機関に召喚することが認められている。[35]

第四条は先の第三条で述べられているところの、荒蕪地占有者の土地に、後になってから居住した者に関する規定で、彼が主人を変える際、旧主人から賦与された保有地に対する権利を一切放棄すべきことを定めている。[36]

続く第五条では、伯に対する個人的感情に基づく贈与行為が、いかなる法的意味も有しないこと、また伯の側でこれを慣習化することのないように注意を喚起している。さらに、巡察使や使節に固有の権利である宿泊権と馬匹徴発の権利を、伯や彼の配下の者たちがヒスパニア人に行使したりすることの禁止、および第一条で既に述べられている貢租徴収の禁止が、ここで再度繰り返されている。[37]

第六条は、異邦のヒスパニア人に対して、フランク支配領域内の法慣行に注意を喚起した規定である。すなわち、ひとたび伯の封臣たるべく慣習に従って託身したならば、ヒスパニア人として賦与されている諸特権を放棄したことになり、封主・封臣関係を規律する法体系に組み込まれざるをえない旨が述べられている。[38]

最後の第七条で実質的な意味があるのは後半部分だが、そこではこの勅令の謄本がヒスパニア人が居住している諸地方に三部ずつ送付され、一部が当該司教区の司教に、他の一部は伯に、残る一部がその地のヒスパニア人に保有されるよう命じている。[39]

以上の本文に続く結びの文では、本勅令の原本が、紛争が生じた場合裁定の根拠となるように宮廷の文書庫に保管されるべきことが、わざわざ明記されている。[40]

さて八一五年のこの勅令から一三か月後の八一六年二月一〇日に、同帝によって同じくアーヘンから、いわゆるConstitutio de Hispanis secundaと称される第二の勅令が発せられている。[41] 第一勅令が見られた通り、フランク王国の南部辺境に入植・定着したヒスパニア人に関する、最初の実質的な体系的立法であった反面、専ら当為的規定に終始していたが、第二勅令は、この地域で生起しつつあった社会秩序の混乱と、それを是正しようとする王権の側の努力を伝えている。ちなみに第二勅令の被給者は、第一勅令のそれに加えて、同帝自身の後継者も挙げられており、[42]

同勅令によって与えられるはずの秩序がより永続的であるようにとの願望、ヒスパニア人社会についての深い関心が読みとれる。

この勅令の形式は第一勅令とは異なり、箇条化されていないひとつながりの文章となっている。その概要は以下の如くである。すなわち、狭い意味でのヒスパニア人社会と、伯、国王の封臣である vassi dominici、あるいは伯の封臣などのフランク人を含む南部辺境社会一般とを区別しつつ、いずれにおいてもヒスパニア人植民者(ここで特に想定されているのは中・小の植民者 minores, infirmiores であったと思われる)から、彼らの土地を奪ってはならない旨を述べ、各社会層ごとに想定される土地に対する権利に応じて、それぞれの所有あるいは占有権を確認している。[43] 第一勅令とは異なり、この勅令については計七通の謄本が作成され、ヒスパニア人が入植したナルボンヌ、カルカッソンヌ、ルーション、アンプリアス、バルセローナ、ヘローナ、ベジエで保管され、彼らが自らの権利を確認できるよう配慮されている。[44]

ルイ敬虔帝の以上の二勅令から、われわれはシャルルマーニュの場合とは異なって、同帝のヒスパニア人植民者自身と彼らの構成する社会に対する配慮と深い関心を読みとることはできるであろう。またひとつの対ヒスパニア人「政策」について語ることもできよう。だがこのことによってただちに同帝の「政策」を、このヒスパニア人植民「運動」という現象の起動因として認めるわけにはいかない。言うまでもなくこの「運動」は同帝が即位して、比較的整った立法措置を講ずる三〇年以上も前に起こっているからである。彼のヒスパニア人社会の現状に対する強い関心は、おそらく、幼少期からアキテーヌ王として君臨し、南部辺境地帯の動静に特に鋭敏たらざるをえなかった、その結果であろうと思われる。

最後の対ヒスパニア人勅令は、ルイ敬虔帝の第二勅令から隔たること二八年、八四四年六月一一日、トゥルーズのサン・サテュルナン修道院でシャルル禿頭王によって発せられている。[45] 被給者はルイ敬虔帝の第一勅令に示されたのとほぼ同一である。[46] 前文において注目すべきは、ヒスパニア人の諸特権が総体としてインムニテートと規定されていることで、[47] 先行諸勅令では彼らの個々の特権が列挙されているだけで、それが総体としていかなる性格のものので、またフランク国制全体の中でいかなる位置が与えられるべきものか必ずしも明確ではなかったが、本勅令において初めてその位置づけがなされたと見ることができる。しかしこのことはまた、一連の対ヒスパニア人勅令の中で、本勅令が独自の性格を有することを予想せしめるものである。本文は全体で一〇条から成り、ヒスパニア人に関する勅令の中で最も長文である。

第一条前半部の主要な部分は、ルイ敬虔帝の第一勅令第一条の前半と全く同じ軍役・哨戒義務および巡察使・使節への奉仕、馬匹提供などの諸負担を述べているが、後半部分は新しい規定である。すなわち、馬匹が死亡その他の事由によって返却不能の場合、フランク法に従って賠償さるべき旨が定められている。[48]「フランク法に従って」とはあるものの、新規定の意図するところは馬匹提供者たるヒスパニア人の権利強化に他ならない。

第二条では、同じくルイの第一勅令第一条後半の貢租免除規定に加えて、ヒスパニア人が自領地内で放牧する限り、放牧税を免除されること、また伯領内での流通税も同じく免除さるべき旨がうたわれている。[49] 言うまでもなく、この付加部分もヒスパニア人の権利保護・強化に連なるものである。

続く第三条は、同じくルイ敬虔帝の第一勅令第二条に対応する裁判規定であるが、ここでも注目すべき改変が加えられている。第一勅令では殺人、強姦、放火、横領、四肢切断、窃盗、略奪その他の財産侵害などの大事件と、ヒスパニア人以外の隣人とヒスパニア人との係争は伯の管轄下にあり、ヒスパニア人の内済に委ねられた事件はごく限られていたが、[50] 八四四年勅令ではこの関係が逆転し、殺人、強姦、放火を除く一切の事件はヒスパニア人によって、彼ら固有の法で裁くことが認められている。[51]

第四条は第一勅令の第三条に対応するが、そこでは、後になってから到来し、アプリシオ地所有者の土地に居住を許された保有農民の裁判規定に関する第一勅令中の文言は一切削除されている。[52] そして、アプリシオ地所有者の、これら保有農民に対する使役の権利だけが記されている。[53]

この事実をどのように解釈するか、純論理的にはいくつかの可能性が考えられるが、最も蓋然性があると思われるのは、これら保有農民に対するアプリシオ地所有者の支配が領主支配の形態に接近し、彼らは隷属の度合を強めて、いわば領主裁判権の対象として把握されるようになったとすることである。[54]

第五条は第一勅令の第四条に対応するが、ここでも無視しえない文言の異同が見られる。とりわけ重要と思われるのは、保有農民が所領主を変更する場合、第一勅令では単に土地に対する権利の放棄のみが定められていたのに対して、本勅令では「所有しているいかなる物も所持してはならないし、持ち去ってはならない。全ては最初の主人の所有と支配のもとに置かれるべきである」[55] と、事実上移住の自由を制限するが如き規定となっている。

続く第六、七、八の三条は先行勅令に見出されない全く新しい規定である。第六条は国王に対する諸負担を条件に、荒蕪地に入植し、継続的に耕作活動を行なった者は、その地を所有できるという、アプリシオ制の一般原則を述べたものである。[56]

第七条はアプリシオ地を所有する者が、彼ら自身の間でそれを売買、交換し、相続人に贈与、遺贈したりすることが許されるとし、直系の相続人を欠く場合は、ヒスパニア人の法に基づいて傍系親族による相続を認めている。[57] 第八条の規定は、ヒスパニア人の古来の法慣行であるところの放牧権、樹木採取権、流水利用権などの、入会権的諸権利を認める内容である。[58] A・デュポンはこの第八条の規定を西ゴート法の系譜を引くものと考えている。[59] だがなぜこの時期に突然勅令の中に登場することになったのか、これは無視しえない問題であるが、この点については後に述べる機会があろう。

最後の二条、すなわち第九条および第一〇条は、ルイ敬虔帝の第一勅令第五条[60]と第六条[61]をそれぞれ一字一句に至るまで完全に踏襲した規定で、いかなる追加も削除もなされていない。

以上が八四四年にシャルル禿頭王の発した対ヒスパニア人勅令の内容であり、周知の如くこれはフランク王権最後のヒスパニア人に関する勅令である。既に各条の紹介でその都度指摘したことだが、全体としてヒスパニア人、とりわけルイ敬虔帝の第二勅令の言葉を借りるならば maiores, potentiores と称される有力者層の権利が著しく強化されているという印象を禁じえない。八一六年の第二勅令でルイ敬虔帝が深い関心を寄せ、また憂慮した中・小ヒスパニア人植民者の有力者層への隷属化現象を既成の事実と認めて、これを制度化したにすぎないような印象を受ける。その意味で、ルイ敬虔帝時代に芽生えつつあったとも言えるカロリング王権の対ヒスパニア人「政策」は、この時期既に実質的に破綻してしまっており、極論すれば、植民「運動」におけるフランク側のイニシアティヴは、この時期既にほとんど問題にならないほど後退してしまっていると言えよう[62]。

カロリング王権の政策を最も端的に示しているはずの、以上の四勅令の規定を通覧してみて、われわれはヒスパニア人の南部辺境地域への植民「運動」において、フランク側に主導権があったとする確証を見出すことができなかった。そればかりか、受動的な形でさえ、フランク王権の側に自覚的な一貫した対ヒスパニア人政策があったという主張すら成立しがたいように思える。シャルルマーニュは個別的に、ヒスパニア人にその特権を確認してやってはいるものの、彼らに関する包括的な政策構想を抱いた形跡は認められない。既に述べたようにロンスヴォーの敗北以後、大帝は早々にこの地の統治を息子のルイに委ねている。このルイが大帝の後継者として即位した時、王権のヒスパニア人植民者への関心は、政策の名に値する高まりを見せたが、続くシャルル禿頭王の治世には再び国王の政治的視野から後退してしまっている。この時期兄弟間戦争に忙殺されていたシャルルに、辺境の地の植民者の状況に関心を向ける余裕がなかったとしてもそれは無理からぬところである[63]。同王の発した勅令が、ルイ敬虔帝の諸規定と、おそらくはヒスパニア人有力者層の要請になるであろう現状追認的規定との、その形式において不統一な奇妙な混合物であったことは既に見た通りである。『モヌメンタ』に収録された対ヒスパニア人勅令を通してみた限り、シャルルマーニュ、ルイ敬虔帝、シャルル禿頭王三者のこの問題についての対応は、概ね以上の如く要約しうるであろう。

a　付　論

カロリング朝期カタルーニャ史の権威であるバルセローナ大学のR・ダバダル・イ・デ・ビニャルスが編纂した『カタルーニャ関係カロリング朝国王証書集』[64]には、前掲の『モヌメンタ』版対ヒスパニア人勅令に先行すると彼が考える、大帝の二勅令が収録されている。彼はこれら二勅令のうち、ひとつを七八〇年頃、[65]他を八〇一年頃と、[66]発布年時を推定している。その内容はいずれも、比較的整った体系的立法の性格を示しており、もしこれが大帝の真正の勅令であるとするならば、同帝は当初からヒスパニア人の植民に関して積極的な政策を展開していたと考えざるをえなくなる。『モヌメンタ』版に収められた大帝唯一の対ヒスパニア人勅令である八一二年のPraeceptum pro Hispanisを見ても、また七九五年アーヘンの宮廷にvassi dominiciとして大帝に託身するために到来したヒスパニア人ヨハンネスに賦与した証書においても、[67]受動的態度に終始しているシャルルマーニュは、この二勅令の存在によって、われわれが先に指摘したのとは異なった相貌のもとに姿をあらわすことになる。われわれとしては当然、ダバダル・イ・デ・ビニャルスが提示するこの二つの新史料を検討する必要があろう。

表9はこの二つの勅令を加え、ヒスパニア人に対するカロリング諸王の合計六つの勅令の文言を、それぞれのテクストにおける付加・削除等の異同をもとに記号化したものである。勅令IおよびIIは未確定として全てダッシュ記号を付し、IIIとVは既に指摘したように箇条化されていないので、その本文は検討の対象から除外した。また$\alpha 1$のように、記号のかたわらに数字1が打ってあるのは、文言上若干の変化があったものを示す。この表から以下の

表9　カロリング朝諸王のヒスパニア人勅令

勅令	I	II	III	IV	V	VI
勅令年代	[ca.780]	[ca.801]	812	815	816	844
発給者	(Karolus)	(Karolus)	Karolus	Hludowicus	Hludowicus	Karolus
被給者	α'		*	α	α1	α1
前文	X'	Y'	Z	X1	W	Y
本文(1)	A'	X1'+F1'	—	F+G	—	X+F1+I
(2)	B'	G'	—	H	—	G+N
(3)	C'	H'	—	K	—	H-J
(4)	D'		—	L	—	K-T
(5)	E'		—	D	—	L+U
(6)			—	E	—	A
(7)			—	M	—	B
(8)			—		—	C
(9)			—		—	D
(10)			—		—	E

α1 → Notum sit 型
＊ Bera, Gauscelinus, Gisclafredus, Odilo, Ermengarius, Ademar, Laibulfus et Erlinus comites

諸点が明らかとなる。

一、まず先に触れたように、大帝のものと確定されている勅令IIIと、ダバダル・イ・デ・ビニャルスが大帝のものと主張するI、IIとの間に語彙、表現形式において全く共通性のないことである。もっとも勅令IIIはアーヘンの宮廷に直訴した特定のヒスパニア人集団を念頭に置いた、勅令としては特殊な例に属するためであるかも知れないが、それにしてもいずれもヒスパニア人の特権に関わっているだけにI、IIとIIIとの断絶は異様である。

二、次に勅令VIが、若干の付加・削除はあるものの、基本的にはIとIIとを合体したものに相応することである。この点はI、IIの真正性という点から特に注目しておく必要がある。というのはI、IIはいずれも断片であって、他の四勅令とは異なり、厳密には発給者名の記載も、文末の文書作成日時、起草者名、署名等の全てを欠いているからである。それらが、それぞれ独立の勅令の断片であるかどうかさえ、はなはだ疑わしいのである。

三、最後に、仮にⅠ、Ⅱをシャルルマーニュの真正勅令であるとするならば、ルイが先帝の勅令をほとんど無視した後で、孫のシャルル禿頭王が再びそれを復活せしめるという、対ヒスパニア人政策の脈絡のなさをどのように理解したらよいであろうか。

以上挙げた三つの疑問を、全て説得的に説明しうる事実を見出すことができない。このような、いわば状況証拠からⅠ、Ⅱは実はシャルル禿頭王の八四四年勅令の断片であると、われわれは推定する。その根拠として一点だけ指摘しておくと、ダバダル・イ・デ・ビニャルスが大帝に帰している勅令Ⅱと、ルイの勅令Ⅳ、そしてシャルルのⅥに通して見られる規定の中で、特に重要な軍役義務に関するF1'、F、F1を見ると、Ⅱにおいては“eo videlicet modo ut sicut ceteri Franci homines cum comite suo in exercitum pergant”[68]の如く、「自由人」を表わすのにFranci homines なる表現を用いている。ところがⅣではliberi homines[69]、ⅥではFranci homines となっている。[70]ところでシャルルマーニュの他の勅令でFranci homines なる用語の使用例は存在しないのに、シャルル禿頭王の場合は八六四年のピートル勅令[71]からも知られるように、Franci homines あるいはFranci を常用している。「自由人」をFranci homines と表現するのはシャルル以降の用法なのである。

このことからも、勅令Ⅱはシャルル禿頭王の勅令Ⅵの断片、もしくはそれをもとにした偽文書の可能性が強いと言わざるをえない。

われわれの結論は、従って、『モヌメンタ』所収の勅令Ⅲ、Ⅳ、Ⅴ、Ⅵのみを真正の勅令とみなすべきであり、それゆえ、前に述べたヒスパニア人問題についての諸王の評価には修正の必要がない、ということである。

二　ヒスパニア人の社会構成——Constitutio de Hispanis secunda (a.816) の所見を中心として——

フランク王国南部辺境地域の荒蕪地へのヒスパニア人植民者の定住によって出現した社会は、どのような構成をなしていたのだろうか。法的身分の観点からすれば、ルイ敬虔帝の第一勅令前文に示されているように、ヒスパニア人植民者は全て自由身分に属するものとして遇されたはずである。[72] 勿論これは法的な擬制であって、現実には貴族的有力者から奴隷に至るまで多様な身分の者が難民としてこの地に定着したであろう。これに対して、以前の身分を問わず、ヒスパニア人は全て同等の存在として扱われるというのが前文の主旨である。

しかしながら翌八一六年に公布された第二勅令は、これらヒスパニア人社会の中に一定の階層差の認識が存在した事実を歴然と示している。それによれば、ヒスパニア人植民者は土地占取の態様と、土地に対する権利の差異を基準に、以下の五つの範疇に区分されているように思われる。

①同勅令において maiores, potentiores と称されている有力者層である。彼らは移住以前から homines と形容される隷属民を従える領主的存在であり、後者を引き連れて荒蕪地に入植し、その再耕作にあたったと思われる。[73] 前節で述べた、八一二年のシャルルマーニュの勅令に登場する、聖職者を含む四二名のヒスパニア人[74]は主としてこの社会層に属していたようである。彼らは伯および伯の配下の者たちや、在地の住民から不当な圧迫を受けているとして、大帝の保護を求め、大帝は彼らの訴えを正当とみなして、その権利確認のための命令書を作成した。これが八一二年勅令であったが、この勅令のもつ法的、社会的効果は、今度は一転して Hispani maiores を圧迫者の側に立たせることになる。八一六年勅令によれば「minores, infirmiores の者たちは彼らの命令書の権威によって、その丹精こめて耕作した土地から完全に駆逐されるか、あるいは彼らに隷属するよう強制された」[75]のであった。彼らはヒスパニ

ア人社会の中でも、その権利が文書によって国王からじかに保証されている点で特権的存在であった。

②八一六年勅令で minores, infirmiores と呼ばれる、おそらく中・小規模の土地占取を行なった自立的農民としてのヒスパニア人であろう。彼らは maiores と同じく、この植民「運動」の初期に入植し、その社会的地位こそ前者に比べて低いとはいうものの、法的には全く同等で、荒蕪地を占取し、耕作し、所有する独立の主体たりえた。[76] ただ maiores と違って、文書による権利確認がなされなかったために、たといアプリシオ制下の土地占取が文書による確認を必要としない、事実上の占有でこと足りるような性格のものであったとしても、ひとたび maiores との間に紛争が生じた場合、明らかに不利な立場に置かれた。彼らが当時既に maiores から圧迫を受け、入植地から駆逐されたり、maiores の隷属民に転落するような状況に陥りつつあったことは上に述べた通りである。

③伯もしくは国王の封臣、あるいは伯の封臣に託身し、彼らによって荒蕪地を賦与されたヒスパニア人植民者が存在する。彼らは託身行為によって、法的には保有農民として位置づけられることになり、従ってアプリシオ権の自立的主体たりえない。この点で前二者と決定的に異なる。しかしながら、彼らの賦与される土地が荒蕪地であるという事実が、彼らの土地に対する権利を一般の保有農民以上に強固なものとしていると思われる。八一六年勅令は、彼らが耕作した土地を再び自己の所領に組み入れたり、あるいは第三者にもっと有利な条件とひきかえに賦与したりする目的で、その土地からヒスパニア人保有農民を駆逐してはならないことを、賦与者に命じている。[77]

④「後になって到来し qui postea venerunt」、伯もしくは国王の封臣あるいは同類のヒスパニア人に託身し、彼らから居住する土地を賦与された者たち。[78] “qui postea venerunt” なる文言は、この種のヒスパニア人集団の実体を把握する上で重要な意味を持っているように思われる。これはシャルル禿頭王の勅令第四条の「他の世代に属する植民者 alios homines de aliis generationibus venientes」[79] に正確に対応すると思われるが、その意味するところは、おおよそ七八〇年頃に始まった植民「運動」の第一波に属するヒスパニア人植民者が、入植地の所有権獲得に必要な三〇年を

経過した後に到着した人々である。注目すべきは、前三者が全て「荒蕪地 loca deserra」[80]に定着した固有の意味での植民者であったのに対して、このカテゴリーに属する人々に賦与された土地は terras ad habitandum と形容されているることであり、これは屋敷地を含む既耕地であったと考えられる。そのため同じ保有農身分でありながら、この第四のカテゴリーに属するヒスパニア人は、荒蕪地の開発というより困難な課題を負った第三のそれに比べて、国王による保護は限定されていたと言えよう。後者に関して、国王は入植地からの駆逐を事実上禁じているのに対して、前者については、「受領する際の約束と条件のもとに sub quali convenientia atque conditione acceperunt」[82]と、託身時の約束履行に注意を喚起しているにとどまるからである。

⑤ヒスパニア人植民者の社会で、最下層に位置する隷属民集団が存在した。彼らは主として第一のカテゴリーたる Hispani maiores の支配下にあった人格的に不自由な、いわば奴隷的な隷属民ではなかったかと思われるが、確証はない。この層は八一六年勅令で homines と称されている。[83]だが勅令の独自の言及対象にはなっていない。その性質上独立の法行為の主体たりえないために、法史料の中にこの層の具体的存在形態を探るのは困難であるが、有力植民者層がこの種の隷属民集団を従えていたのは確実であると思われる。例えば、われわれの問題としている地域からは若干外れるが、再植民運動の中心であったスペイン北部のアストゥリアス・レオン王国で、アウレリウス王の治世(七六八—七七四)に大規模な奴隷反乱が勃発しており、この事実はその地方の大土地所有者が奴隷所有者であったことを示すものと理解されている。[84]従ってこの時期、ヒスパニアから植民のために到来した有力者層が、奴隷的不自由人を引き連れていたとしても不思議ではない。勿論この社会層がヒスパニア人植民社会で、どの程度の比率を占めたかは全く不明である。

以上五つの、主として土地に対する権利を基準として分類された諸範疇は、社会的な階層構成として以下の三階層に整理されよう。

頂点にあるのは、既に植民以前から領主層的色彩を色濃く帯びていた maiores, potentiores と呼ばれる社会層で、植民「運動」の初期に、おそらくは大規模な土地占取を行ない、その社会的・経済的基礎を固めた。彼らが八一二年勅令によって伯その他の世俗役人の干渉を排除し、さらに中・小の植民者を圧迫しつつ真の領主層に変貌を遂げつつあったことは、既に見た通りである。[85] 八四四年勅令の前半部は、おそらくそのようなものとしての利益をかなり明確に反映していた。そこではヒスパニア人の諸特権の総体がインムニテートと規定されたことに驚くが、同時にこのような特権を真に享受しえたのは、Hispani maiores 以外には存在しないのではないかという思いも禁じえない。この他第一条から第五条までの規定、すなわち返還不能となった馬匹(馬匹を所有しえた階層として maiores が最も妥当したであろうことは容易に推定される)の賠償、広域的な流通税の免除、ヒスパニア人の裁判権限の拡大、保有農民の事実上の移動禁止等も、maiores の利益を擁護し、さらに強化する効果をもったのである。[86]

第二の階層として minores, infrmiores と称される中・小の自立的農民層が想定されるが、土地に対する権利こそ異なるものの、その経済的基盤、社会的勢力の点では、③および④の保有農のカテゴリーとさしたる隔たりはなかったのではないかと思われる。その意味で、これら三者はほぼ同一の社会層を形成したとわれわれは考える。特に maiores による、これら minores の圧迫が、一般的傾向として後者の地位の相対的低下をもたらしつつあったことを併せ考えるならば、われわれの理解は必ずしも不正確とは言えまい。ただ念のため付言しておかなければならないが、自立的な中・小ヒスパニア人植民者が全て従属的地位に転落したのではなく、圧迫に抗してアプリシオ権を守り抜き、土地に対する完全な所有権を保持し続けた人々も存在したのである。彼らは領主制的諸関係が社会の様々な局面に浸透する状況下で、アロディウム所有者として自己を貫徹したのである。[87]

社会の最下層を構成するのは、非自由身分に属する集団である。これは例えば、当時のスペイン辺境領、[88] セプティマニアに広汎に存在した、[89] 極めて隷属度の高い奴隷的性格のものから、保有農民の層に近いものまで、内部においては多様な分化を見せていたと考えられる。

さて最後に若干の文書を通して、これら社会層のうち特にHispani maioresを中心に、その具体相を瞥見しておきたい。たびたび言及したように、八一二年勅令にはmaioresに属する四二名のヒスパニア人の名前が列挙されていたが、その中にヨハンネスなる人物が見える。[90] 彼は七九五年の日付をもつ国王証書[91]によって、ナルボンヌ伯領にある荒廃した集落villare Fontjoncouseの再開発を許可されている。同文書によれば、ヨハンネスはバルセローナ地方のad Ponteと呼ばれる地点でサラセン人と戦い、敵の多くを殺して勝利した。彼はこの折に戦利品として得た一頭の馬、一領の甲冑、銀製の鞘をそなえた一振のインド剣を、当時アキテーヌ王であったルイに献上し、前出の廃村Fontjoncouseの賦与を願い出たのであった。ルイは申し出を一応承諾した後に、シャルルマーニュへの紹介状をしたためた。ヨハンネスはこの書状を携えてアーヘンの宮廷を訪れ、大帝の両手の中に託身することによってvassi dominiciの地位を得、同時に法的にはフランク王国全土の唯一の支配者たる同帝から、正式にFontjoncouseの譲与を受けたのであった。[92] これが七九五年の証書に記されたヨハンネスの荒蕪地獲得の経緯である。アプリシオ地の獲得は、本来ならば事実上の占取でこと足りるわけだが、ヨハンネスのような有力者は機会をとらえては、自らの土地に対する権利を文書で確認されるのを望んだようである。この後約四〇年を経た八三四年の日付をもつ、ヨハンネスの息子テウデフレドゥスとデクストルスなる人物との間で、このvillareをめぐって争われた訴訟記録[93]は、七九五年の証書で認められたところのヨハンネスの土地占取の態様をかなり詳しく伝えている。それによると、当時のナルボンヌ伯ステュルミオが配下の役人とともに現地へ来て、villare Fontes(=Fontjoncouse)に属する領域の四至の確定が行なわれた。[94] この際四至確定の標識となった近隣の村落名、道路の配置状況からvillare Fontesのかなり正確な面積を算出することができる。コーヴェの試算によれば、それは約五〇〇〇ヘクタールに及ぶ広大な所領であった。[95] もっともかなりの部分は森林によって占められていたらしい。[96] ついでヨハンネスはこのvillare全体をアプリシオとして受領した。そして家屋および付属施設を建て、土地を耕作したと記されている。[97] 勿論彼が擁したであろう隷属民の労働力を利用したとしても、実際に耕作しえたのは可耕地の一部分であったにちがいない。

やがて彼は、この自らの villare に以下の者たちを定住させた。すなわちクリスティアヌスとその二人の息子アトネルス、エレ、それにマンシオ、タムンヌス、司祭インボラスス、アテレナリウス、フェダンティウスとその息子たちおよび彼の娘婿イルデボヌスである。ヨハンネスは既に耕作した villare のおそらく一部を彼らにベネフィキウムとして賦与した。彼らはヨハンネスに託身し、彼を patronus に戴いた。彼らは自らのアプリシオとしてではなく、ヨハンネスのベネフィキウムとして土地を保有したのである。[98] これらの人々は、最初に指摘した④のカテゴリーに属すると思われる。クリスティアヌス以下ここに名前の挙げられている人々が全て男性である点に注目する必要があろう。もし彼らがひとまとまりの移住集団であったとするならば、難民の性別編成としては、いささか奇異な印象を受ける。この問題については第五節で述べるつもりである。

八一二年勅令にヨハンネスの次にその名前が挙げられているクインティリアは、バルベロによれば、アウソーナ地方の Montgrony(castrum Machronio) の領主として八世紀に確認される同名の人物に同定されるという。クィンティリアはこの要塞を本拠として戦士集団を統率していたらしい。[99]

また一人おいて次に記されているアシナリウスは、同じくバルベロによれば、『ローダあるいはメイアの系譜』と呼ばれる記録にあらわれるアスナール・ガリンデスなる者と同一人物であった。彼はピレネー中部山岳地帯に勢力を張る土着の豪族であったが、娘婿の謀反によって所領から放逐された。その後八一二年勅令にみられるように、シャルルマーニュの保護を受けて、ウルヘル＝セルダーニャ地方に入植したのであった。彼は優れた軍事的才能と山岳地帯に扶植していた影響力をもって、この地方でのフランク軍の作戦行動に大きく貢献し、最初アラゴン高地、ついでウルヘル＝セルダーニャ地方の伯となっている。[100]

三　アプリシオ制とは何か

九世紀南フランスのアプリシオ制に関する最も包括的な研究を行なったA・デュポンは、その論文「南フランスのアプリシオとアプリシオ制」[101]の冒頭で、その制度的起源についても考察を加えている。その際彼は研究対象の地理的枠組を厳格に維持したこともあって、この問題を解明するための有力な史料所見を得られないままに、aprisioおよびその同義語として史料中にあらわれるportio, ruptura, possessio, hereditasなどの語源・語義的分析にとどまり、いわば歴史的範疇としてのaprisioと、その制度的起源の追究を事実上断念している。こうした方法上の制約のために、彼はアプリシオを、「完全にカロリンガー諸王によって外来者のために創出された所有形態である」[102]、という誤った結論をひき出した。しかしながら、彼が主として検討の対象としたセプティマニアは、八世紀後半にフランクの支配下に入るまで約三〇〇年間にわたって西ゴート王権の支配に服し、その中心都市ナルボンヌが七五九年にピピンの軍門に下った折、ナルボンヌ市民が彼らの法であるゴート法をわざわざ安堵されているところから見ても[103]、この地方の法慣行は西ゴート法との関連で理解さるべきであり[104]、アプリシオ制の起源を考察するに際して、別にセプティマニアに対象を限定する積極的な意味はないのである。それどころか先のデュポンの結論が端的に示しているように、こうした態度は往々にして誤った判断に導きかねない。

既に一九世紀にH・クラヴィンケルは、この制度が西ゴート法に由来することを指摘しており[105]、また最近ではP・ボナシィがその浩瀚な中世カタルーニャ研究の中で、アプリシオがアラゴン地方のescalioやカスティージャ地方のpressuraとともに西ゴート起源の制度であることを明言している[106]。後者はその法的根拠として具体的に西ゴート法典中の、王に属する何らかの物もしくは土地を見つけ、それを三〇年間にわたって占有した者は、爾後王の承認のもとに平和裡にそれを所有することができ、この法定期間経過後はなんぴとももはや自己のものと主張しえない、という内容のキンダスヴィント王の法に属する一規定を挙げている。[107][108]

他方Ｅ・マニュ＝ノルティエは先のデュポン説を批判しつつ、しかしながらこの制度を西ゴート法ではなく、帝政期ローマの皇帝領に属する未耕地の耕作を内容とする入植契約(emphyteusis)の制度と関連させている。[109]だが、われわれが問題にしている制度がアプリシオなる独自の名称を有しており、またそもそも西ゴート法が帝政期ローマの卑俗法をもとに作られており、アプリシオ制がボナシィの説くようにキンダスヴィント王の規定に由来するとすれば、それが帝政期の法慣行との類似を示すのは当然であると考えられることから、この制度が直接には、やはり西ゴート法に起源をもつと見たほうが妥当であろう。Ｌ・Ｇ・デ・バルデアベジャーノの著わしたスペイン中世制度史の標準的概説書においても aprisio とカスティージャの pressura との著しい類似性が指摘されており、[110]こうした見解は現在のスペイン中世史研究における定説とみなしてよいであろう。[111]

イベリア半島において pressura の制度が最初に見出されるのは北西部のアストゥリアス・レオン王国のガリシア地方である。この王国は八世紀の中頃、アルフォンソ一世(在位七三九―七五七)とフルエラ一世(在位七五七―七六八)の治下に、最初に本格的な再征服運動を開始したが、このフルエラ一世が七六〇年に発給した証書中に pressura なる言葉が見える。[112]しかし、この praesura なる概念で把握されるような法行為は七六〇年以前から既に行なわれていたようである。というのも再征服とそれに伴う再植民活動は王権がひとつの政策として実行する以前に私的なイニシアティヴのもとに開始され、王権はこの種の事実上の土地占取を暗黙のうちに承認していたとされるからである。[113]国王証書において、praesura なる用語のもとにこうした行為が規定されるようになったのは、アストゥリアス・レオン王権が南部への膨張・植民活動をひとつの趨勢として自覚するようになって以降のことであろう。

やがてこの概念は、再征服現象が北部山岳地帯を東へ波及するにつれて、同様の土地占取の様式を表現するものとして広まったと考えられる。ただ土地占取の様式そのものとしては、ローマ・西ゴート法によって深く刻印されていたカタルーニャ、セプティマニア地方にとって全く新たな要素というわけではない。キンダスヴィントの法として、同種の土地占取システムを古くから知っていたからである。真に新しい要素は、それがアプリシオという独自の名称を帯びていたという点にある。それゆえ、この名称は荒蕪地や無主地の占取一般ではなく、イスラーム教徒との闘争という固有の歴史的状況と不可分に結びついた形で、この地方の人々に観念されたであろう。すなわちイスラームとの戦いの結果生じた荒蕪地、無主地の占取あるいは植民を意味するものとしてアプリシオなる名称が普及したと見ることができる。従ってこれは徹頭徹尾再征服現象と結びついた歴史概念なのである。先にデュポンがアプリシオの同義語として portio, ruptura, possessio, hereditas 等を挙げていることを指摘した。このうち荒蕪地・無主地の開発というアプリシオ独自の性格と本質的に関わっているのは ruptura であるが[114]、この言葉が同義語として登場してくるのは、イスラーム教徒との組織的闘争が過去のものとなった九世紀末以降であるのは興味深い[115]。これはアプリシオの観念から独自の歴史的意味が捨象され、荒蕪地の開発一般と区別されなくなった結果であろう。

次に aprisio なる語の由来について簡単に検討しておこう。結論的に言えば以下の二つの可能性が考えられる。ひとつはキンダスヴィント王の法令の中でも使われているが[116]、無主地の占取を意味する動詞 adprehendere の過去分詞形から作られ、占取された無主地そのものを意味すると同時に、そのような行為を指し示す働きを持つ言葉としての a(d)prisio である。八七二年のシャルル禿頭王の証書に姿を見せる apprehensiones Hispanorum なる表現は[117]、既に触れたアプリシオの歴史的意味あいが薄れつつあった時代の、語源への一種知的な回帰現象とも見られ、そのことから逆に、aprisio が adprehendere(=apprehendere)からの派生語であることを証明する事実と理解することもできよう[118]。

第二の可能性は、その蓋然性の点で第一のそれに比べて劣ると思われるが、pressura に前置詞 ad がついて、ad

pressura(m) から aprisio へ転化した可能性である。七五七年アストゥリアス・レオン王国の一史料に ad pressuram という文言が既に見られることからも、[119] こうした可能性を全く排除するわけにはいかない。だが両者を比較してみると、第一の仮説が種々の点で諸事実に合致し、妥当であるとわれわれは考える。

以上極めて簡単にアプリシオ制の起源とその呼称の由来について、推定的見解をまじえて概括してきたが、ここから以下のような結論をひき出すことができよう。すなわち、少なくともアプリシオ制はデュポンの主張とは異なり、カロリング朝諸王の創出した独自の制度ではなく、おそらく pressura などと同一の制度的系譜を引く、ローマ・西ゴートの土地占取・植民システムであり、フランク王権はこの既存のシステムを追認し、継承したのである、と。

以下、スペイン辺境領、セプティマニアにおけるアプリシオ制の内容と制度的特徴を明らかにしよう。

アプリシオに国制上の位置づけを与えているのは、第一節および第二節で検討した勅令であるが、本節の課題との関連で言えば、まず何よりも、勅令の諸規定をアプリシオ制そのものに関わる規定と、アプリシオ地の占有に付随するところの国制上の諸義務、あるいは拘束に関する規定とに明確に区別しておく必要がある。後者はアプリシオ制そのものというよりは、むしろアプリシオ権を有するヒスパニア人の国制上の位置に関わっており、次節の課題に属している。ここでは専らその制度的形式、および社会・経済史的側面に焦点をあわせて考察することにする。

まず最初に確認すべきは、①アプリシオ権の主体は誰かということである。この点について、勅令は必ずしも明確な規定をしていない。だがアプリシオが言及されている勅令の前文と本文の諸条項の内容から見て、ヒスパニア人であるのは明らかであろう。しかし、これを明確に証明できるかとなると、勅令中にはアプリシオ権の主体をヒスパニア人に排他的に限定することを示唆する文言は見当らない。そこで、主に裁判記録を素材としてこの問題を考えてみることにする。

九世紀セプティマニアの土地所有権をめぐる訴訟の裁判記録に、必ずと言って良いほど登場する文言に「三〇年間あるいはそれ以上にわたって占有してきた[120]」とか、「法定期間を占有してきた[121]」、というのがある。これは言うまでもなく、所有権の侵害として告訴された被告人の側の抗弁として述べられるのであるが、注目すべきことに、これらの文言が言及される係争対象としてアプリシオ地とそうでない土地との二種類が存在する。既に指摘したように、無主地・荒蕪地の占取と三〇年間にわたる継続的耕作が、その土地に対する所有権の確立を結果せしめるという法は、古く末期ローマ法に発し、この時期のセプティマニアでも維持された法慣行である。従って所有権の取得という結果だけとってみれば、本来当該地がアプリシオ地であるか否かはそれほど問題にならないはずである。占取地のこの種の区別は、おそらく占取主体の区別、つまりヒスパニア人とそれ以外の住民との区別に対応していたと考えられ、それゆえアプリシオ地に対する所有権の主体はヒスパニア人に限定されていたとするべきであろう。

次に、②アプリシオ地に対する所有権獲得の条件は、今述べたように、(a)三〇年間にわたる継続的占有と耕作である。この点については八一二年のシャルルマーニュの勅令において、「三〇年もしくはそれ以上にわたって、われわれが設定してきた占有権 vestitura[122]」とか、「アプリシオによって三〇年間平穏に占有してきたものを……[123]」というように、かなり明示的に示されている。また先に指摘した裁判記録の中でも、被告人の抗弁として同種の文言があらわれるところから、この点は極めてはっきりしている。

問題なのは、アプリシオによる事実上の土地占取を起点として、必要な法定期間を経過して所有権が発生する場合の、その(b)態様である。この法慣行の本来の性格からすれば、そもそも法定期間経過後の所有権獲得に際していかなる文書による確認をも必要とせず、事実上の占取が必要かつ十分条件であるような制度であった。それがアプリシオによる所有権獲得の独自性でもあったはずである。それにもかかわらず、前節で述べたように、特にヒスパニア人の中でも有力者層は機会をとらえては、自己のアプリシオ地に対する所有権確認の文書を国王から得ようとした。例えばヒスパニア人ヨハンネスはその息子テウデフレドゥスも含めて、七九五年[124]、八一五年[125]、八四九年[126]とシヤルルマーニュ、ルイ敬虔帝、シャルル禿頭王の三代の国王から証書を賦与され、これを武器として、八三四年の裁判記録が語っているように comes, vicedominus などの世俗の高級役人の侵害行為から、アプリシオ地に対する自己の所有権を護り抜いたのである。[127]

八五四年シャルル禿頭王から同じく所有権確認の証書[128]を賦与されたスムノルドゥスとリクルフスも、こうした社会層に属していたと考えられる。なぜなら国王に対する証書賦与の要請が辺境伯を仲介にしてなされており[129]、こうした事は一介の農民がよくなしうるところではないからである。

これら maiores 層の文書による所有権確認のための努力は、先に挙げた八三四年の裁判記録が示しているように、決して無用の配慮ではなかった。というのも、いかにアプリシオ権による所有権獲得が事実上の占取でこと足りる性格のものであっても、苦しい労働の果てに荒蕪地から豊かな農地に蘇らせたアプリシオ地がひとたび係争対象になれば、自己の所有になることを文書によって証明しえないヒスパニア人は著しく不利な立場に置かれたからである。大帝は既に八一二年の勅令において、アプリシオ制のこの種の原則に内在する証明手続上の弱点を補うべく、スペイン辺境領とセプティマニアの諸伯を通じてヒスパニア人を不当に駆逐してはならない旨の厳命を発しているが、これらの地方における文書主義の伝統[130]が一片の勅令によって改まるはずもなかった。

おそらく八五二年のある裁判記録は文書による所有権確認の手だてを持たない一ヒスパニア農民の運命の典型を示している。[131] この裁判の原告はコーヌ修道院長ゴンデサルヴィオの代弁人ラムヌス、被告はその名前からしてヒスパニア人と思われるオディロである。訴の理由は原告側の主張によれば、同修道院に帰属する土地をオディロが不法占拠しているということである。原告の主張に続いてオディロは、「その土地を私が占有しているのは事実であります。しかしそれは不法にではなく、それらをアプリシオによって荒蕪地から開墾したからです[132]」、と反論している。だが修道院側は証人の証言と文書によってその地の所有権を証明しえたのに対して、被告はアプリシオ権による占有という先の主張以外に有効な証明手段を何ひとつ持っていない。ところが裁判官はこのアプリシオ権を一顧だにしていないのである。それは修道院側の証拠書類の挙示に続いて裁判官が被告に対して行なった、「他に証拠書類あるいは真正の判決文、またはその土地を自らのものという証拠があるか」[133]という訊問に明白に示されている。ここに勅令の規定と在地の法慣行との大きな落差がはっきりとあらわれている[134]。オディロは、結局その土地を不法に占取したことを認め、修道院に返還せざるをえなかったのである。

アプリシオの制度によって入植した多くのヒスパニア人が、彼らの努力の成果をこのような形で聖俗領主層によって易々と摘み取られてしまったであろう。スペイン内陸部では再植民活動の初期の段階でこそ、文書によらない文字通り事実上の占取が必要かつ十分条件であったが、後には文書賦与が一般化し、植民者の権利が保護されたのに対して[135]、セプティマニアでは、既に指摘した例外的な場合を除いては文書による確認が行なわれなかった。このことがアプリシオ制が、この地方では九世紀を越えて生き残りえなかった原因のひとつであると同時に、この種の植民者と植民政策に対する王権の熱意の欠如を物語っている[136]。

③アプリシオによる所有権獲得の効果として、その土地に対する完全な処分権が認められた。八四四年の勅令第七条は「aprisiones は彼ら自身の間で売買したり、交換したり、あるいは相続人に贈与したり、いかなる形であれ遺贈したりすることが許される」[137]というように、ヒスパニア人植民者の間でという限定を付しながらも、その処分権を認めている。しかし、「彼ら自身の間で」という限定句は全く有名無実であり、証書レベルで見ると、例えば八四七年のシャルル禿頭王からヒスパニア人アルフォンソ一族に賦与された証書の文言に、「あらゆる仕方で処分する権利を有する」[138]とか、同王による八四九年のヨハンネスの息子テウデフレドゥスへの証書中の、「彼は全ての土地に対して自由に処分する権利、すなわち贈与し、売却し、交換し、遺贈する権利を有する」[139]というように、先の限定句が脱落し、完全な処分権が与えられていることがわかる。仮にこれらを国王証書の賦与という形で特権

化された例外であるとしても、八六一年と八六九年の日付をもつ二通のアプリシオ地に関する売却証書はそうではない。いずれにおいても買得人はヒスパニア人植民者ならざる司教であり、後者は当該地に「所有、売却、交換その他の処分を行なう[140]」権利を設定しえたのである。

またアプリシオ権による所有権獲得者、とりわけ大規模な土地を得た領主的植民者は、自己のアプリシオ地を彼自身の beneficium として領民に賦与することが許されていた[141]。

このように見てくると、所有権の設定されたアプリシオ地の法的性格はアロディウムと同一視して差しつかえないと思われるほどである。

四　ヒスパニア人の法的地位

冒頭の研究史の簡単な整理のところで、国王自由人学説におけるヒスパニア人の位置づけを紹介したが[142]、この学説の論者たちの問題関心の核心をなしていたのは、まさしくここで扱うヒスパニア人の法的地位如何という点であった。われわれはこの問題を検討するにあたって、一見その法的地位を直截に示しているかの如く見える勅令中の表現、liberi homines, franci homines の解釈学にとどまらず、というよりむしろこの表現の意味内容を標定する要素としてのヒスパニア人の諸負担、特権、裁判管轄、勅令中の封臣規定の意味、アプリシオ地の性格などの諸論点について考察し、そこからもたらされる様々の帰結の相互関連の中から、ヒスパニア人の法的地位がいかなるものかを規定しよう。

1　諸負担

(a) **軍役義務**　ヒスパニア人の軍役負担については八一五年勅令第一条と八四四年勅令の第一条において、表現上若干の違いはあるものの同主旨の規定がみられる。その内容は、八一五年勅令によれば、ヒスパニア人は他の liberi homines（八四四年勅令では franci homines）と同様に自らの伯とともに軍隊に入り、そして辺境において当該伯の命令と指示に従って偵察と哨戒を行なうべしというものである。[143] これだけでは軍役の態様はともかく、軍役負担の量、例えばヒスパニア人は他の地方のフランク人同様、ザクセンやスラブ地域への出軍をしなければならなかったのか、あるいはスペイン辺境領、セプティマニアでの作戦行動にその負担が限定されていたのかは、必ずしも明らかではない。

G・メルシオルは八一五年の規定、「その伯とともに軍隊に参加すること」という一節と、それに続く「われわれの辺境において、当該伯の適切な命令と指示に従って」という文言との関係を、前者は後者に解消しえないものの如く理解し、ヒスパニア人は南部辺境地帯ばかりでなく、例えば対アヴァール作戦のために、遠くドナウ地方まで出陣したと考えた。[144] 彼は史料的根拠を全く示さずに、七九一年から八一二年までの二一年間にヒスパニア人を含む地中海沿岸ピレネー地方に住む自由人が、少なくとも一四回出軍していると述べているが、[145] これは要するに、この期間フランク軍の遠征活動をこの回数だけ史料上確認しうると言っているにすぎない。

われわれは先に示した二つの文章の関係を、後者は前者を単に具体的に敷衍した関係とみなし、ヒスパニア人の軍役義務は辺境地域に限定されていたと考える。その根拠は今指摘した勅令規定の自然な解釈の意味するところだけでなく、この時期のプロヴァンスを含めてのスペイン辺境領、セプティマニアなど南部辺境地域のもつカロリング国家軍制上の独自性にある。

J・ドーントによれば、スペイン辺境領を含めてセプティマニア全体が広い意味での辺境地帯とみなされ、例えばアストロノムスと称される逸名の著者による『ルイ敬虔帝伝』においてトゥルーズ伯が dux の称号を帯びて登場するのは、同伯が広義の辺境地帯の統括者をも兼ねていたためであるという。[146] 当時はまだ辺境伯を意味する固有の表現 marchio が普及しておらず、"dux" が代用されたのである。[147]

このようにしてスペイン辺境領、セプティマニアそれに――当面の問題とは無関係だが――プロヴァンスといった地中海沿岸地方は、軍事組織上アキテーヌ以北の地方から切り離され、いわば常時戦時体制にあるものとして独自の命令権に服したのである。[148] この地域の防衛にとって重要な担い手であるヒスパニア人が遠隔地への討征のために長期間にわたって動員されるはずはなく、彼らの出軍はスペイン辺境、セプティマニア一帯に限定されていたと考えるべきであろう。その意味では、偵察、哨戒の任務はあるものの、彼らの軍役負担は基本的にはアロディウム所有者の負う国土防衛義務のカテゴリーに属するとみなしうる。

(b) **食料・馬匹の提供**　同じく八一五年と八四四年の勅令第一条に巡察使と、ヒスパニアの地からフランク王国へ向かう使節に、食料と輸送手段としての馬匹を提供することがヒスパニア人に義務づけられている。[149] 周知の如く国王自由人学説によれば、この種の馬匹提供義務は軍役義務、国王貢租(ヒスパニア人には後述するように、これが免除されている)と並んで、国王自由人に特徴的な負担であった。[150] H・ダンネンバウアーはこの制度の起源を帝政ローマの駅逓制度に求め、カロリング朝期に復活させられたものとみなした。[151] 彼はフランク王国を構成した主にドイツ、フランス、イタリアの修道院文書を手がかりに、修道院所領の中で馬匹提供の義務を課せられた土地は、修道院に寄進される以前は王領地に属していたとして、国王自由人政策が単に一部の地方だけではなく、全フランク的規模で展開されたことの証左であるとしている。セプティマニアやスペイン辺境領の「ヒスパニア人」もまた、イタリアのアリマンニ arimanni とともにこうした負担を担う存在として、フランク国制にとってエキゾティックな存在たるliberi hominesとして位置づけられている。[152]

八四四年の勅令では、提供された馬匹が返還不能となった場合には、フランク人の法に基づいて賠償するようにとの一文がつけ加えられ、ヒスパニア人の権利保護の配慮がなされていることは第一節で指摘した通りである。[153]

2 特権

七九五年のものとされているヒスパニア人aprisionesへの最初の国王証書の中で、シャルルマーニュはヨハンネスに一切の貢租免除を保証していたが、[154] 八一二年の同帝の勅令では全てのヒスパニア人に同様の免除を行なっている。[155] 国王貢租の負担は、事実上無制限の軍役義務、それに輸送賦役(paraveredus)と並んで、先にも述べたように王領地に居住する「自由人」の特徴的負担であったが、ヒスパニア人の場合、軍役が一定の地理的枠内に限定された上に、さらに国王貢租までもが全面的に免除されている。これは極めて大きな特権と言わねばならない。この貢租免除の特権は八一五年勅令の第一条でも再確認され、[156] 第五条でも別の角度から取り上げられ安堵されている。[157] またこの第五条では一般に伯に認められていた宿泊権が、ヒスパニア人に対してはその行使が禁止されている。[158]

シャルル禿頭王の八四四年勅令では、この種の特権は一層肥大する。第九条において先行勅令で賦与され、確認されたこれらの特権を再度保証しているが、それに先だつ第二条では、新たにアプリシオ地内での放牧税の免除と伯領内での流通税の免除が規定されている。[159] 既に触れたように八四四年の勅令はカロリング王権の対ヒスパニア人政策がほとんど有名無実となった時期の産物であり、この勅令の成立にあたってヒスパニア人有力者層の積極的な関与があったと想定されるところからも、ヒスパニア人の法的地位、それを規定するものとしての王権の政策の本質的性格を見きわめるに際して、本勅令の所見を対象に含めるのは妥当でない面もある。しかしこれを除外したとしても、ヒスパニア人が享受した特権はフランクのliberi homines一般と比較した場合まことに卓越したものがある。仮に八四四年の特権も含めるならば、それはほとんどインムニテートに等しい。事実八三七年のアキテーヌ王ピピンの証書には、「アプリシオ地を占有しているヒスパニア人は、余のムントとインムニテートの保護下にある」という文言が見られるのである。[160]これは、ヒスパニア人が辺境地帯の防衛という特別の危険負担をしなければならなかったことに対する単なる代償というよりも、むしろ王権のヒスパニア人把握の本質を示すものと言えよう。[161]

なお八四四年勅令第八条に初めて登場する放牧権、樹木採取権、流水利用権は、「古い慣習に従って」ヒスパニア人に認められたわけだが、[162]これは勅令の規定があらわれる以前から、地中海農業の三つの重要な形態、すなわち放牧、森林利用、灌漑農耕を成立させる要素として、[163]既に確たる権利となっているものを、より客観化すべく国王からの確認を得たのであろう。

3　裁判管轄

ヒスパニア人に対する裁判権に関しては、ルイ敬虔帝の八一五年勅令第二条、および第三条が詳しく規定している。それによれば殺人、強姦、放火、横領、四肢切断、窃盗、略奪その他の財産侵害などのいわゆる重罪事件(causae maiores)と、ヒスパニア人がヒスパニア人以外の近隣住民によって告訴された全ての事件は、伯の主宰するフランク通例の裁判集会が管轄し、それ以外の、つまりヒスパニア人同士の軽罪事件(causae minores)のみがヒスパニア人植民仲間の自主的な処理に委ねられたのである。[164]この原則はアプリシオ権の自立的主体たる aprisiones だけでなく、彼らから土地を賦与された保有農民にもそのまま適用された。[165]従って裁判管轄に関する両者の法的地位は同等であったと見ることができる。

ところで、この対ヒスパニア人勅令にあらわれた裁判管轄規定の意味を解明するためには、いわゆるシャルルマーニュの裁判改革といわれるものの具体的表現である、他の勅令の関連諸規定との比較検討がどうしても必要である。

大帝の裁判改革のうち、われわれの当面の課題と直接関係するのは、「裁判管轄の分割」[166]と称されているものである。すなわち刑事事件と土地および人的自由に関する訴訟が、causae maiores として伯あるいは国王巡察使の主宰する裁判集会においてのみ審理され、伯より一段下の下級役人たる vicarius や centenarius の法廷では、それ以外のいわゆる causae minores の裁判だけが許されるという内容である。[167]

八一五年勅令の規定は、この「裁判管轄の分割」を踏まえて発布されたものであることは間違いない。こうした前提のもとに、フランク王国一般の裁判改革の内容とヒスパニア人の裁判管轄のそれとを比較してみると、二つの点で大きな差異が見出される。

ひとつは、ヒスパニア人の場合、ヒスパニア人以外の隣人との係争は、刑事事件たると民事事件たるとを問わず、伯の主宰する裁判集会での審理が義務づけられたことである。causa criminalis と causa civilis の区別が、基本的に causa maior と causa minor の区別に対応していることは、例えば八〇一（八〇六？）—八一〇年のピピンのイタリア勅令第一四条、「vicarius の面前ではいかなる刑事犯罪も裁かれざること。ただし容易に判決されるより軽い事件はこの限りではない」[168]という文言から明らかである。vicarius の管轄権から除外された causae maiores とは、本質的に民事事件でありながらおそらく王権が政策上 causae maiores に組み込んだところの、土地と人的自由についての訴訟を別にすれば、本来は刑事事件であったのである。そしてシャルルマーニュの「裁判管轄の分割」に関する改革の重点は伯と vicarius, centenarius の間に、単に権限を分割することにあったのではなく、伯の管轄すべき本来の causae maiores たる刑事事件に、土地と人的自由についての訴訟を加え、これらを新たに causae maiores と規定しなおすことによって、地方の統轄者たる伯を介してそれを国王権力の統制下に置こうとしたことにある。先に引用したピピンのイタリア勅令を除いて、いわゆる「裁判管轄の分割」に関する勅令の規定は、土地と人的自由については vicarius や centenarius によって審理されてはならないということを命じているだけなのである。[169]

シャルルマーニュの裁判改革の内容と異なる第二の点は、ヒスパニア人の場合、土地に関する係争は alienarum rerum invasiones として伯裁判に属せしめられてはいるものの、人格の自由、不自由をめぐる訴訟については全く言及がないということである。ヒスパニア人の法的地位を考える上で、これら二つの相違点をどのように評価すべきであろうか。

第一の相違点に関して言えば、ヒスパニア人と、それ以外の人々との係争について、vicarius, centenarius の裁判集会に対応するヒスパニア人自身の裁判集会の干渉が認められていないという意味で、伯権力の体現している王権のより強固な統制が想定されている。しかしながら新征服地として似たような条件にある北方のザクセン地方では causae maiores, causae minores いずれも伯の管轄下にあり、しかもザクセン人自身による内済がいかなる場合にも、少なくとも明示的には認められていないという事実と比較するならば、[170] ヒスパニア人相互の軽罪事件の内済が許されている彼らの地位は、より自律性を持っていると言える。ヒスパニア人同士の causae minores だけをとってみると、例えば爾余のフランク人の場合、国王権力に対して相対的自律性を有する在地支配層に属するとはいえ、[171] 一応伯の下僚である vicarius, centenarius の裁判支配に服したのにひきかえ、ヒスパニア人は古くからの習慣に従って彼ら自身での処理が許されたのだから、一種特権的地位を保証されたと言えるであろう。

第二の点、すなわち人格の自由、不自由に関する訴訟が causae maiores に明示的には組み込まれていないという事実については、ヒスパニア人の場合それが相変わらず causae minores の範疇にとどまり、従ってヒスパニア人同士のこの種の訴訟は彼らの内済に委ねられたという可能性と、もうひとつ八一五年勅令の前文が示しているように、ヒスパニア人は全て自由身分の者[172]として遇するという法的擬制を予め王権が設定したために、そもそも身分の自由、不自由という問題はヒスパニア人に関しては生じえないという理由から、本来 causae maiores に含まれるべきであるのが意識的に省略されたという可能性、この二つがある。両者いずれが事実に則した理解であるかを決める確証はない。だが同勅令第六条において、自由身分の者のみに許される託身行為がヒスパニア人に対して無条件で容認されているところから推して、[173] 後者の可能性が大であると言うにとどめよう。なおシャルル禿頭王の八四四年勅令では、第一節で指摘したように、裁判管轄規定がヒスパニア人の自律性を極端に認めるような方向で変化しており、[174] 彼らは当時のフランク国制の枠組の中では極めて特権的な存在となっている。

4 封臣規定

カロリング諸王の発した対ヒスパニア人四勅令のうち、八一五、八一六、八四四年の三勅令中に伯や vassi dominici（国王の封臣）あるいは自らと同類の者に託身することによって、その封臣となったヒスパニア人に、封臣としての義務を規定した文言がある。そのうち八一五年勅令第六条と八四四年勅令第一〇条は同文であり、次のように説いている。「余が賦与せし承認を得たるヒスパニア人らは、余の伯達の封臣として慣習に従って託身し、自らが託身せし者より、いかなる形であるにせよベネフィキウムを受領したるときは、そのベネフィキウムにより、わが王国の臣下らが同様のベネフィキウムにより、その主人に対して為せるが如き服従を為さねばならぬことを知るべきである」[175]。また八一六年勅令では本文の終わりのほうで、「後になって到来し、伯達あるいは余の封臣またはそれに類する者に託身し、その者より居住する土地を受領せし者は、受領する際の約束と条件のもとに、それらを将来にわたって保有し子孫に継承すべきこと」[176] と、いずれにおいても、先に指摘したように、ヒスパニア人に託身の自由を無条件で保証している。しかし託身、ベネフィキウムの受領によってひとたび封臣となったならば、ヒスパニア人として享受している諸特権を自ら放棄したことになり、封主・封臣関係を規律する別種の法秩序の規制に従わねばならないことに特に注意を喚起している[177]。この点に封臣規定を勅令に盛り込んだ王権の側の意図があったのである。

伯その他の封臣となることは言うまでもなく、国王の直接支配を離脱することを意味する。ここでは国王自由人学説が説くところの、人民の王権への直属性を確保しようという国王自由人政策の本来あるべき志向が貫かれていない。それは一体なぜだろうか。王権としては、思うにこのような託身の自由を承認したくはなかったであろう。だがヒスパニア人にそれを禁ずることはできない。なぜならば王権はヒスパニア人を自由人として迎えたのであり、自由人であるならば託身を行ない、封臣となるべき自由を持つという観念がヒスパニア人の側に根強くあったからである。ここにヒスパニア人を「自由人」と規定した王権のジレンマがある。

カロリング王権によって国制政策上創出された特殊な「自由人」の観念を、一般的・ローマ法的自由人の理念に慣れ親しんできたヒスパニア人が受容しうるはずもなかった。この現実を前にしてルイ敬虔帝が行なった選択は、王権がその草創期から国王自由人政策と並んで採用してきたもうひとつの人民把握の方法、伯や vassi dominici を介しての、間接的ではあるが、人民を王権の支配につなぎとめるために一定の有効性を発揮してきた封建(＝封臣)政策を副次的に利用し、これによって基本的にはヒスパニア人の王権による掌握を維持せんと努めたのである。先に引用した封臣規定の中で、封臣としての果たすべき義務を強調した文言は、王権が封主・封臣関係からひき出しうる利益を専ら念頭に置いてのことなのである。

5　アプリシオ地の性格

この点については前節でかなり立ち入って論じたので、ここではA・デュポン、P・ボナシィなどの、この地域の研究者がアプリシオ地をアロディウムの特殊形態、あるいは準自有地といった、自有地の概念で把握していることを指摘するにとどめる。[178]

以上われわれはヒスパニア人の法的地位を規定すべく、①ヒスパニア人の諸負担、②その特権、③彼らに対する裁判管轄のありよう、④封臣規定、⑤アプリシオ地の性格、この五つの指標をもとに分析し、検討を加えてきた。

その①に関しては、軍役負担の面で liberi homines 一般のそれに比べて、常時哨戒、偵察の任務を課されてはいるものの、それは辺境の地に植民したヒスパニア人のいわば自衛措置の色彩をもっており、真正の負担とは必ずしも言えず、出軍、つまり真の軍役義務については地理的な枠が設定されており、決して無制限なものではなかった。また食料・馬匹の提供義務についても、伯の要求権が排除され、専ら巡察使、ヒスパニアからの使節のみが要求しえたという点で、限定的であったと言いうる。②については、国王自由人学説が国王自由人の特徴的負担とみなす国王貢租を全面的に免除され、また伯の宿泊権の対象からも除外されている。後には放牧税、流通税さえ免除され、加えて放牧権、樹木採取権、流水利用権などの共同体的諸権利が、彼らヒスパニア人の古来の慣習を根拠として容認されている。③についてはヒスパニア人以外の隣人との訴訟が全て伯の管轄に編入されているが、これは係争当事者が法を異にしている事実を勘案すれば当然のことであろう。ヒスパニア人以外の者がヒスパニア人の裁判集会に召喚されるという事態は、フランク人の支配を全く無視することであり、王権の容認しえないところである。刑事事件と土地についての訴訟は、この地がフランク王権の支配領域であるのだから、それらに一定の統制を加えることは支配権そのものに由来する権利であり、これによってヒスパニア人が例えば自有地所有者以上の拘束を受けたとは言えない。④については、ヒスパニア人が封臣となるか否かは完全に彼自身の自由な判断に委ねられており、託身に際しても国王の許可を必要としないのは明らかである。⑤については一連の裁判記録からも明らかなように、アプリシオ地所有者はその土地に対して完全な処分権を獲得しており、いかなる帝国法上の拘束にも服さなかった。

これらの諸事実を総合するならば、ヒスパニア人の法的地位として浮かび上がってくるのは自有地所有者としてのそれである。むしろ自有地所有者として欠けている要素は、彼らが植民・定住した地域が絶えず外敵侵入の危険にさらされた辺境地帯であるという事情そのものによっている、とさえ言いうるであろう。

五　植民・定住運動の社会的性格

章を終えるにあたって、本章の考察の中心をなしてきたヒスパニア人とは一体いかなる存在かを、ごく簡単に検討しておこう。この点は、彼らのスペイン辺境領、セプティマニアへの植民活動をどのような歴史的コンテクストでとらえるかという問題と不可分の関係にあり、ひいてはフランク・カロリング王権の対ヒスパニア人政策の理解と評価に関わってくる。

これまでの研究史においては概ね、ヒスパニア人は、イベリア半島を制圧し支配したイスラーム教徒の圧迫を遁れて、半島内部からキリスト教徒であるフランク人の支配する地域へ逃亡して来た「難民」として理解されてきた。その限りにおいて、彼らは選択の余地のない状況下において逃亡という受動的な対応をせざるをえなかった存在として把握され、その分だけカロリング王権の彼らへの対応が、能動的色彩をもって描かれるという関係が成立したのである。確かに、例えば八一五年のルイ敬虔帝の勅令前文を読む限り、こうしたヒスパニア人「難民」視には十分な理由があるかに見える。それは次のように述べている。

「余は汝ら全てが、キリスト教に対して甚しく敵意に満ちたサラセン人がその首に架けたところのこの上なく苛酷な軛と理不尽な圧迫のために、世襲の権利によって所有していた自らの住居と財産とを放棄してヒスパニアの地から余のもとに遁れ、セプティマニアおよび余の辺境諸伯らによって無人の地とされたヒスパニアの一部に居住せんがために到来し、かくしてサラセン人の権力から脱し、自由かつ明白な意思をもって余の支配に服した者達を記憶せしものと考える。余は同人ら、すなわち余の保護と庇護のもとに受け入れし者らを、自由なる者として遇すべく決定せし事を、汝ら全てが知悉するよう欲する[179]」。

見られるように、ここではイスラーム支配下のスペインにおいて、キリスト教徒がいかに圧迫を受け、また彼らがフランク王の保護を求めてピレネー以北の地へ逃亡せざるをえなかったかが保護者然とした調子で述べられている。しかしヒスパニア人の置かれた状況に対するこうした認識は、ルイ敬虔帝に独特のものである。それは同帝のキリスト教に対する熱誠(敬虔帝という綽名は後代のものであるにせよ、この面での同帝の個性を表現している)に比例して、これに「敵対」するイスラーム教徒の支配下にあるヒスパニア人の境遇をミゼラブルなものとして理解するという、帝独特の認識構造に由来する。その証拠に、少なくとも勅令の文言に関する限り、シャルルマーニュはヒスパニア人を難民視していない。

八一二年勅令で彼は、「われらがヒスパニア人が余に対する信頼のゆえにヒスパニアから到来し、余の与えし承認により荒蕪地を自ら耕作せんがために占取し……[180]」と、異邦の植民者として認識しているだけである。最近の研究はむしろシャルルマーニュの認識のほうが、ヒスパニア人植民者の実体を正しく伝えているということを教えている。

イベリア半島の北部を東西に連なるカンタブリア、ピレネー両山脈のいわゆる北部山岳地帯は、その歴史と社会構造の独自性のゆえに、半島の残余の地方とは明白に区別される。この山岳地方の住民はガリシア人、アストゥリアス人、カンタブリア人、バスク人などから成っているが、彼らは強固に氏族的社会組織を維持したという点で共通していた[181]。アストゥリアスからバスク地方にかけて、ローマ帝国は道路を建設し、軍事拠点を築いたという意味で、この山岳社会への一定の浸透を成し遂げてはいるが、しかし都市はひとつも建設されず、また七世紀初頭にいたるまで司教区が皆無であったところから、ローマ帝国とそれを継承した西ゴート王国の行政的・宗教的組織の周縁にとどまっていたと言える。[182]

西ゴート王国の支配下において、ピレネー山脈の特に中部と東部は政治的・社会的に統合されることを拒否して、トレドの王権に執拗に抵抗した。王権はこの地方の山岳民を制圧するために、この地に数多くの要塞を建設し、複雑な防衛網を組織している。[183]

七一一年西ゴート王国がイスラーム教徒の攻撃によって潰えた後、たかだか四〇年を経ずして開始される、歴史上レコンキスタなる名称によって知られる山岳民の膨張運動は、まずもって北西山岳地帯のアストゥリアス地方から始まった。アストゥリアス王アルフォンソ一世はドゥエロ川流域の略奪行を組織し、この地方に住むイスラーム教徒を絶滅させたと言われている。[184]Ａ・バルベロがピレネー中・東部でこの種の平地へ向かった山岳民の膨張・植民運動の原因として挙げるのは、八世紀後半以降のフランク勢力との接触をはじめとする諸々の政治情勢の変化に基づく社会構造の変動、すなわち古い氏族組織がより限定された、小規模な血縁集団に移行することから生じた社会的人口圧と人口の自然増である。[185]Ｐ・ボナシィも若干ニュアンスを異にしながら、山岳地帯の人口密度の高さを強調している。ことにイスラームとの恒常的な戦闘状態がもたらす不安定な秩序は、避難場所としてのこの地方の人口を急速に飽和状態に導き、これと対照的に山麓並びに平地地方を過疎化していった。

九世紀以降に顕著となる平野部への人口移動は山間部と平野部との間の、かつての失われた人口の均衡を回復する動きとしてあったのである。[186]高地の峡谷地帯の住民は、当初は山岳経済に不足する産品を求めて山麓地帯へ、ついでさらにカタルーニャの平野や盆地に進出していった。[187]そしてそこで展開されたのは処女地の征服ではなく、放棄された古い既耕地の再占拠であった。[188]この運動の初発的局面においては、いかなる公的な統制も存在せず、従ってこの地域の農業構造を規定したのは飢餓にさいなまれ、荒蕪地や叢林を少しずつ耕地に変えていった貧しい無名の農民たち自身のイニシアティヴであった。[189]

第二節において、われわれはヒスパニア人ヨハンネスのアプリシオ地に入植した一団のヒスパニア人が全て男性から成っているのは、難民の性構成としてはいささか奇妙ではないかと述べたが[190]、これを異教徒に迫害され、家族ぐるみで難を遁れて来た文字通りの難民ではなく、絶えず武力攻撃の危険にさらされる辺境地帯での開墾活動で、足手まといになる婦女子をひとまず故郷の山岳地方に残してきた、植民活動の先兵と理解するならば疑問は解消する。

これら山岳住民による平地カタルーニャ、セプティマニアの植民活動は中・小農民ばかりでなく、これまた既に第二節で触れたように領主層のレベルでも遂行された。八一二年勅令にその名が列挙されている四二名のヒスパニア人は、二名の司祭を除いて大部分が milites（戦士）と形容されているが、彼らは一介の戦士ではなく軍事植民の指導者であり、ピレネー東部の山間部に勢力を張る豪族的領主層に属していたと推定される。ここに名前の判明している四〇名の milites の出身地と系譜を一人ひとり詳らかにすることは史料の関係で不可能であるが、例えば Quintilia と Asinarius はそれぞれピレネー東部から中部の山岳地帯の土着豪族の出自であることは既に指摘した。また milites の筆頭に挙げられている Johannes は言うまでもなく、七九五年にシャルルマーニュから単独で villare Fontes 賦与の確認証書を獲得した人物であり、彼が王権の特別の恩顧を得た理由として述べられているイスラーム教徒との戦闘とその勝利の場がバルセローナ地方であったところから、これまたピレネー地方の出身者であったと見るべきであろう。

以上のごく大雑把な検討から、八・九世紀スペイン辺境領、セプティマニアの植民運動の起動因とイニシアティヴは、ピレネー東部および中部の山岳住民が主たる担い手であったところのヒスパニア人の側に在ったこと、カロリング朝諸王が一連の勅令によって対処したこれらヒスパニア人の植民活動の基本性格は、平野部に土地を求める山岳住民の膨張運動であり、その意味でレコンキスタ現象の一環として理解されねばならず、イベリア半島北東部での、その初発的局面と規定すべきであることが明らかになったと思う。

結　論

カロリング朝権力のセプティマニア地方への浸透は、そもそもカール・マルテルにより七三〇年代に開始され、その後七五九年、この地方の首邑であるナルボンヌをピピン短身王麾下のフランク軍が奪取し、この地を一応軍事的に制圧するまで数度にわたって行なわれた。これに続く二〇年間の空白期を経て、シャルルマーニュは今度は一挙にピレネー山脈の奥深くまで侵攻を加え、しかしながら結局さしたる成果を挙げないままにフランキアへ帰還せざるをえなかったのは周知の如くである。

セプティマニア、スペイン辺境地帯へのこうしたフランク軍の遠征は、文字通り武力制圧の域を出ず、これらの地方をフランク王国に統合しうるほどの密度をもっていなかった。だが重要なのは、いわば散発的ではあるが、北方の強力な王権が直接その姿をこの地に現わしたという事実である。セプティマニア、とりわけピレネー中・東部の山岳住民にとって、カロリング軍隊の出現は新たな政治的地平の出現を意味したのである。

第五節で述べたように、当時のピレネー山岳社会はひとつの大きな転換期を迎えていた。ローマ、西ゴートなどのイベリア半島に覇を唱えた権力に対して、一貫して統合されることを拒否し続けてきた北部山岳地帯の一翼をなすこの地方は、古くからの氏族的社会組織を堅持していたが、この時期累積的な人口圧、大家族制からより小規模な血縁集団への移行という根本的な社会構造の変化、さらに戦火を遁れてこの地方に避難所を求める平地住民の流入といった副次的要因も重なって、一種星雲状態とも評すべき状況が現出していた。

カロリング王権の軍事的干渉は、こうした状況に対して運動の方向性を与えることとなった。山岳住民は中・小農民レベルで、あるいは領主層に属する戦士的植民指導者の統率下にピレネー山麓部、ついでカタルーニャ、セプティマニアの放棄され、荒廃した土地の占取と再開発に乗り出していった。それゆえ植民運動の起動因とイニシアティヴは植民者の側にあり、この運動の契機は何よりもまず山岳社会に内在していたと言えよう。

ピレネー中・東部山岳住民を主たる担い手とするこの土地占取は、基本的にローマ＝西ゴート法に依拠してはいるものの、イスラーム教徒との闘争の過程で独自の意味を与えられ、北部のアストゥリアス・レオン王国においていち早く普及していたアプリシオ制のもとに実施された。

これに対して、この地方に軍事的・政治的影響力を及ぼしていたカロリング王権の対応はいかなるものであったか。

第一節で指摘したように、王権はこれらヒスパニア人植民者に一貫した確たる政策をもって対処しなかったように見える。P・ボナシィは王権の、この植民活動への対応が、その時期においても目的においても明白に成り行きまかせであり、ヒスパニア人の側でも王権の指導を何ら期待していなかったと厳しく評価している。ただアキテーヌ王として、若い頃から王国の周縁部を成すこの地方の動静に敏感たらざるをえなかったルイ敬虔帝のみが、八一五、八一六年の二つの勅令からも窺われるように、フランク王国の構成員としてのヒスパニア人植民者に一定の国制的地位を賦与しようとした。だがその実体は国王自由人学説の論者の主張するそれとは異なり、彼らを国王自由人の典型として把握するのを拒否せしめているように思われる。

彼らの法的地位は自有地所有者のそれに近く、彼らが自有地所有者として欠いている要素は、まさしく彼らが入植した土地がイスラーム勢力と直接対峙する辺境地帯であるという事実に由来している。すなわちこの地域への入植は、本来植民者がその法的地位によって享受する諸権利以上に多くの優遇措置を講じられて特権化されたとするよりも、むしろ辺境という特殊事情のゆえに、本来の法的地位に一定の拘束が課されたと考えるべきである。

いずれにせよヒスパニア人が国王自由人学説の説く liberi 一般と比較した場合、著しく特権的な存在であることは確かである。国王自由人政策の目的は、部族間の差異を廃して統一的な自由身分を創り出すことにあったわけだが、ヒスパニア人の場合、「自由身分」と規定されながらも、まさに王権が廃棄しようとした Hispani という natio の名称をもって把握され、結果としてひとつの特殊な法身分を形成することになった。われわれがヒスパニア人を国王自由人の、少なくとも典型とみなすことを否定する理由のひとつはこの点にある。

いまひとつの理由は、封臣規定の検討の折に指摘したように、ヒスパニア人が国王以外の者に託身を行なうことが全く禁止されていないという点と関係している。カロリング王権は周知のように人民掌握の手段として、封建政策をその草創期から活用してきた。人民を国王支配の網の目の中に取り込む方法として、それは一定の効果を挙げてきたが、しかし人民の王権への直属性を確保しようとする国王自由人政策に対して、封建化政策は何としても人民の間接的把握にとどまるのである。いわば人民掌握のこの第二の道を王権がヒスパニア人に許容した、あるいはせざるをえなかったということ、これが王権の政策という観点から見た場合、ヒスパニア人を国王自由人の典型としてとらえることができないもうひとつの理由である。

（1）　ヒスパニア人植民者の特権的地位を支えている貢租免除を、H・ダンネンバウアーはヒスパニア人難民の特殊な状況からもたらされた付随的性格のものと考えている。H. Dannenbauer, Freigrafschaften und Freigerichte, *Grundlagen der mittelalterlichen Welt*, Stuttgart, 1958, p.318.

（2）　É. Cauvet, Étude historique sur l'établissement des Espagnols dans la Septimanie aux VIIIe et IXe siècles et sur la fondation de Fontjoncouse par l'Espagnol Jean, au VIIIe siècle, *Bulletin de la Commission archéologique et littéraire de l'arrondissement de Narbonne*, 1877, pp.345-520.

（3）　A. Dupont, Quelques aspects de la vie rurale en Septimanie carolingienne, *Annales de l'Institut d'études occitanes*, avril, 1954, pp.11-29; Id., Considérations sur la colonisation et la vie rurale dans le Roussillon et la Marche d'Espagne au IXe siècle, *Annales du Midi*, t.67, 1955, pp.223-245; Id., L'aprision et le régime aprisionnaire dans le Midi de la France（IXe-Xe siècles）, *Le Moyen Age*, t.71, 1965, pp.179-213,

375-399; Id., L'aprision en Biterrois aux IXe et Xe siècles, *Béziers et le Biterrois, XLIIIe Congrès de la Fédération historique du Languedoc méditerranéen et du Roussillon*, Montpellier, 1971, pp.105-115.

（4） G. Melchior, *Les établissements des Espagnols dans les Pyrénées méditerranéennes aux VIIIe et IXe siècles*, Montpellier, 1919.

（5） P. Imbart de la Tour, Les colonies agricoles et l'occupation des terres désertes à l'époque carolingienne, *Mélanges Paul Fabre*, Paris, 1902, pp.146-171.

（6） Ph. Wolff, L'Aquitaine et ses marges, Hrsg. von H. Beumann et al., *Karl der Große*, Bd.1, Düsseldorf, 1965, pp.271-282.

（7） R. d'Abadal y de Vinyals, La Catalogne sous l'Empire de Louis le Pieux, *Études Roussillonnaises*, t.4, 1954-55, pp.239-272, t.5, 1956, pp.31-50, 147-176, t.6, 1957, pp.67-95; Id., La domination carolingienne en Catalogne, *Revue Historique*, t.225, no.2, 1961, pp.319-340. この他に論文集 *Dels Visigots als Catalans*, Barcelona, 1969, 2 vols. の特に第1巻に収められた諸論文がある。

（8） A. Barbero, La integración social de los "Hispani" del Pirineo oriental al reino carolingio, *Mélanges offerts à R. Crozet*, Poitiers, 1966, pp.61-75.

（9） M・ビヒルとの共同執筆 Sobre los orígenes sociales de la Reconquista: Cántabros y Vascones desde fines del Imperio romano hasta la invasión musulmana, *Boletín de la Real Academia de la Historia*, t.156, pp.271-339 参照。これは後に、同じテーマを追求した他の二論文とともに、*Sobre los orígenes sociales de la Reconquista*, Barcelona, 1974 に収録されている。

（10） この学説に関しては、わが国でも数多くの論文が発表されているが、差しあたりは久保正幡編『中世の自由と国家』上巻、創文社、一九六三年、特にこの巻に収められた直居淳「国王自由人とは何か」参照。

（11） W. Schlesinger, *Die Entstehung der Landesherrschaft*, 4 Aufl., Darmstadt, 1964, pp.80-81 参照。

（12） arimanni の研究史と国王自由人学説との関連での問題整理として、P. Toubert, La liberté personnelle au Haut Moyen Age et le problème des arimanni, *Le Moyen Age*, t.73, 1967, pp.127-144. 現在この論文は Id., *Études sur l'Italie médiévale (IXe-XIVe siècles)*, London, 1976 に収録されている。

（13） Dannenbauer, *op. cit.*, pp.309-318.

（14） E. Müller-Mertens, *Karl der Große, Ludwig der Fromme und die Freien*, Berlin, 1963 参照。ヒスパニア人植民者を扱った部分については岩野英夫「Aprisionäre 考——E・ミュラー＝メルテンスの所説の紹介」『同志社法学』25-4、一九七四年、八九—一〇四頁参照。

（15） Praeceptum pro Hispanis, a.812, *MG. LL.* Capitularia, t.1, no.76, p.169.

（16） Constitutio de Hispanis prima, a.815, *ibid.*, no.132, pp.261-263.

（17） Constitutio de Hispanis secunda, a.816, *ibid.*, no.133, pp.263-264.

（18） Praeceptum pro Hispanis, a.844, *ibid.*, no.256, pp.258-260.

（19） "... et per misericordiam Dei rex Francorum et Langobardorum, Berane, Gauscelino, Gisclafredo, Odilone, Ermengario, Ademare, Laibulfo et Erlino comitibus", Praeceptum pro Hispanis, a.812, p.169. 勅令にはこれら八名の任地が記載されていないが，その同定は L. Auzias, *L'Aquitaine carolingienne*, Toulouse, 1937, pp.71-72 および R. d'Abadal y de Vinyals, *Dels Visigots, op. cit.*, t.1, pp.198-199 の表によった。

（20） "... Martinus presbiter, Iohannis, Quintilia, Calapodius, Asinarius, Egila, Stephanus, Rebellis, Ofilo, Atila, Fredemirus, Amabilis, Christianus, Elpericus, Homodei, Jacentius, Esperandei, item Stephanus, Zoleiman, Marchatellus, Teodaldus, Paraparius, Gomis, Castellanus, Ardaricus, Wasco, Wisisus, Witericus, Ranoidus, Sunicfredus, Amancio, Cazerellus, Langobardus, Zate, milites, Odesindus, Walda, Roncariolus, Mauro, Pascales, Simplicio, Gabinus, Solomo presbiter...", *ibid.*, p.169.

（21） "... ad nos venientes suggesserint quod multas obpressiones sustineant de parte vestra et iuniorum vestrorum...", *ibid.*

（22） "... Et dixerunt, quod aliqui pagenses fiscum nostrum sibi alter alterius testificant ad eorum proprietatem et eos exinde expellant contra iustitiam et tollant nostram vestituram, quam per triginta annos seu amplius vestiti fuimus et ipsi per nostrum donitum de eremo per nostram datam licentiam retraxerunt...", *ibid.*

（23） "... Dicunt etiam, quod aliquas villas, quas ipsi laboraverunt, laboratas illis eis abstractas habeatis et beboranias illis superponitis, et saiones, qui per fortia super eos exactant.", *ibid.*

（24） "... atque demandamus, ut neque vos neque iuniores vestri memoratos Ispanos nostros ... superponere presumatis,... nullum censum", *ibid.*

（25） "... neque ad proprium facere permittatis: quoad usque illi fideles nobis aut fillis nostris fuerunt, quod per triginta annos abuerunt per aprisionem, quieti possideant...", *ibid.*

（26） "Et quicquid contra iusticiam eis vos aut iuniores vestri factum habetis aut si aliquis eis iniuste abstulistis, omnia in loco restituere faciatis...", *ibid.*

（27） A. Gauert, Zum Itinerar Karls des Großen, *Karl der Große*, Bd.1, *op. cit.*, pp.307-321. とりわけこの論文に付された地図を参照。

（28） Annales regni Francorum, a.781, *Quellen zur karolingischen Reichsgeschichte*, 1. Teil, Darmstadt, 1966, p.40 参照。

（29） Annales regni Francorum, a.781, *ibid.* において "... et domnus Hludowicus rex in Aquitaniam. " というように rex in Aquitaniam と表現されていることに注目。

（30） "... omnibus fidelibus sanctae Dei ecclesiae ac nostris, praesentibus scilicet et futuris, partibus Aquitaniae, Septimaniae, Provinciae et Hispaniae consistentibus.", Constitutio de Hispanis prima, a.815, p.261.

(31) "... a Sarracenorum potestate se subtrahentes nostro dominio libera et prompta voluntate se subdiderunt, ita ad omnium vestrum notitiam pervenire volumus, quod eosdem homines sub protectione et defensione nostra receptos in libertate conservare decrevimus.", *ibid.*

(32) "Eo videlicet modo, ut sicut ceteri liberi homines cum comite suo in exercitum pergant, et in marcha nostra iuxta rationabilem eiusdem comitis ordinationem atque admonitionem explorationes et excubias, quod usitato vocabulo wactas dicunt, facere non negligant, et missis nostris aut filii nostri quos pro rerum opportunitate illas in partes miserimus, aut legatis qui de partibus Hispaniae ad nos transmissi fuerint paratas faciant et ad subvectionem eorum veredos donent. Alius vero census ab eis neque a iunioribus et ministerialibus eis exigatur.", *ibid.*, pp.261-262.

(33) テクストは実は単に vicino suo と記すだけで、ヒスパニア人以外のという文言はない。しかし小事件がヒスパニア人自身の手に委ねられているところから、伯の裁判集会での審理が義務づけられている隣人による刑事および民事の訴訟とは、ヒスパニア人以外の在地住民によるものと考えざるをえない。

(34) "Ipsi vero maioribus causis, sicut sunt homicidia, raptus, incendia, depraedationes, membrorum amputationes, furta, latrocinia, alienarum rerum invasiones, et undecunque a vicino suo aut criminaliter aut civiliter fuerit accusatus et ad placitum venire iussus, ad comitis sui mallum omnimodis venire non recusent. Ceteras vero minores causas more suo, sicut hactenus fecisse noscuntur, inter se mutuo definire non prohibeantur.", *op. cit.*, p.262.

(35) "Et si quisquam eorum in partem quam ille ad habitandum sibi occupaverat alios homines undecunque venientes adtraxerit et secum in portione sua, quam adprisionem vocant, habitare fecerit, utatur illorum servitio absque alicuius contradictione vel impedimento, et liceat illi eos distringere ad iusticias faciendas quales ipsi inter se definire possunt. Cetera vero iudicia, id est criminales actiones, ad examen comitis reserventur.", *ibid.*

(36) "Et si aliquis ex his hominibus qui ab eorum aliquo adtractus est et in sua portione conlocatus locum reliquerit, locus tamen qui relictus est a dominio illius qui eum prius tenebat non recedat.", *ibid.*

(37) "Quod si illi propter lenitatem et mansuetudinem comitis sui eidem comiti honoris et obsequii gratia quippiam de rebus suis exhibuerint, non hoc eis pro tributo vel censu aliquo computetur, aut comes ille vel... neque eos sibi vel hominibus suis aut mansionaticos parare aut veredos dare aut ullum censum vel tributum aut obsequium, praeter id quod iam superius comprehensum est, praestare cogant.", *ibid.*

(38) "Noverint tamen idem Hispani sibi licentiam a nobis esse concessam, ut se in vassaticum comitibus nostris more solito commendent; et si beneficium aliquod quisquam eorum ab eo cui se commendavit fuerit consecutus, sciat se de illo tale obsequium seniori suo exhibere debere quale

nostrates homines de simili beneficio senioribus suis exhibere solent.", *ibid.*

(39) "... Cuius constitutionis in unaquaque civitate ubi praedicti Hispani habitare noscuntur, tres descriptiones esse volumus: unam quam episcopus ipsius civitatis habeat, et alteram quam comes, et tertiam ipsi Hispani qui in eodem loco conversantur.", *ibid.*

(40) "Exemplar vero earum in archivo palatii nostri censuimus reponendum, ut ex illius inspectione, si quando, ut fieri solet, aut ipsi se reclamaverint aut comes vel quislibet alter contra eos causam habuerit, definitio litis fieri possit.", *ibid.*

(41) Constitutio de Hispanis secunda, a.816, *op. cit.*, pp.263-264.

(42) "Notum sit omnibus fidelibus sanctae Dei ecclesiae et nostris, tam praesentibus quam et futuris, seu etiam successoribus nostris,...", *ibid.*, p.263.

(43) *Ibid.* この勅令の具体的内容については次節で詳論する。

(44) "De hac constitutione nostra septem praecepta uno tenore conscribere iussimus: quorum unum in Narbona, alterum in Carcassona, tertium in Rosciliona, quartum in Empuriis, quintum in Barchinona, sextum in Gerunda, septimum in Biterris haberi praecepimus,...", *ibid.*, p.264.

(45) Praeceptum pro Hispanis, a.844, *op. cit.*, pp.258-260.

(46) "Itaque notum sit omnium sanctae Dei ecclesiae fidelium atque nostrorum, presentium scilicet et futurorum, partibus Aquitaniae, Septimaniae sive Ispanie consistentium magnitudini,...", *ibid.*, p.258. ただ Notum sit 構文である点が若干異なる。

(47) "... complacuit mansuetudini nostre sub immunitatis tuitione defensionique munimine benigne suscipere ac retinere...", *ibid.*, p.259.

(48) "... Si autem hi qui veredos acceperint reddere eos neglexerint, et eorum interveniente neglegentia perditi seu mortui fuerint, secundum legem Francorum eis, quorum fuerint, sine dilatione restituantur vel restaurentur.", *ibid.*

(49) "... id est nec paschualia in eorum terminos vel eorum villas nec telonea infra comitatum, in quo consistunt... exigatur.", *ibid.*

(50) 註34参照。

(51) "Et nisi pro tribus criminalibus actionibus, id est homicidio, rapto et incendio, nec ipsi nec eorum homines a quolibet comite aut ministro iudiciariae potestatis ullo modo iudicentur aut distringantur; sed liceat ipsis secundum eorum legem de aliis omnibus iudicia terminare et praeter haec tria et de se et de eorum hominibus secundum propriam legem omnia mutuo definire.", *op. cit.*, p.259.

(52) 註35参照。

(53) "Et si quispiam eorum in partem, quam ille ad habitandum sibi excoluit, alios homines de aliis generationibus venientes adtraxerit et secum in portiones sua, quam aprisione vocant, habitare fecerit, utatur illorum servitio absque alicuius contradictione vel impedimento.", *op. cit.*, p.259.

(54) 三三一―三三五頁参照。
(55) "... verumtamen ex his, quae possidet, nihil habeat nihilque secum ferat: sed omnia in dominium et potestatem prioris senioris plenissime revertantur.", *op. cit.*, p.259.
(56) "Placuit etiam nobis illis concedere, ut, quicquid de heremi squalore in quolibet comitatu ad cultum frugum traxerint aut deinceps infra eorum aprisiones excolere potuerint, integerrime teneant atque possideant: servitia tamen regalia infra comitatum, in quo consistunt, faciant.", *ibid.*
(57) "Et omnes eorum possessiones sive aprisiones inter se vendere, concambiare seu donare posterisque relinquere omnino liceat; et si filios aut nepotes non habuerint, iuxta legem eorum alii ipsorum propinqui illis hereditando succedeant, ita videlicet, ut quicunque successerint servitia superius memorata persolvere non contemnant.", *ibid.*, p.260.
(58) "... et secundum antiquam consuetudinem ubique pascua habere ac ligna caedere et aquarum ductus pro suis necessitatibus, ubiqunque pervenire potuerint, nemine contradicente iuxta priscum morem semper deducere.", *ibid.*
(59) Dupont, L'aprision et le régime aprisionnaire, *op. cit.*, p.210, n.77.
(60) 註37参照。
(61) 註38参照。
(62) A・デュポンはL'aprision et le régime aprisionnaire, p.206において、八四四年勅令をシャルル禿頭王のヒスパニア人植民者に対する深い関心のあらわれと考えているようであるが、この見解には同意できない。
(63) デュポンはこの可能性を否定している。 *Ibid.*
(64) R. d'Abadal y de Vinyals, *Els Diplomes Carolingis a Catalunya*, vol.2, Barcelona, 1952.
(65) *Ibid.*, pp.412-414 参照。
(66) *Ibid.*, pp.415-416 参照。
(67) Charte du roi Charlemagne, qui accorde le lieu de Fontjoncouse à un seigneur, appelé Jean, éd. C. Devic / J. Vaissete, *Histoire générale de Languedoc*, t.2, no.12, cols.59-60. その概要は三二六頁参照。
(68) D'Abadal y de Vinyals, *Els Diplomes*, *op. cit.*, vol.2, p.416.
(69) 註32参照。
(70) " ... eo videlicet modo, ut, sicut ceteri Franci homines, cum comite suo in exercitum pergant,...", Praeceptum pro Hispanis, a.844, *op. cit.*,

p.259.

（71） Edictum Pistense, a.864, *MG. LL.* Capitularia, no.273, pp.310-328 参照。シャルル禿頭王が liberi homines なる用語を使用している例も確かに存在する。だが重要なのはシャルルマーニュが franci homines を勅令中では使っていないことである。

（72） "... quod eosdem homines sub protectione et defensione nostra receptos in libertate conservare decrevimus.", Constitutio de Hispanis prima, a.815, *op. cit.*, p.261.

（73） "Et ideo per hanc nostrae praeceptionis auctoritatem decernimus atque iubemus, ut hi, qui vel nostrum vel domini et genitori nostri praeceptum accipere meruerunt, hoc quod ipsi cum suis hominibus de deserto excoluerunt per nostram concessionem habeant.", Constitutio de Hispanis secunda, a.816, *op. cit.*, p.263.

（74） 註20参照。

（75） "... ipsi praecepta regalia susceperunt: quibus susceptis eos qui inter illos minores et infirmiores erant, loca tamen sua bene excoluisse videbantur, per illorum praeceptorum auctoritatem aut penitus ab eisdem locis depellere aut sibi ad servitium subiicere conati sunt.", Constitutio de Hispanis secunda, a.816, p.263.

（76） "Ceteri vero qui simul cum eis venerunt et loca deserta occupaverunt, quicquid de inculto excoluerunt, absque ullius inquietudine possideant, tam ipsi quam illorum posteritas...", *ibid.*, pp.263-264.

（77） "Alterum est, quod simili modo de Hispania venientes, et ad comites sive vassos nostros vel etiam ad vassos comitum se commendaverunt et ad habitandum atque excolendum deserta loca acceperunt: quae, ubi ab eis exculta sunt, ex quibuslibet occasionibus eos inde expellere et ad opus proprium retinere aut aliis propter praemium dare voluerunt. Quorum neutrum iustum aut rationabile nobis esse videtur.", *ibid.*, p.263.

（78） "Hi vero qui postea venerunt et se aut comitibus aut vassis nostris aut paribus suis se commendaverunt et ab eis terras ad habitandum acceperunt", *ibid.*, p.264.

（79） 註53参照。

（80） 註73、76、77参照。

（81） 特にカタルーニャ地方の封建制形成における convenientia の独自の役割については P. Bonnassie, Les conventions féodales dans la Catalogne du XIe siècle, *Annales du Midi, numéro spécial, Les structures sociales de l'Aquitaine, du Languedoc et de l'Espagne au premier âge féodal*, Paris, 1969, pp.187-220; Id., *La Catalogne du milieu du Xe à la fin du XIe siècle. Croissance et mutations d'une société*, t.2, Toulouse, 1976, pp.566-569 参照。またセプティマニアについては、É. Magnou-Nortier, Fidélité et féodalité méridionales d'après les serments de fidélité

(Xe-début XIIe s.), *Annales du Midi*, *op. cit.*, pp.115-142; Ead., *La société laïque et l'Église dans la Province ecclésiastique de Narbonne (zone cispyrénéenne) de la fin du VIIIe à la fin du XIe siècle*, Toulouse, 1974, passim. この概念を西欧における封主・封臣関係を規定するものとして一般化した研究として Ead., *Foi et fidélité. Recherches sur l'évolution des liens personnels chez les Francs du VIIe au IXe siècle*, Toulouse, 1976 がある。

（82） "... sub quali convenientia atque conditione acceperunt, tali eas in futurum et ipsi possideant et suae posteritati derelinquant.", Constitutio de Hispanis secunda, a.816, p.264.

（83） 註73参照。

（84） D. Claude, Die Anfänge der Wiederbesiedlung Innerspaniens, *Vorträge und Forschungen*, Bd.XVIII, Sigmaringen, 1975, p.622.

（85） 三三二—三三四頁参照。

（86） 三一六—三一八頁参照。

（87） Bonnassie, *La Catalogne*, *op. cit.*, t.1, 1975, pp.208-209 参照。

（88） *Ibid.*, pp.298-302.

（89） Magnou-Nortier, *La société laïque*, *op. cit.*, pp.219-223 参照。

（90） 註20参照。

（91） 註67参照。

（92） *Histoire générale de Languedoc*, *op. cit.*, t.2, col.60.

（93） Déposition en justice par-devant le vidame Etienne, au sujet de la propriété du lieu de Fontes. a.834, no.85, *ibid.*, cols.185-187.

（94） "... & dum Sturmio comis cum suos judices Narbonenses in ipsum villare fuisset, sic interdicto villare... caractere facere ordinavit.", *ibid.*, col.186.

（95） Cauvet, *op. cit.*, p.486.

（96） *Ibid.*, p.480.

（97） "Et vidimus quando occupavit Johannes ipso villare Fontes pro sua adprisione cum omnes suos terminos & adjacentias eorum & ibidem domos & curtes & ortos construxit & terras aravit & cultavit;", *Histoire générale de Languedoc*, t.2, col.186.

（98） "& vidimus quando Johannes misit in ipsum villare suos homines ad habitandum his nominibus: Christiano & filios suos Atonello Ele & Mansione & Tamunno, Imbolaso presbytero aterrenario [sic], Fedantio cum filios suos & genere suo Ildebono, & beneficavit illis ipsum villare cum domos & curtes & ortos constructos & terras aratas & cultatas que ipse cultavit: & ipsi homines ad tunc sui commendati erant & illum habebant patronem & quamtum ipsi homines in ipsum villare domos & curtes & ortos & vineas construxerunt, per donitum & per beneficium de Johanne hoc fecerunt, nam non per illorum aprisione...", *ibid.*

(99)　Barbero, La integración social, *op. cit.*, pp.71-72.

(100)　*Ibid.*, pp.72-73.

(101)　Dupont, L'aprision et le régime aprisionnaire, *op. cit.* 参照。

(102)　*Ibid.*, pp.182-183.

(103)　"Anno DCCLVIIII, Franci Narbonam obsident, datoque sacramento Gotis qui ibi erant, ut si civitatem partibus traderent Pippini, regis Francorum, permitterent eos legem suam habere...", Extrait des Annales d'Aniane, *Histoire générale de Languedoc*, t.2, col.7.

(104)　裁判手続、係争内容の実体的審理、証明方法、専門的弁護人の存在等の形式的側面で Bonnassie, *La Catalogne*, *op. cit.*, t.1, pp.189-195 が明らかにしたカタルーニャ地方の裁判慣行と顕著な類似を示しており、またこの地方に関する訴訟において、判決がゴート法に依拠して為されたことを明示するいくつかの例がある。*Histoire générale de Languedoc*, t.2, nos.80, 90, 139, 161, 185.

(105)　Müller-Mertens, *op. cit.*, p.64 の叙述による。

(106)　Bonnassie, *La Catalogne*, t.1, p.208.

(107)　Lex Visigothorum X, 2, 5, *MG. LL.*, t.1, pp.394-395.

(108)　Bonnassie, *La Catalogne*, t.1, p.209.

(109)　Magnou-Nortier, *La société laïque*, *op. cit.*, pp.111-112, および p.112, n.6 参照。

(110)　L. G. de Valdeavellano, *Curso de Historia de las Instituciones Españolas*, Madrid, 1972, p.243. なお Ch.-E. Dufourcq / J. Gautier-Dalché, *Histoire économique et sociale de l'Espagne chrétienne au Moyen Age*, Paris, 1976, p.42 によれば、スペインの法制史家 Álvaro d'Ors は、アプリシオはピレネー山岳地方土着の古い慣行が、西ゴート人によって法典化されたものと主張しているという。

(111)　C. Sánchez-Albornoz, La repoblación del reino Asturleonés, *Cuadernos de Historia de España*, 1971, t.53-54, p.246 参照。

(112)　Claude, Die Anfänge, *op. cit.*, p.625 et n.143, 144 参照。

(113)　*Ibid.*, p.625.

(114)　Dupont, L'aprision et le régime aprisionnaire, pp.180-182 参照。

(115)　"... vel Annone condam presbitero vel jamdictos monachos que fuerunt per illorum aprisione vel ruptura quod illi primi homines hoc traxerunt de heremo ad cultura...", *Histoire générale de Languedoc*, t.2, no.181, a.872, col.368.

(116) Lex Visigothorum, *op. cit.*, p.395 参照。

(117) "... & praeter apprehensiones Hispanorum intra ipsos terminos sitas...", *Histoire générale de Languedoc*, t.2, no.181, a.872, col.368.

(118) デュポンは筆者のように特に理由づけしてはいないが、同じような推論を述べている。Dupont, L'aprision et le régime aprisionnaire, p.182 参照。

(119) Claude, *op. cit.*, p.626, n.149 参照。

(120) 例えば "... habentes omnes ipsas terras... per hos annos XXXa seu & amplius...", *Histoire générale de Languedoc*, t.2, no.90, a.836, col.197.

(121) "... possiderunt eas infra hos legitimos annos,...", *ibid.*, a.858, col.307.

(122) 註22参照。

(123) 註25参照。

(124) *Histoire générale de Languedoc*, t.2, no.90.

(125) *Ibid.*, no.34.

(126) *Ibid.*, no.135.

(127) *Ibid.*, no.85 参照。

(128) *Ibid.*, no.144.

(129) "... quia ad deprecationem dilecti nobis marchionis nostri Odalrici concedimus ad proprium quibusdam fidelibus nostris, id est Sumnoldo & Riculfo Gotis,...", *ibid.*, col.295.

(130) カタルーニャ地方の文書主義についてボナシィは次のように述べている。「所有権は実際、一般に書面に基づいている。要するに土地の移転の結果、所有権が発生するたびごとに証書が作成された。カタルーニャ地方は証書による以外に土地財産の移転の方式を知らない。書面による移転は夫婦間、あるいは親子間の単なる贈与の場合でさえ証書作成が行なわれるほどであった。直系卑属を除いてなんぴとといえども、もしその権利が裁判官によって正式に確認された故人の遺言状、あるいは遺言執行人の署名のある贈与証書によって証明されなければ、遺産を相続できなかった。この種の証書作成は当該の土地がわずか数平方メートル、金額にして二—六デナリウスを越えないような小地片の場合でさえ課されたのであった。証書の移転は carta, scriptura などの言葉が贈与証書の同義語となるほど正確に行なわれたし、証書を返却することは、その証書が法的にその所有を保証しているところの土地を返還することを意味した。こうした状況下では、種々の文書が慎重に保管されたとしても何ら驚くべきことではない。一〇世紀に文書箱 Carararia が最も零細な農民の家財道具としてあったほどである」。Bonnassie, *La Catalogne*, t.1, pp.207-208.

同様の文書主義は法慣行を同じくするセプティマニアでも認められるであろう。

(131) *Histoire générale de Languedoc*, t.2, no.139 参照。

(132) "Manifeste verum est quod ipsas res ego retineo, set non injuste, quia de eremo eas tracxi in aprisione...", *ibid.*, col.287.

(133) "Ad tunc nos supradicti interrogavimus Odilone, si potebat habere aliam scriptura aut ullum iudicium veritatis aut per testimonia ut ipsas res ad partibus suis vindicare valuisset...", *ibid.*, col.288.

(134) この地方では所有権訴訟、境界確定をめぐる訴訟の証明手続は既に触れたように、極めて厳密な性格をもっている。所有地は全て十字架あるいは標石が四至確定の標識として設置され、所有権者が変わるたびに、売り手と買い手が証人とともに実地検分に赴き、書記がその境界を移転証書に記録した。問題が生じた場合、裁判集会がそっくりそのまま係争地に移動するか、あるいは裁判官が調査団を派遣して職権で新しい境界を定めた。これは占有という明白な事実を、ほとんど無意味にしてしまうほどの極端な手続であった。Bonnassie, *La Catalogne*, t.1, pp.206-207. aprisiones に関わる八三四、八三六、八五二、八五八、八六二年の裁判記録なども、こうした実地検分が実施されたことを明記している。*Histoire générale de Languedoc*, t.2, nos.85, 90, 139, 150, 161 参照。

(135) Dufourcq / Gautier-Dalché, *op. cit.*, pp.29-30 参照。

(136) この時期のスペイン辺境領、セプティマニアでの定住・植民活動、これを通じてこの地方のカロリング王権への統合政策において、王権が最も意を注いだのはヒスパニア人植民者のそれよりもむしろ、修道院の建設と周辺地域の開発を含めたベネディクト派修道士のそれであったと思われる。この点についてはいずれ稿を改めて論じたい。なおこうした観点からの最も包括的な研究として É. Griffe, *Histoire religieuse des anciens pays de l'Aude*, Paris, 1933 がある。最近の研究としては O. Engels, *Schutzgedanke und Landesherrschaft im östlichen Pyrenäenraum (9.-13. Jahrhundert)*, Münster, 1970 が挙げられる。

(137) 註57参照。

(138) "... liberam et firmissimam in omnibus habeant faciendi potestatem...", D'Abadel y de Vinyals, *Els Diplomes*, *op. cit.*, vol.2, no.XVIII, p.342.

(139) "... liberam in omnibus habeant potestatem faciendi, donandi, vendendi seu commutandi & haeredibus reliquendi." *Histoire générale de Languedoc*, t.2, no.135, a.849, col.281.

(140) "... cum omni voce appositionis meae vel repetitionis abendi, vendendi, commutandi vel quidquid...", *ibid*, no.156, a.861, col.319; no.172, a.869, col.352.

(141) "... per donitum & per beneficium de Johanne hoc facerunt...", *ibid*, no.85, a.834, col.186. "... avus eorum & genitor Sunvildus & Hade-

fonsus quibusdam hominibus beneficiario jure habere permisisse sciuntur...", *ibid.*, no.144, a.854, col.195.

(142) 三〇九―三一〇頁参照。

(143) 註32参照。

(144) Melchior, *op. cit.*, p.19. この遠征に際してアキテーヌからも自由人が動員されたが、ヒスパニア人が出軍したことを証明する史料はない。後に詳しく述べるようにアキテーヌ地方とトゥルーズ以南のセプティマニア、スペイン辺境域は、カロリング軍制上はっきり区別されており、アキテーヌ人の動員をもってヒスパニア人のそれを云々することはできない。

(145) *Ibid.*, p.23.

(146) J. Dhondt, *Études sur la naissance des principautés territoriales en France, IXe-Xe siècles*, Gand, 1948, pp.171-173.

(147) J. Dhondt, Le titre du marquis à l'époque carolingienne, *Bulletin du Cange. Archivum Latinitatis medii aevi*, l'année, 1948, pp.407-417.

(148) 少なくともシャルルマーニュの治世の末期まで、この地域はフランク支配領域ではあるが固有のフランク王国の一部とは観念されていなかったらしいことは、プロヴァンス、スペイン辺境領それにガスコーニュといった諸地方を宗教的に統轄する Aix, Narbonne, Eauze の大司教座に限って、大帝死後のフランク王国の大司教座への喜捨を命じた遺言状から除外されていることからも窺われる。*Einhardi Vita Karoli Magni*, trad. fr. par L. Halphen, Paris, 1967, pp.96-97 参照。

(149) 註32参照。

(150) H. Dannenbauer, Paraveredus-Pferd, *Grundlagen der mittelalterlichen Welt*, Stuttgart, 1958, p.63.

(151) *Ibid.*, p.58.

(152) *Ibid.*, pp.62-63.

(153) 三一六頁参照。

(154) "... hec omnia concedimus ei per nostrum donitum, ut habeat ille & posteritas sua absque ullum censum aut inquietudine,..." *Histoire générale de Languedoc*, t.2, no.12, a.795, col.60.

(155) 註24参照。

(156) 註32参照。

(157) 註37参照。

(158) 同註および É. Perroy, *Le monde carolingien*, Paris, 1974, p.253 参照。

(159) 註49参照。

(160) "... ut quicquid Spani... quem adprisionem vocant... ut sint sub nostro mundeburdo vel immunitatis tuitione.", *Histoire générale de Languedoc*, t.2, no.95, a.837, col.208. 八四四年勅令は、その前文においてヒスパニア人をインムニテートの保護のもとに置くと宣言している。註47参照。

(161) この種の国家による「反対給付」説はミュラー＝メルテンスによってもしりぞけられている。Müller-Mertens, *op. cit.*, p.64.

(162) 註58参照。

(163) Dupont, L'aprision et le régime aprisionnaire, *op. cit.*, p.233.

(164) 註34参照。

(165) 註35参照。

(166) 「裁判管轄の分割」の国制史的意義については佐藤彰一「フランク時代のウィカーリウスとウィカーリア」『ポスト・ローマ期フランク史の研究』岩波書店、二〇〇〇年所収参照。

(167) 同二八四頁。

(168) "14. Ut ante vicarios nulla criminalis actio diffiniatur, nisi tantum leviores causas quae facile possunt diudicari;...", Pippini Capitulare Italicum, *MG. LL.* Capitularia, t.1, no.102, p.210.

(169) "3. Ut ante vicarium et centenarium de proprietate aut libertate iudicium non terminatur aut adquiratur, nisi semper in praesentia missorum imperalium aut in praesentia comitum.", Capitulare missorum Aquisgranense primum. Capitularia, no.64, "15. De res et mancipia ut ante vicariis et centenariis non conquirantur.", Capitulare missorum Aquisgranense secundum. Capitularia, no.65, *MG. LL.* Capitularia, t.1, pp.153 et 154.

(170) "31. Dedimus potestatem comitibus bannum mittere infra suo ministerio de faida vel maioribus causis in solidos LX; de minoribus vero causis comitis bannum in solidos XV constituimus.", Capitulare de partibus Saxoniae, Capitularia, no.26, *MG. LL.* Capitularia, t.1, p.70.

(171) 佐藤前掲書二八四―二八五頁。

(172) "... receptos in libertate conservare decrevimus," "... in libertate residere,...", Constitutio de Hispanis prima, *MG. LL.* Capitularia, t.1, no.132, pp.261-262.

(173) 註38および三一四頁参照。

(174) 三一六頁参照。

(175) 註38参照。

(176) "Hi vero qui postea venerunt et se aut comitibus aut vassis nostris aut paribus suis se commendaverunt et ab eis terras ad habitandum accepe-

runt sub quali convenientia atque conditione acceperunt, tali eas in futurum et ipsi possideant et suae posteritati derelinquant", Constitutio de Hispanis secunda, *MG. LL.* Capitularia, t.1, no.133, p.264.

(177) A・デュポンはこれらの規定をヒスパニア人に対して、伯への託身をすすめる主旨の規定と理解しているが、勅令の文言だけでなく、後述するようにカロリング王権の人民把握の基本政策という観点からも承服しがたい理解の仕方である。Dupont, L'aprision en Bitterois aux IXe et Xe siècles, *op. cit.*, p.107 参照。

(178) Dupont, Quelques aspects, *op. cit.*, p.17; Bonnassie, *La Catalogne*, *op. cit.*, t.1, p.208. aprisio 制の制度的起源であるアストゥリアス・レオン王国の pressura もコルスンスキィにより alodium と規定されている。A. R. Korsunskij, Über den Charakter der Gesellschaftsordnung von Léon und Kastilien im Mittelalter, *Jahrbuch für Geschichte des Feudalismus,* Bd.2, Berlin, 1978, p.49 参照。

(179) "Sicut nullius vestrum notitiam effugisse putamus, qualiter aliqui homines propter iniquam oppressionem et crudelissimum iugum, quod eorum cervicibus inimicissima Christianitati gens Sarracenorum imposuit, relictis propriis habitationibus et facultatibus quae ad eos hereditario iure pertinebant de partibus Hispaniae ad nos confugerunt, et in Septimania atque in ea portione Hispaniae quae a nostris marchionibus in solitudinem redacta fuit se ad habitandum contulerunt, et a Sarracenorum potestate se subtrahentes nostro dominio libera et prompta voluntate se subdiderunt, ita ad omnium vestrum notitiam pervenire volumus, quod eosdem homines sub protectione et defensione nostra receptos in libertate conservare decrevimus.", Constitutio de Hispanis prima, *MG. LL.* Capitularia, t.1, no.132, p.261.

(180) "... Ispanos nostros, qui ad nostram fiduciam, de Ispania venientes, per nostram datam licentiam erema loca sibi ad laboricandum propriserant et...", Praeceptum pro Hispanis, *MG. LL.* Capitularia, t.1, no.76, p.169.

(181) Barbero, *op. cit.*, pp.67-68.

(182) Dufourcq / Gautier-Dalché, *op. cit.*, p.17.

(183) Barbero, *op. cit.*, p.68.

(184) De Valdeavellano, *op. cit.*, p.238.

(185) Barbero, *op. cit.*, p.70 参照。

(186) Bonnassie, *La Catalogne*, t.1, p.129.

(187) *Ibid.*, pp.97-98.

(188) *Ibid.*, p.129.

(189) *Ibid.*, pp.102-106.

(190)　三二七頁参照。

あとがき

本書は書き下ろしの序章を除いて、これまで著者が勤務した大学の紀要や献呈論集、その一員として活動した研究会の論文集に寄稿した日本語論文のなかから、主題の年代枠の下限を九世紀に設定して編んだ一書である。それぞれの論文の初出一覧を示せば以下の通りである。

第一章「ル・マン司教ベルトラムヌスの遺言状(六一六年)――ある聖界貴族を通して見たフランク社会(1)」『名古屋大学文学部研究論集』101・史学34、一九八八年。

第二章「メロヴィング朝期ル・マン地方の土地変動と司教管区――司教ベルトラムヌスの遺言状(六一六年)を中心に」田北廣道編著『中・近世西欧における社会統合の諸相』九州大学出版会、二〇〇〇年。

第三章「九世紀末パリの教会と土地所有――Saint-Maur-des-Fossés 修道院土地台帳の分析を中心として」『社会科学ジャーナル』(国際基督教大学)16、一九七八年。

第四章「メロヴィング期ベリィ地方における空間組織――古代的都市＝農村関係の存続と展開」『名古屋大学文学部研究論集』107・史学36、一九九〇年。

第五章「九世紀トゥール地方の所領構造と領民の存在形態についての覚え書」『名古屋大学文学部研究論集』134・史学45、一九九九年。

第六章「カロリング初期ラングドック地方における伯職領の創出について――七八二年ナルボンヌ司教管区に関する裁判文書をめぐって」『法制と文化　見城幸雄教授頌壽記念』愛知大学文学会、一九九九年。

第七章　「七世紀後半ルーアン司教区における修道院建設・定住・流通――聖人伝を主たる素材として」森本芳樹編著『西欧中世における都市＝農村関係の研究』九州大学出版会、一九八八年。
第八章　「中世初期のトゥールとロワール交易――一つの素描」比較都市史研究会編『都市と共同体』上、名著出版、一九九一年。
第九章　「八・九世紀セプティマニア・スペイン辺境領のヒスパニア人をめぐる国制・社会状況」一・二『愛知大学法経論集・法律篇』92・94、一九八〇年。

収録された論考のなかで最も古いものは、九世紀末のサン・モール・デ・フォッセ修道院のパリ市域内の土地所有をテーマとする第三章で、発表したのが一九七八年のことであった。他方最新の論考は二〇〇〇年に刊行された第二章である。両者の間には二二年の時間的隔たりがある。たとえ人文科学の世界での時間の流れが、自然科学のそれに比べて緩やかであるとしても――私はそうとは思わないが――、この間に中世史研究の動向には大きな変化が見られた。それは端的に言えば八〇年代に全面的に開花した社会史研究が作り出した潮流の変化である。司教による都市支配を、都市域の土地所有の面での支配力に解答を求めようとするのは、アプローチの仕方としてなにも間違ってはいないし、有効な方法であると現在でも考えており、この論文に託した課題は充分果たされたと思うが、どこかで社会経済史全盛時代の思考を引きずっていることも否めない。そのようなわけで前著『ポスト・ローマ期フランク史の研究』に比べて、文章の手直しは多くならざるをえなかった。また同じ史料を異なる刊本を用いて考察した第一章と第二章の間の調整は、これはこれでテクストの確定という史料批判の技術的理由で思いのほか難渋し、事前に予想した以上に文章に手を入れなければならなかった。
こうしてともかくも北は東部ノルマンディから南はピレネーまで中世初期のフランスを構成した諸地方に試掘溝

を入れる作業は、とりあえず一段落させることができた。まったく牛歩の歩みというほかはない。次の作業は、ここで得られた地域的多様性を内包する中世初期フランク世界の全体的な構造を描き出すことである。この宿題を一日も早く果たすことを自らに課し、研鑽を重ねる所存である。

これまで以上に細部の事実が織りなしている本書所収の諸論考において、ラテン語の格問題から地名の現在地同定にいたるまで、様々の問題点を指摘し、著者に注意を喚起してくれた岩波書店校正部の森裕介氏に深く感謝したい。

また索引の作成にあたっては、名古屋大学大学院文学研究科博士課程でドイツ中世史を専攻している鈴木隆将君の助力を得た。記して感謝の意を表明したい。なお索引については、当該事項そのものが主題となっているような章に関しては、いたずらに参照頁が殖え煩瑣になるのを避けるために、原則として省略するという編集上の加工を施したことをお断りしておかなければならない。

学術出版が困難を極めるなか、前著『ポスト・ローマ期フランク史の研究』に続いて、本論文集もまた岩波書店編集部の杉田守康氏による編集、作図など万般のお世話によって、このような立派な姿で世に送り出すことができた。心から感謝申し上げる。

本書を日ごろの感謝の気持をこめて妻夏子に捧げる。

二〇〇四年六月　豊橋・松端にて

著　者

■岩波オンデマンドブックス■

中世初期フランス地域史の研究

2004年7月28日　第1刷発行
2024年10月10日　オンデマンド版発行

著　者　佐藤《さとう》 彰一《しょういち》

発行者　坂本政謙

発行所　株式会社 岩波書店
〒101-8002 東京都千代田区一ツ橋2-5-5
電話案内 03-5210-4000
https://www.iwanami.co.jp/

印刷／製本・法令印刷

ISBN 978-4-00-731490-2　　Printed in Japan

索　引

サン・モール・デ・フォッセ修道院(第3章)，スペイン辺境領(第9章)，セプティマニア(第9章)，トゥール(第5章)，ナルボンヌ(第6章)，ベリィ(第4章)，ベルトラムヌス(第1・2章)，ラングドック(第6章)，ルアン(第7章)，ル・マン(第1・2章)，ロワール川(第8章)など，当該事項が章の主題となっている場合は，その章の該当頁は省略した.

ア　行

カ　行

サ　行

タ　行

ナ　行

ハ　行

マ　行

ヤ　行

ラ　行

ワ　行

付　録

第5章付録[1]

a.785

a. Original perdu

b. Pancarta nigra perdue

c. Col. Baluze, t.76, fol.92r et v.

Inter reliquas paenitentiae species et sanctae una earum ut mortalis quilibet degens in hac periculi peregrinatione perpendens pondus pecuniarum jugo libramine possesse res suas erogare itaque redimere, quia scriptura testorum elemosina hic destinguit peccata velut aqua ignem. Idcirco in nomine Sanctae et Individuae trinitatis ego Gulfredus coenobii gloriosi confessoris Dei Martini, quo ipse praedictus domnus, corpore requiescit, humillimus levita tradens, cotidie modam fragilitatis humanae necnon molam meae nequitiae, sive pavens utrisque diem judicii quatenus propitium in eo merear habere omnipotentem Deum eiusque omnes sanctes adjutoris meisque omnibus exitiis peccatis, offero, dono, trado atque confirmo omnipotenti Deo necnon Sancto Martino confessori suo agregi, ad sepulcrum scilicet ejusdem, ubi parentes mei me studerunt, nove ordine traditionis, per capillos capitis mei, illic arma reliquens et comam, ut ibidem cunctis diebus quibus adviveram Deo, sed ullam exhiberam officium, quamquam illud dignae minime complessam, idcirco, sicut supra inferior. Si pro amore patriae caelestis animaque remedio necnon genitoris mei atque meae genitricis offero omnipotenti Deo et Sancto Martino domino meo, ut veniam ante tribunalem Christi adipsci marceamur ex omnibus facientibus nostris, hoc est proprium meum qui ex successione parentum meorum mihi legibus evenit, necnon etiam de quislibet adtractu ad me noscetur pervenisse, qui est in pago Turonico in vicaria Muliacense, in villa scilicet Linarilias, cum omni sua integritate atque supraposito suisque omnibus adjacentiis, et in alio loco in ipse eademque pago in vicaria Laudiacense in villa Grusso proprium meum qui de partes parentum meorum mihi legibus evenit, similiter cum omni supraposito suisque adjacentiis, sicuti a me praesentis tempore possideri videntur, totum ad integrum de jure meo in potestatem et dominationem Sancti Martini trado atque transfundo, eo quidem tenere ut quamdiu aduexito tenere et possidere faciam. Postmodum quoque diffissus Sigelanus, clericus et Raganardus diaconus memoratas res diebus quibus aduexerint teneant atque possideant, ea videlicet ratione ut annuatim in die obitus quibus mei dare ordense fratribus congregationis Sancti Martini VIII modios panis et VIII vini in ipse hospitali modium unum vini et in illo pulsatorio

unum modium, post horum quoque discipuli quicumque custos exterior sepulcri beati Martini memoratas res sine aliqua traditate atque alicujus expectate traditione se congregatione in suam revocare studeat dominationem, eo scilicet tenere ut memoratam institutionem in die depositionis meae exsuberat, insuper etiam tam ipse quam praedicti successores mei in transitu Sancti Martini illud dare studeant cereum de libris X. Similitateque in die dipositionis meae. Si quis autem hujus facti teneatur aut videatur existere conuenient, videlicet aut ego ipse aut ullus ex haeredibus meis vel coheredibus seu aliqua introduita vel aliunde emissa persona quae contra hanc donationem aliquam columinam vel repetetionem generare temptaverit, illud quod repetit non vindicet, insuper vero particeps Judae proditoris Domini effici mereatum// (verso) plagas seu maledictiones quae in CVIII psalmo a Deo prophetae sententiat et hoc quod in alio psalmo scriptam est de eo loco ubi legitus Deus meus pane illos ut rotam, usque ad eum locum ubi ligiter, et cognoscere quia nomen tibi Deus, hoc vero excepto, cui molestam solidorum L, coactus exsolvat, hac quoque cessio meis aliorumque bonorum hominum manibus roborata omni tempore firma et stabilis Domino regnante valeat permanere. Ego Gulfardus Diaconus hanc cessionem a me factam subscripsi.

Data X. Kal Iul, anno XVII regnante Domno Karlo Rege ego Botteus rogatus scripsi et subscripsi.

付録[2]

a.818

a. Original perdu

b. Pancarta nigra perdue

c. Col. Baluze, t.76, fol.328-329

d. Dom MARTÈNE, *Thesaurus novus anecdotorum*, vol.1, cols.20-23

Quicumque res sibi debitas Deo pia devotione obtulerit, et locis sanctorum in substantia Christo famulantium ac pauperum refectione cum perfecta caritate deputaverit, sentiet sibi adesse sanctorum suffragia, per quae mercabitur praemium caritatis in requie Dei culturibus praeparata, sicut scriptum est: Diuitio viri redemptio animae illius. Et licet sint parva quae prona dederit voluntate, fulcietur tamen sententia Christi dicentis: Si dederit quis calicem aquae frigidae in nomine meo, mercedem benivolentiae percipiet; et illa qua dicitur laudasse Dominus viduam propter paupertatis nummula duo sponte sua in templo delata. Sed sive parvum sit, sive magnum, totum illud est quod perfectum esse potest. Bene facit animae suae vir misericors. Qua propter nos in Dei nomine Hagano et Adiutor germani, infra monasterium Sancti Martini sub serenissimo abbate Domno Fridegiso canonicam pariter vitam degentes, testamentum nostrum libera mente

pronaque devotione, de rebus nostris propriis condidimus, pro remedio animarum nostrarum, et domini nostri praedicti abbatis, cujus benivolentia exhortati, hoc facere pertractantes decrevimus, in hujus tuitione nostra devotio defensata maneat inviolata. Ergo cedimus, simulque tradimus post obitum nostrum Sancto Domno Martino ad peculiare fratrum, cessumque in perpetuum esse volumus mansum nostrum dominicatum, quem extra consortia fratrum in hereditate habuimus in pago Blesinse, in condita ponte lapidense, in villa Blidrico, cum terris, domibus, aedificiis, vineis, silvis, pratis, pascuis suprapositis; cultum et incultum, quaesitum et adinquirendam, cum omnibus appenditiis, vel adjacentiis suis; sicut nobis presenti tempore videtur esse possessum, excepto quod de Hibone et Bertildae, vel heredibus eorum comparavimus. Cetera totum et ad integrum partibus Sancti Martini tradimus, cum hominibus ibidem commanentibus, quos colonario ordine vivere constituimus: Daniel et uxore sua Herlinde cum infantibus eorum, Arleverto et uxore sua Danegane cum infantibus eorum, Adalberto et uxore sua Bertane cum infantibus eorum, Genmaro et uxore sua Aldehilde cum infantibus eorum, item Adalberto et uxore sua Erlilde cum infantibus eorum, Berchario et Romano et uxore sua Archentrud cum infantibus eorum, Aldemaro et uxore sua Adalbergane cum infantibus eorum, Christiano cum uxore sua et infantibus eorum, Ragantrude cum infantibus suis, excepto qui a nobis ingenuitates promeruerunt, vel alicubi delegati sunt. Item cedimus mansum dominicatum, quem de diversis hominibus pariter comparavimus in pago Turonico, in condita Monte Laudeaciense, in villa Grussio cum terris, domibus, aedificiis, vineis, pratis, pascuis, cultum et incultum, quaesitum et adinquirendum, excepto illum campum in illo monte ad illa colto. Cetera totum et ad integrum tradimus cum hominibus ibi permanentibus, quos colonario ordine vivere censuimus: Ermenberto cum infantibus suis, Naittone et uxore sua cum infantibus suis, excepto ut supra. Similiter in ipso agro in villa Silcariolas vineas cum terris, pratis, silvis, cum omnibus suis adjacentiis. Similiter in ipso agro in villa Braico mansum dominicatum de diversis hominibus contractum cum terris, domibus, aedificiis, vineis, silvis, pratis, pascuis, aquis aquarumque decursibus, cum omnibus suis adjacentiis, et cum hominibus ibidem commanentibus, quos colonario ordine vivere statuimus. Theoberto// (verso) et uxore sua Dodilda cum infantibus eorum, Ruboldo cum infantibus suis, excepto ut supra. Item cedimus mansum dominicatum ex nostra hereditate portiones nostras in pago Andecavo in condita Catenacense, in villa Cresiaco, excepto illud quod de Gunduino comparavimus, et illum mansellum quem Theodovinus tenuit, et illam vineolam quae juxta est, et in campo Rotondo portiones nostras. Cetera vero omnia tradimus cum terris, domibus, aedificiis, vineis, silvis, pratis, pascuis, aquis aquarumque decursibus, cultum et incultum, cum omnibus appendiciis vel adjacentiis suis, cum hominibus ibidem commanentibus, quos colonario more vivere statuimus; Adalberto et uxore sua Theobaldane cum infantibus eorum. Item cedimus mansum dominicatum ex nostra hereditate, portiones nostras in pago Andecavo, in condita Crovinse, in villa Pauliaco cum terris, domibus, aedificiis, vineis, pratis, pascuis, aquis aquarumque

decursibus, cultum et incultum, excepto illam vineam quam ego Hagano per donationem mei genitoris plantavi extra consortium fratrum, et illam tertium partem in illo manso ubi Sicfredus commanet, et illum campum qui dicitur ad Buniones et ad illa pratella. Cetera tradimus cum omnibus suis appendiciis, cum hominibus ibidem commanentibus, quos colonarios fecimus, Ansedram cum infantibus suis, Godeario et uxore sua Waltrude cum infantibus eorum, excepto ut supra. Et constituimus illos homines in omnibus praedictis locis commanentes illam terram et vineas, et omnia ad medietatem collaborare; et nihil aliud eis requiratur, nec post nos nihil inquietudinis patiantur. Quod si fecerint, pars Sancti Martini eos defendat, et vivant sicut alii liberi coloni. Illos vero quos nec liberos dimisimus, nec alicubi delegaverimus pars Sancti Martini recipiat et defendat. Ea quippe ratione praedictas res eximio Christi confessori Domino nostro Martino devotissime offerimus, ut quamdiu simul advixerimus, ipsas res cum omni soliditate atque integritate sine ullius praejudicio teneamus iure firmissimo; et quicumque ex nobis superstes fuerit, similiter nullo inquietante quieto ordine teneat, sicut in nostras contulitionis pari consilio nostrisque commissis inter nos multo ante confirmavimus. Et si alicui de nostris servientibus vel fidelibus, ob eorum circa nos benevolentiam, per epistolam aliquid contulerimus sub censo, ad augmentum subjectae fratrum refectionis perpetualiter sine ullius inquietudine habere concessimus. Ergo censuimus ex supradictis rebus pro redemptione animarum nostrarum et eleemosina Domini nostri Fridegisi abbatis annis singulis in die vigiliarum Sancti Petri IIII. Kal. Iuli ad refectionem fratrum tritici modia VIII, vini inter refectorium et ad collationem modia VIII, pullos CXXX vel caseum juxta dum taxat possibilitatem, vel temporum aestimationem, et ad illos pulsantes, inter panem et vinum modium unum, et ad illud hospitale similiter, et in illo vero sacrario vinum et oblatas ; in luminaribus vero ejusdem cellulae Sancti Petri quam Hiltfredus regere videtur, infra ipsum monasterium ipse die olum aut cera libras tres. Et constituimus heredes post obitum nostrum Dodonem scilicet fratrum nostrum, in villa Blidrico. Similiter et in Grussio, et illam medietatem; et in Cresiaco, et illam medietatem in Pauliaco, et omnis ejus agnatio post eum per legitimus successiones ordinatim nati, unde dabit // (fol. 329r) ipse, et quicumque post eum de sua progenie tenuerit, ad praedictam festivatem omni anno ad refectionem fratrum tritici modia V, vini modia V, pullos LXXX, Aganardus vero recipiat illam medietatem in Cresiaco et illam alteram medietatem in Pauliciaco, unde fratribus reddat ad praedictam refectionem tritici modia II, vini modia II, pullos XXV. Similiter et omnis legitima ejus agnatio perpetualiter faciat. Hungafer autem recipiat illum mansum in Strada et in Fiscariolas, et fratribus reddat ad praedictam refectionem tritici modia II, vini modia II, pullos XXV et Hunaldus frater ejus post eum, et deinde singuli fratris eorum per ordinem nativitatis suae, ac similiter per successiones legitima eorum progenies. De Braico vero ad illum sacrarium ad oblationem faciendam in supradicta die tritici sextaria duo, vini sextaria duo. Et ad illum ecclesiam Sancti Petri, quae est juxta ecclesiam Sancti Venantii, de oleo aut de cera libras tres ille reddat cui per epistolam nos

reliquerimus post obitum nostrum. Et haec omnia illo decano qui tunc temporis erit unusquisquae reddere faciat sicut illi constitutum est, ut ipse fratribus monstrari faciat, quia praedictas res in peculiare fratrum delegavimus. Illud ergo nos in hac cessione inserere oportuit propter futuram peruicatiam, ut si aliquis illorum quos hic heredes inferimus, unum ex nobis laeserit, habeamus potestatem ab hac cessione expellere et alterum in loco ejus substituere, et quamdiu unus ex nobis supervixerit, pendet in nostro arbitrio quid faciendum, quidve emeliorandum sit, sicuti melius elegerimus, et quicumque ex illis per nos tardus aut negligens de praedicto censu apparuerit, fratres qui tunc temporis erunt requirant, et ipse decanus exigi faciat. Et si aliquis contumax et temerarius nostra statuta contemnere voluerit, solidos XXX solvere cogatur, et ipsum censum restauret, sed tamen ipsas res non pendat. Porro nos humillima prece omnes generaliter fratres precamur tam in nostra vita, quam et post obitum nostrum, ut illo die, et pro nobis et pro praedicto Domno Fridegiso psalmos per decanias et missas specialiter cantent, quatenus in redemptione animarum nostrarum, ipsae res proficiant ad salutem. Et illud inseruimus, ut nulli ex heredibus vel successoribus nostris liceat quidquam de ipsis rebus vendere, aut donare, aut alienare, vel ullo modo distrahere, sed sub praetexto Sancti Martini et sub praedicto censo usufructuario ordine diebus vitae suae, sicut supra dictum est, per legitimas successiones unusquisque teneat. Et quicumquae ex heredibus vel proheredibus, seu ulla opposita vel emissa persona, contra hanc cessionem et venditionem aliquid refragare tentaverit; nihil vendicet; et insuper contra cui litem intulerit socio fisco auri libras II argenti pondo V cogatur solvere, et sua repetitio nihil valeat. Sed hae duae cessiones uno tenere conscriptae, quarum una in archivo Sancti Martini maneat, et alteram ad defendendas ipse res penes nos habeamus, nostri bonorumque hominum manibus roboratae, firmae et stabilis in perpetuum valeant permanere.

Hagano diaconus cessionem a me factam sub signum Sanctae Crucis confirmavi.

Adjutor germanus cessionem a me factam.

Anno quinto Domni Ludowici serenissimi imperatoris.

Ego Gaufredus clerici rogatus scripsi et subscripsi.

第 6 章付録

ナルボンヌ大司教ダニエルの勝訴裁判文書　782 年 6 月 3 日

Daniel episcopo peregre profectus remansit causilicus Arluinus. Igitur nunc in Dei nomine haec est noticia tradictionis judicii. Cumque residerent missi gloriosissimo atque
a scellentissimo dompno nostro Carolo rege Francorum in Narbona civitate, die martis, per multorum altercationes audiendas et rectis negociis terminando, et per ordinatione de suos missos id est Gualtario, Adalberto, Fulcone et Gibuino, et vassis dominicis, id sunt Rodestagnus et Abundancius; et judices, qui jussi sunt causas dirimere et legibus difinire, id
b est Guntario, Discolio, Leoderico, Petro, Bonavita, et Sisfredo; et aliorum bonorum ominum qui ibidem aderant, id est Garibertus, Widaldus, Ingobertus, Aruinus, Vicar, Wisulfus, Atila, Samuel, Donadeus, Argemundus, Ursione, Argimiro, Anselmo, Warnario; in eorum judicio vel presentia quos causas fecit esse presentes. Cumque ibidem residerent prescripti missi et judices vel plures bonis hominibus in Narbona civitate, ad rectas justicias terminandas et causarum exordias dirimendas, in eorum presentia ibique in supradictorum juditio veniens homo, nomine Arluinus, qui est assertor vel causilicus et mandatarius de Danielo archiepiscopo, et per ordinatione de dompno et regi nostro Carulo rege, et dixit: "Jubete me audire cum isto presente Milone comite, qui tales villas, qui sunt in pago Narbonense, de causa aecclesiarum Sanctorum Justi et Pastoris, et Sancti Pauli, et Sancti Stephani; isto Milo comis eas retinet malum ordinem injuste. Haec sunt nomina de ipsas villas: Quincianus et Mujanus aecclesiarum sunt medias, villa Pucio-Valeri, et Baxanus et Malianus villa sunt ultra Ponte Septimo; causa est aecclesiarum ab integre Sanctorum Justi et Pastoris; villa Antoniam, Trapalianicus, Paredinas, Agello, Medellano, Buconiano, Follopiano, Aniciano ex medietate;
c Magriniano, Lecas, Centopinus, Cristinianicus, Petrurio ab integre; Canedo, Troilo, Laurelis, Curte-Oliva, media; Prexanus media; Caunas, Nivianus, Insula Kauco, villa Gorgociano, Caunas, Casolas, Baias, Ursarias, Quiliano, ab integre; Lapedeto ipsa quarta parte; Colonicas, Mercuriano ipsa quarta parte; Maglaco, Fonte dicta Buconiano, Callavo, Canovia longa, Abuniano ex medietate; Leoniano ex medietate, suburbium Sala super Ponte Septimo, in valle Gabiano ex medietate; Crotas, Cagnano, Sancti Marcelli, villa Totonis, Sancti Georgii, villa Ciliano, Sancti Crescenti, Sanctae Mariae, Segelona, ex medietate; Gragnano villa, Aquaviva ex medietate; Masiniano ex medietate. Ominia et in omnibus quantum ibidem retinebat jam prescriptus archiepiscopus, per causa aecclesiarum Sanctorum Justi et Pastoris, et Sancti Pauli et Sancti Stephani, quod ego jamdictus Arluinus, qui sum asertor vel causilicus et mandatarius de jamdicto archiepiscopo Danielo, hoc adprovabi per series condiciones, quod iste Milo comis retinet ipsas villas malum ordinem injuste, et invasit de potestate de isto jam dicto archiepiscopo, cujus ego mandatarius sum." A tunc nos missi, vassi dominici,

et judices interrogavimus jamdicto Milone comite: “Qui respondis ad isto Arloyno, qui est
mandatarius de jamdicto archiepiscopo de ac causa.” Tunc Milo comis in suum responsum
d dixit: “Ipsas villas senior meus Karolus rex michi eas dedit ad benefitio.” A tunc ipsi missi et
judices et vassi dominici interrogaverunt Milone comite, si potebat abere condictiones, aut
e recogniciones, aut judicium, aut testes, pro quibus ipsas villas partibus suis retinere debeat;
tunc Milo comis dixit: “Non habeo nullum judicium veritatis, nec nulla testimonia pro
f quibus ipsas villas partibus meis vindicare debeam, nec in isto placito, nec in alio, nec in
tercio, nec nulloque tempore.” A tunc prefati missi, vassi dominici, et judices interrogaverunt
Arloyno, qui est assertor vel causilicus et mandatarius de jamdicto Danielo archiepiscopo, si
potebat abere tale testimonia, pro quibus hoc quod dicebat super Milone comite hoc legibus
aprovare potuisset: et tunc aservit Arloyno, et dixit: “Sic habeo unde ad ipsa ora per judicio
de supra dictos missos, vassis dominicis, ac judices.” Arloynus mandatarius suam agramivit
testimonia. Nuper veniens Arloynus a suum placitum quod arramitum abuit, et ibidem sua
testimonia protulit bonos omines idoneos, his nominibus: Undila, Aurilianus, Kairato,
Narbonellus, Dodemirus, Lunares, Silencius, Bonus, Eneus, Guinaricus, Witeringus,
Teudesindus et Servandus, qui sic testificaverunt in supradictorum judicio, in facie Milone
g comite, et serie condiciones; hoc juraverunt in aecclesia Sanctae Mariae, qui sita est infra
muros civitatis Narbona: “Qui nos supranominati testes scimus, et bene in veritate nobis
cognitum manet, et vidimus ipsas villas superius scriptas cum fines et termines vel ajacencias,
que ad ipsas villas pertinet, habentes et dominatem ad Danielo archiepiscopo, cujus iste
Arloynus asertor, causilicus et mandatarius est, per causa aecclesiarum Sanctorum Justi et
Pastoris, et Sancti Pauli, et Sancti Stephani; nam et nos Undila, Aurilianus, Kaireto,
Narbonellus, Dodemirus, Lunares, Silencius, Bonus, Eneus, Guinaricus, Witeringus,
Teudesindus et Servandus vidimus jamdictas villas cum illorum fines et termines, abentes et
dominantem Danielo archiepiscopo, cujus iste Arloynus assertor et causilicus et mandatarius
est, ab integre.” Et cum nos praefati missi, vassi dominici et judices videntes talem
adprovationem de Arloyno assertore, causilico et mandatario Danielo archiepiscopo, et post
tanta rei veritatem bene cognovimus, altercavimus inter nos ante prescriptos missos, vassi
h dominici, et judices, vel plures bonis hominibus qui missos judicio residebant, et
ordinavimus Milone comite, ut de ipsas villas se exigere fecisset, et Arloyno asertor, causilico
et mandatario Danielo archiepiscopo, per suum sagonem revestire fecisset, sicut et fecit. Et
congaudeat se Arloynus assertor, causilicus et mandatarius Danielo archiepiscopo in nostro
judicio suam percepisset clara justicia. Dato juditio noticia tradictionis III nonas junii, anno
i XIIII regnante Karolo rege Francorum. S. Milo comis, qui hanc notitiam tradictionis judicii
et evacuationis feci et firmare rogavi bonis hominibus. S. Garibertus. S. Widaldus. S.
Ingobertus. S. Aruinus. S. Wicar. S. Girulfus. S. Atila. S. Samuel. S. Donadeus. S.

Argemundus. S. Ursio. S. Argimiro. S. Anselmus. S. Warnario. S. Gontarius. S. Leodericus. S. Petrus. S. Sisfredus. Ego Warnarius. Ego Adalbertus notarius. S. Boso, qui hanc noticiam tradictionis judicii scripsit sub die et anno quod supra.

第 8 章付録

Bibliothèque Nationale, Collection Baluze, t.76, fol.30r et v.

ルイ敬虔帝によるサン・マルタン修道院への流通税免除特権賦与

816/8/30　アーヘン

In nomine Domini Dei et Salvatoris nostri Iesu Christi, Hludowicus divina ordinante providentia Imperator augustus. Si petitionibus servorum Dei divine cultus amor aurem libenter accomodamus, id nobis profuturum ad animae salutem consequendam non ambigimus. Idcirco notum sit omnibus episcopis, abbatibus, ducibus, comitibus, vicariis, centenariis, telonariis, actionariis, et missus nostris discurrentibus vel omnibus rem publicam aministrantibus, seu caeteris fidelibus sanctae Dei ecclesiae nostrique, tam praesentibus quam futuris, quia vir venerabilis Fredegisus abbas ex monasterio patroni nostri praeclarissimi confessoris Christi Martini, ubi ipse corpore requiescit, obtulit obtutibus nostris praecepta regalia decessorum nostrorum regum Francorum necnon avi nostri Pippini quondam regis seu et domni et genitoris nostri bonae memoriae Karoli piissimi augusti, in quibus continebatur, quod ob amorem Dei et venerationem Sancti Martini duodecim naves immunes ab omni teloneo, quae per alveum Ligeris, Helarium, Caram, Vincennam, Medanam, Sartam et Ledum, vel per diversa caetera flumine ab neccessitatis ipsius monasterii fulciendas discurrebant, eidem concessissent monasterio, ut scilicet teloneum quod annuis recursibus fiscus ex ipsis navibus iure exigere poterat in luminaria basilicae beati Martini fovenda augmenti esset. Postulavit itaque nobis, ut, decessorum nostrorum mores sequentis, paternae auctoritate nostram firmatis gratam iungeremus auctoritatem. Cujus precibus ob amorem Dei et venerationem sancti Martini nobis annuere et hoc praeceptum munificentiae nostrae eidem monasterio fieri libuit, per quod iubemus atque decernimus, ut absque ullius iudiciaria potestatis inquietudine aut telonariorum detentione liceat hominibus eiusdem abbatis suorumque successorum ab neccessitatis praedicti monasterii et clericorum ibidem Deo servientium fulciendas cum eisdem duodecim navibus libere ire et redire, sive per Ligerem, Helarium, Carum, Vincennam, Sartam, Ledum, sive etiam per caetera flumina imperii nostri et quarumlibet civitatum, oppidorum, portuum horum appulerint, nullus ab eis aut ab hominibus qui eis praesunt, teloneum aut quod vulgari sermone dicitur, ripaticum aut portaticum aut salutaticum aut cespitaticum aut cenaticum aut positionem aut laudaticum aut trabaticum aut ullum occursum vel ullam redibitionam vel caeteras hujusmodi publicas functionibus quae diversis nominibus vulgariter nominantur quisquam aut accipere aut exigere penitus redeat, sed potius ut praemissum est et quamadmodum antecessor regis Francorum licitum sit illis, remota cuiuslibet inlicita contrarietate vel detentione, per hanc nostram auctoritatem libere ire et redire et neccesitatis ipsius monasterii absque alicujus fidelium nostrarum abstrendo procurare. Quod si mereandi aut venundandi gratia quolibet loco moras eis facere expedierit, id nihilominus absque alicuius impedimenta faciant, et nihil ab eis

prorsus de his quae superius comprehensa sunt a quoquam exegi praesumatur. Et ut haec auctoritas inviolabilem obtineat effectum a fidelibus sanctae Dei ecclesiae et nostris verius credatur ac diligentius conservetur, manu propria subter firmavimus, et annuli nostri impressione signari jussimus.

Signum Hludovici serenissimi Imperatoris

Durandus diaconus ad vicem Helisachar recognovi et subscripsi

Data III Kal. Septembris anno Christo propitio III imperii

Domni Hludovici piissimi augusti, indictione decima.

Actum Aquisgrani palatio regio in Dei nomine feliciter

Amen.